AF626004

Barbara Vinken

Diva

Eine etwas andere Opernverführerin

Klett-Cotta

MIX
Papier | Fördert gute Waldnutzung
FSC® C014496

Klett-Cotta
www.klett-cotta.de
© 2023 by J.G. Cotta'sche Buchhandlung Nachfolger GmbH,
gegr. 1659, Stuttgart
Alle Rechte vorbehalten
Cover: Rothfos & Gabler, Hamburg
unter Verwendung einer Abbildung von © Pierre-Louis Pierson
Gesetzt von Dörlemann Satz, Lemförde
Gedruckt und gebunden von GGP Media GmbH, Pößneck
ISBN 978-3-608-98456-9
E-Book ISBN 978-3-608-11938-1

Zweite Auflage, 2023

Bibliografische Information der Deutschen Nationalbibliothek
Die Deutsche Nationalbibliothek verzeichnet diese Publikation in der Deutschen Nationalbibliografie; detaillierte bibliografische Daten sind im Internet über http://dnb.d-nb.de abrufbar.

Inhalt

Einleitung

Warum ein Buch zur Oper, das mit Mozarts Königin der Nacht als Antimutter beginnt? In Verkehrung der jahrzehntelang regierenden Übermutter Maria Theresia und Richard Strauss' schöner Feldmarschallin mit dem Namen Marie Theres steht das Buch in einer Maria-Theresia-Klammer und hat etwas von einer »Wiener Maskerad« (Rosenkavalier:121). Warum eine Reihe von Opern, denen bestenfalls romantische (Verdi), schlimmstenfalls rokoko-verherrlichende und also eine anti-moderne Rückwärtsgewandtheit (Strauss) nachgesagt wird? Warum überhaupt ein Buch zur Oper, die man als elitär unkritisches Divertissement abgetan hat, in dem hauptsächlich geschmäcklerische Kennerschaft zählt?

Das bildungsbürgerliche Sonnen im Glanz der Operngeschichte mag ein Phänomen diesseits der Alpen sein. In Italien selbst war die Oper immer städtisch populär und mit Lokalkolorit gewürzt. Dieser Tage hat das eine nobilitierte *Cavalleria rusticana* vor dem Dom von Syracus in Ortigia als Prélude zu einer sizilianischen Haute Couture-Kollektion von Dolce & Gabbana gezeigt. Mit Verdi geht es auch widerständig nationaler zu als nördlich der Alpen, wo man schnell mit dem Kippen ins Deutsch-Nationalistische zu tun hat. Die Opéra Bastille in Paris hat schon durch den Ort, den Namen und das Gründungsjahr 1989, den zweihundertsten Geburtstag der Revolution, dem Ende des Ancien Régime und dem Beginn der modernen Republiken ein Denkmal gesetzt. Ein Opernhaus mit Metroanschluss.

In den letzten Jahrzehnten wurden Opern zunehmend zu Regietheater, und das hieß oft auch, dass sie mit einem Schuss Postmoderne inszeniert wurden. Ihre Sprengkraft, die, unübertroffen schon bei Mozart, bis hin zum *Rosenkavalier* in der Travestie der Geschlechterrollen und der Klassenklischees liegt, wird ins Licht gerückt, zu Gehör gebracht. Sicher ist die Oper als »Kraftwerk der Gefühle« (Kluge) das leidenschaftlichste Genre (Weigel), das am stärksten berührt, rührt, aufwühlt. Mich interessiert sie als raffiniert witzige Reflexion auf Geschlechterkonstellationen. Mit dem Hetero-Normativen sprengt die Oper jedes Genderkorsett. Wie keinem anderen Genre außer der Mode ist es der Oper gegeben, Geschlechtsrollen zu ent-naturalisieren, sie kunstvoll als Rollen und nicht als Natur aufscheinen zu lassen. Das eingängigste Beispiel ist die Kastratenstimme: Die kraftvolle Sopranstimme galt als besonders heroisch (Grünnagel), auch Countertenor und Hosenrollen ent-naturalisieren die Geschlechterrolle. Ebenso pansexuell wie nicht-binär, ist in der Oper alles im Fluss. Sie ist ein hochpolitisches subversives Genre, das die angeblich »natürlichste« aller Oppositionen zersetzt, die aller Politik der Moderne, weil sie Geschlechterpolitik ist, zu Grunde liegt: die Opposition von Männern und Frauen. Oft unter Rückgriff auf eine vormoderne Zeit, das Ancien Régime, spielt in der Oper eine andere Politik. Von den bürgerlichen Ideologen der modernen Republiken wurde das Ancien Régime als »weibisch« diffamiert; dagegen setzen die Republiken eine neue Männlichkeit, eine gesicherte Vaterschaft als zentralen, nicht nur moralischen, sondern politischen Wert. In ihr sollen die Weichlinge des Ancien Régime wieder zu richtigen Männern, in kraftvoll tugendhafter Männlichkeit regeneriert werden. Wagners Opern spielen in diesen Diskurs der Regeneration ganzer, oft deutscher Männlichkeit hinein, und haben deshalb hier keinen Platz.

In dieser Opposition ist die Oper gerade jetzt, wo »gender-fluidity«, »Pansexualität« und »non-binary« in aller Munde sind, angesagt wie lange nicht. Auf wen würde das Pansexuelle, Nicht-Binäre besser zutreffen als auf den Cherubino Mozarts oder den Rosenkavalier, engelhafte Jünglinge, noch nicht ganz Mann, die in Frauenkleidern mit ihrem hinreißenden Sopran die Herzen aller verzaubern. Dem Spott preisgegeben wird dort die selbstgerechte Herrlichkeit der Männer. Keinem wird von Bellini über Verdi bis Puccini so übel mitgespielt wie dem Tenor. Flauberts verheerende Abrechnung mit der selbstherrlichen Dummheit des Tenors Lagardy in *Madame Bovary* ist legendär. Beherrscht wird die Bühne von souveränen Frauen, die große Liebende sind. Mit dieser Liebeskraft, der stärksten aller Kräfte, stellen sie alles in den Schatten.

Opernhäuser sind Kultstätten der Moderne. Den bürgerlichen Gesellschaften hat man vorgeworfen, hier einen Kult des Frauenopfers zu zelebrieren (Clément). »Nicht schon wieder eine tote Frau auf der Bühne«, lautete die Einrede gegen die Oper des 19.Jahrhunderts. Norma geht auf den Scheiterhaufen, Lucia di Lammermoor findet als wahnsinnige Gattenmörderin den Tod, Mimì erliegt der Schwindsucht, Gilda lässt sich erdolchen, Violetta opfert ihre Liebe und stirbt, Manon Lescaut verdurstet in der Wüste, Carmen wird erstochen, Madama Butterfly bringt sich um, Lulu wird von Jack the Ripper abgestochen – nur die Marschallin muss nicht ihr Leben lassen, aber auf sexuelle Erfüllung doch verzichten. Nicht noch ein, nicht schon wieder ein Frauenopfer! Zu wohlfeil seien die Tränen, die über ihren Leichen fließen. Wohlfeil genössen wir, parfümiert in nicht eben billigen Logen, in himmlischen Stimmen die eigene Menschlichkeit: zu Tränen gerührt von auf der Bühne schön Sterbenden. Ist der Kult, der da gefeiert wird, die »Vernichtung der Frauen«, wirklich der Triumph einer patriarchalen Gesellschaft? Ist die Opernbühne, übersät von Frauenleichen, ein Ort der Wiederkehr barbarischer Menschenopfer, wie sie die christlichen und die säkularen, aufgeklärten Gesellschaften gleichermaßen hinter sich zu lassen hofften?

Inhaltlich kann man dagegenhalten, dass es weder mit dem

Triumph des Männlichen noch dem des Patriarchats auf der Opernbühne wirklich gut aussieht. Die Männer mögen mit dem Leben davonkommen – aber nicht mit viel mehr. Ihr Ruf ist jedenfalls ruiniert. Fast kann man sagen, dass »Männlichkeit« in der Oper ein Schimpfwort ist. Der aufklingende Konflikt ist nicht so sehr ein Konflikt der Stände oder der Klassen als vielmehr ein Konflikt der Geschlechter (Nussbaum), und in diesem sind es nicht allein die adligen Männer, sondern ganz allgemein Männer – Bürger, Diener, Militärs – die ganz schlecht aussehen. Männlichkeit wird auf der Opernbühne fast durchgehend lächerlich gemacht, und das Liebesopfer der Frauen profiliert die Nichtigkeit der Männer umso schärfer. Das krasseste Beispiel ist Verdis Duca im *Rigoletto*, der trällernd, die berühmteste Tenorarie der Operngeschichte auf den Lippen, die Bühne verlässt. Zum schlechten Schluss diffamiert er die Frauen, ohne einen Schimmer davon zu haben, was für Verheerungen er angerichtet hat. Die tyrannische, frauenverachtende Brüderhorde der Priester-Philosophen kommt in der *Zauberflöte* mit dem tiefsten Bass nicht gegen die halsbrecherischen, waghalsigen Koloraturen der Königin der Nacht an, die mühelos das hohe F erreicht. Der Graf in der *Nozze* muss zum guten Ende nach der Pfeife der Frauen tanzen, und auch der nicht weniger besitzergreifende, eifersüchtige Figaro wird von den Frauen eines Besseren belehrt; beide stimmen am Ende in ihren Gesang ein. Die beiden Bräutigame in *Così fan tutte* werden als eitle, in die eigene Männlichkeit Verliebte enttarnt, die – immerhin, das ist der heiter versöhnliche Mozart eines optimistischeren 18. Jahrhunderts – so wie auch der Graf und Figaro letzten Endes gute Miene zum bösen Spiel machen.

Im 19. Jahrhundert wird aus der Travestie und Transvestie blutiger Ernst. Der Prokonsul Pollione, roh und hochmütig in Liebesdingen, wird erst erträglich, als er die Hochherzigkeit Normas erkannt hat und mit ihr in den Tod geht. Der Hofnarr Rigoletto ist ein tragischer Vater, der sein Ein und Alles umbringt, weil er sich nicht aus der männlichen Rachespirale lösen kann. Procida wird vom Liebhaber der Stadt Palermo, die er in einer hinreißenden Bass-Arie besingt, zum tückischen Verschwörer und Brudermörder. Don José fällt vom wunderbaren, lyrisch betörenden Tenor zum eifersüchtigen Stalker und selbstzerstörerischen Mörder herab. Pinkerton schließlich ist ein imperialistischer Sexprofiteur, der vom ersten Ton seiner Tenorstimme an als aufgeblasener Typ auftrumpft: *America first, fuck the rest*. Der Baron im *Rosenkavalier* ist ein bäurischer Dauervögler, der nur durch die Großmütigkeit der Marschallin gerettet wird. Nicht verheerend sind nur die Männer, die geopfert werden oder sich freiwillig opfern. Turridu wird in Verkehrung des christlichen Liebesopfers zu Ostern hingemetzelt, Cavaradossi hinterhältig umgebracht, aber seine wunderbare Tenorstimme überlebt im letzten großen Liebesduett mit Tosca. Dem traurigen Schicksal männlicher Selbstherrlichkeit entkommen auch die Crossdresser, die Sopran singen und die Frauen nicht beherrschen wollen, sondern die eigene, sich selbst entrückende Liebe zu unserem Entzücken erklingen lassen. Sie bilden zwischen Mozart und Strauss' Hommage an Mozart die skeptische, heiter-melancholische Klammer um die männliche Selbstherrlichkeit.

Kehren wir zur Frage des Opfers zurück. Im 19. Jahrhundert läuft die Oper als Kultort der Kirche, in der Christi Liebesopfer gefeiert wird, den Rang ab. Seit der Lektüre der Passion von Vergils Dido in den *Confessiones* des Augustinus ist die Passions- und Opferkonkurrenz für das Verhältnis der schönen Künste und der Liturgie strukturbildend. Der Theoretiker Bossuet hatte in *Maximes et réflexions sur la comédie* (1674) die Konkurrenz der Opfer während des letzten großen Streits um die Rolle des Theaters im 17. Jahrhundert in einem flammenden Plädoyer gegen das Theater auf den Punkt gebracht. Er setzte das Messopfer gegen die Tragödie, eine Passion gegen die andere. Fürchten und zittern, weinen und mitleiden sollte man Bossuet zufolge in der Messe zum Gedächtnis an Christi reales Liebesopfer statt in der Tragödie, wo fiktive Leidenschaften einen in einen unseligen Bann schlügen.

Aber schon Bossuet gelang es nicht mehr, die Opferkonkurrenz für die Kirche zu entscheiden. Die Rezeption hielt es mit Racine.

Die Frage des Opfers wird im 19. Jahrhundert, durch die orientalische Renaissance und die Erforschung der antiken Opferkulte befördert, massiv virulent. Die Oper ist im 16. Jahrhundert wie schon die Tragödie aus antiken Opferkulten entstanden (Nietzsche, Mehltretter). Carmen hat in ihrer Passion den Zusammenhang von archaischen Stierkulten der Großen Mutter und dem Stierkampf aufgeführt (Macho). Die Frage des Opfers wird zum Dreh- und Angelpunkt der Oper. Leben wir noch oder wieder in Zeiten der antiken Menschenopfer, in babylonisch-barbarischem Grauen von Moloch und Baal? Hat Christi Liebesopfer diese grausamen Kulte nie überwinden können? Sind wir nie christlich geworden? Sind wir aufgeklärt in der Barbarei stecken geblieben? Es scheint, wir befinden uns mit der Oper und der Diskussion ihrer Opferrollen in einer massiven, das Selbstverständnis christlicher und *a forteriori* aufgeklärter Gesellschaften ins Mark treffenden Krise.

Mozart, heiter, ging noch bei allem, was der Fall war, von einer letzten Endes erlösten Welt aus, und daran schließt Strauss mit der Ironie seiner »Wiener Maskerad« an. Travestie und Transvestie hebeln hier männliche Herrschaftsansprüche im Zeichen des Weiblichen und des geschlechtlich Unbestimmten aus. Bei den Opfern des 19. Jahrhunderts handelte es sich in so gut wie allen Fällen – mit der Ausnahme vielleicht von Carmen und Lulu – nicht um Frauenopfer, sondern um Selbstopfer von Frauen. Es sind keine antiken Menschenopfer à la Iphigenie, sondern Opfer, die sich in die Nachfolge des Liebesopfers Christi einschreiben. Sich aus Liebe selbst zu opfern, ist der höchste Wert unserer Kultur. Es gibt nichts Schwereres, Größeres; dieses Heroische konnotiert die Oper des 19. Jahrhunderts weiblich. Norma, die Druidenpriesterin eines menschenopfernden Kultes, bekehrt sich und den Römer Pollione, den Vater ihrer Kinder, selbstbestimmt vom heidnisch-keltischen Menschenopfer zum nächstenliebend christlichen Opfer. In der *Traviata* von Verdi und Piave verlangt Familienvater Germont ausdrücklich ein Opfer, »sacrifizio«, von Violetta und bezeichnet sie in der großen Todesszene als »sublime vittima«. Dieses verklärende Liebesopfer bekehrt den Vater vom patriarchalischen Ehrenkodex zu den Werten einer Liebe ohnegleichen. Das archaisch konnotierte Stieropfer des *Mardi Gras* wird von dem verklärenden Liebesopfer, das Violetta sublim über alle anderen erhebt, überwunden. Der patriarchalen Gewaltherrschaft hält es den Spiegel vor. So sind es meistens Frauen, die zum Liebesopfer fähig sind. Aber auch ein Mann wie der König Gustavo im *Ballo in Maschera* ist ein »gelungenes« Selbstopfer, über dem die Gesellschaft, die politischen Parteien und die Geschlechter zur Versöhnung finden. Im Gegenzug zeigt der nach antiken, »orientalischen« Opferriten hingeschlachtete Turridu den Ausfall des christlichen Liebes- und Erlösungsversprechens, das sich zu Ostern erfüllen sollte.

Die Oper arbeitet an der Re-interpretation und Umbesetzung des Opfertodes Christi. Die Umbesetzung kann in einem neuen Liebesopfer gelingen; sie kann auch als Perversion der Eucharistie, als Schwarze Messe auftreten. Sie kann ein ebenso schrecklicher wie faszinierender Rückfall in die antik-orientalischen Opferkulte sein. Indessen unterliegen die Diven der Oper nicht tragisch, sie widerlegen die Tragik. Sie begegnen der Heillosigkeit der Welt in heroischem Erlösungswillen. Sie werden nicht geopfert, sie opfern sich selbst. Sie überwinden damit den Tugendterror des Patriarchats und setzen die Kraft leidenschaftlich selbstloser Nächstenliebe als höchsten Wert. Die Opernhäuser sind Kathedralen der Moderne, aber ihr Erlöser ist weiblich. Durch die Stimme der Diva, in der die Liebe triumphiert, wird der patriarchale Männerbund übertönt; Mozart verlieh dessen Abgesang die schärfsten Töne der Ironie. In der Stimme der Diva, der Königin der Nacht, kündigt sich eine andere, eine weiblich-ironische oder passionierte Geschichte der Moderne an.

Vorspiel
Mozart

Bettgeschichten
Le nozze di Figaro

»Qui n'a pas vécu dans les années voisines de 1789 ne sait pas ce que c'est le plaisir de vivre.«
(Talleyrand-Périgord in Guizot, »Mémoires Pour Servir À l'Histoire de Mon Temps«)

In *Le nozze di Figaro* geht es nur ums Eine: wer, wann, wo, mit wem? Alles dreht sich ums Bett; alles kreist um Sex. Und das in komisch gedrängter Form: denn die Oper umschließt fast parodistisch nach der Regel der Einheit von Zeit und Ort nur den Hochzeitstag von Susanna und Figaro. Und es geht darum, wer da mit wem schläft, Braut mit Bräutigam, wie es sich gehört? Am Ende kommt es zu einer Massenhochzeit: drei Paare heiraten, ein viertes versöhnt sich. Was zusammengehört, kommt zusammen. Ein Venusfest, eine fast unglaubliche Potenzierung von Glück. Alles arrangiert sich aufs Allerschönste. Alle verzeihen allen; sogar der Graf, der Rache schwört und sich mit seinem fünffach herausgeschrienen »no!« (IV,15:188) der Verzeihung verweigert, zeigt sich zum guten Schluss reuig.

Zu diesem so überaus glücklichen, alle Erwartungen übertreffenden Ende gelangen alle durch die List des Theaters, des Rollenspiels, des Verkleidens, des Täuschens, des Trugs: eine *burla.* Das Ende erfüllt exemplarisch alle Theaterkonventionen, hebt Figaro hervor. Mit allen Tricks und Finten will er der Regisseur dieses Stückes sein:

Per finirla lietamente
E all'usanza teatrale
Un'azion matrimoniale
Le faremo ora seguir.

Um ihn fröhlich zu beenden,
und nach guter Theatersitte,
lassen wir jetzt
eine Hochzeitsfeier folgen.
(II,9:98 f.)

Die Oper ist eine Ode an Eros:

Ah tutti contenti
Saremo così.
Questo giorno di tormenti,
Di capricci, e di follia,
In contenti e in allegria,
Solo amor può terminar.
Sposi, amici, al ballo, al gioco,
Alle mine date foco!
Ed al suon di lieta marcia
Corriam tutti a festeggiar!

Ach, so sind wir
alle zufrieden.
Diesen Tag der Qualen,
der Launen und der Tollheit
kann nur die Liebe enden
in Zufriedenheit und Freude.
Brautleute, Freunde, auf zum Tanz,
zum Spiel,
laßt uns das Feuerwerk explodieren!
Und zu den Tönen eines fröhlichen
Marsches
eilen wir alle zum Fest!
(IV,15:190 f.)

Werden bei Beethoven alle Menschen Brüder und im *Fidelio* eine Frau – treu bis in den Tod, sich mannhaft gegen den Tyrannen stellend – der heldenhafteste Mann, dann bei Mozart alle Menschen dem Eros unterworfene Schwestern. An die Stelle eines republikanischen, tugendhaften Bundes der Freiheit und Gleichheit, der wie ein Mann gegen den mörderisch sadistischen Tyrannen aufsteht, tritt im Zeichen der Weiblichkeit ein neuer unumschränkter Souverän: Eros. Die Oper endet als eine *voyage à Cythère*, als heiter höfisches Fest.

Dagegen nehmen sich die ständig auf tugendhafte Reform drängenden bürgerlichen Revolutionäre doch ziemlich breitbeinig aus; die tänzerische, im Übrigen aristokratische, Eleganz und die Anzüglichkeit des frivolen Strippenziehers Figaro, der den Grafen nach seinem Takt tanzen lassen will, um ihn in einem lasziven Fandango, der noch Casanova entzückte, bloßzustellen, war die Sache dieser aufrechten Reformer, die mit der Revolution siegten, eben nicht. Selbstironie, Ironie überhaupt, mit der tänzerisch-tändelnden Leichtigkeit auch Gnade, Verzeihung und Vergebung ging in ihrer tugendhaft verbissenen Selbstgerechtigkeit den Bach runter.

Am Hochzeitstag herrscht eitel Verwirrung; pausenlos zieht man sich an und aus. Halbnackt stehen die falschen Leute in den falschen Boudoirs und Bosketts. Geschlechter und Geschlechtspartner werden vertauscht. Travestie – Kammerzofen als Komtessen – und Transvestie – Männer als Frauen – machen den Plot aus: quid pro quo. Wer mit wem schläft, bleibt im Dunkeln. Alle werden im falschen Moment von den falschen Leuten überrascht. Dramatischer Höhepunkt ist das *flagrant délit*: die öffentliche Zurschaustellung des, wie es heute in einer Sprödigkeit heißt, die Witz und Leichtigkeit der Musik Mozarts ganz unangemessen ist, »außerehelichen Geschlechtsverkehrs«. Der alle Höflichkeit vergessende, drohende, beleidigende, rumbrüllende, ja oft brutale Bariton des Grafen – »Her mit dem Schlüssel!« (II,6:89) –, dramatisch untermalt vom Orchester, verkörpert die patriarchale, gewalttätige Bedrohung. Dagegen stehen der leicht schwebende, manchmal auch überwältigend anschwellende Sopran und der Mezzosopran, immer angemessen, die am Ende die Überhand behalten. Zu der dauernd über aller Köpfe schwebenden Katastrophe kommt es nicht; alles löst sich in Witz und Heiterkeit. Einer der Schlüsseltexte des Liberalismus sprüht nur so von erotischem Feuer. Das Bett ist sein Schauplatz. Offenbar ist die sexuelle Frage, die Frage nach der Liebe, zentral für einen politischen Regimewechsel.

Die Hochzeit des Figaro stammt aus der Zeit, als es dem Bürgertum darum ging, in Europa im Namen der Geschlechtermoral gegen die Aristokratie zu siegen. Der Klassenkampf kommt von vornherein als ein moralischer Kampf um das richtige Zusammenleben der Geschlechter daher. Deswegen ergibt es keinen Sinn, den Klassenkampf als eigentlich politischen Kampf gegen eine moralisch-private Geschlechterfrage zu stellen, *class* gegen *gender* zu positionieren. Denn der Klassenkampf – Bourgeoisie gegen Aristokratie, Revolution gegen Ancien Régime – wurde im Namen einer anderen Geschlechtermoral geführt. Politik war immer schon Geschlechterpolitik. Das ist im Übrigen keine moderne Konstruktion, sondern ab urbe condita der Fall. Schon im alten Rom siegt die tugendhafte Republik über die tyrannischen Alleinherrscher im Namen einer restaurierten Geschlechtermoral. Man denke an Lukretia und Virginia; über ihrer Leiche wird eine neue politische, republikanische Ordnung errichtet. Die *patria potestas*, in die der Tyrann übergriff, wird in einer Republik gleicher Männer restauriert. Gleichheit der Geschlechter war die Sache der Republiken nie.

Die Revolution argumentiert im Zeichen von Natur, Moral und Ehe. Die Herrschaft des Adels habe die heiligsten und gleichzeitig natürlichsten Bande der Natur pervertiert. Zum einen habe sie die Hierarchie der Geschlechter verkehrt. Adieu, *patria potestas* – hier regieren die Frauen unumschränkt. Mit der Verkehrung der Geschlechterhierarchie habe sie die Geschlechteridentität zersetzt. Schließlich verorientalisiere sie dekadent den tugendhaften Westen – auch das eine urrömische Geschichte. Ganz Paris sei ein Harem, in dem die Schamlosigkeit der adeligen Frauen durch die Macht der Rhetorik, die Bewegungen ihrer Zunge nämlich, die Männer als Eunuchen zu besonders geeigneten Werkzeugen ihrer Lust beschnitten habe – so Rousseau. Männer: Spielzeug, *toy boys* der adeligen Damen. Nicht eben besser kommen die adeligen Herren davon: als libertine Lüstlinge griffen sie ohne Rücksicht auf den von den Bürgern postulierten Zusammenhang von

Liebe, Sex und Ehe auf die Körper der nichtadeligen Frauen über und verführten sie vor und in der Ehe zur flüchtigen Lust. Dabei griffen sie – wie im *Figaro* – in die Rechte der männlichen Bürger ein. Denn Töchter und Ehefrauen stehen unter dem Schutz der Verlobten, Ehemänner und Väter. Eben dieser Übergriff in die Rechte der anderen männlichen Bürger, der Väter und Ehemänner, ist der klassische Topos der Tyrannei. In der Ehe, die in der Monarchie als Freischein für die freie Liebe begriffen würde, lebten die Geschlechter wie Junggesellen zusammen. Männer würden weibisch – siehe Eunuchen –, Frauen männlich-militärisch dominant. Kurz, in einer Monarchie sei es um Geschlechtsidentität und die daran hängende Geschlechterhierarchie schlecht bestellt. Unter der Herrschaft des Adels steht die Welt Kopf – folgt man Richardson oder Rousseau, den beiden zentralen Ideologen einer neuen, republikanischen Ordnung. Pervertiert sind nach Rousseau Geschlechterhierarchie und Geschlechtsidentität; Richardson porträtiert die Herrschaft der männlichen Aristokraten als Tyrannei. In beiden Fällen ist es um das Patriarchat geschehen. Um die Geschlechtsidentität und damit die Geschlechterhierarchie zu restaurieren, war die Revolution gegen die weibische Promiskuität, gegen die ewige Travestie, die Aristokratinnen wie Aristokraten zeichnete, angetreten. Heute würde man dieser bürgerlichen Politik vorwerfen, ein heterosexuelles Zwangskorsett durchgesetzt zu haben. Total binär. Mit dem hinreißenden Cherubino sprengen Da Ponte/Mozart jedes Genderkorsett. Nach Rousseau ständen sie damit klar auf der Seite eines in seinen Augen perversen Ancien Régime.

Die Aufklärer vor allen Dingen protestantischer Prägung stellten gegen die adelige Promiskuität, der an heterosexueller Geschlechtsidentität nie etwas gelegen hatte – siehe die schwulen Mignons des Hofes – das natürlich liebende, verheiratete, treue Paar. Die so standfesten wie tugendhaften Frauen sollten die Männer zu dieser neuen Liebe erziehen. Aus Frauen sollten Ehefrauen und

Mütter, aus Männern treusorgende liebende Ehemänner und Familienväter werden. Richardsons *Pamela* bringt dieses bürgerlich-puritanische Umerziehungsprogramm auf den Punkt. Ihr Pfeiler ist das Nein der Frau, ihre Unverführbarkeit außerhalb der Ehe. Mit der Republik sollte das Patriarchat mit seiner Geschlechtsidentität und einer natürlich-gesunden Heterosexualität gegen Zersetzungen aller Art restauriert werden. Nicht die Gleichheit von Frauen und Männern, sondern der Schutz der selbstredend tugendhaften Frauen vor tyrannischen Übergriffen in einer hierarchischen Ehe war bekanntlich Ziel der Revolution. Nie gab es eine ungleichere und gleichzeitig identitärere Geschlechterordnung, als sie das 19. Jahrhundert im Anschluss an die Revolution hervorbrachte.

Mozarts *Figaro* liegt in diesem ideologischen Spannungsfeld zwischen Ancien Régime und neuer Bürgerlichkeit; Mozarts *Opera buffa* situiert sich in der Propagandaschlacht, die das Bürgertum dem Adel im Namen einer neuen Liebesmoral lieferte. Auffälligstes Symptom dafür ist im *Figaro* der Bezug auf das *ius primae noctis*: Das Herrenrecht auf die erste Nacht mit der Braut, eine »Naturalabgabe«, die zusätzlich zu den Heiratsabgaben an den Feudalherren gezahlt werden musste, galt fast sprichwörtlich als Inbegriff tyrannischer Übergriffe des Feudalherrn in das Recht des Ehemanns. Falls es nicht sowieso Fiktion war, so war das *ius primae noctis* im 18. Jahrhundert nicht gesellschaftliche Praxis, sondern Requisit aus der Horrorkiste der Geschichte.

Bemerkenswert, dass bereits in Beaumarchais' *Figaro* wie im bürgerlichen Zeitalter Sex und Geld, nicht aber feudal Sex und Privileg zusammengebunden sind: der Graf, modern, pocht nicht auf sein Privileg, sondern bietet der Kammerzofe Susanna einen Vertrag und eine Geldsumme an – nämlich die Summe, die es Figaro erlauben würde, sich aus seinem mit Marcellina eingegangenen Heiratsversprechen zu lösen. Susannas Widerspenstigkeit gegen den Grafen rührt vor allem daher, dass er ihr nicht verführerisch den Hof macht, sondern sie so wenig schätzt, dass er glaubt, sie für Geld haben zu können. Auch Figaro hatte Marcellina Sex gegen Geld versprochen. Sollte er nicht in der Lage sein, ihren Kredit zurückzuzahlen, muss er sie heiraten. Die Rezeption hat es sich trotzdem nicht nehmen lassen, *Figaro* als einen Aufschrei gegen adelige Privilegien des Ancien Régime und damit als Vorbereiter der Revolution und einer Republik der Freiheit, Gleichheit und Brüderlichkeit zu lesen. Das ist, scheint mir, eine Fehllektüre.

Bereits die Zeitgenossen sahen das Skandalöse des *Figaro* weniger im Politischen – ein Stand gegen den anderen, Figaro gegen den Grafen – als im Sexualpolitischen. Schließlich steht quasi permanent ein *flagrant délit*, und besonders heikel, ein *flagrant délit* zwischen der Gräfin und dem Pagen Cherubino im Raum. Nicht die Frage der Stände, sondern die der Ehe als Besitz- und Herrschaftsverhältnis, die Frage der Geschlechtermoral also steht im Zentrum schon des Theaterstücks.

Nun ist Pornographie, die im 18. Jahrhundert die adeligen Damen und die Nonnen der wildesten Promiskuität zieh, ein wichtiges, ja vielleicht das wichtigste Mittel in der Schlacht der Bürger gegen Adelige und Klerus gewesen; in der Pornographiekampagne gegen Marie Antoinette, der man vorwarf, ihren eigenen Sohn missbraucht zu haben, erreichte sie ihren schrecklichen Höhepunkt. Aber die Bloßstellung der adeligen Damen – das war die revolutionäre Waffe – ist ganz sicher nicht die Moral des *Figaro*. Im Gegenteil: solcher infamen Barbarei sind nur der Graf in seinem absurd eitlen Besitzerstolz und Figaro in seiner eifersüchtigen, schwachen Minute fähig, als er alle zusammenruft, um sie zu Zeugen der Untreue seiner Braut Susanna zu machen. Diese tragischen Szenen, in denen eine Frau durch Augenzeugen öffentlich der Untreue überführt wird und damit erledigt ist, verkehrt die Oper im Handstreich und blamiert die, die meinten, auf die nackten Tatsachen bauen zu können. Zur Unzeit trifft der Graf bei Susanna, zur Unzeit in den Zimmern seiner Frau ein. Nach dem ursprünglichen, vom Grafen durch sein Eintreffen zur falschen Zeit durchkreuzten Plan war Cherubino im Ankleidezimmer der Gräfin, weil er als Susanna verkleidet zum Stelldichein mit dem Grafen geschickt werden sollte. Der Graf, der alle zu Augenzeugen des Fehltritts seiner Frau machen will, traut seinen Augen nicht. Genauso verblüfft ist die gerettete Gräfin, denn nicht Cherubino kommt halbnackt aus dem Ankleidezimmer, sondern – Susanna. Noch eines dieser umwerfenden Quidproquos der Oper. Keine ist erledigt, alle sind gerettet.

Alle anderen decken mit allen Mitteln die Schwäche der Damen für das schönere Geschlecht, das hier von Cherubino, dem schönsten aller Mädchen, verkörpert wird. Die Moral von der Geschicht', die hier gepredigt wird, ist nicht: Reform zu sexueller, ehelicher Treue. Der Anfang vom Ende, Wurzel allen Übels, wie es für Rousseau und a fortiori für das 19. Jahrhundert gilt, ist im *Figaro* auch ganz sicher nicht der Ehebruch – selbst der weibliche nicht. Così fan tutte – vielleicht. Tutti, ganz sicher. Wir sind noch weit entfernt von Pierre-Joseph Proudhons kategorischer Verdammung des Ehebruches als dem Anfang allen Übels: »l'adultère est [...] un crime qui contient en soi tous les autres« (Proudhon:485).

Nicht Unverführbarkeit, sondern Vergebung und Verzeihung ist die höchste Tugend; darin sind die Frauen den Männern haushoch überlegen: »Vergebung verdient der nicht / wer sie anderen nicht gewährt!«; »Perdono non merta / Chi agli altri non da!« (II,8:94 f.), singen Susanna und Rosina, Kammerzofe und Gräfin, im Duett; dem fünfmaligen Nein des Grafen im letzten Akt setzen sie Vergebung und Verzeihung entgegen. Am Ende müssen alle lernen, dass herrschen nur der kann, der unterworfen ist. Souverän herrscht Eros, verkörpert in der Adonisfigur des Cherubino. Er ist auch die Inkarnation der schmelzenden, weichen Musik. Als moderner Troubadour, als Minnesänger dichtet er Liebeslieder, die er als Morgengabe seinen Angebeteten vorsingt. Seine schöne Stimme bezaubert alle Frauen. Hingerissen sagt die Gräfin: »Ich wußte nicht, daß Ihr so schön singen könnt« (II,2:65).

Auch ist es nicht so – und das wäre Bedingung eines republikanisch-bürgerlichen Ideologiestückes –, dass gegen die Libertinage der Frauen des Adels ein tugendhafter, bürgerlicher Stand steht. Im *Figaro* wimmelt es bei den Bürgerlichen und auch bei den Kammerzofen und Kammerdienern nur so von unehelichen Kindern, Ehebrüchen und Liebesintrigen. Die Frauen sind nicht bloß Objekte des Begehrens, sondern völlig selbstbestimmte begehrende Subjekte. Sie zeichnen sich nicht dadurch aus, dass sie tugendhaft immer nein sagen; sie wissen genau, wen sie in ihrem Bett wollen: Susanna will Figaro, Barbarina will Cherubino, Marcellina will Figaro – auf jeden Fall aber einen Mann und warum nicht den Vater ihres Sohnes? –, die Gräfin will ihren Mann zurück. Alle Frauen wollen – eigentlich immer – Cherubino. Aber nicht als Mann.

Gleich zu Beginn insinuiert Bartolo – zu Unrecht, wie ihn Marcellina aufklärt –, dass Susanna, vom Grafen geschwängert, mit einem Kammerdiener verheiratet werden müsse. Bartolo, der Jurist, hat die geschwängerte Gouvernante der Rosina, Marcellina, sitzen lassen; Figaro, kein Kind von Traurigkeit, hat dem Bartolo als intriganter Brautwerber für den Grafen das Bürgermädchen Rosina ausgespannt und dem Curzio ein Kuckucksei ins Nest gelegt. Alle amüsieren sich in diesem Stück ziemlich prächtig und lassen sich auf das Verführungsspiel ein; allein der Graf, der es, wie sich langsam herausstellt, systematisch bei allen Schönen versucht, kommt nicht zum Zug und hat in der Liebe kein Glück. Gegenfigur zum Grafen ist dann auch nicht Figaro, sondern Cherubino – ein Liebesschmetterling.

In dieser Oper voller verblüffender Wendungen ist die Szene, in der die Heirat zwischen Marcellina und Figaro um Haaresbreite verhindert wird, die verblüffendste. Die burleske Restauration der Kleinfamilie macht der bürgerlich-republikanischen Familienmoral, die mit der Revolution triumphieren sollte, komisch den Garaus. Ein Zauberstück – so glücklich ist der Zufall, der die sorgfältig eingefädelte Intrige des Grafen, Marcellinas und Bartolos in Luft auflöst. Ziel dieser Intrige war es, die Hochzeit Figaros mit Susanna zu verhindern. Im allerletzten Moment wird die Heirat zwischen Mutter und Sohn und damit die ödipale Tragödie abgewendet. »Ei suo padre, ella sua madre« (III,5:124), kommentieren alle oft, sehr oft, und können es bass erstaunt gar nicht oft genug wiederholen. Das »madre« wird durch das Stottern des Curzio besonders hervorgehoben. In einem Wimpernschlag verliert Marcellina mit Figaro ihren ersehnten Bräutigam und findet ihren verlorenen Sohn. Aus heiterem Himmel findet Figaro, uneheliches Kind, Mutter Marcellina und Vater Bartolo wieder. Der erkennt seinen Sohn umgehend an und willigt in die Heirat mit Marcellina ein. Post festum wird so aus dem Findelkind Figaro, aus dem unehelichen Kind, ein legitimer Sohn.

Das Pikante an der Szene, die sie zu einer grotesken Verkehrung des bürgerlich-patriarchalen Familienrührstücks macht, ist bloß, dass die Mutter sich eine Sekunde davor noch als Braut ihres Sohnes einklagen wollte. Ihren eigenen Sohn, den einzigen Mann, den sie, wie sie sagt, liebt, wollte sie vor den Traualtar zerren: den von ihr gewährten Kredit kann er nicht zurückzahlen. Entweder zahlen oder heiraten – das, so der Jurist und Vater Bartolo, war der Vertrag zwischen beiden. Mir nichts, dir nichts schlägt die erotische Liebe Marcellinas in zärtlichste Mutterliebe um; Marcellina scheint sich des Horrors ihres inzestuösen Begehrens gar nicht bewusst zu sein, der Schreck fährt ihr nicht in die Knochen; sie ist einfach nur glücklich, ihren Sohn wiedergefunden zu haben. Und der Vater Bartolo, der die von ihm sitzengelassene Mutter seines Sohnes mit der halben Welt verheiraten wollte, um sie bloß nicht selbst zu heiraten, willigt begeistert sofort in die Heirat ein. Dieser verkehrte, so gar nicht mehr tragische Ödipus ist die wohl burleskeste Szene der ganzen Oper. Eine *burla* schlägt dem patriarchalen

Familienszenario ins Gesicht und verkehrt wie nebenbei die Tragödie.

Das ideologische Szenario zwischen bürgerlichem Paar – Figaro und Susanna, die die neue Ehemoral vertreten – und dem Feudalherren, der zwar auf sein Recht verzichtet hat, aber auf die Mädchen im Schloss Jagd macht, ist nur ein Vorwand, um die eigentliche Macht der Liebe in der Figur und in den Arien des Cherubino auf die Bühne zu bringen. Cherubino, unumschränkter Liebling der Frauen, liebt sie alle unterschiedslos: ein *farfallone d'amore*. Mit Cherubino steht und fällt das Patriarchat und die Geschlechtsidentität. Er/Sie verkehrt die Macht- und Besitzverhältnisse, die das Geschlechterverhältnis bestimmen.

Im Gegensatz zur als revolutionär geltenden *Hochzeit des Figaro* Beaumarchais' ist Da Pontes/Mozarts *Figaro* oft als schale Kompromissformel mit den *powers in place* abgetan worden: Beaumarchais' prärevolutionäres Manifest, das im berühmten Monolog des Figaro gipfelt, reduziere Da Ponte im Dienste Josephs II. auf eine Romanze und stumpfe so die revolutionär-politische, den Instanzen des Ancien Régime satirisch jegliche Autorität entziehende Pointe Beaumarchais' ab. Als ein solches, die Autorität veräppelndes Stück – »pièce exécrable« – hatte Ludwig XVI. die Komödie eingestuft und die Aufführung unterbunden. Als prärevolutionäres Manifest, in dem das Volk, vertreten von Figaro, die Privilegien der Aristokratie, repräsentiert durch den Grafen Almaviva, als illegitim brandmarkt und die Aristokratie als eine perverse, immoralische oder amoralische Klasse anklagt, hat der Revolutionär Danton den *Figaro* gesehen und von einem Totschlag der Aristokratie geredet: »Figaro a tué la noblesse!«. Napoleon wird die Sentenz zugeschrieben: »C'est déjà la Révolution en action!«

Martha Nussbaum hat eine andere Opposition als die von Volk und Aristokratie ausgemacht: Indem die Oper Frauen und die Liebe, kurz, das Private in den Fokus rücke, ginge das eigentlich

Politische des Theaterstücks keineswegs wie üblich behauptet verloren, sondern entwickele erst seine ganze revolutionäre Kraft. Gleichheit und Brüderlichkeit seien die von den Frauen gegen die Männer vertretenen Werte, die immer in kompetitiven Hierarchien agierten. In der *Hochzeit des Figaro* stünde die Solidarität und Freundschaft der Frauen gegen Geltungsdrang, Konkurrenzdenken und – salopp gesagt – Potenzgehabe der auf ihrem Egotrip zur Liebe unfähigen Männer, für die die Frauen nichts als Mittel im Kampf um Status seien. Dass die Männer darum kämpfen, der Größte im ganzen Land zu sein, Status und Prestige auf sich zu vereinen, hält sie für ein Erbe des Ancien Régime. Gleich wären die Männer – egal ob Volk oder Aristokratie – in Konkurrenz verbunden. Diese Konkurrenz trügen sie über die Frauen aus: der Graf will Susanna vor Figaro besitzen und gönnt seinem Diener das Glück ihrer Liebe nicht, nach der er sich verzehrt. Figaro hingegen will nicht, dass der Graf bekommt, was ihm gehört. Der Jurist Bartolo verspricht sich, durch seine Rache an Figaro in Sevilla stadtbekannt zu werden: »Ganz Sevilla kennt seinen Bartolo« (I,3:27). An Figaro, der ihm seine Angebetete Rosina für den Grafen ausgespannt hat, will Bartolo sich rächen, indem er Figaro mit der von ihm geschwängerten und dann sitzen gelassenen Gouvernante der Rosina, Marcellina verheiratet. Bartolo betrauert weniger seine verlorene Liebe, die an den Grafen unglücklich verheiratete Rosina, als dass er sich an der Rache an seinem Konkurrenten ergötzt.

Gleich wären die Frauen hingegen in Freundschaft, Teamwork und Gegenseitigkeit, in Lachen und Spiel verbunden. So beförderten sie die Werte der Brüderlichkeit und Gleichheit. Als eigentliche Gegenfigur zu dieser Männlichkeit, wie sie sowohl das Ancien Régime als auch die neuen bürgerlich-revolutionären Regime zeichneten, sieht Nussbaum Cherubino. Er stünde für eine Liebe, die kein Egotrip sei und Frauen nicht auf Statussymbole reduziere.

Aber so einfach ist das auch nicht: Susanna und Marcellina sind, bevor sie Schwiegermutter und -tochter werden, in einen ziemlichen Zickenkrieg verbissen; Susanna sei eine Schlampe, insinuiert Marcellina, die es für Geld mit dem Grafen macht und aus Geldgründen von Figaro geheiratet wird; sie ein alter Besen, eine spröde Gelehrte, hält Susanna ihr selbstverständlich perfekt höfisch verschleiert entgegen, die es auf junge Männer abgesehen hat. Die Gräfin beklagt sich bitter, dass die notorische Untreue ihres Mannes sie in die Solidarität mit ihrer Dienerin zwingt: »In welch erniedrigenden, verhängnisvollen Zustand bin ich durch die Grausamkeit meines Gemahls geraten: in einem unerhörten Wirrwarr von Treulosigkeit, von Eifersucht und Vorwürfen hat er mich erst geliebt, dann gekränkt, schließlich betrogen, und jetzt muß ich bei einer Dienerin Hilfe suchen« (III,8:133–135).

Richtig ist allerdings, dass die Frauen angesichts des übermächtigen männlichen Feindes zusammenhalten, um die Männer auszutricksen. Da Pontes/Mozarts *Figaro* nimmt weniger den tyrannischen Übergriff des promisken, machtmissbrauchenden Feudalherrn in die Rechte der anderen Männer über die Körper der Frauen als den tyrannischen Besitzanspruch aller Männer in der patriarchalischen Ehe aufs Korn. Nicht der Adel unterdrückt die Bürger, die Männer unterdrücken das »arme Geschlecht« (IV,4:159) der Frauen. Marcellina unterstützt Susanna, als sie diese nicht mehr als Konkurrentin sieht, in weiblicher Solidarität gegen die aus Eifersucht und Besitzanspruch erwachsende Grausamkeit ihres eigenen Sohns, der sie vor allen bloßstellen und ihren Ruf ruinieren will:

Presto avvertiam Susanna:
Io la credo innocente: quella faccia,
Quell'aria di modestia … è caso ancora
Ch'ella non fosse … ah quando il cor non ciurma
Personale interesse,
Ogni donna è portata alla difesa
Del suo povero sesso,
Da questi uomini ingrati a torto oppresso.
Il capro e la capretta
Son sempre in amistà,
L'agnello all'agnellatta
La guerra mai non fa.
Le più feroci belve
Per selve e per campagne
Lascian le lor compagne
In pace e libertà.
Sol noi povere femmine
Che tanto amiam questi uomini,
Trattate siam dai perfidi
Ognor con crudeltà.

Schnell, warnen wir Susanna:
Ich glaube, sie ist unschuldig; dieses Gesicht,
dieses bescheidene Auftreten … es wäre doch Zufall,
wenn sie nicht … ah, wenn das Herz nicht
durch persönliches Interesse betrogen wird,
ist jede Frau bereit,
ihr armes Geschlecht zu verteidigen,
das von diesen undankbaren Männern zu Unrecht unterdrückt wird.
Der Ziegenbock und die Ziege
leben immer in Freundschaft;
das Lamm und sein Lämmchen
bekämpfen sich niemals.
Die wildesten Tiere
in Wäldern und Feldern
lassen ihren Gefährtinnen
Frieden und Freiheit.
Nur uns arme Frauen,
die wir diese Männer so lieben,
behandeln die Treulosen
immer auf grausame Art.
(IV,4:158 f.)

Völlig pervers verhalten sich die Männer: In der freien Natur lassen selbst die Bestien ihre Gefährtinnen in »Frieden und Freiheit« (IV,4:159). Marcellina nimmt das Motiv des wilden Tieres auf, mit dem bereits Basilio, der Musiklehrer und Kuppler, den Grafen kennzeichnete. Der Mann, klagt Marcellina, ist schlimmer als eine Bestie. Dieses Motiv wird zum Topos des Feminismus: die bürgerlich-patriarchalischen Geschlechterverhältnisse reproduzieren die Unterdrückungs- und Ausbeutungsverhältnisse zwischen den Klassen. Wie die Bürger die Arbeiter, so unterdrückten und beuteten die Männer die Frauen aus. Der Topos der Tyrannei, die den Grafen qua Stand trifft, und sich in seinem Übergriff auf die Rechte anderer Männer ausdrückt, wird hier auf das ganze männliche Geschlecht ausgeweitet. Die Männer leben mit den Frauen anders als in den natürlichen Verhältnissen nicht in Freundschaft zusammen; sie unterdrücken das andere Geschlecht und rauben ihm tyrannisch Frieden und Freiheit.

Mit Frieden, vor allen Dingen aber mit der Betonung der Freiheit, *libertà*, auf der die Kanzone schließt, wird der revolutionäre Wert par excellence hervorgehoben. Nicht von der Tyrannei des Feudaladels will hier das Volk, sondern von der Tyrannei der Männer wollen die Frauen befreit sein. Grausamkeit und Perfidität – die beiden klassischen, gegen die Feudalaristokratie gewendeten Kampfbegriffe, werden gegen die Männer aller Klassen gewandt: »Trattate siam dei perfidi ognor con crudeltà« (IV,4:158). In der grausamen Unterdrückung der Frauen durch die Männer, nicht des Volkes durch die Feudalherren, liegt die widernatürliche Perversion, die der *Figaro* anprangert. Die Frauen solidarisieren sich mit ihrem Geschlecht und setzen sich über Blutsbande hinweg: Marcellina singt hier gegen ihren Sohn Figaro – und zwar nicht im Namen der unbezweifelbaren Unschuld ihrer Schwiegertochter, sondern aus Prinzip. Die Frauen der Untreue coram publico zu überführen, sie im Akt des Liebemachens vor aller Welt an den Pranger zu stellen, den Ruin einer Dame in Kauf zu nehmen, wird von Susanna als Skandal und Tumult, Aufruhr im Haus, von der Gräfin als skandalöse Ehrabschneidung – »Porreste a repentaglio D'una dama l'onore?« (II,3:78) – gesehen. Die Wörter, die der Graf für die vermutete Untreue seiner Frau findet, sind hart: »infida«, »empia« (II,6:88): treulos, ruchlos. Der Geschlechterkrieg und nicht der Klassenkampf ist das Herz der Oper. Klarstes Indiz dafür ist die von der Oper vorgenommene Ersetzung des berühmten Monologs Figaros durch das Klagelied der Marcellina.

Phallischer Wettbewerb: wer führt hier eigentlich Regie?

Genau wie Figaro, der ansagt, wo es langgeht – »non sarà. Figaro il dice« (I,2:20) –, möchte auch Susanna, dass alles nach ihrer Pfeife tanzt: »perch'io son la Susanna« (I,1:16). Beide definieren sich durch dieses geschickte Können, das die Pläne des Grafen durchkreuzen soll. Der Graf will die Hochzeit hinauszögern, weil er mit Susanna ins Bett will. Figaro will noch an diesem Abend Hochzeit feiern, damit er mit Susanna ins Bett kann. Wie Figaro möchte Susanna die Strippen ziehen und alle andern, vor allen Dingen aber den Grafen austricksen. Auch muss sie Figaro auf die Sprünge helfen und ihn, den perfekten Hofmann und Intriganten, erst über die Absichten des Grafen aufklären, die Figaro bei aller Messgenauigkeit nicht überreißt. Figaro, der bei seinem ersten Auftritt ihr Hochzeitszimmer vermisst, um einen geeigneten Platz für das Bett ausfindig zu machen, schätzt die Situation – wer mit wem wo in welchem Bett? – vollkommen falsch ein.

Susanna befindet sich mit Figaro in einem offenen Wettbewerb darum, wer der erfolgreichere Regisseur ist. Wie in einem Krimi geht es auch in der Oper dauernd um die Manipulation von Indizienbeweisen für die Untreue: das Militärpatent von Cherubino dient dem Grafen, die Hutnadel, die er für Susannas hält, dem Figaro als ein solches Indiz für die Untreue der Frauen. Figaro ist glücklicherweise Manns genug, glänzend mit Susanna zusammenzuspielen und über weite Strecken ihre Überlegenheit einzuräumen – bis er selbst scheinbar Opfer ihrer Intrige wird: Um ihn von seiner besitzergreifenden Eifersucht zu heilen, macht Susanna ihn glauben, sie gäbe dem Grafen ein Stelldichein im Garten; gleich würde sie sich mit ihm im Schutz der Dunkelheit, brennend vor Sehnsucht, in die Büsche schlagen.

Figaro, der, wie er in bitterer Selbstironie anmerkt, der »Rolle des Ehemannes« (IV,8:167) nachgeht, trommelt alle zusammen, den Ruin des Rufes seiner Braut zu besiegeln. Die Szene nimmt ein mythologisches Szenario auf. Die berühmteste Darstellung dieses berühmtesten Ehebruchs in olympischen Gefilden verdanken wir Tintoretto. Vulcan, der Ehemann von Venus, fängt seine Frau in einem Netz mit deren Liebhaber Mars.

Tutto è tranquillo e placido; *Entrò la bella Venere;* *Col vago Marte prendere,* *Nuovo Vulcan del secolo* *In rete la potrò.*	*Alles ist ruhig und friedlich,* *die schöne Venus ging hinein;* *mit dem lüsternen Mars kann ich,* *der neue Vulkan der Epoche,* *sie in meinem Netz fangen.* (IV,13:182 f.)

Gerade noch rechtzeitig erkennt Figaro Susanna an ihrer Stimme und ist dann so gewitzt, es ihr mit gleicher Münze heimzuzahlen und einen wilden Flirt mit ihr alias der Gräfin zu beginnen. Susanna erweist sich im Verbund mit Rosina und Cherubino als die erfolgreichere Regisseurin. Der Graf wird seiner notorischen Untreue, Figaro seines ehemännlichen Besitzanspruches überführt. Barbarina bekommt, was sie will: ihren Cherubino. Er bleibt den Damen des Schlosses erhalten und darf heiraten; dem Grafen gelingt es nicht, ihn zum Militär zu verbannen. Auch der Graf macht seiner Gräfin, die den Verlust der Liebe elegisch besingt, wieder den Hof. Figaro muss lernen, dass die Liebe frei ist, lernen auch, Susanna *malgré tout* zu vertrauen.

Männern wie Frauen geht es um dasselbe: um Überlegenheit, um phallische Macht, die sich in jedem libertinen Roman des 18. Jahrhundert darin äußert, wer tatsächlich Regie führt. Die liegt eben in der Fähigkeit, durch Geistesgegenwart und Esprit die anderen nach seiner Pfeife tanzen, sie so handeln zu lassen, wie es einem gefällt, um zu bekommen, was man möchte. Der *Figaro* ist so Theater im Theater, Spiel im Spiel, und eine Studie zur Wirkung des Theaters. Am Ende müssen aber alle diesem Willen zur Macht um der Liebe willen entsagen und um Verzeihung bitten. Die einzige souveräne Kraft, die alle gleich unterwirft, ist nicht phallische Macht, sondern der Eros.

Bestes Beispiel für dieses Theater im Theater ist der von Figaro in Kooperation mit Susanna inszenierte Hochzeitszug, der gleich zweimal jubelnd singend auftritt, um Großmut und Weisheit des Grafen zu loben und ihn zur Verheiratung zu zwingen. Ihr Herr, so der Chor der »Bäuerinnen und Bauern« (I,8:47), fordere sein Recht auf die erste Nacht mit der Braut nicht ein, sondern gebe sie jungfräulich unberührt in die Arme des Bräutigams.

Il suo gran core	*Sein Herz voller Großmut*
Vi serba intatto	*erhält unberührt euch*
D'un più bel fiore	*einer schöneren Blüte*
L'almo candor.	*heiliges Weiß.*
	(I,8: 46 f.)

Vor aller Welt soll der Graf Susanna den weißen Jungfernschleier, Symbol bräutlicher Unberührtheit, aufsetzen. Jeder weiß, dass der Graf ganz offen die Absicht verfolgt, noch vor der Hochzeit mit Susanna zu schlafen. Die unbefleckte, keusche Blume – »D'un più bel fiore l'almo candor« (I,8:47) – hat er gerade noch versucht, ins Bett zu kriegen. Dabei ist er in ihrem Schlafzimmer auf Cherubino, versteckt in ihren Röcken, gestoßen. Übrigens vor Zeugen, denn Basilio, der Kuppler, weiß nicht nur, dass Cherubino den Verführungsversuch des Grafen überhört, sondern er weiß auch um die heikle In-flagranti-Situation von Cherubino und Susanna, Page und Kammerzofe. Den Mädchen, die im Chor die Großmut ihres Herrn in höchsten Tönen besingen, die Braut unberührt gelassen zu haben, ist der Graf, wie sich nach und nach herausstellt, auch an die Wäsche gegangen. Kurz, alle sind im Bilde, dass sie hier Theater spielen.

Kein Wunder, dass der auf dem falschen Fuß erwischte Graf

sich fragt, was das Theater soll: »Cos'è questa commedia?« (I,8:46) Allein, er wird durch die Inszenierung Figaros gezwungen, gute Miene zum bösen Spiel zu machen und sich coram publico des Preises und Lobes als würdig zu erweisen, selbst Theater zu spielen und sich über die Ehrerbietung seiner Untertanen zu freuen. Das ungerechte Gesetz, »e un dritto ingiusto« (I,8:48), das dem Feudalherrn das Recht auf die erste Nacht mit der Braut gäbe, habe er doch schon abgeschafft. Jetzt kann der Graf nur noch hoffen, dass seine Intrige, Marcellina mit Figaro zu verheiraten, sich gegen Figaros Intrige durchsetzt.

Das überschwängliche Lob des gesamten Hofpersonals für die keusche Braut Susanna und Figaro inszeniert Figaro gleich zweimal. Beim zweiten Mal ist es fast noch komischer, denn jetzt stehen gleich zwei Paare vor dem Grafen. Und immer singt der Hofstaat dasselbe: sie sind voll des Lobes für den Herrn, der eine reine, unberührte Blume verheiratet und auf das Recht der ersten Nacht verzichtet. Und alle wissen, dass er allem, was Röcke trägt, nachstellt.

A un dritto cedendo, *Ch'oltraggia, che offende,* *Ei caste vi rende* *Ai vostri amator.*	*Auf ein Recht verzichtet er,* *das beleidigt und verletzt,* *und keusch gibt er euch* *euren Liebhabern zur Frau.* (III,14:150 f.)

Das ist natürlich besonders witzig, weil mit der Mutter des Figaro sicher keine unberührte Blume vor ihm steht.

Als der Graf Susanna die Jungfernhaube mit weißen Federn aufsetzt, steckt sie dem Grafen einen Liebesbrief zu. Susanna hat ihn nach dem Diktat der Gräfin geschrieben. Das weiß der Graf natürlich nicht, der sich glücklich schätzt, mit Susanna doch noch vor deren Hochzeit ein Liebesstelldichein zu erhalten. Besiegelt ist er mit einer Hutnadel, an der der Graf sich sticht, sodass er das Blut von seinem Finger lutscht. Die Intrige des Grafen scheint doch noch überraschend von Erfolg gekrönt. Der Graf versteht nichts: »capisco il gioco« (III,14:150), irrt er sich, denn hier gibt ihm nicht Susanna, sondern undercover seine eigene, vernachlässigte Frau ein Liebesstelldichein, um ihn in die Falle zu locken und ihn als Womanizer zu überführen. Aber auch, um mit ihrem Gatten während eines romantischen Tête-à-Tête im leichten Windhauch unter duftenden Pinien zu tändeln und die verlorengegangenen schönen Stunden der Liebe wiederzufinden. Figaro zieht dazu den Grafen in eine Fandangoszene. Jetzt tanzt der Graf nach seiner Pfeife, ist Figaro siegesgewiss.

In der Metapher des Tanzes hatte Figaro klargemacht, dass er den Takt des Ränkespiels vorgeben will. Das kündigt er gleich zu Beginn an und der Graf wird ihm dabei als sein Schüler im Diminutiv zum »Gräflein«:

Se vuol ballare	*Will er tanzen,*
Signor Contino,	*der Herr Gräflein,*
Il chitarrino	*mit der Gitarre*
Le suonerò.	*spiel ich ihm auf.*
Se vuol venire	*Will er lernen*
Nella mia scuola	*in meiner Schule,*
La capriola	*die Kapriole*
Le insegnerò.	*bring ich ihm bei.*
Saprò … ma piano,	*Ich find es heraus … aber sachte,*
Meglio ogni arcano	*kann jedes Geheimnis*
Dissimulando	*durch Verstellung entdecken,*
Scoprir potrò!	*das ist kein Problem.*
L'arte schermendo,	*Finten wehr ich ab,*
L'arte adoprando,	*Finten wend ich an,*
Di qua pungendo.	*hier stech ich zu,*
Di là scherzando,	*dort sag ich's im Scherz.*
Tutte le macchine	*Alle Machenschaften*
Rovescierò.	*bring ich zu Fall.*
	(I,2:22 f.)

In der Fandangoszene, der schärfsten Konfrontation zwischen Graf und Figaro, glaubt sich Figaro am Ziel: er hat den Grafen zu seiner Marionette gemacht und ausgetrickst. Der *Figaro* inszeniert diese Überlegenheit in der Metapher eines skandalösen, ja eines als obszön geltenden Tanzes, der, wie alles Exotisch-Erotische, ein Import aus einem in den Augen des damaligen Europas nicht wirklich westlichen, sondern maurischen Kulturkreises – Andalusien nämlich – war. Der begeisterte Casanova jedenfalls befand, dass nichts diesen Tanz an erotischer Explizitheit übertreffen könne. Den erotisch aufgeladenen, erregenden Fandango, Gipfel der Laszivität, beschreibt er als eine öffentliche Inszenierung des Liebemachens vor aller Augen.

Figaro – so muss man das damals Implizite explizieren – besorgt es dem Grafen. Er, der strategisch Überlegene, unterwirft diesen sexuell. Der Graf wird, wie eine verharmlosende Metapher pars pro toto andeutet, in seinem vermeintlich süßen Sieg vor aller Augen von Figaro gelegt. Kurz darauf, um das Maß der Andeutungen voll zu machen, sticht er sich an der Hutnadel, die vermeintlich Susanna gehört und lutscht sich – eine bis heute durchsichtige Anspielung – das Blut vom Finger; ein trügerisches Zeichen, weil es ihm auf den ersten Blick den Erfolg signalisiert, Susanna hätte ihm ein Stelldichein gewährt.

Ausgetrickst wird der Graf, dem alles zum Rätsel wird und der nur noch Bahnhof versteht. Mit dem Grafen wird die *patria potestas* und das Tyrannische der Ehemänner im Allgemeinen ausgehebelt. Der tyrannisch-eifersüchtige Anspruch auf die Treue der Ehefrau, die im Alleinbesitz des Mannes gewähnt wird, ist letzten Endes ein auf den anderen Mann gerichtetes Begehren: er soll nicht genießen dürfen, was ich genießen möchte. In dieser Hinsicht sind der Graf und Figaro nicht entgegengesetzt, sondern gleich.

Die *Hochzeit des Figaro* ist vehemente Kritik an der Herrschaftsform der patriarchalischen Ehe. Damit kritisiert die Oper weniger das Ancien Régime, sondern das patriarchal-republikanische Bürgertum, das diese Ehe im 18. Jahrhundert entwickelte und sie nach der Revolution zur Norm erheben sollte. Der Graf, der seine Ehefrau nicht mehr begehrt und außerhalb der Ehe Barbarina oder Susanna nachstellt, wird zur »bestia« (I,7:40), wenn ein anderer Mann seine Ehefrau, die Gräfin begehrlich anblickt. Er ist grauenhaft eifersüchtig und der Gedanke, betrogen zu werden, ist ihm aus Selbstliebe unerträglich. Die Eifersucht ist Ausdruck von Homosozialität, Besitzstandswahrung. Nicht Liebe, sondern Eigenliebe bestimmt die »Ehemänner von heute«: »prinzipiell untreu, von Natur launisch, und aus Stolz dann alle eifersüchtig« (II,1:55), weiß die Gräfin.

Die Eifersucht des Grafen Almaviva, aber auch die Frauenschelte des Figaro tun den Frauen unrecht. Die Ehemänner zu rächen, die Frauen als Femmes fatales, als verderblich-gefährlich zu beschimpfen, bricht Figaro auf:

Tutto è disposto: l'ora
Dovrebbe esser vicina; io sento gente.
È dessa … non è alcun … buia è la notte …
Ed io comincio omai,
A fare il scimunito
Mestiero di marito.
Ingrata! Nel momento
Della mia cerimonia
Ei godeva leggendo: e nel verderlo
Io ridevo di me senza saperlo.
Oh Susanna, Susanna,
Quanto pena mi costi,
Con quell'ingenua faccia …
Con quegli occhi innocenti …
Chi creduto l'avria?
Ah che il fidarsi a donna è ognor follia.
Aprite un po' quegl'occhi,
Uomini incauti e sciocchi,

Alles ist arrangiert: es müßte
bald soweit sein; ich höre Leute.
Sie ist es … es ist gar niemand …
schwarz ist die Nacht …
Und ich beginne jetzt
die dämliche Rolle
des Ehemanns zu spielen.
Undankbare! Im Augenblick
meiner Hochzeitsfeier
hatte er seinen Spaß beim Lesen;
und als ich's sah,
da lachte ich – über mich, ohne es zu wissen.
O Susanna, Susanna,
wie tust du mir weh,
mit diesem reinen Gesicht …
mit diesen unschuldsvollen Augen …
Wer hätte das gedacht?
Ach, einer Frau zu trauen ist allemal verrückt.

Guardate queste femmine,
Guardate cosa son!
Queste chiamate Dee
dagli ingannati sensi
A cui tributa incensi
La debole ragion,
Son streghe che incantano
Per farci penar,
Sirene che cantano
Per farci affogar,
Civette che allettano
Per trarci le piume,
Comete che brillano
Per toglierci il lume;
Son rose spinose,
Son volpi vezzose,
Son orse benigne,
Colombe maligne,
Maestre d'inganni,
Amiche d'affanni
Che fingono, mentono,
Amore non senton,
Non senton pietà,
Il resto nol dico,
Già ognuno lo sa!

Öffnet ein wenig die Augen,
ihr unvorsichtigen, dummen
Männer,
schaut euch diese Frauen an,
schaut nur, wie sie sind.
Göttinnen heißen sie
die betrogenen Sinne,
Weihrauch opfert ihnen
der schwache Verstand,
doch es sind Hexen, die mit ihrem
Zauber
uns leiden lassen;
Sirenen, die mit ihrem Gesang
uns ertrinken lassen;
Käuzchen, die mit ihrem Lockruf
uns die Federn ausreißen,
Kometen, die durch ihren Glanz
uns das Augenlicht rauben.
Dornige Rosen sind's,
charmante Füchsinnen,
gutmütige Bärinnen,
bösartige Tauben.
Meisterinnen der Täuschung,
Freundinnen des Quälens,
die sich verstellen, lügen,
Liebe nicht fühlen,
Mitleid nicht fühlen.
Den Rest will ich nicht sagen,
den weiß schon ein jeder!
(IV,8:166 ff.)

Eine Ellipse markiert, wie üblich, den Liebesakt. In dieser »Antistrophe«, mit diesem Gegenlied zum Lied seiner Mutter vergleicht auch Figaro die Tier- mit der Menschenwelt.

Zwar sind die Frauen nicht schlimmer als wilde Tiere, aber man weiß einfach nie, woran man bei diesen täuschenden, trügenden Wesen ist. Diese Frauenschelte hat eine lange Tradition. Merkur bezichtigt die Frauen in der *Aeneis* des Wankelmuts: Aeneas, dem

»Weiberknecht« (Vergil: *Aeneis*, IV, V. 266), der Didos Stadt Karthago errichtet, statt sein eigenes Reich zu gründen, sagt Merkur, es sei töricht, auf die Treue der Frauen zu bauen; wie ein Rohr im Wind würden sie schwanken, einmal hierhin, einmal dorthin, in ihrer Zuneigung seien sie nicht stabil, sondern ein buntscheckig Ding, ein geflickter Stoff – eine perfide Verleumdung, um Aeneas in Richtung imperiale Mission auf Kurs nach Rom zu bringen. Die verlassene Dido nimmt sich aus Liebe zu Aeneas das Leben. Dieselbe Diagnose finden wir dann später in der berühmten Arie »La donna è mobile« im *Rigoletto* – und auch hier stellt sich dies als Verleumdung heraus, denn während der dieses Lied singende König mit allen Frauen schläft, gibt die, die ihn treu bis in den Tod liebt, ihr Leben für ihn hin.

Susanna hingegen wird Figaro enttäuschen: sie spielt ihm die untreue Frau vor, deren Liebesverlangen nicht ihm, sondern einem anderen gilt. Das sinnlich-erotische Liebeslied, eine heimliche Liebeserklärung an Figaro, steht in der Tradition der Anakreontik, Inbegriff einer aristokratischen Gattung, des freien Feierns der Liebe in der Harmonie der Natur. Die Oper richtet sich so nicht gegen das Ancien Régime, sondern im Namen der freien Liebe gegen die Geschlechterhierarchie, wie sie die patriarchalische Ehe in der Monarchie und stärker noch in einer Republik freier und gleicher Ehemänner und Familienväter bestimmt. Es ist dies eine Liebe vor der Revolution. Dem Sollwert der aus den Republiken hervorgegangenen, modernen Demokratien der authentischen, treuen, partnerschaftlichen Liebe auf Augenhöhe wird nicht das Wort geredet.

Da Ponte/Mozart bringen raus, was schon *Figaro* war: hier lehnen sich nicht die Schwachen gegen vermeintliche, adelige Privilegien, gegen sogenannte Herrenrechte auf. *Figaro* ist kein bürgerliches Reformstück im Sinne tugendhafter, bürgerlicher Weiblichkeit und reformierter Männlichkeit, sondern eine libertine, karnevaleske Komödie; an diesem »verrückten Tag« wird alle

Autorität auf den Kopf gestellt. Da Ponte/Mozart sind keine Parteigänger der neuen bürgerlichen Liebesmoral, nach der gelten soll: »*Love and marriage go together like a horse and carriage.*« Des frei umherschweifenden Eros galt es Herr zu werden; gebunden werden sollte er an die Ehe und an eine unbezweifelbare Geschlechtsidentität.

Was Mozarts Opern so unwiderstehlich macht, ist das Hereinbrechen einer anderen Macht. Dieser sind die Subjekte unterworfen. Lustvoll hängen sie hingegeben, verletzt in deren süßen Fesseln. Jeder Widerstand ist zwecklos. Diese Macht liegt jenseits der Hierarchie, wie sie konventionell die Heterosexualität bestimmt; sie geht nicht zielführend auf den Vollzug des Geschlechtsverkehrs. Sie will sich den anderen nicht utilitaristisch zu eigen machen. Sie ist a-ökonomisch. Verkörpert wird sie in *Nozze di Figaro* in Cherubino, dessen Begehren zu süßer Musik, dessen Singen Liebe wird, die quer zur hierarchisch-tyrannischen, auf Besitzrechte am Weiblichen drängenden Heterosexualität steht.

Cherubino: die Geburt des Gesangs aus der Liebe

Die hinreißende sinnliche Verführung liegt bei einer Figur, die weder Mann noch Frau ist: der Cherubino d'Amore. Ihn zu bezeichnen, bedarf es einer neuen, zwischen dem Männlichen und dem Weiblichen gekreuzten Sprache: ein »damerino« (I,7:42), ein »damoiseau« wird er genannt. Ein Knabe, ein Kind fast noch, viel, viel zu jung, um Liebhaber zu sein – verteidigen sich die Frauen. Da seine Stimmlage ein Mezzosopran ist, wird er von einer Sie gesungen. Der Mezzosopran als Stimme der sehnsüchtigen Liebe tritt hier an die Stelle des Tenors. Vielleicht sollte man nicht von einer Hosenrolle sprechen, ist Cherubino doch die weiblichste Figur auf der Bühne, das schönste aller Mädchen. Binäre Geschlechter werden tatsächlich durchkreuzt: Cherubino, als Bühnenfigur ein Junge in Mädchenkleidern, wird de facto von einer Frau in Männerkleidern gesungen, die als Mädchen »verkleidet« wird.

Cherubinos unwiderstehlicher Charme liegt darin, dass er/sie die binäre Geschlechtsidentität durchkreuzt. In dieser karnevalesken Komödie kommt er tändelnd, galant, glänzend in den Farben der Weiblichkeit: weißer sind seine Arme als die der schönsten Frauen, rosiger seine Wangen. Ein Transvestit ist Cherubino tatsächlich meistens in drag: so girly! In der Figur des Cherubino verrücken Da Ponte/Mozart das heterosexuelle Begehren. Ist das Strumpfband Kurzformel dafür, dass man am Ziel seiner Wünsche angekommen ist, so wird das Begehren hier auf das Band, die Schleife, das Verzieren und das Schmücken, das sich Herausputzen selbst verschoben. Möchte der Graf den Frauen an die Wäsche, dann möchte Cherubino die Wäsche der Frauen. Cherubino interessiert sich ganz im Gegensatz zu einem richtigen Mann, der dem Cliché zufolge eine Frau nicht an-, sondern auszieht, fürs Anziehen, fürs Anbändeln. Cherubino ist von Kleidern, Stoffen, Bändern und Schleifen, Spitzen und Federn, Broschen, vom ganzen Tand der Weiblichkeit angezogener als von der weiblichen Nacktheit.

Cherubino, sicher kein gestandenes Mannsbild, steht quer zum heterosexuellen Begehren. Grundsätzlich kommt er dem Grafen und damit dem heterosexuellen »Geschlechtsvollzug« in die Quere. Cherubino steht im Weg. Er ist immer da, wo der Graf hinwill. Ständig ist er in einer Situation des *flagrant délits*. Höchst erregt sind die Frauen, wenn sie vom Grafen in dieser sie kompromittierenden Situation – così fan tutte – überrascht werden. Der sich wie ein Liebhaber versteckende Cherubino überhört so immer und immer wieder die misslingenden Verführungsversuche des Grafen. Der Graf, der etwas von Barbarina will, trifft dort auf – Cherubino. Der Graf, der etwas von Susanna will, trifft dort im Nachspielen des Versteckspiels bei Barbarina an eben derselben Stelle auf – Cherubino: vorsichtig langsam, erzählt der Graf in Susannas Boudoir, hebt er das Tischtuch in Barbarinas Zimmer und findet dort den Pagen versteckt. Und jetzt, in eben dieser, von ihm ja nur zur Anschauung vorgespielten Suche – er traut seinen Augen nicht und kann es kaum fassen: schon wieder Cherubino! Im Boudoir seiner Gattin ist der Graf sicher, auf den halbnackten Cherubino zu treffen. Das Mädchen, das die Gräfin unter den lobend jubelnden jungen Frauen als die Schönste entdeckt und unter den Augen des Grafen küsst, ist – Cherubino. Mittlerweile ist diese Situation so zum Running Gag geworden, dass Barbarina trocken sagt: »Non sarà cosa nuova …« (III,7:132). Das sich prompt, treu bis zum Schluss, »Dauer im Wandel«, ist man versucht zu sagen, wiederholt. Als der Graf Susanna alias seine Frau nachts zum Stelldichein treffen will, wäre ihm Cherubino, der ihm ursprünglich statt Susanna hätte untergeschoben werden sollen, um Haaresbreite wieder in die Quere gekommen.

Von vornherein will der Graf Cherubino aus der weiblichen in die männliche Welt zum Militär verbannen. Figaro stellt die beiden Welten kontrastierend gegeneinander; unversehens gerät ihm der tändelnde Reigen zum Militärmarsch mit schneidiger Blasmusik. Ein ganzer Mann muss der arme Cherubino beim Militär werden, droht Figaro komisch, mit Bart und Schnurrbart, fluchen statt kosen, sein rosiger Teint wird sonnenverbrannt, nicht geschmückt, sondern gerüstet, nicht tänzelnd anbändelnd, sondern im Marschschritt, nicht unter Frauen, sondern unter Männern, nicht drinnen, sondern draußen. Die Natur ist hier keine arkadische Liebeslandschaft, sondern feindlich extrem. Die petrarkistischen Paradoxien der Liebesklage – ich glühe, ich zittere – werden in dieser Kriegslandschaft buchstäblich wahr: eisiger Schnee und glühende Sonne. Nichts ist wohlgeordnet, alles wüst, der Kriegsgott Mars ahmt Jupiter nach: Donner und Blitz sind menschengemacht und werden von den Waffen produziert. Kurz, männlicher Tod statt weiblicher Liebe.

Tra guerrieri poffar Bacco!
Gran mustacchi, stretto sacco.
Schioppo in spalla, sciabla al fianco,
Collo dritto, muso franco,
Un gran casco, o un gran turbante,
Molto onor, poco contante!
Ed invece del fandango
Una marcia per il fango
Per montagne, per valloni
Con le nevi e i sollioni
Al concerto di tromboni
Di bombarde di cannoni
Che palle in tutti i tuoni
All'orecchio fan fischiar.

Unter Soldaten, Donnerwetter,
großer Schnurrbart, schmaler Beutel,
Gewehr geschultert, den Säbel zur Seite,
Rücken gerade, Blick verwegen,
großer Helm oder großer Turban,
viel Ehre, wenig Geld,
und statt des Fandango
ein Marsch durch den Fango,
über Berge, durch tiefe Täler
bei Schnee und Sonnenhitze,
im Konzert der Posaunen,
der Mörser und Kanonen,
die die Kugeln in allen Tönen
um die Ohren pfeifen lassen.
(I,8:52 f.)

Hinter dem Paar von Gräfin und Cherubino leuchtet die mythologische Konstellation von Adonis, Venus und Mars auf. Interessant, wie diese tragische Konstellation in der Oper sowohl bis ins Detail aufgenommen als auch heiter entschärft wird. Als Patin des Cherubino ist die Gräfin in der mütterlichen Rolle der Venus; sie muss seine Wege behüten, er steht unter ihrem Schutz. Diese Beziehung steht ihrem gegenseitigen Begehren aber nicht im Weg. Wie Cherubino ist der mythologische Adonis ein junger Mann, bartlos, fast noch ein Kind, Liebling aller Frauen. Der weibliche Kult um Adonis ist der um einen verletzten oder einen vergehenden, gar von einer phallischen Kraft gemordeten Gott, der die Schönheit schlechthin verkörpert. Schön wie Adonis, das sagen wir heute noch. Und wie Adonis schwebt Cherubino ständig in Lebensgefahr. Cherubino muss sein Leben nicht lassen und landet in den Armen der Barberina.

Der eifersüchtige Widersacher des Adonis ist Mars, der Kriegsgott, Liebhaber der Venus, der ihn in Gestalt eines Ebers – phallische Rache an dem Frauenliebling – aufspießt. In den *Metamorphosen* tränkt die untröstliche Venus mit seinem Blut die Anemone, in die Adonis verwandelt wird; blutrot färbt sie sich. Im *Figaro*, alles weniger tragisch, stillt Cherubino sein Blut mit einer der Kammerzofe Susanna entwendeten Schleife der Gräfin. Was er heiß begehrt, ist das Band: »Oh caro, oh bello, o fortunato nastro!« (I,5:30) Die Gräfin will ihre Schleife durch einen richtigen Verband aus »inglese taffetà« (II,2:70) ersetzen. Cherubino hingegen ist überzeugt, dass die Schleife mit jeder Stelle, wo sie die Haut der Gräfin berührt hat, alle seine Wunden heilt – die Berührungsreliquie wird fetischistisch erotisiert. Zum ersten Mal hört die Gräfin, neckt sie, von einer solchen heilbringenden Wirkung ihrer Schleifen.

Qua Position verhindert Cherubino, immer in den Röcken der Frauen, zwischen Bändern und Schleifen, geschmückt und schmückend mit den Blumen der Rhetorik, den männlich-erwachsenen Geschlechtsakt. Kurz, die Adonisliebe steht der erwachsenen, männlich-ausgereiften Liebe im Weg. Zum Zug kommt Cherubino selbst nicht, es ist nicht klar, dass er Sex hat, er ist vielmehr Fleischwerdung des Eros. Eine der reizendsten Szenen der Oper ist die Verkleidung des Cherubino als Mädchen, der ursprünglich nach Figaros Plan anstelle Susannas zum Stelldichein mit dem Grafen eilen soll – um den Grafen bloßzustellen, zu blamieren, ihn gar als Jungenliebhaber lächerlich zu machen?

Venite, inginocchiatevi:
Restate fermo lì.
Pian piano or via giratevi:
Bravo, va ben così.
La faccia ora volgetemi:
Olà quegli occhi a me.
Drittissimo: guardatemi.
Madama qui non è.
Più alto quel colletto …
Quel ciglio un po' più basso
Le mani sotto il petto …
Vedremo poscia il passo
Quando sarete in piè.
Mirate il bricconcello!
Mirate quanto è bello!
Che furba guardatura!
Che vezzo, che figura!
Se l'amano le femmine
Han certo il lor perchè.

Kommt, kniet nieder.
Bleibt schön so, wie Ihr seid.
Jetzt dreht Euch ganz langsam um!
Bravo, so ist es gut.
Jetzt wendet das Gesicht zu mir.
Holla, die Augen zu mir.
Geradeaus: schaut mich an!
Madame ist nicht hier.
Diesen Kragen etwas höher …
Das Auge etwas gesenkt …
Die Hände unter die Brust …
Wir prüfen den Schritt,
sobald Ihr auf beiden Beinen steht.
Seht nur den Schelm an!
Seht, wie schön er ist!
Wie durchtrieben sein Blick,
welche Anmut, was für eine Figur!
Wenn ihn die Frauen lieben,
haben sie gewiß ihre Gründe.
(II,2:66 ff.)

Der Jüngling, schöner als ein Mädchen, immer verkleidet, queert die Geschlechterstereotype und hebelt zielführende Heterosexualität aus, die sich im Objekt des Begehrens immer nur bestätigt sieht. Und natürlich ist es Cherubino, mit seiner himmlischen Stimme nicht ganz von dieser Welt, der die schönsten Liebeslieder singt. Cherubino, entzückt von Liebe ergriffen, ist die Stimme der Liebe, sein Lied Liebesgabe. Da Ponte hat für dieses Lied alle Register der großen Liebesdiskurse gezogen. Das Liebeswissen ist Frauenwissen, wusste schon Dante in der *Vita Nuova*: »Donne, ch'avete inteletto d'amore«. Das petrarkistische Paradox des eisigen Feuers, des süßen Schmerzes erfährt Cherubino als Lustmartyrium. Unwillkürlich seufzt, weint, erzittert er. Von Begehren verzehrt, findet er nirgendwo Ruhe und Frieden – und ist doch entzückt. Sein Begehren gilt einem sich Entziehenden, einem ganz Anderen, das er nicht begreift:

Voi, che sapete
Che cosa è amor,
Donne vedete
S'io l'ho nel cor.
Quello ch'io provo
Vi ridirò,
È per me nuovo,
Capir nol so.
Sento un affetto
Pien di desir,
Ch'ora è diletto,
Ch'ora è martir.
Gelo, e poi sento
L'alma avvampar,
E in un momento
Torno a gelar.
Ricerco un bene
Fuori di me,
Non so chi'l tiene,
Non so cos'è.
Sospiro e gemo
Senza voler,
Palpito e tremo
Senza saper.
Non trovo pace
Notte ne dì,
Ma pur mi piace
Languir così.

Ihr, die ihr wißt,
was Liebe ist,
seht, ihr Frauen,
ob ich sie im Herzen hab.
Was ich fühle,
sag ich euch wieder,
für mich ist es neu,
verstehen kann ich's nicht.
Ich hab ein Gefühl
voller Verlangen,
bald ist es Freude,
bald ist es Leiden.
Eiskalt ist mir, und dann fühl ich,
wie meine Seele entbrennt,
und im nächsten Augenblick
werde ich wieder zu Eis.
Ich suche ein Gut,
das ich nicht habe,
ich weiß nicht, wer es hat,
ich weiß nicht, was es ist.
Ich seufze und klage,
ohne es zu wollen,
ich bebe und zittre,
ohne es zu wissen.
Frieden find ich nicht
bei Tag und Nacht,
und doch gefällt mir
dies Gefühl von Mattigkeit.
(II,2:62 ff.)

Was in der *Hochzeit des Figaro* erlöst und befreit wird, ist die Liebe, die im Krieg der Geschlechter siegt. Die »weibliche« Liebe triumphiert über die Hierarchien der Macht – die tyrannische Feudalmacht, aber auch und vor allem die patriarchale Macht der Verlobten und Ehemänner. Mit der Geschlechtsidentität wird das Prinzip des Patriarchats ausgehebelt.

Vor unseren Augen leuchtet das mythische Paar auf, das die Bühne in diesem travestierten bürgerlichen Propagandastück beherrscht: Venus und Amor, Aphrodite und Eros herrschen unumschränkt. Ehen verdanken sich nicht Recht oder Moral, nicht authentischer Liebe und der Einmaligkeit des Individuums, sondern dem verwirrenden Eros, der in weiblichen Stoffen glänzt. Eros, dem wir mit Haut und Haar verfallen, ergreift uns in Mozarts süßer Musik.

Enttäuscht
Così fan tutte ossia la scuola degli amanti

Bittere Pillen

»Faire rire, c'est faire oublier.«
(*Victor Hugo, »L'homme qui rit«*)

Così fan tutte, Mozarts dritte und letzte Da Ponte-Oper, ist wieder eine *Opera buffa*. Mit einer Doppelhochzeit endet sie auf den ersten Blick ausgesprochen glücklich. Doch dieses Happy End macht niemanden so richtig froh. Haben sich mit Dorabella und Ferrando, Fiordiligi und Gulielmo wirklich die Richtigen gefunden? Schließlich waren die Schwestern noch ein paar Minuten vorher begeistert, jemand anderen zu heiraten. Männer, für die sie ihre über alles geliebten Bräutigame in weniger als zwölf Stunden vollständig vergessen hatten. Der Heiratsvertrag war schon aufgesetzt: Dorabella wollte dem als Orientalen verkleideten Edelmann Gulielmo, ursprünglich der Bräutigam Fiordiligis, und Fiordiligi dessen Freund, dem verkleideten Ferrando, ursprünglich der Bräutigam Dorabellas, die Hand reichen. Aber dann heiraten die Schwestern doch die ihnen am Anfang der Oper zugedachten Bräutigame.

Eine bittere Pille gibt diese Doppelhochzeit zu schlucken. Aufgabe der Fiktion ist es oft, die bittere Medizin zu verzuckern. *So machen es alle* – das meint mit der italienischen weiblichen Endung (tutt*e*), die im Deutschen verloren geht: alle Frauen. Es ist, wie der Untertitel *Die Schule der Liebenden* sagt, ein Lehrstück und Lehrstücke sind selten angenehm. Getäuscht wird in dieser Oper, um zu ent-täuschen. »V'ingannai, ma fu l'inganno disinganno ai vostra amanti che più saggi omai saranno«; »Euch habe ich getäuscht, aber die Täuschung war eine Enttäuschung für Eure Liebhaber. Jetzt sind sie wohl klüger« (II,18:153), verkündet Don Alfonso die Moral von der Geschichte. Die »Täuschung« hat ein selbstreflexives Moment, denn die Kunstfertigkeit der Kunst liegt darin, etwas täuschend echt vor Augen zu stellen. Ovid hat das in den *Metamorphosen* am besten formuliert: »Du glaubtest wirklich den Stier« – dabei war es nur ein auf einer Tapisserie täuschend echt gewebter Stier.

Worin liegt die Lehre in diesem Stück Da Pontes/Mozarts? Von welcher Täuschung sollen die Liebenden befreien? Der Titel sagt es, und die Liebenden müssen die Moral von der Geschichte mit dem Lehrmeister wiederholen: Così fan tutte. Alle, wirklich alle Frauen machen es so – das wird von Anfang bis Ende wiederholt; die Musik paukt es ein. Das Herz der Frauen ist nicht treu, sondern wandelbar. Aus den Augen, aus dem Sinn. Mit Marlene Dietrich zu singen, die von *Così fan tutte* inspiriert scheint: »Wer wird schon weinen, wenn man auseinandergeht, wenn an der nächsten Ecke schon ein andrer steht. Man sagt auf Wiedersehn, und denkt beim Glase Wein, der nächste wird doch sicher auch ganz reizend sein.« So ging es Dorabella und Fiordiligi, aber Marlenes Bitterkeit erspart Mozart ihnen.

Dass die Frauen untreu und ohne jede Beständigkeit sind, ist ein Topos aus Vergils *Aeneis*: Merkur, der Götterbote, fährt hinab zu Aeneas, dem künftigen Gründer des Römischen Reichs, um ihn aus dem Bett der karthagischen Königin Dido zu holen und unverzüglich abzukommandieren zu seiner höheren Aufgabe. Er soll, auf vaterländischen Kurs gebracht, segeln, um sein eigenes Reich zu gründen. Auf die Unbeständigkeit der, ja aller Frauen kann man nicht bauen. Nicht das Fundament der Stadt Karthago, das seiner eigenen Stadt soll der »Weiberheld« Aeneas legen, herrscht Merkur ihn an. Die wankelmütige Treulosigkeit, die Merkur allen Frauen unterstellt, stellt sich schon in der *Aeneis* als eine bösartige Verleumdung heraus: Die verlassene Dido, treu bis zum Tod, bringt sich in wahnsinniger Verzweiflung mit dem Schwert des Aeneas um. In *Rigoletto* wird diese Verleumdung treulosen Liebesverrats aller Frauen ihr vielleicht berühmtestes Opernzitat finden: in dem eingängigen Schlager des Herzogs: »La donna è mobile.« Auch das ist, wie der Fortgang dieser Oper zeigt, eine blinde Verleumdung. Mit Liebe und Tod, Wahn, Liebestod und Selbstmord sind wir auf dem Terrain der Tragödie, der *Opera seria*, *Didone abbandonata.* Doch davon später.

Geht es in *Così fan tutte* um die Bestätigung eines misogynen Gemeinplatzes? Um die treulose Unbeständigkeit der Frauen, auf die man nicht bauen kann? Eher nutzt die Oper diesen Gemeinplatz, um etwas viel Enttäuschenderes unter die Leute, an den Mann zu bringen. Enttäuscht wird die Vorstellung der unverwechselbaren Einzigartigkeit eines jeden. Diese Illusion ist im hohen Liebesdiskurs der Liebe in Europa erzeugt, durch ihn garantiert worden: Du, Du, nur Du allein. Dich – oder den Tod. Den hohen Liebesdiskurs, Stoff der Tragödien, den Stoff der *Opera seria*, in dem sich Liebe und Tod – amour/mort, amore/morte – reimen, travestiert *Così fan tutte*. Sie durchkreuzt zum guten Schluss, was die Tragödie immer wieder als den Verlust des einen, einzig Geliebten inszeniert hatte.

Verdoppelung ist das Prinzip der Oper. In ihr wird die Einzigartigkeit, die Unverwechselbarkeit, die Unersetzlichkeit des Geliebten vernichtet. An der Einzigartigkeit hängt die hohe Konzeption der Liebe, das »Du bist mein ein und alles«. *Du* und *ich* entpuppen sich als *shifter*, deren Referent, zeigt diese Oper, gleichgültig ist.

Così fan tutte ist deshalb weniger ein Lehrstück in weiblicher Psychologie und Moral als eine Oper über die Oper in einer Komödie der Komödie. Die »aufrichtige Herzensliebe« wird als Spektakel kommentiert. Die Gattungsdistinktion zwischen Tragischem und Komischem, Lachen und Weinen, ist explizit und durchgängig das Thema. Statt unverwechselbarer Einzigartigkeit kommt alles doppelt daher und wird so austauschbar: zwei Schwestern, zwei Liebhaber. Die herrschende Form des Gesangs ist folglich das Duett. Die wildesten, ausschließlichen, für den aller-einzigen bestimmten Liebesschwüre richten sich immer an zwei Personen. Fast nie ist ein Liebespaar allein.

Die Verkehrung des Hohen ins Komische, Unangemessene, des Heroischen ins Nur-Menschliche, das systematische Verkehren der Gemeinplätze und Figuren der *Seria* ist der Inhalt der Oper. Charles Rosen hat von einem »closed system« gesprochen, Gesetzen, die in der Oper à la Marivaux durchgespielt würden. *Così*, Mozarts leichthändigste, heiterste Oper, führt eine nach der anderen Regel vor, um sie genussvoll auf den Kopf zu stellen. Das Ergebnis dieser karnevalesken Inversion ist die *Buffa*. Die Travestie des hohen Liebesdiskurses, des nicht mehr tragischen, sondern mal lächerlichen, mal komischen Zusammenklingens von Liebe und Tod ist der Stoff, aus dem die Oper ist. Nichts ist ernster als Humor; er macht es möglich, schwer erträgliche Wahrheiten zu teilen. Denn Eitelkeit, Selbstüberschätzung, Distinktionswahn, Narzissmus ist der Kern des Anspruchs treuer Liebe: »Die Liebe«, analysierte Benjamin Constant, »ist von allen Gefühlen das egoistischste und, wenn verletzt, am wenigsten großmütig.« Obwohl man den Glauben an die Einzigartigkeit des Individuums, wie ihn die hohe Liebe voraussetzt, und also den Glauben an Identität und Treue als Trug, Täuschung erkannt hat, heiraten die beiden Paare zum guten Ende von *Così*. Großmut hat gesiegt: keine meist weiblichen Leichen liegen vor aller Augen, sondern zwei Hochzeitspaare stehen auf der Bühne.

Travestiert

Die Gattungsfrage ist zentral. Die *Buffa* kommt in *Così* als Travestie, als Vermummung, als Parodie und Karikatur der *Seria*. Dauernd verkleiden sich in dieser Oper alle, und zwar durchgehend mit schlagendem Erfolg, in mehr oder weniger lächerlichen Rollen, und weisen damit auf die Verkleidung, die Travestie als Gattung: Die beiden Liebhaber verkleiden sich erst als militärische Reisende, dann fast karikiert als Orientalen, um dann wieder als sie selbst zurückzukommen. Die vielseitige Despina verkleidet sich als neunmalkluger Quacksalber mit verstümmeltem Latein und als krächzender Notar – Theaterfiguren, wie wir sie aus der *Commedia dell'arte* kennen. Um den Mummenschanz perfekt zu machen, haben wir sogar eine angedachte Transvestie, eine Hosenrolle. Ohne die ist eine Da Ponte-Oper auch schwer vorstellbar. Will Fiordiligi nicht, um ihre wankende Tugend und Treue zu retten, verkleidet als Mann in den Kleidern des Bräutigams, ins Feld eilen, ihn zu umarmen?

Hosenrollen, als Männer verkleidete Frauen, haben auf der Bühne immer etwas erregend Anstößiges; sie zeigen, was sonst zu zeigen den Männern vorbehalten war, die Beine. Die Hosenrolle steigert die erotische Anziehung sich erkühnender, wagemutiger Weiblichkeit. Sich ausgerechnet als Militär zu verkleiden, um Frauenehre, Frauentreue zu retten, ist nicht ohne Witz. Das Geschlecht zu wechseln, um Beständigkeit zu beweisen, ist eine wunderbare *contradictio in adiecto*. Ebenso eine Travestie der Stimme: Genau wie Frauen lange nicht Theater spielen durften, so durften sie nicht öffentlich singen. Der Sopran wurde von Kastraten gesungen – Resultat einer künstlich-kunstvollen und zu Zeiten Mozarts zunehmend als barbarisch eingeschätzten Veränderung der Naturstimme. Die Kastraten konnten Frauen so vollkommen nachahmen, dass man sie tatsächlich für solche hielt. Balzacs *Sarrazine* zeigt die Verbreitung des Motivs. Aber Kastraten spielten in der *Opera seria* nicht nur weibliche Rollen, sondern sangen oft supermännliche, heroische Rollen. Der Kastrat entsprach im Barock dem Heldentenor, dem *tenore di forza*. Fiordiligi schlüpft mit ihrer bizarr deplatzierten Arie »Come scoglio« in eine solche heroisch männliche Kastratenrolle. Sie beschwört hochpathetisch ihre Treue im Falsettsopran mit überspannten strahlenden Koloraturen, die diese Stimmlage auszeichneten: wie ein Fels steht sie in der Brandung. Sie singt von weiblicher Treue, Unwandelbarkeit und Standfestigkeit, von Liebe bis zum Tod mit einer typisch männlichen, heldenhaften Kastratenstimme – die Frau als Mann als Frau. Wenn sich schon alles wandelt, selbst die natürliche Geschlechtsidentität, wie sollte dann, scheint die Arie zu Gehör zu bringen, ausgerechnet das menschliche Herz, der Inbegriff unsteten Wandels, unwandelbar bleiben?

Die Travestie trägt als die älteste literarische Gattung des Komischen dieser Lage Rechnung. Benannt ist sie nach dem italienischen »travestire«, dem französischen »travestir«. Hohes – die antiken Götter, die tragische Liebe, Themen der *Seria* – wird in eine unangemessene, verfremdende Form gegossen. Die pathetische und hyperbolische Heroik der neapolitanischen Oper wird entstellt, karikiert, parodiert, lächerlich gemacht. So ist *Così* wie wenig andere Opern durchgehend selbstreflexiv. Explizit steht in ihr die Poetik von Tragödie und Komödie mit im Raum. Selten sind Liebe und Tod so grotesk komisch travestiert worden. Keine stabile Identität, der eine Liebe dauerhafter als Marmor, Stein und Eisen gelten könnte. Und, mindestens ebenso wichtig, kein *individuum ineffabile* weit und breit, das sich eine bruchsichere Dauerhaftigkeit verdient hätte. Dem mögen wir beim Happy End, das nur dies, das Ende einer im Individuellen liegenden Einzigartigkeit, besiegelt, dann doch eine Träne nachweinen. Dem schönen

Nachhall der großen Liebe lauschen wir bei allem Lachen über das entzückende Bühnengeschehen wehmütig hinterher. Das ist die bittere Pille dieser Oper.

Frivole Nichtigkeit?

Die bittere Pille zu schlucken, die narzisstische Kränkung hinzunehmen, ist man bis heute nicht bereit. *Così* ist Mozarts umstrittenste Oper. Wunderbare Musik, klar, verschwendet an frivole Nichtigkeiten ohne jeden Tiefgang. Es kann nicht sein, was nicht sein darf. Selbstbestimmt, selbstbewusst, selbstbeherrscht – das ist die Norm des modernen Subjekts. Tugendhaft empfindsame, liebende Weiblichkeit garantiert eigentliche Männlichkeit. Weder Frauen noch Männer wollen sich das nehmen lassen.

Uraufgeführt wurde *Così fan tutte* am 26. Januar 1790 am Wiener Burgtheater – mit mäßigem Erfolg. Anders als die früheren *Le nozze di Figaro* und *Don Giovanni* war *Così fan tutte* ein Original-Libretto Da Pontes ohne literarische Vorlage. *Così* ist jedoch nicht einfach ein Zusammenwürfeln der kanonischen Autoritäten von Ovid über Boccaccio bis Ariost. Neben dem Motiv der Treueprobe des verkleideten Ehemanns und außer dem Herkunftsort des vermeintlichen Liebhabers, Ferrara, sind es vor allem Namen der weiblichen Figuren aus Ariosts *Orlando furioso*, an die Da Pontes *dramatis personae* erinnern: Fiordiligi heißt die Ehefrau Brandimartes, die ihm treu bis in den Tod folgt, Doralice ist eine unbeständige Liebhaberin und Fiordispina ein leidenschaftliches Mädchen (*Orlando furioso*, 43. Gesang). Der antike Olymp fehlt nicht als Folie: Mars und Venus, Merkur. Die Legenden ehelicher Konstanz wie Penelope finden wir in Ovids *Heroides* und die Feldherrin Artemisia, die männlicher als die Männer und berühmt ist für unverbrüchliche Treue, ziert Boccaccios Galerie berühmter Frauen: *De mulieribus claris*.

Entscheidend ist, dass das Prinzip in diesem Aufgreifen von Motiven, Gemeinplätzen und Plots der Weltliteratur, »prahlerische Soldaten, flatterhafte Damen, lächerliche Notare, gewitzte Zofen, exotische Fremde, Männerwetten, Treueproben, Verkleidungspossen, Verführungsintrigen, Frauentausch« (Gier), die Travestie ist. Der Olymp blieb bis Émile Zola und Thomas Mann ein Lieblingsfeld der Travestie.

Da Ponte war im Kanon der Weltliteratur von Vergil, Ovid, Lucan, von Dante über Petrarca, Boccaccio, Ariost und die *Commedia dell'arte*, bis hin zu Shakespeare und Goldoni zu Hause. Starobinski hebt die Wichtigkeit des Textes des Librettos und das Dichterische Da Pontes hervor (Starobinski:53–64). Die skeptische, moralistische Sicht der großen Literatur setzt Da Ponte gegen die neue Empfindsamkeit, den Glauben an die Authentizität der Gefühle, die neue bürgerliche Ehemoral von der Beständigkeit des Herzens, wie ihn der Tugendkult des puritanischen Romans propagierte. Explizit werden Metastasio und Sannazaro, der große Librettist der *Opera seria* zitiert, der nicht nur in Neapel die ersten Triumphe seiner Karriere feierte, sondern in Wien der Vorläufer Mozarts war. Metastasio musste noch erleben, wie die *Opera buffa* in Wien der *Seria* den Rang ablief. Wenn Mozarts *Buffa* die *Seria* travestiert, mag man darin auch ein Aufbegehren gegen väterliche Autorität sehen. *Così* zitiert die Phoenix-Arie aus Metastasios Libretto *Demetrio* von 1731. Treue Liebe ist wie der arabische Phönix ein Märchen, weiß Olino: »È la fede degli amanti come l'araba fenice che vi sia, ciascun lo dice; dove sia, nessun lo sa. Se tu sai dov'ha ricetto, dove muore e torna in vita, me l'addita e ti prometto di serbar la fedeltà«; »Die Treue der Liebenden ist wie der arabische Phönix. Jeder weiß, dass es ihn gibt, doch niemand weiß, wo. Wenn Du weißt, wo er wohnt, wo er stirbt und aufersteht, werde ich umkehren und der Treue dienen« (*Demetrio* II,3). »È la fede degli amanti« wird bei Da Ponte zu »È la fede delle femmine« (I,1:12). Treue Frauen sind wie der arabische Phönix ein Mythos, ist Da Pontes/Mozarts Echo in *Così fan tutte*.

In der Rezeption ist *Così* meistens auf die allzu offensichtliche Moral, die ihr Titel verkündet, reduziert worden: »Ein elendes Ding, das alle Weiber herabsetzet, Zuschauerinnen unmöglich gefallen kann und daher kein Glück machen wird«, meinte ein zeitgenössischer Kritiker. Überhaupt tendierte man im Laufe des 19. Jahrhunderts zu authentischen Gefühlen, zu psychologisch überzeugenden Portraits, vor allem zu Selbstbestimmtheit, Selbstermächtigung. Die italienische Manier, in der Amor wild um sich schießt und selbstbestimmtem Handeln keine Chance gibt, fand beim Publikum weniger und weniger Anklang. Richard Strauss, der von der sentimental parodistischen, feinen Ironie der Oper redete, war eine Ausnahme. Die romantische Kritik stieß sich so vor allem an dem zynisch-frivolen, unmoralischen, vollständig unplausiblen, kurz, an dem eines Mozarts unwürdigen Libretto. Geradezu blasphemisch würden Gefühle als trivial dargestellt.

Diese Sicht hat sich weithin gehalten: Bei allem Zarten, Dahinschmelzenden, bei aller wollüstigen Anmut sei diese Oper nichts als ein verführerisches Meisterwerk des Lächerlichmachens. Lächerlich gemacht werde die Liebe selbst. Die Salonmoral des 18. Jahrhunderts, unterfüttert von Misogynie, regiere in Figuren, die so individuell seien wie Marionetten. Allein die Musik bringe die erstaunlichste Gefühlspalette hervor. Beethoven konnte mit dem Stoff überhaupt nichts anfangen und sah sich, wie Edward Said ausführt, in *Fidelio* regelrecht zu einer Gegenoper herausgefordert. Wagner, ironiefrei, fand das Libretto so verheerend, dass er es als eine Entheiligung der Musik gesehen hätte, wäre es Mozart gelungen, für *Così* eine Musik wie für *Figaro* zu schreiben – was, meinte er, nicht der Fall sei.

Im besten Fall ging für die reflektiertere Kritik von *Così* die Mechanik des Geschehens zulasten des albernen und schalen Librettos, aus dem die emotionale Authentizität von Mozarts Musik, fand der Philosoph Bernard Williams, als erhaben, vortrefflich, unbeschadet herauszuhören blieb. Sie lade das künstliche Libretto mit emotionaler Kraft auf. Die Beziehung Ferrando-Fiordiligi gilt in diesen Interpretationen dann oft als die wahre, authentische Liebe. Verkleidet finden sich die, die wirklich zusammenpassen und sich tatsächlich lieben. Stimm-symbolisch »stimmt« das, denn Sopran und Tenor machen das klassische Liebespaar aus. So wird die psychologische Motivation, das einmalige Individuum und die authentische Liebe gerettet. In dieser Perspektive nimmt sich das glückliche Ende der Doppelhochzeit allerdings wie ein Rückfall aus. Denn darin weiche die individuelle Liebe, wie sie sich im 18. Jahrhundert als Herzensliebe herausbildet, der konventionellen Moral arrangierter Ehen, wie sie bis dahin an der Tagesordnung gewesen seien. Authentische Liebe scheitert an den Konventionen, das sei die bittere Ironie von *Così fan tutte*. Das scheinbar glückliche Ende lasse ein Trümmerfeld der Gefühle zurück – jener Gefühle, die eben nur Mozart so kraftvoll, erhaben und vortrefflich in Musik setzen konnte.

Der Vorwurf von Unmoral und Ehefeindlichkeit, der Vorwurf auch, an Identität nicht zu glauben und Gefühle nicht ernst zu nehmen, nahm im Lauf der Zeit eher zu als ab. Noch in den 90er Jahren buhte das Publikum der New Yorker Met laut – nicht wegen etwaiger Kunstfehler, sondern wegen der frauenfeindlichen, frivolen Amoralität, in der sich innerhalb weniger Stunden die Schwestern dazu bringen lassen, ihre Herzensmänner gegen wildfremde Dahergelaufene einzutauschen. Da Pontes und Mozarts Widerspruch gegen die Metamorphose der Frauen vom schwachen zum moralischen Geschlecht, das den raffiniertesten Versuchen abgebrühter Verführer in unerschütterlicher Tugend widersteht, kam nicht gut an.

Die Göttin: Spiegel narzisstischer Männlichkeit

Così fan tutte spielt nicht von ungefähr in Neapel – »La scena si finge a Napoli« – einer Hauptstadt der heißen höfischen Liebeskunst, der heroischen *Opera seria. Vulcano Lover* hat Susan Sontag nicht umsonst hier geschrieben. Da Pontes Geschichte beginnt mit einer Wette unter Männern; mann ist unter sich, in einer *Bottega del caffè*: Così fan tutti, Männer, die zusammen über Frauen reden. Der ergraute lebenserfahrene Don Alfonso, »un vecchio filosofo« (Personaggi:4), bezweifelt seinen beiden jungen Freunden Ferrando und Gulielmo gegenüber die Treue der Frauen.

Don Alfonso geht es stoisch um Leidensvermeidung statt um Glückssuche. Im aufgewühlten Meer der Leidenschaften, das um ihn tobt, findet er, von der Vernunft geleitet, Ruhe: »E del mondo in mezzo i turbine bella calma troverà« (II,18:152). Don Alfonso ist der Einzige, der in dieser Oper weder ge- noch enttäuscht wird. Das glückliche Ende der Doppelhochzeit verdanken wir ihm: er redet den beleidigten Männern, welche die bittere Pille der Austauschbarkeit schlucken müssen, Frauenbeschimpfung und Rache aus. Er bringt sie von Dolch und Gift ab. Er, der sie enttäuscht hat, setzt sie in die Lage, sich mit der Liebe und der Welt zu arrangieren und macht sie zu glücklichen Ehemännern. So ist es keine Verspottung der Bräute, wenn Don Alfonsos Arie »E la fede delle femmine« über die naturbedingte Treulosigkeit der Frauen ausgerechnet in C-Dur, der Liebestonart gesungen wird. Dieselbe Tonlage kehrt in Fiordiligis Rondo wieder: »A che mai mancò di fede questo vano, ingrato cor?«; »Wem ist dieses leichtsinnige, undankbare Herz je untreu gewesen?« (II,7:108f.). Anfällig zu sein, eine Schwäche zu haben für die Streiche Cupidos, statt sich vom eigenen Selbst bestimmt zu wähnen, ist geradezu die erste Bedingung für Liebe.

Die unverbrüchliche Treue ihrer Angebeteten ist für die beiden eitel-gockelhaft aufbrausenden Offiziere, die in den Diensten des Königs stehen, Ehrensache. Martialisch greifen sie zum Schwert. Es geht um »konventionalisierte Normen eines ritualisierten Prestigecodes, in dem sich die jungen Herren narzißtisch bespiegeln« (Gier:123 f.). Leidenschaftliche Männlichkeitsverfechter sind am Werk, die sich zur spontanen Satisfaktion genötigt sehen. Don Alfonso beleidigt die Standesehre einer sozialen Kaste. *Meine* Dorabella, *meine* Fiordiligi, protestieren die beiden lauthals zum Auftakt der Oper, ist mir absolut treu. Die absolute Treue zum einen, einzigen kommt aber bereits hier, gleich zu Anfang, erstaunlich gleich daher. Austauschbar ist das Lob der beiden für ihre Bräute, zwei Schwestern aus Ferrara, was durch Reim und Rhythmus verstärkt wird: so schön wie treu sind sie beide. Und der eine echot den anderen. Ferrando: »La mia Dorabella capace non è: fedel quanto bella il cielo la fè.«; »Meine Dorabella ist dazu nicht fähig. Ebenso treu wie schön hat der Himmel sie geschaffen.« Und Gulielmo: »La mia Fiordiligi tradirmi non sa, uguale in lei credo costanza e beltà.«; »Meine Fiordiligi kann mich nicht betrügen, gleich ausgeprägt sind bei ihr, glaub ich, Beständigkeit und Schönheit.« (I,1:10). Gleich zu Anfang wird das Konventionelle am Liebesdiskurs von Don Alfonso ausgestellt: »Pianti, sospir, carezze, svenimenti« (I,1:14). Auf ewig gleiche Art, mit denselben Mitteln, formelhaft soll die einmalige, einzigartige Liebe zu einem unverwechselbaren Anderen ausdrückbar sein? Don Alfonso kann über solche Simpel nur lachen, *santa semplicità*.

Die Treue der Bräutigame, nicht überflüssig festzuhalten, steht dagegen von vornherein nicht zur Debatte. Selbstverständlich sind sie *nicht* treu. Ob die Schönen wie wir alle aus Fleisch und Blut seien, fragt Don Alfonso. »Che razza d'animali sono queste vostre belle, se han come tutti noi, carne, ossa e pelle?« (I,1:12), ob sie wie wir essen und sich kleiden? Sind sie Göttinnen oder Frauen? Die rhetorische Frage impliziert, dass Gulielmo und Ferrando aus eigener Erfahrung die Antwort wissen: Menschen sind nicht treu. Die Idealisierung der Dichter, die Frauen zu Göttinnen machen, hält Alfonso für Blödsinn. Er hält sich nicht im Register des Sublimen, sondern des Realen auf. Wenn er Dorabella und Fiordiligi als »Penelopi« (I,1:16) im Plural anredet, so ist das eine Veräppelung des herausragenden, einzigartigen Exempels ehelicher Treue.

Don Alfonso hält auch die Männerpose der jungen Offiziere für eine Posse. Statt sich zum Duell herausfordern zu lassen, schlägt er eine Wette vor. Die hohe Gattung des Duells (männlicher Adel) wird von ihm in die Niederung alltäglicher Manieren gezogen: bei Tisch, mit Messer und Gabel duelliere er sich. Statt blutigem Ernst wird verkleidet um Geld gespielt. Don Alfonso schlägt eine Posse vor: »giochiamo«, ein Spiel im Spiel, Theater im Theater. Auf dem Spiel steht die Treue der Bräute. Don Alfonso rät allerdings ausdrücklich von der wahnsinnigen Neugierde ab: »Oh pazzo desire!« (I,1:12), welche die beiden Männer elend machen werde.

Siegessicher, in überheblicher Selbstüberschätzung gehen Ferrando und Gulielmo auf die fatale Liebesprobe ein. Wieder sagen beide, auch hier konkurrierend in wiederholender Steigerung, dasselbe. »Tuttissimo«, »parolissima«. Don Alfonso reimt den wetteifernden, den Anderen im Selben übertreffenden Sprechakt nach: »Bravissimi«, um neckend zu »Alfonsetto« (I,1:16) zu werden. Ganz sicher sind sich die beiden, dass sie im hohen Stil des Ideals ankommen werden. Seiner Göttin (»mia Dea«, I,1:16) will Gulielmo eine Serenade widmen; ein Gastmahl, auch das eine hohe Gattung, verspricht Ferrando seiner Venus. Wir sind auf dem Olymp der Gefühle.

Venus und Mars, Liebe und Krieg

Die beiden Schwestern kommen ins Bild; in einem pastoralen Szenario, einem Garten am Meeresstrand, ergötzen sie sich an den Medaillons ihrer Geliebten. Das Feuer des Blicks, die Schönheit des Mundes! Im Duett unisono loben sie die beiden in den adeligen Rollen des Kriegers und Liebhabers, drohend und anziehend zugleich; als »die beiden Helden der Venus und des Mars« (I,7:32) werden sie von Don Alfonso apostrophiert. Die beiden Schwestern sind sich wie aus dem Gesicht geschnitten und beide tun sie zusammen dasselbe. Beide stellen Liebe und Krieg in den Mittelpunkt. Unisono sind sie glücklich. Zur Liebe und zum Scherzen aufgelegt fühlen sie sich in der Erwartung ihrer Bräutigame an einem *locus amoenus*, der zu erotischem Schäferspiel einlädt: »Mir scheint«, meint Fiordiligi, »heute morgen würde ich am liebsten ein wenig verrückt spielen. Ich spüre ein gewisses Brennen, ein gewisses Kribbeln in den Adern« (I,2:18). Das prickelnde Blut steht für Sinnlichkeit – später wurden es die Nerven – und nicht etwa für Seelenvolles. Einen Streich, *una burla*, will Fiordiligi ihrem Guglielmo spielen, ihn ein bisschen zum Narren halten: »che burla gli vo' far« (I,2:18). Die *burla*, das auf den Arm nehmen, ist wie der Garten am Meeresstrand, der *locus amoenus*, eine literarische Form. Sie kommt aus einer karnevalesken, niedrigen Stillage. Auch Dorabella ist bereit zum Liebesspiel. Nicht die Sterne, sondern die Linien der Hand sagen die Zukunft voraus: das M und das P, die Dorabella dort entziffert, bedeuten »Matrimonio Presto«. Diese Vorhersage wird sich auch erfüllen: innerhalb von 24 Stunden werden die beiden verheiratet sein, wenn auch mit alles zu Erwartende auf den Kopf stellenden Auf-und-Abs.

Statt der Bräutigame, denen die Bräute einen Streich spielen wollten, kommt nämlich Don Alfonso und wird ihnen einen

Streich spielen. Er ist der Regisseur des Spiels, das jetzt seinen Lauf nimmt. Den Plot und die Kleider, die ganze Staffage samt Militärchor und Schiff, das die Soldaten zu ihrem schon ausgelaufenen Heer bringen soll, hat er sich ausgedacht. Gulielmo und Ferrando gibt er Regieanweisungen, »secondatemi« (I,11:52), und spricht ihnen bei Bedarf sogar den Text vor. Aber wer wem einen Streich spielt – sie den Frauen oder die Frauen ihnen – das bleibt eigentümlich im Unklaren: Später werden auch die Männer auf dem Höhepunkt ihres Verführspiels nicht mehr wissen, wer mit wem spielt und wer wen zum Narren hält. Der Streich, den Don Alfonso auf die Bühne bringt, ist eine Tragödie im hohen Stil, und die Damen spielen herausragend, ja, man muss sagen, alle Erwartungen übertreffend mit. Mit dem »barbaro fato«, dem grausamen Schicksal, und dem Ausruf »Oh, che gran fatalità« (I,3:20) setzt Don Alfonso den Ton; das Schicksal und nicht Gott oder der Mensch regiert das Geschick der Sterblichen unerbittlich. Mit zitternden Lippen und versagender Stimme zeigt er auch gleich die der Tragödie angemessene, beim Zuschauer hervorzurufende Reaktion an: Furcht und Zittern. Und natürlich Mitleid mit den hart Getroffenen: *Pietà*!!! Die beiden Bräutigame, schon in Reisekleidern, zeigen die gleiche, der Tragödie angemessene Reaktion: die Sprache versagt ihnen. Wir befinden uns im hohen Modus des Tragisch-Heroischen, und heroisch verhalten sich die Protagonisten, wie Alfonso zufrieden ob der perfekt gelungenen Inszenierung feststellt: »Nei momenti più terribili sua virtù l'eroe palesa«; »In schrecklichen Augenblicken beweist der Held seine Tapferkeit« (I,4:24).

Die Frauen scheinen genau zu wissen, wie sie sich angesichts des grausamen Schicksals zu verhalten haben. Alle kennen die Regeln der hohen Gattung, *noblesse oblige*. So schlüpfen die beiden Damen ohne weiteres, als wär' es ihnen an der Wiege gesungen, in die Rolle der *Didone abbandonata.* Verlassen zu werden ist, als würde man erdolcht: »Faßt Euch ein Herz, und stoßt uns beiden

den Dolch in unsere Brust«; »Fate core, e entrambe in seno immergerteci l'acciar« (I,4:24), ermutigen sie die Bräutigame. Die zitierte, inszenierte Poetik der Tragödie liegt auf der Hand: Vom Lachen und scherzenden Liebesspiel fallen Dorabella und Fiordiligi in die schwärzeste Verzweiflung.

Die Reaktion auf die Ankündigung des »tragischen« Schicksals durch Don Alfonso ist völlig überzogen. Denn ganz offenbar werden die beiden Schwestern nicht verlassen, es geht auch nicht um Liebesverrat; Offiziere müssen hin und wieder in den Krieg. Der tragische Dido-Diskurs wird durch die theatralische Überreaktion parodistisch verzerrt. Die Tränen auf der Bühne versetzen die Zuschauer nicht wirklich in Furcht und Zittern, sondern bringen sie zum Lachen. Dass sich Weinen in Lachen verkehrt, zeigt die Komödie in der Tragödie. Wie das gespielte Weinen zum Lachen der Zuschauer auf und vor der Bühne führt, macht die Raffinesse des Stücks aus. Belacht wird die tragische In-Szene-Setzung auf der Bühne in ihrer komischen Überzeichnung.

Zum Spiel im Spiel gehört das *a parte*-Sprechen. Männer reden darüber, was sie anstellen, welche *burla* sie aushecken, was sie ihren Schönen vormachen. Aber spielen nicht auch die Frauen, überdeutlich, Theater? Sind ihre Rollen nicht im Zitat der großen tragischen Liebe ironisch markiert? »Quante smorfie, quante buffonerie!« (I,7:32), kommentiert Don Alfonso. Für alle Fälle tut es Mozart in der Musik, als er Fiordiligi ihre unerschütterliche Liebe bis zum Tod im heldischen Kastratensopran singen lässt.

Alfonso ist sehr zufrieden: »La commedia è graziosa, e tutti e due fan ben la loro parte« (I,4:26); auch er lässt die Zuschauer *a parte* wissen, dass er kein schlechter Schauspieler ist: »Non son cattivo comico« (I,7:32). Indessen liegt das Komische gerade darin, dass die Damen dem Anlass völlig unangemessen eine Tragödie der großen Verlassenen auf die Bühne bringen, zu viel des Guten tun. Sogar Don Alfonso findet ihren Abschiedsschmerz ziemlich überzeichnet.

Das Militärleben, in das die jungen Männer aufbrechen, hat mit *constantia* und dem Mut der tugendhaften Krieger nichts, aber mit Unbeständigkeit alles zu tun. Komisch singt der Chor von dieser Unbeständigkeit: alles ändert sich immer, aber unregelmäßig: mal viel mal wenig. Mal ist man auf dem Land, mal auf dem Meer unterwegs – eine durchsichtige Metapher für die Unbeständigkeit in Liebesdingen: »Ogni dì si cangia loco, oggi molto, doman poco, ora in terra ed or sul mar« (I,5:28). Vor Schmerz sterben nur die zurückgelassenen Bräute, wie sie den fröhlich ausziehenden Soldaten versichern. Die beiden Damen machen sich die Überbietungsstrategie der beiden Herren zu eigen: Bittet die eine um einen Brief pro Tag, dann die andere um zwei. Allen bricht unisono das Herz über dem Abschied ihrer schönen Idole.

Die Abreise zur Armee ähnelt eher einer *voyage à Cythère* als einer Reise in den Krieg. Sanft wiegend, im Rhythmus einer Barcarole, zieht das Schiff, gefächelt vom Winde, zu fernen Gestaden. Wind und Meer werden für Don Alfonso in einem Zitat Sannazaros zum Zeichen der Unbeständigkeit des weiblichen Herzes: »Nel mare solca e nell' arena semina e il vago vento spera in rete accogliere chi fonda sue speranze in cor di femmina« (I,7:34). Es pflügt das Meer und sät in den Sand und hofft, den unsteten Wind im Netz zu fangen, wer seine Hoffnungen auf das Herz einer Frau gründet.

Meer und Wind – Bilder der Unbeständigkeit – sind die Elemente, welche die beiden Krieger entführen. Liebe und Krieg werden in ihrer *inconstantia* durch die Bilder von Meer und Wind parallelisiert. In Mars und Venus finden sie die passenden Götter, denn schon deren berühmte Liebesaffäre war Ehebruch, *inconstantia*, Beweis eines unsteten Herzens und seiner Lüste. Vulcan, der betrogene Ehemann, der die beiden bei der Liebe überrascht, taucht auch am Ende dieser Oper auf und vollendet den Bogen der Unbeständigkeit. In deren Zeichen stehen Krieg und Liebe. Liebe und Tod, dekliniert im Modus von Tragödie und Komödie, werden durch das Metaphernfeld des Liebestodes, des kleinen Todes gedoppelt, der dem Geschehen einen erotischen Subtext einzieht.

Gedoppelter Doppel-Selbstmord: Dido und Phädra

Despina, die Zofe und Haushälterin, tritt auf und regt sich wie der Leporello Don Giovannis darüber auf, eine Dienerin zu sein. Sie hat Schokolade – ein kolonialer, exotischer, angesagter Luxus der Damen von Stand – zum Frühstück für die beiden Schwestern gemacht, von der sie selbst ganz untheatralisch nascht. Theatralisch wischt da die schmerzzerrissene Dorabella alles zu Boden. Da wird tief in die Klamottenkiste der Tragödie gegriffen: mit Schwert à la Dido und Gift à la Phädra wollen sich die Schwestern in einem Doppelselbstmord umbringen. Nur der Tod könne einer solchen Liebe Herr werden: »Ein klägliches Beispiel todbringender Liebe werde ich den Eumeniden sein« (I,9:36). Erwartbar kommen diese Furien mit dem Liebeswahnsinn, der sich im Selbstmord aufgipfelt, als letztem, unerträglich furchtbaren Akt der Liebestragödien, wie sie die Ovid zugeschriebenen *Heroides* am wirkungsmächtigsten erzählen. Der gebildete Hörer, der bei so viel weiblicher Tragik gleich an die liebeskranke Sappho der *Heroides* denkt, atmet erleichtert auf, als die beiden Schwestern sich nicht vom leukadischen Felsen stürzen, sondern erschöpft auf die weichen Polster ihrer Sessel fallen. Despina mahnt die Damen, mit dem Theater aufzuhören. Wie Alfonso fällt sie ins realistische Genre: einer verloren, zwei gefunden. Die Schwestern heben gegen so viel zynische Austauschbarkeit, im Gleichtakt doppelt, die einmalige Unvergleichbarkeit ihrer Liebe und Lieben hervor. Auf die Beständigkeit dieses durchlaufenden Effektes, der alles gleich sein lässt und austauschbar macht, kann man sich jedenfalls verlassen.

Despinas große Arie meint, Männer seien einer wie der andere, also nichts wert. Macht Euch nicht lächerlich, jeder weiß doch, wie die Welt ist. Männertreu, und schon gar Soldatentreue – ein Ammenmärchen: »favole ai bambini« (I,9:40). Wind und Wellen – die Elemente der *instabilitas*, der *inconstantia* – sind beständiger als die Treue der Männer. Die hohe Sprache der Liebe – alles Theater. In den Frauen, singt Despina, lieben die Männer nur ihr Vergnügen, und sind wir ihnen zu Willen gewesen, verachten sie uns. Zahlen wir es ihnen mit gleicher Münze heim. Amüsieren Sie sich, fordert Despina die Schönen auf, wie es Ihre Bräutigame auch tun werden! Der Aufruf der Despina hat allerdings einen erstaunlich mörderisch-orientalischen Ton: »far l'amor come assassine« (I,9:40). Die Assassinen waren eine wegen ihrer im Rausch befeuerten Mordlust besonders gefürchtete islamische Sekte. »Amiam per comodo, per vanità« (I,9:42), rät Despina den beiden Schwestern: Aus Eitelkeit zu lieben, das schließt in der *vanità* das Moment des Gauklerischen, Trügerischen, ewig Wandelbaren alles Irdischen ein, das gegen die ewige Beständigkeit des Göttlichen steht.

Don Alfonso kommt im Zeichen von Gold und Sex mit Despina ins Gespräch. Will er sie für Sex bezahlen oder verlangt er andere Dienste von ihr? Gold und Sex: darum ging es, wenn auch verschleierter, bereits in der Männerwette. Alfonso möchte an Despina als Versuchskaninchen austesten, wie seine Verkleidung der beiden Freunde ankommt. Gold hält auch Despina neben jugendlich gutem Aussehen für das einschlägige Kriterium des Erfolgs bei ihren Herrinnen: sind sie jung und schön, sind es vermögende Männer? Dann sei tatsächlich einer wie der andere: Die Liebe kommt von selbst.

Die Männer treten jetzt als Albaner im orientalen Gewand auf. Albaner waren noch bei Balzac für ihre glühende Leidenschaftlichkeit bekannt, welche die der nördlichen Bürger weit in den

Schatten stellte. Kaum glaublich, erkennt selbst die hellsichtige Despina nicht, wer hinter der extravaganten Kostümierung steckt. Das Gesicht der Albaner findet sie jedenfalls nicht besonders ansprechend, eher ein Liebesgegengift: »Was für Gesichter! Was für Gewänder! Was für Gestalten! Was für Bärte! Ich weiß nicht, sind es Walachen oder sind es Türken?« (I,11:48) Aber die abenteuerliche Fremdheit ändert nichts daran, dass die beiden mit Frauen nur eine und immer dieselbe Sprache sprechen können: die Sprache der Liebe. Das Liebesspiel kunstvoll, gekonnt zu spielen, mahnt Don Alfonso: »Fa' con arte« (I,11:48). Die Herren fallen mit der Tür ins Haus und werfen sich den Schwestern, die sie bis dahin noch nie gesehen haben können, gleich zu Füßen: »Amor, dieser mächtige Gott, euretwegen führt er uns hierher« (I,11:53). Zuerst sind die beiden Schwestern über die fremden Männer im Haus entrüstet. In den verkleideten Orientalen erkennen sie die beweinten Geliebten, denen sie Treue bis in den Tod geschworen haben, nicht mehr. Ihre Stimme, ihre Ausdrucksweise – nichts gibt Dorabella und Fiordiligi einen Hinweis auf die verstellte Identität der Männer.

Mit *rabbia* und *furor* reagieren sie deshalb auf die so absurden wie glühenden Geständnisse der Unbekannten. Aber statt zu lachen und die Herren kühl aus dem Haus zu schicken, meinen die beiden trotz der grotesken Szenerie, ihre Treue unter Beweis stellen zu sollen. Dabei scheint wie bei den Männern die Eitelkeit einer so schönen, so hohen, so heroisch-beständigen Liebe durch. Denn in ihrem Stolz auf ihre hehre ideale Liebe sind die beiden Schwestern auch selbstverliebt. Das alles im aller-sublimsten Liebesdiskurs: infam sei das Ansinnen der Liebesgeleiteten, den Tempel ihrer Herzen, in denen die treue Liebe unversehrt bis zum Tod wohne, zu profanieren: »e non profani l'alito infausto degl'infami detti nostro cor« (I,11:54). Fiordiligi, üblicherweise im Vergleich zu ihrer oberflächlicheren, vergnügungssüchtigen Schwester als der seriösere, tiefer fühlende Charakter eingeschätzt, gilt als Idealbesetzung für die *Seria*. In der Arie »Come scoglio« beschwört sie die Unerschütterlichkeit ihrer Liebe bis in den Tod – wie ein Fels steht sie in der Brandung der Versuchung. So ist diese Arie der Fiordiligi auch von der Kritik als Parodie der *Opera seria* erkannt worden: »Sometimes the parody is obvious enough, as in Fiordiligis ›Come scoglio‹ whose preposterous leaps and switchback outlines make fun of *opera seria*«. Die überzogene Beweglichkeit der Stimme, die von höchsten Höhen in abgründige Tiefen stürzt, beraubt die standfeste Liebe des Grundes. Die erschütterte Stilisierung der Unerschütterlichkeit bietet in »Come scoglio« eine auratische Verzerrung der *Seria*.

Die beiden Albaner, unbeeindruckt, behaupten steif und fest weiter, sie seien von den Pfeilen, die aus den Augen ihrer Angebeteten schössen, tödlich getroffen. Vom Leuchten ihrer Augen seien sie unwiderstehlich angezogen wie die Falter, die das Licht umfliegen, um im Liebestod zu verbrennen. Auch dieses Motiv ist bei Marlene sprichwörtlich auferstanden: »Männer umschwirren mich wie Motten das Licht, und wenn sie verbrennen, dafür kann ich doch nichts.« Unerschüttert führen die Männer, die Alfonso als seine Freunde ausgibt, ihre Vorzüge ins Feld. Das sind, wenig überraschend, eben die, welche die Damen bereits an ihren Geliebten zu schätzen wussten: Ein schöner Fuß, schöne Nasen, schöne Augen – und, um das Ganze zu toppen: die Schnurrbärte, ein abnehmbares Theater-Requisit: »Trionfi degli uomini, pennacci d'amor« (I,ii:58). Diese Zeichen siegreicher Männlichkeit sollen es bringen. Doch ihre Bräute haben sich als unverführbar erwiesen und sich der Liebe der Bräutigame würdig gezeigt. Weil sie als Verführer nichts auszurichten wussten, haben Ferrando und Gulielmo die Wette gewonnen.

Indessen, Don Alfonso gibt die Hoffnung nicht auf. Als Zuschauer des Liebeskampfes fordert er die Dauer der Tragödie ein: »wartet bis heute Abend« und beurteilt das Geschehene fachmännisch in Termini der Poetik von Tragödie und Komödie: Jetzt lachen sie, aber in Tränen wird es enden. »Questo lor ridere ma so che in piangere dèe terminar« (I,12:58). Im Krieg sehen sich die beiden Bräutigame in diesem täuschenden Verführungs- und Wettspiel so und so; ist die Schlacht vorbei und die Treue ihrer Bräute hat ihrem Ansturm getrotzt, wird das Essen umso besser schmecken: »La cena per noi più saporita« (I,12:60). Aber vielleicht lebt der Mensch ja auch von Luft und Liebe allein? *Un' aura amorosa.* Mehr braucht man nicht, um wunschlos glücklich zu sein. »All I need is the air that I breathe and to love you«, sangen die Hollies 1974.

Fiordiligi und Dorabella halten es mit der Poetik der Tragödie. Vom höchsten Glück der Braut fallen sie plötzlich – die Peripetie der klassischen Tragödie – in die Bitterkeit der Frauen, deren Männer im Krieg sind: »A, che tutto in un momento si cangiò la sorte mia … Ah, che un mar pien di tormento e la vita ormei per me« (I,14:66). Aber jäh werden sie aus ihren Liebesleiden gerissen und die Wendepunkte häufen sich überbietend. Die Schwestern werden Zeugen eines Liebes-Selbstmordes im Doppelpack. Die beiden verschmähten Albaner drohen, sich zusammen zu vergiften: »Das Arsen soll mich befreien von so viel Grausamkeit« (I,15:68). Die angemessene tragische Reaktion des Jammerns und Schauderns bleibt nach diesem Doppel-Selbstmord auf der Bühne nicht aus. Alle singen zusammen: »Ach, das Sonnenlicht wird zur Nacht für mich. Ich zittere, Körper und Seele fühle ich schwinden, Zunge und Lippe bringen keinen Laut mehr hervor« (I,15:68). O-Ton die sublime Liebe der Sappho. Als abgedroschenes Zitat der sublimen Liebe, das außerdem zweistimmig vorgetragen wird, ist diese Liebe alles andere als einzigartig, wie Alfonso meint: »Oh, amore singolar!« (II,13:70)

Coram publico, die Schwestern eingeschlossen, leeren die beiden Fremden zwei Phiolen aus schierer Verzweiflung. Nun ist sich zu vergiften – siehe Phädra – keine heroische, sondern eine als weibisch verworfene Art des Todes, groteske Verzerrung, Farce des tragischen Liebestodes. Da war das Rollenverständnis der beiden Bräute deutlich männlicher, als sie die scheidenden Bräutigame aufforderten, ihren Busen mit dem Eisen zu durchbohren. Ein tragisches Schauspiel nennen die beiden Frauen die Doppelvergiftung: »Il tragico spettacolo« und zeigen die formelhafte Reaktion: »gelar il cor mi fan« (I,15:68), ihr Herz gefriert ob des verzweifelten Affektes, »disperato affetto« (I,15:68), der beiden unglücklich verliebten Männer.

Die plötzliche Gewalt unsterblichen Verliebtseins unterstützt die Komik, denn die beiden Albaner haben ihre Angebeteten gerade erst einen Augenblick gesehen. Die extreme Gerafftheit des Herzenswandels – von der einen zur nächsten unsterblichen Liebe in kaum einer Stunde – ironisiert die Zeiteinheit der Tragödie (24 Stunden) und die Peripetie als Umschlagpunkt vom Lachen ins Weinen. Die Parallelität in der Form besteht hier in der deutlichen Verkehrung der *Seria*, welche die *Buffa* als Verkehrung der Tragödie ist.

Mit dem doppelten Liebes-Selbstmord erreichen wir die Krise, den Kipppunkt. Gedoppelt wird der tragische Höhepunkt in Anspielung auf den Tod am Kreuz, bei dem die Sonne sich verdunkelt. Der Höhepunkt des Tragischen – »Evento più funesto non si potea trovar!«, singen die beiden Frauen – ist zugleich der Höhepunkt des Komischen – »Più bella commediola non si potea trovar!«, (I,15:70) singen die beiden Männer. Von »amore singolar« kann nicht die Rede sein; diese Liebe, die im Doppelpack der abgedroschensten Clichés daherkommt, ist alles andere als einzigartig, eine Farce auf die Tragödie, deren wichtigste Strukturmerkmale sie aufnimmt. Ist das die Tragödie?

Das Mitleid der Damen, hoffen die beiden Freunde *a parte*, wird schon in Liebe umschlagen. Das würde die kathartische Wirkung der Tragödie umkehren. Der dargestellte Wahn der fatalen Leidenschaften (*passiones*) soll zu Mitleid (*compassio*) bewegen. Händeringend suchen die beiden Damen nach einem Gegengift: »un antidoto« (I,15:70) für ihre beiden Vergifteten. Ein *antidoto*, Gegengift, ist jedenfalls die *Buffa* zum fatalen Pharmakon der *Seria*. Die Komödie betritt auch sogleich im Zitat mit der *Commedia dell'arte* die Bühne: »Despina in maschera« (I,16:72). Außer den Damen, die alles viel zu ernst nehmen, dadurch nach Meinung Despinas selbst *buffone* werden und daraus ihre eitle Distinktion ziehen, merken alle: Despina betritt als Küchenlatein redender Quacksalber der *Commedia dell'arte* die Szene. Als Parodie des in Wien berühmten Arztes Mesmer heilt Despina die beiden Liebes-Maladen. Mozart selbst soll Hand angelegt haben, das Latein zu verstümmeln. So wie die Schwestern ihre Liebhaber nicht erkannt haben, so erkennen sie nun in der Verkleidung ihr eigenes Zimmermädchen nicht.

Auferstanden, wissen die Albaner in einer witzigen Hybridisierung des christlichen Jüngsten Gerichts und des olympischen Jupiters nicht, vor wessen Thron sie stehen. Wie antike Göttinnen, Venus oder Athene, kommen ihnen die Damen vor. Prompt fallen die Herren in ihre abgedroschenen Liebesphrasen zurück. Gegen diese platte Formelhaftigkeit scheint kein Gras gewachsen, kein »antidoto« auftreibbar: »Du bist meine erhabene Göttin«, »mein Schatz« (I,16:76). Einziges Heilmittel ist ein Kuss: »Dammi un bacio o mio tesoro; un sol bacio, o qui mi moro!« (I,16:78) – singen die beiden im Duett. Völlig unklar ist und unwichtig scheint, wer hier einen Kuss von wem begehrt. In ihrer einzigartigen Unersetzlichkeit ist die eine wie die andere.

En bagatelle

Despina schlägt den Schwestern vor, die Liebe als Bagatelle zu behandeln (II,1). Selbstverständlich müsse man auf seinen Ruf achten. Zur Witzfigur, »favola … degli oziosi« (II,1:82), dürfe man nicht werden. Man solle deshalb unter die Leute streuen, dass Despina Herrenbesuch empfange. Die Bagatelle ist nicht nur Tischspiel des Ancien Régime und ein Verhalten, sondern auch eine musikalische Gattung. Zum ersten Mal nennt François Couperin im Jahre 1717 ein Rondo »Les bagatelles«. Die Oper selbst ist eine Bagatelle, die in der Doppelbödigkeit ironisch wird.

Despina macht ihren Herrinnen also klar, was Don Alfonso Gulielmo und Ferrando erklärt hatte: Sie sind nur Menschen aus Fleisch und Blut, und folglich verführbar. Nach Despina geht es nicht darum, eine Göttin, wohl aber eine allmächtige Königin zu sein. Die Fäden der Intrige müssten die Frauen in der Hand halten. Das gelänge durch Schauspielerei, durch Lug und Trug. Eine Rolle, die früh geübt und im Schlaf beherrscht sein will: Tag und Nacht müsse eine Frau schon mit fünfzehn die Kokette geben können. Dann herrsche sie unumschränkt – »posso e voglio!« (II,2:86) Despinas Ziel ist die Machtfülle des Individuums, das als absolute Herrscherin alle und alles seinem Willen unterwirft und zum Gehorsam zwingt: »Ich will und kann!« (II,2:87), das Gegenteil des von Eros entmächtigten Subjekts. Die durchgängige Doppelbödigkeit des Spiels im Spiel wird durchgehalten: Wir schauen den Zuschauern auf der Bühne zu.

Zum muskulösen Subjekt ermächtigt, folgen Dorabella und Fiordiligi dem Rat des Hausmädchens. So sehen sie sich als Liebes-Schauspielerinnen in der nächsten Szene, indem sie sich an ihren Anbetern ergötzen. Die Seufzer und Liebesschwüre der Narzisse, die sie auswendig kennen, ahmen sie nach. Kein Wort werden sie glauben, aber amüsieren werden sie sich: »che spassetto« (II,3:90). In Liebesdingen übernehmen sie die Regie: Sie wählen sich den Mann aus. Trotz des tragico-komischen Doppel-Liebesselbstmords glauben beide Schwestern offenbar, das Objekt der Liebe sei indifferent, eins wie das andere, einer wie der andere, austauschbar. Das systemische Zusammenspiel der Paare gibt die Oper im homo-rhythmischem Gleichklang zu hören:

> *Die Damen aber äußern ihren Wunsch, von der Hand des jeweiligen Geliebten zu sterben, homorhythmisch simultan. … Ihre Verlobten trösten sich ebenfalls homorhythmisch simultan; später, als sie den Schwestern in ihrer Verkleidung als Albaner gegenübertreten, improvisieren sie – zwei Seelen, ein Gedanke – abwechselnd ein Madrigal. Die beiden Strophen, mit denen sie die durch ihre Annäherungsversuche schockierten Damen zu versöhnen suchen, singen sie gar von der ersten bis zur letzten Zeile homorhythmisch simultan. Nur so wird auch eine flagrante psychologische Unwahrscheinlichkeit verständlich: Die beiden »Albaner« sind bis zum Wahnsinn verliebt, daran läßt ihr Suizid-Versuch im ersten Finale keinen Zweifel. Nach allgemeiner Lebenserfahrung kann sich eine solche Leidenschaft nur auf eine Person richten; trotzdem fühlen sich die Damen völlig frei, zwischen ihnen zu wählen, als ob es für den Verehrer ganz gleichgültig wäre, welche der beiden »Göttinnen« ihn erhört.* (Gier:124)

Es geht nicht um Psychologie, sondern darum, die Gemeinplätze der tragischen Liebe und der *Seria* durchzuspielen. Die ewige Liebe der *Seria* – Du, mein ein und alles, Dich oder den Tod – wird zur Gelegenheit von Komödie: einfach zum Lachen. Von heroisch tragischen Heldinnen der Tragödie werden die liebeslustigen Schwestern zu Komödiantinnen. Wie libertine Männer suchen sie sich einen aus. Kriterium ihrer Vorliebe ist die Haarfarbe und deren erotische Assoziationen. Die Blonden, weiß der Gentleman, der schweigt und genießt, sind zärtlich, die Braunen heißblütig, die Roten heimtückisch. Die beiden Schwestern verhalten sich untreu wie die Soldaten – »in soldati sperare fedeltà?« (I,9:40), hatte Despina gefragt –, wie Frauenliebhaber, die vieles durchprobiert haben und auf einen reichen Erfahrungsschatz zurückblicken können. Und sie wählen natürlich ausgerechnet den, der zuvor nicht der Mann ihres Herzens war. Aber beide tun es aus demselben Grund: der Gewählte, glauben sie, sei witziger. »Burlare«, scherzen und auf den Arm nehmen, wollen sie noch immer. Als hätten sie sich am Anfang mit der Tragödie nur in der Gattung geirrt.

In dem pastoralen Setting des Gartens am Meer drohte die erhoffte Komödie in eine Tragödie umzuschlagen; aus der Lust, die Bräutigame in erotischer Absicht auf den Arm zu nehmen, wurde die Aufforderung verzweifelter Bräute an die in den Krieg ziehenden Soldaten, ihnen das Eisen in die Brust zu stoßen. Dabei nahm sich die Abfahrt der Männer in den Krieg eher wie eine Lustreise nach Cytheria aus. Beide Szenen werden von Don Alfonso wie eine Theaterbühne mit allen Requisiten ausgestattet. In II,4 finden wir im blumengeschmückten Boot, in dem Gulielmo und Ferrando mit »Musikkapelle und Matrosenchor« (II,4:93) sitzen, alles, was das Herz begehrt. Spiegelbildlich verkehrt die zweite pastorale Szene die erste: Unter der Regie der Damen, die, wie Lacan einmal witzig bemerkt hat, ausgesprochen aktiv werden, um in die passive Rolle der Verführten zu kommen, findet das Schäferspiel statt, befächelt von »freundlichen Winden«; »aurette amiche« (II,4:92) – endlich winkt eine Komödie, *burla*. Aber die beiden Männer verheddern sich im letzten Jahrhundert der Galanterien: »Oh cospetto del diavolo! Lasciate tali smorfie del secolo passato«; »Ach zum Teufel! Laßt doch diese Mätzchen aus dem letzten Jahrhundert« (II,4:94). Versteinert vor Schrecken, fürchten Gulielmo und Ferrando in ihrer Eitelkeit nichts mehr als die Kränkung ihres Ichs, ihre Austauschbarkeit. So kommen sie nicht so recht in ihren

Text. Ihnen versagt nicht vor lauter gespielter Liebesübermannung die Sprache, sondern aus tatsächlicher Angst vor ihrer von den Damen längst beschlossenen Niederlage. Jammer und Schaudern der Tragödie überfallen die beiden, die nun, scheinbar am Ziel ihrer Wünsche angekommen, auf ihre zerschmetternde Niederlage zusteuern.

Fiordiligi und Dorabella haben die Sache in die Hand genommen und befehlen den ratlos Verstummenden, frei heraus ihr Begehren zu sagen. Alfonso und Despina greifen den beiden versagenden Herren unter die Arme, spielen und sagen ihnen vor. Waren die beiden Schnurrbartbewaffneten bis zum bitteren Tod männlich entschieden, die Damen zu erobern, so kommen sie nun aus Angst vor dem Sieg, der ihre Niederlage wäre, nicht in den Text. Sie müssen zum Jagen getragen werden. Despina und Don Alfonso agieren wie Souffleusen als Stichwortgeber und Einflüsterer für die Liebesworte, die doch jeder kennt und die sich so schön reimen: »dolci detti«, »sospiretti«, »ben mio, mi moro«, »mio bel tesoro« (II,3:90). Glasklar tritt die ewig gleiche Unpersönlichkeit des Liebesdiskurses zu Tage. Das Herz hat eben nur eine Sprache und die spricht zu jedem Herzen. Quid pro quo, der eine wie der andere. Nur noch ein sinnloses Echo können die Liebhaber herausbringen: »pace«, »tace« (II,4:94). Aber für Frieden und Schweigen ist es zu spät, denn die Damen wollen jetzt, was sie eben noch entschieden beleidigt zurückgewiesen haben. Die entrüstete Fiordiligi: »divertirmi«? Ja, jetzt schon: unterhalten, amüsiert wollen sie werden (»per divertirsi un poco«, II,2:88). Die Entmächtigung des Subjekts, die daraus folgt, fasst Don Alfonso kurz und bündig in der Verkehrung des Allmächtigkeitsanspruchs des Subjekts zusammen: »Non può quel che vuole, vorrà quel che può« (II,4:94) ist das gerade Gegenteil des »posso e voglio« der Despina, die das selbstbestimmte und selbstbeherrschte Subjekt der Herrinnen im Vollbesitz seiner Fähigkeiten beschwor.

Die nach dem Willen der beiden jungen Frauen neu zusammengesetzten Liebespaare lustwandeln nicht mehr im Quartett, sondern im Duett. Natürlich gehen sie nicht getrennte Wege; ein Paar tut es dem andern nach: »Passegiamo anche noi?« (II,5:98) Die Hauptrolle im Liebes-Divertissement haben die Damen übernommen. Die Herren stammeln verwirrt zum souverän geführten, weiblichen Small Talk: schön sind die Bäume. »Sie haben mehr Blätter als Früchte« (II,5:98). In der Tat. Die am Ende des ersten Akts siegessicheren Bräutigame wissen sich in der Krise angekommen, »Eccoci alla gran crisi« (II,5:98): den dramentechnischen Begriff der Krise verwendet Ferrando im *a parte* zu Gulielmo. Angst haben sie um ihre, durch die Treue ihrer Geliebten garantierte Einzigkeit. Angst haben sie auch, sich zu blamieren: wenn das so weitergeht, werden sie Don Alfonso zum Gespött.

Gulielmo ist ganz schlecht ob des sich anbahnenden Sturzes der Göttinnen; Jammer und Schaudern ergreifen ihn angesichts des Trauerspiels, in das er da verwickelt ist. Von Dorabella fühlt er sich auf den Arm genommen: »voi burlate«. »Io burlo?«, entgegnet sie (II,5:100). Gulielmo weiß schlicht nicht mehr, woran er ist. Ist sie ernst oder macht sie sich über ihn lustig? »Scherza o dice davvero?«, fragt er sich (II,5:100). Er kommt auf die ausgesprochen originelle Idee, mokiert sie sich, ihr ein Herz zu schenken. Gulielmo muss sich ermahnen, weiter einsilbig einfältig die abgedroschensten Verführungsplattitüden von sich zu geben, schließlich sei er im Liebeskrieg: »Seine Soldatenehre steht auf dem Spiel.« Also an Dorabella: »ergebt Euch«. Die hat eben darauf gezielt hingearbeitet. Spiegelbildlich, wie ein Echo, stirbt sie jetzt den Liebestod. Sie beschließen, begleitet vom Glissando der Geigen, entzückt von neuen Ergötzungen, zusammen zu sterben: »Moremmo insieme« (II,5:100). Damit ist jetzt nicht mehr der große Tod, sondern der orgiastische Liebestod, der »kleine Tod« gemeint. Wie der Vesuv glühend heiß brennt Dorabellas Brust. Das Zornesfeuer hat sich in Liebesfeuer gewandelt. Gulielmo tauscht sein Herz gegen das Portrait Ferrandos ein und besiegelt so den schnellen Herzenswandel der Dorabella: wild klopfen ihre Herzen im Gleichtakt des neuen Glücks. Alles Vergangene wollen sie vergessen. Gulielmo weiß in diesem glücklichen Herzenstausch nicht nur den Freund, sondern die Vorstellung der hohen Liebe der Frauen, treu bis zum Tod, verraten.

Fiordiligi, ideale Protagonistin der *Seria*, und Ferrando betreten die Bühne. Mit diesem Paar fallen wir nicht sogleich in die arkadische Tändelei des Lustspiels. Das wilde Drängen des Tenors, die harsche Zurückweisung des Soprans sind dramatischer als das liebliche Schäferspiel. Fiordiligi zieht Ferrando nicht zum Herzenstausch hinter sich her. Sie flieht vor dem, in dem sie alle Monster des Orients sieht: »Ho visto un aspide, un'idra, un basilisco«; »Ich habe eine Viper gesehen, eine Hydra, einen Basilisken« (II,6:105). Ferrando weiß offenbar sofort, worum es sich handelt, um den Horror der libyschen Wüste: »Ah, crude, ti capisco! L'aspide, l'idra, il basilisco, e quanto i libici deserti han di più fiero, In me solo tu vedi«; »Ach, Grausame, ich versteh dich! Viper, Hydra, Basilisk und alles, was sonst noch an wildem Getier die wilde Wüste bewohnt, das siehst du in mir« (II, 6:104). Lucans *Bellum civile* versammelt diese Signifikanten vollständig (9. Buch: »idra« 644, »basilisco« 724, »aspide« 604, 708 und »deserto libico« 617). Wie ein Fossil blitzt das schrecklichste Schlachtfeld der römischen Bürgerkriege in diesem Schäferspiel auf: In der libyschen Wüste wird das republikanische Heer Catos, die Verkörperung römischer Tugenden, durch das Gift der Monster des Orients zerstört und in seiner menschlichen Figur furchtbar entstellt.

Nach dieser Flucht Fiordiligis ist Ferrando sich seines Wettsieges sicher. Er wird nicht mehr Zeuge dessen, was danach passiert. Fiordiligi kommt, allein, zu einem dramatischen Liebesgeständnis und einer klaren Selbsterkenntnis. Ihre Arie ist das Gegenstück zur Felsen-Arie. Ihre Liebe ist nicht unerschütterlich, ihre Beständigkeit dahin. Nichts bleibt gleich, alles ändert sich, sogar ihr Herz hat sich gewandelt: sie brennt für einen anderen. »Che vergogna«

(II,7): treuloser Verrat, diese frevlerische Lust. Sie hat, in sich gespalten, uneins mit sich selbst, Abscheu vor ihrem eitlen, unbeständigen, undankbaren Herzen und hofft, diese verräterische Liebe vergessen zu können. Der Feind sitzt im Innern; Fiordiligis Rondo ist ein wunderbar melancholischer Abgesang auf die Eitelkeit des Subjekts, das sich in der Illusion wog, selbstbestimmt zu sein. Von Amor ist es entmächtigt, unterworfen worden.

Ferrando verkündet Gulielmo ihrer beider Sieg über Don Alfonso; Fiordiligi ist eine Frau ohnegleichen (II,8:110). Keine Sekunde zweifelt er an der Beständigkeit Dorabellas. Gulielmo belehrt ihn vorsichtig eines Besseren und fällt dabei in langweilig selbstverliebte Stereotype zurück. Als Ferrando ihm erklärt, Fiordiligi sei die Verkörperung der Tugend selbst, sieht er sich in »seiner Penelope« bestätigt, vor allen Dingen aber in seiner Eitelkeit. Es geht nicht um die Frauen, sondern darum, wer der unwiderstehlichere Typ ist. Dorabella, das ist die bittere Pille, die er Ferrando zu schlucken gibt, war nicht so unerschütterlich wie Fiordiligi. Kein Wunder, wenn man die beiden Bräutigame vergleicht, legt Gulielmo Ferrando dar: »Caro amico, bisogna far delle differenze in ogni cosa: Ti pare che una sposa mancar possa a un Gulielmo? Un picciol calcolo, non parlo per lodarmi, se facciamo tra noi ... Tu vedi, amico, che un poco più di merto ...«; »Lieber Freund, man muß in allen Dingen Unterschiede machen. Glaubst Du, dass eine Braut einem Gulielmo untreu sein kann? Eine minimale Differenz, ich rede nicht, um mich zu loben, wenn wir zwischen uns einen ... Du siehst Freund, dass da doch ein wenig mehr Verdienst ...« (II,10:118). Weniger in seiner Liebe als in seiner Eitelkeit wäre Gulielmo im Fall der Untreue seiner Braut verletzt. Der Beweis für den Fall Dorabellas ist das Portrait Ferrandos. Aber bei aller Überlegenheit des einen Mannes über den anderen bleibt doch beiden ein Rätsel, wie die Liebesschwüre und Ohnmächte, wie Untröstlichkeit, rabenschwarze Verzweiflung und Selbstmordabsichten innerhalb weniger Stunden in den Wind geschlagen werden und das Herz sich wandeln kann. Das wirft sie um: »Certo, un caso quest'è da far stupore« (II,8:112), sagt Gulielmo, seine Unwiderstehlichkeit hin oder her. Kaum können sie es glauben, dass sie Zeugen dieses Herzenswandels »in sì pochi momenti« (II,8:112) geworden sind.

Der verratene Ferrando will sich am verräterisch-treulosen Herzen Dorabellas rächen. Mord oder Selbstmord fürchtet Gulielmo gleich. Aber nicht der Krieg der Geschlechter als Krieg zweier Parteien, wie er sich in Despinas Lied und im versteckten Verweis auf das *Bellum civile* Lucans ankündigte, nicht Mord und Totschlag brechen aus: Liebe, nicht Rache siegt. Ferrando verkraftet die Verletzung seiner Eitelkeit. Auch ihn hat das ganze Theater zur Selbsterkenntnis gebracht. Sein Liebesgeständnis für Dorabella, als Gegenstück zu »un'aura amorosa« (I,12:60) allein auf der Bühne gesungen, ist eine vielleicht noch schönere Cavatina als die Arie der Fiordiligi, der sie korrespondiert. Ferrando liebt Dorabella trotz ihrer Flatterhaftigkeit, eine Frau, die, Gulielmo zu zitieren, »noch nicht einmal zwei Groschen« (II,8:112) wert ist. Liebe, unabhängig von Tugend und Wert, siegt über Selbstliebe. Dorabellas Fürsprecher in seinem Herzen ist die Liebe selbst: »Io sento per essa i voci d'amor« (II,9:116).

Fesseln der Liebe?

Despina gratuliert Dorabella, sie sei eine Frau von Welt, die sich auf kunstvolle Verführung verstehe. Keiner könne der Liebe widerstehen, und wäre er aus Stein und nicht wie alle Menschen aus Fleisch und Blut. Dorabella ist jedoch weniger von Amor besiegt worden, als sie Amor auf die Sprünge geholfen hat. Eher hat sie Gulielmo als Gulielmo sie vom Wege abgebracht. Dorabella spricht verdinglichend von Männern, »galante biondino« (II,10:120); Männern wird unterstellt, so von Frauen zu sprechen. Fiordiligi dagegen gesteht, getreu dem Szenario der *Seria*, ihre Liebe, die nicht dem Einzigen gilt: »io amo! e l'amor mio non è sol per Gulielmo« (II,10:120). Dorabella, die das heroische Genre abgestreift hat, ruft ihre Schwester auf, sich ihrem Beispiel anzuschließen, sich Amor zu unterwerfen und zu ergeben: »E meglio che tu ceda« (II,10:122). Amor, dieser Dieb, hat er sich einmal durch die Augen eingeschlichen, und die Festung unseres Ichs geschleift, legt unser Herz in Ketten. Er macht mit uns, was er will. Lehnt man sich gegen ihn auf, bestraft er einen übel, singt Dorabella:

È amore un ladroncello,
Un serpentello è amor.
Ei toglie e dà la pace,
Come gli piace, ai cor.

Per gli occhi al seno appena
Un varco aprir si fa
Che l'anima incatena
E toglie libertà.

Porta dolcezza e gusto
Se tu lo lasci far;
Ma t'empie di disgusto,
Se tenti di pugnar.

Se nel tuo petto ei siede,
S'egli ti becca qui,
Fa tutto quel ch'ei chiede
Che anch'io farò così.

Amor ist ein kleiner Dieb,
eine kleine Schlange ist Amor,
Dem Herzen raubt und gibt er
Frieden,
ganz, wie's ihm gefällt.

Durch die Augen ins Herz
bahnt er sich seinen Weg,
fesselt die Seele
und raubt die Freiheit.

Er schenkt Süße und Lust,
wenn du ihn gewähren läßt;
erfüllt dich mit Unlust,
wenn du Widerstand zu leisten
suchst.

Wenn er dir aber im Herzen sitzt,
wenn er dich hier und da zwickt,
dann tu alles, was er verlangt.
Und auch ich werde es so machen.
(II,10:122 f.)

Die Erfahrung der Ohnmacht des Subjekts, der Entmächtigung in den Fesseln der Liebe hat Dorabella in ihrem selbstbestimmten Liebesspiel im Gegensatz zu Fiordiligi nicht gemacht. Sie zitiert nur die Gemeinplätze der Kraft Amors. Die Erfahrung von Selbstverlust und Selbstentfremdung durch die Liebe ist das Herz der Tragödie und der *Seria*. Zum Repertoire von Tragödie und *Seria* gehört es auch, dass Zofen und Schwestern wie hier Dorabella und Despina verheerende Ratschläge geben – so bei Phädra, so bei Dido –, die die Amor Ausgelieferten in eine die Festung des Ichs in Schutt und Asche legende Liebe treiben. Fiordiligi will sich nicht ergeben, sondern widersteht bewusst heroisch. Der Kampf hat seinen Schauplatz ins Innere verlegt, er spaltet das Subjekt. Wie in einer Psychomachia kämpft Amor gegen Ich. Fiordiligi wird sich, hofft sie, selbst besiegen: »io saprò vincermi« (II,10:122). Sie beschließt, Heroine der *Seria*, die sie ist, wie die unerschütterliche Artemisia ins Feld zu ziehen: verkleidet als Mann, Ferrando! Aber keinen äußeren Feind will sie besiegen, sondern ihr Herz bezwingen und so ihre Treue und Selbstbestimmung retten.

Ferrando hat das Liebesgeständnis der Fiordiligi überhört. Seine Tenorstimme kommt, betörend schön, aus dem Nichts. Dasselbe Spiel von Liebe und Tod beginnt von Neuem. Es ist immer derselbe Refrain: »il tuo cor, o la mia morte«; »Dein Herz oder meinen Tod« (II,12:130) – eine Dekonstruktion der *Seria*, in der sich Liebe und Tod bis zum bitteren Ende reimen. Das auf der Bühne in einer Endlosschleife aufgeführt zu hören und zu sehen, macht das Ganze komisch, die Wiederholung der pathetischen Formel raubt der Tragödie den Stachel. So wie Fiordiligi in die männliche so will Ferrando in die weibliche Rolle schlüpfen: Von ihr will er mit dem eigenen Schwert wie Dido erstochen werden. Tödlich ist sein Herz durch die Liebe verletzt.

Fiordiligi sagt von sich, dass sie *infelice* sei – *Infelix Dido*. Sie wird zusammen mit Ferrando zur Zuschauerin, zur Zeugin ihres eigenen Falls in die Liebe – und ergibt sich: »Mach mit mir, was

Du willst«; »Fa di me quel que ti par« (II,12:130). Das ist bis Elsa Morante die Formel, mit der Selbstbeherrschung und Selbstbestimmung aufgegeben werden und diese Aufgabe masochistisch genossen wird. In mir allein, verspricht Ferrando, kannst Du jetzt oder nie Bräutigam, Liebhaber und wenn Du willst, vieles mehr finden.

Gulielmo, der das alles mit ansehen und hören muss, macht sich eifersüchtig wütend über seine keusche Artemisia, über die Penelope des Jahrhunderts lustig (II,13:132). Er beschimpft sie als Diebin, Mörderin, Hündin. Der Teufel war schon des Längeren mit von der Partie; nicht Amor, sondern der Teufel scheint alle zu reiten. Fiordiligi wird »Fior di diavolo« (II,13:132).

A Comedy of Remarriage

Jetzt stehen zwei Ehen an; »felicissimi« werden die beiden Männer nach gelernter Lektion sein. Despina und Alfonso gratulieren sich mittlerweile dazu, in dieser Komödie köstlich amüsiert zu werden: »La più bella commediola non s'è vista o si vedrà!« (II,16:138) Den Brautpaaren wünscht man reichen Kindersegen, mögen die Kinder so schön werden wie ihre Mamas. Dann reden beide Bräutigame und beide Bräute wieder mit einer Zunge. Spiegelbildlich verkehrt sich die Sprache: »Tocca e bevi«; »Bevi e tocca« (II,17:140).

Gulielmo ist trotz seiner gespielten Fügsamkeit noch immer vor gekränkter Eitelkeit außer sich. Er wünscht den Frauen, *a parte*, statt des Weins Gift an den Hals. Damit kommt das Vokabular der Tragödie ein letztes Mal wie auf einem Karussell, das sich in leicht verschobenen Konstellationen im Kreise dreht, zurück. Bevor »Bella vita militar«, mit dem Topos des Militärlebens als des Inbegriffs der Unbeständigkeit, erklingt und die Rückkehr der ursprünglichen Bräutigame ankündigt, tritt Despina, *mascherata*, als Notar mit dem Heiratsvertrag auf. Nach der medizinischen wird die juristische Autorität lächerlich gemacht. Die individuelle Liebe ist längst zur Illusion erklärt worden. Die Pfeiler der bürgerlichen Gesellschaft – Gesetz, Wissenschaft – sind mit der individuellen Liebe, die das Geschlechterverhältnis narzisstisch befriedigend regelt, geschleift.

Ob der Rückkehr ihrer fast vergessenen Ex-Bräutigame, die zu einem wilden Versteck- und Verkleidungsspiel führt, verschlägt es Dorabella und Fiordiligi vor Schrecken die Sprache. Ein letztes Mal wird die Reaktion auf die Tragödie inszeniert: ich friere, ich zittere, alles versagt mir, ich sterbe – Jammer und Schauder. Beide Bräutigame spielen weiter Theater und tun, als wären nicht sie es gewesen, die ihrer Bräute Treue höchst selbst auf die Probe gestellt hätten. Das Beweisstück des von ihnen hautnah erlebten Verrats lässt Don Alfonso den mittlerweile in die Kleider ihrer alten Identität Geschlüpften in die Hände fallen: den Ehevertrag. Die Bräute stellen sich vor ihre vermeintlichen Orientalen, deren Blut die betrogenen Bräutigame in Strömen fließen lassen wollen: Sie, Dorabella und Fiordiligi allein verdienten es, mit dem Schwert ihrer Geliebten umgebracht zu werden. Gnade verdienen sie nicht. Auch Alfonso klagt sich an, die beiden Schwestern grausam getäuscht zu haben, um ihre Bräutigame zu enttäuschen. Das Jammern und Klagen, das Heulen und Zähneklappern schlägt um in Lachen: »Tutti quattro ora ridete« (II,18:152). »Unsere Freude, unser Lachen verkehrte sich in Weinen«; »Noi ci allegrammo e tosto tornò in pianto«, fasste Dantes *Commedia* die Poetik der Tragödie zusammen (*Inferno*:26). Genau die wird in *Così fan tutte* verkehrt.

Così fan tutte ist keine Oper, die an einer antiken Konzeption von Weiblichkeit festhält: die Frauen galten als das im Fleisch schwächere, weniger selbstbeherrschte, weniger beständige Geschlecht. Heldinnen und Heilige galten als mehr als Frauen, weil sie ihre natürliche weibliche Schwäche männlich beherrscht, überwunden hatten. Im 18. Jahrhundert war diese, von Don Alfonso vertretene Vorstellung von Weiblichkeit als durch Schwäche schwankend und unbeständig mit der Mutation der Frauen zum moralischen, selbstbehauptenden Geschlecht überholt. Der puritanische Roman Richardsons hatte diese heldenhafte Unverführbarkeit über viele hundert Seiten praktisch mit Pamela, die aus ihrem Verführer einen guten Ehemann macht, und sublimer mit Clarissa, die zum reinen Buchstaben dieser neuen, frohen Botschaft wird, vor Augen geführt. Beide werden nicht von weiblicher Schwäche überwältigt, sondern behaupten sich helden-, heiligenhaft. Don Alfonso ist mit seiner Ansicht der weiblichen Schwäche aus der Zeit gefallen, ein antikes Überbleibsel, auch wenn er dieser Schwäche, diesem Zwang des weiblichen Herzens, das eben nicht anders kann, als flatterhaft zu sein, vergibt. So sind die Frauen – ja, und vielleicht die Menschen auch. Auch geht es in der Oper nicht um das von dem Stoiker Don Alfonso empfohlene, vernünftige Vermeiden der Leidenschaften der egoistischen Ruhe zuliebe.

Nur zwei Protagonisten, eine Frau und ein Mann, lernen die Gewalt der Liebe kennen, die gerade nicht gegenseitig ist. Ferrando stellt fest, dass er nicht anders kann, als Dorabella zu lieben, obwohl sie oberflächlich nur ihr eigenes Amüsement sucht. »Io sento per essa le voci d'amor« (II,9:116). Fiordiligi entbrennt wider Vernunft und Moral lichterloh in Liebe zu Ferrando. Überwältigt, gibt sie jede Selbstbestimmung auf: »Mach mit mir, was du willst« (II,12:131). Diese Erfahrung des der Gewalt der Liebe Unterworfenen machen beide dank der gespielten Komödie; bisher wussten sie nicht, dass sie so wenig Herr im eigenen Haus sind. Gulielmo und Dorabella machen diese Erfahrung der Entmächtigung nicht: Er bleibt eitel daran interessiert, unersetzbar der Größte zu sein, sie kokett vergnügungssüchtig.

In der Tragödie wären Fiordiligi und Ferrando Opfer ihrer fatalen Liebe geworden. Da Pontes/Mozarts Komödie ist so doppelt. Denn nur weil sie die Entmächtigung durch die Liebe erfahren haben, können sie die narzisstische Kränkung, die in der Überwältigung durch eine fremde Kraft liegt, annehmen und sich mit sich selbst und den anderen als Entmächtigten, Überwältigten aussöhnen und vergeben. Sie wissen, dank der Komödie, die sie gespielt haben, wovon sie singen. Vor dem Spiel wussten sie das nicht.

Dorabella und Gulielmo schlucken die bittere Pille, dass sie nicht so groß und edel sind, wie sie dachten; er ersetzbar, sie flatterhaft. Statt die Männer für ihr wahnwitziges Begehren, wissen zu wollen, was es mit der Liebe der Frauen auf sich hat, zu verachten, und statt die Frauen für ihren Liebesverrat zu strafen, heiraten sie sich. Die Frauen vergeben den Männern, sie auf die Probe gestellt zu haben; die Männer verzeihen den Frauen den Heiratsvertrag mit ihnen als anderen. Man versöhnt sich. Es geht nicht um die Machtfülle des Subjekts, sondern um die Einsicht in seine Verletztheit, um das Annehmen des Gekränktwerdens. Treue Liebe bis zum Tod wird am Ende noch einmal aufgerufen, beschworen und von den Männern geglaubt, aber nicht mehr auf die Probe gestellt. Gattungsentsprechend kommt es zu einem Happy End. Damit hat sich die Tragödie in einem schwindelerregenden Zeitraffer endgültig zur Komödie gewendet. Dorabella hat recht behalten: *Matrimonio presto*. Leben statt Tod, Liebe statt Blut, und zwei Hochzeiten! Nicht das Beharren auf Unersetzlichkeit, sondern die Einsicht in die Ersetzbarkeit wäre die Grundlage der Ehe. Dann kann man denselben glatt noch einmal heiraten. *Così fan tutte* ist die Vorlage für Hollywoods »comedy of remarriage«, wie sie Stanley Cavell nacherzählt hat.

Die Norm der unsterblichen, nur auf den Einen gerichteten Liebe wird als Illusion aufgedeckt, deshalb aber nicht verworfen. Sie ist für das Funktionieren der menschlichen Gesellschaft notwendig. Obwohl man es besser weiß, glaubt man daran. Liebe verdient nur den Namen, wenn sie im Anderen nicht seine Vollkommenheit, sondern seine Fehlbarkeit liebt: nicht den Phönix, sondern die gerupfte Krähe. Die Fehlbarkeit des Anderen ist narzisstische Kränkung, und die Liebe ist das Anerkennen dieser Kränkung. Die Formel für die akzeptierte Ohnmacht des Subjekts, die gegen die Machtfülle von »posso et voglio« steht, ist: »Er darf nicht, was er will; er will, was er darf«; »Non può quel che vuole, vorrà quel che può« (II,5:94). Fiordiligi und Ferrando haben etwas darüber Hinausgehendes, anderes erfahren: die Leidenschaft, die das Subjekt unterwirft, entmächtigt – und das überlebt. Selbstbestimmung, Selbstbeherrschung haben sie als Illusion erkannt.

Die Liebe, zeigt *Così*, entsteht durch einen Diskurs, durch Worte und Handlungen. Durch Jugend, ein angenehmes Äußeres, Reichtum und Erziehung kann jeder zum »Idol« für jeden werden. Liebe tritt bei bestimmtem Verhalten, bei bestimmten Reden ein: Tränen, Seufzer, Schwüre, Liebkosungen, Ohnmachten. Sie zielt nicht auf den einzelnen, sondern auf die Gattung. Wie alles Gesellschaftliche hängt sie an hier besonders holzschnittartig inszenierten Stereotypen: »ein schöner Mund, ein edles Gesicht«, »schöne Füße«, »schöne Augen«, »schöne Nasen«, nicht zu reden von den »schönen Schnurrbärten« (I,11:59). Sie wird wirksam durch ein festgelegtes, bewährtes Sprechen und Handeln: »ein einziger Kuss oder ich sterbe auf der Stelle« (I,16:79). Vollkommen gleichgültig gegen den Anspruch von Wahrheit ist dieser Diskurs einzig an Wirkung interessiert: Liebe ist nicht, sie tut.

Die Liebhaber in *Così fan tutte* erweisen sich nicht als die Barbaren, für die Despina alle Männer hält. Auch Frauen verwinden die narzisstische Kränkung, keine unerhörten Fälle von Treue zu sein. Sie rächen sich nicht, sondern vergessen zusammen mit ihren Geliebten – ja, sie lachen über sich. Wider besseres Wissen glauben sie an die Liebe und heiraten. Die Welt ist trügerisch, Vanitas; trügerisch täuschend ändert sich ständig alles. Tugend besteht nicht darin, zu widerstehen, sondern die Unterworfenheit, auch die eigene, zu erkennen. Die Figur des ewigen Wandels ist Amor. Die Kunst besteht nicht darin, darüber zu lachen, worüber andere weinen: »Quel che suole altrui far piangere fia per lui cagion di riso«; »Was andere gewöhnlich zum Weinen bringt, das ist für sie ein Grund zum Lachen« (II,18:153). Nicht darin, mitten im Wirbelsturm der Leidenschaften ruhig zu bleiben, »bella calma« (II,18:153), die Position der Stoiker, zu denen Mozart nicht gehörte. Und auch nicht im alttestamentarischen Auge um Auge, Zahn um Zahn, das Despina vertritt, wenn sie es den Männern mit gleicher Münze heimzahlen will. Liebesfähig wird man durch die Fähigkeit, die Verletzung der Selbstliebe, die Kränkung der Eitelkeit zu verzeihen. Medium dieser Kraft, Medium dieses versöhnenden, fruchtbaren Eros, der sich Moral und muskulöses Subjekt unterwirft, ist »un'aura amorosa« (I,12:60), Mozarts süße Musik; mit ihr fällt noch das Schwerste leicht.

»Ein stolzes Weib«?
Die Zauberflöte

»Metaphysik der dummen Kerle«
(Adorno in »Minima moralia« über die Freimaurer)

Verkehrte Welt: Objektiver Humor

Mozarts *Zauberflöte* ist ein »Singspiel«. Als Kreuzung von geheimnisvollem Initiationsritus und volkstümlichem Zaubermärchen gibt sie Rätsel auf. Hat man angesichts expliziter Misogynie, hierarchischer Heteronormativität und orientalisiertem Rassismus versucht, zu retten, was zu retten ist, erklärte man die *Zauberflöte* zu einer orphischen Initiation in die Mysterien von Isis und Osiris: Gefeiert werde der Sieg der Aufklärung, in der Sonne Sarastros versinnbildlicht, über die dunklen Mächte des Aberglaubens, verkörpert von der Königin der Nacht. Wie fasst es noch gleich das Libretto prägnant zusammen: »Bald soll der Aberglaube schwinden, bald siegt der weise Mann!« (II,26:63) Mmh, Mansplaining? Diesen Weg der Aufklärung sollen die Zuschauer mit dem neuen Herrscherpaar Pamina und Tamino beschreiten, mit denen sie gemeinsam durch die weihevollen Initiationsriten des Männerbunds der Freimaurer unter Sarastro verwandelt werden. Zwischen Absolutismus und der Entwicklung bürgerlicher Demokratien gehe es um eine politische Elite auf dem Weg in eine aufgeklärte, menschlichere, gar paradiesische Zukunft, in der die Menschen, und zwar gleich im Paar, göttergleich würden.

Die Oper wäre also wie so viele – *La clemenza di Tito* ist das erste Beispiel bei Mozart – eine Art Fürstenspiegel in Freimaurer-Version. Eingeweiht in die Isis- und Osiris-Mythen, soll Tamino einmal, wie Sarastro ihn unterweist, »als ein weiser Fürst [...] regieren« (II,21:58). In aufklärerischer Mission hat sich die Funktion des Fürstenspiegels geändert: nur ein vollkommener Mensch sei ein guter Fürst, so wie jeder vollkommene Mensch einem Fürsten ebenbürtig wird. Die Erziehung zur Menschlichkeit durch Männlichkeit, durch *virtus* als Ideal des reformierten Menschen qua Mannes, wie es Rousseaus *Émile* wirkungsmächtig vertrat, ist auf einem Fürstenspiegel wie Fénélons *Télémaque* modelliert. Die *Zauberflöte* folgt mit dem Ideal der Menschlichkeit als Männlichkeit, die durch Prüfungen gebildet wird, diesem Modell. Ausnahmen bestätigen die Regel: eine Frau, die vor allen Dingen gute Vatertochter ist, kann auch einmal ein ganzer Mensch werden. Siehe Pamina.

Die Oper so als freimaurerisch-aufklärerische Initiation in die Isis-Mysterien zu lesen, stellt allerdings vor unübersehbare Schwierigkeiten. Angesichts der atemberaubenden Frauenfeindlichkeit und des Rassismus der *Zauberflöte* scheint mir das eine grundlegende Fehleinschätzung. Wie in kaum einer anderen Oper wird in der *Zauberflöte* alles in ein starres Gender- und Rassenkorsett eingeschnürt. Kein Cliché wird dabei ausgelassen. Und das ostentativ, nicht unfreiwillig, naiv, werden sie eins nach dem anderen vorgeführt: angefangen wird mit den geschwätzigen, heuchlerischen, tyrannischen Weibern, mörderische Furien, die durch ihre Zungen Unheil in die Welt bringen: eine rachsüchtige, machtgeile Frauenwelt. Als Klimax all der Perversionen droht ausgerechnet eine Mutter und Königin damit, »alle Bande der Natur« zu zerschneiden:

Verstoßen sei auf ewig, verlassen sei auf ewig,
Zertrümmert sei'n auf ewig alle Bande der Natur,
[...]
Hört, Rachegötter – – hört! der Mutter Schwur! –
(II,9:48)

Brutal-sadistische, geile Schwarze haben in diesem tyrannisch-orientalistischen Setting nur die schwärzesten Gedanken: nämlich nichts anderes im Kopf, als an die weiße Frau zu kommen. Mächtige Frauen, orientalisierte Schwarze: undurchsichtige Agenten dunkler, tyrannischer, pervers unmenschlicher Mächte. Modernisierend hat der *Schwule Opernführer* das pauschal als »islam-feindlich« bezeichnet und alle orientalischen Clichés mit dem Islam kurzgeschlossen, obwohl von Muslimen in der Oper weit und breit nichts zu sehen ist. Treffender scheint es mir deshalb, von einem orientalisierenden *othering* im Said'schen Sinne zu sprechen.

Sieht man einmal von den krassen ebenso rassistischen wie misogynen Überzeichnungen ab, wäre die Botschaft der Oper, traut man der Initiationsthese, vor dem Hintergrund der von der Französischen Revolution verkündeten Gleichheit aller Menschen – die für Frauen und Schwarze sowieso nicht galt – ausgesprochen reaktionär. Sie würde in dieser freimaurerischen Eliteversion vorführen, dass das Volk in der Gestalt Papagenos unfähig, unwürdig, ja unwillens ist, zu regieren. Es ist nur darauf aus, billig abgespeist zu werden. Papagenos Variante von Brot und Spielen als sattsam bekanntes und bewährtes Mittel der tyrannischen Herrschaftsausübung sind Wein, Weib und Gesang.

Die *Zauberflöte* beleuchtet schlaglichtartig, möchte ich dagegensetzen, eine heteronormativ, rassistisch, misogyn fehlgegangene Aufklärung. »Die Idee *ihres Glücks*«, formuliert Ivan Nagel treffend, wird »wieder einmal ein[ge]tauscht für das Machtinstrument *des Guten*.« (Nagel:46) Ein schweres, bitterernstes, männliches Weihe-Spiel wird märchenhaft heiter von Mozart auf den Arm genommen und als bizarres Gedröhne alter weißer Männer entlarvt, die allesamt keine Väter sind. Kein unwichtiges Detail, denn dem Familienvater fiel in der Aufklärung eine Schlüsselrolle zu. Das hehre Menschheitsideal des Bruderbundes wird als *toxic masculinity* enttarnt. Denn der propagierten, reinen, ganzen Männlichkeit der Eingeweihten werden metamorphotische Figuren entgegengestellt, die sich der identitären Binarität von Mann/Frau, Mensch/Tier nicht fügen: die Mann-Frau Tamino, das Mann-Tier Papageno, die Mann-Tier-Königin der Nacht und der Frau-Mann Pamina. Die binären Konstellationen – schwarz/weiß, männlich/weiblich, hoch/niedrig, adelig/gemein, Orient/Okzident – werden nicht naturalisiert und zementiert, wie es die Oberflächenideologie der Oper fürchten lässt; sie werden umspielt, zerspielt, ausgehebelt, zersetzt. Die *Zauberflöte* muss man also gegen den Strich ihrer Oberflächenideologie bürsten.

Das Spiel der Durchkreuzungen trifft misogyne Clichés und rassistische Stereotype in unheimlichen Doppelungen und Verkennungen, witzigen Verkehrungen und Umkehrungen. Ein Kindermund stellt alles auf den Kopf. »Karnevalesk« hätte Bachtin gesagt, und Hegel hätte »objektiven Humor« erkannt. Die Oper stellt uns nicht das Ideal des eingeweihten, humanistischen ganzen Menschen vor Augen – der selbstredend Mann ist, aber ausnahmsweise auch einmal als »sehr gute Tochter« eine Frau sein kann. Gleichwohl wirbt die *Zauberflöte* in aller verfahrenen Komik bestechend für ein »Humanum«. Der Schwäche der Menschen, die eben nur aus Fleisch und Blut sind, unserem oft frustrierten Glückshunger, unserer liebenswerten Unvollkommenheit und Unzulänglichkeit, unserer Lebenslust und unserem kindischen Schmollen, wenn wir glauben, um das Glück geprellt worden zu sein, und nicht dem männlichen Tugendterror der eingeweihten Sonnenjünger spielt die *Zauberflöte* auf. Als Staffage der Aufklärung dient keine Philosophie, sondern die ägyptophile Maskerade eines eigentümlichen Kults, der nach seiner verflossenen politischen Funktion zur verräterischen Plattitüde heruntergekommen war.

Die Attraktion der Isis und ihres Kults

Der Rettungsversuch der *Zauberflöte* als große Oper der Aufklärung durch Einweihung in den freimaurerisch-altägyptischen Kult von Isis und Osiris müsste sich als Erstes daran stoßen, dass es bei der Einweihung in die Mysterien der Isis in der *Zauberflöte* vor allem darum geht, Isis aus ihrem Kult herauszukatapultieren. Denn die Königin der Nacht, die da Isis-gleich in einer Apotheose erscheint, wird ausgeschaltet, ohne durch eine echte Isis ernsthaft ersetzt zu werden: Vor dem Triumph der männlichen Sonne verschwindet sie mit all ihren Frauen in der Versenkung. Gegen das ägyptisch-hellenistische Urbild der Isis wird diese Königin als Hass, Rache und Mord speiende Erinnye enttarnt. Im Mittelpunkt des propagierten tugendstrotzenden Kults steht keine Isis, sondern ein durch Frauen- und Mutterhass konstituierter männlicher Bruderbund.

Als Töchter und Ehefrauen sind Frauen, wird hier verkündet, unter die Führung eines Mannes zu stellen; Männer sollen nicht Frauen dienen, und seien sie Göttinnen oder Königinnen, sondern in die Geheimnisse des herrschenden Bruderbundes eingeführt werden. Von diesen Geheimnissen sind Frauen und a fortiori herrschende Frauen ausgeschlossen. Qua Geschlecht können Frauen die Geheimnisse des Kults nicht verstehen. Eine Ausnahme bestätigt die Regel: »Ein Weib, das Nacht und Tod nicht scheut, ist würdig, und wird eingeweiht« (II,28:66) – das ist die gute Vatertochter Pamina. So singt der zum Bruderbund bekehrte Tamino im Chor mit den »Geharnischten«.

Nun war der Isis-Kult ein Sonnen- und Phallus-Kult. Da geht es um das Beweinen und Betrauern des Schwindens von Sonne und Fruchtbarkeit, des drohenden Verlusts des Phallus, und also um die orgiastische Feier der Wiederauferstehung der Sonne und der Aufrichtung der Natur. Der Kreislauf der Natur und der Sonnenzyklus werden ausschließlich durch das männliche Geschlecht symbolisiert, das durch ein phallisches *simulacrum* im Mittelpunkt des Kultes versinnbildlicht wird. Das ist nur wenig später durch Friedrich Creuzers *Symbolik und Mythologie der alten Völker* zu größerer Bekanntheit gekommen, auf dessen Analyse des Isiskultes Lacans Theorie des Phallus fußt.

Die Oper nun bringt das *eine* männliche Prinzip von Aufstieg und Fall, wie es den Isiskult zeichnete, mit Tag und Nacht (männlich/weiblich), Sonne und Mond (männlich/weiblich) auf das durchgängige binäre Doppel männlich/weiblich. Der Wechsel der Jahreszeiten und des Sonnenjahres wird auf einen Tag-/Nachtwechsel gebracht; das eine Geschlecht, aufsteigend oder fallend, wird durch ein binäres Geschlechtsschema ersetzt: dem Weichen der weiblichen Nacht vor dem Aufgang der männlichen Sonne – eine nicht eben originelle Verbildlichung von Aufklärung. Die Bedrohung der Kastration wird gebannt und als wesenhaft auf das Weibliche projiziert. In kosmischer Zwangsläufigkeit muss die dunkle Nacht vor dem strahlenden Tag vergehen. »Die Strahlen der Sonne vertreiben die Nacht, zernichten der Heuchler erschlichene Macht« (II,30:72), singt Sarastro. Der Sieg der Sonne wird im teleologischen Schema des aufklärerischen männlich-tugendhaften Fortschritts auf Dauer gestellt. Fortschritts-Teleologie tritt an die Stelle des zyklischen Naturkreislaufs. So wird am Ende der Oper nicht damit gerechnet, dass die Königin der Nacht in zwölf Stunden aus der Versenkung auftauchen, Sarastros Sonne untergehen und alles in neues Dunkel gehüllt wird. Zyklische Kosmologie wird im Fortschritt teleologisch bereinigt zu einem auf Dauer gestellten Machtdispositiv des rein männlichen Bruderbundes.

1791, zwei Jahre nach Beginn der Französischen Revolution, steht die Königin der Nacht für absolutistische Monarchie und tyrannischen Machtmissbrauch. Der Herrschaft einer perversen Anti-Mutter muss auch im Interesse der Töchter und deren Liebes-

Die Za

glücks ein Ende gemacht werden. Der Bruderbund dagegen, der einen der seinen, einen Initiierten, zum König machen will, steht für den von der perversen Weiblichkeit gereinigten, tugendhaften Menschheits- und Seelenadel. Hat der Herrscher den Seelenadel einmal bewiesen und ist er als Mann zur Krone der Schöpfung aufgestiegen, dann ist sogar zu verkraften, dass ein Prinz von Geblüt den Thron besteigt. Vielleicht ist es umso schöner, wenn der Seelenadel den Geblütsadel bestätigt. Das Volk dagegen, dessen Protagonist Papageno ist, zeigt sich unfähig, souverän zu sein. Unwillig, eingeweiht zu werden, und resistent gegen alle Versprechungen des Bruderbundes, ist es unreformierbar. Papageno will es nicht verdienen, ganz Mensch zu sein; es genügt ihm schlicht, nur Mensch zu sein.

Die hellenistische Isis-Religion war eine Einweihungsreligion; sie verbreitete sich mit dem Römischen Reich weltweit. Isis wird zur Sammelgottheit der Großen-Mutter-Gottheiten: Demeter, Astarte, Vesta, Nana und noch viele andere. Noch die christliche Gottesmutter zehrte von der in diesen Kulten ausgearbeiteten Ikonographie. Im Schinkel'schen Bühnenbild für die *Zauberflöte* wurde die Königin der Nacht präzise nach der Isis-Ikonographie modelliert; das ist im Libretto angelegt. So klagt die Königin der Nacht wie Demeter-Isis um ihre von Hades, dem Gott der Unterwelt, geraubte und vergewaltigte Tochter Persephone; der »runde [...] Tempel« (I,1:7), den Tamino in ihrem Reich sieht, ist eine Reminiszenz an den Tempel der Vesta in Rom. Am offensichtlichsten ist die Isis-Anspielung im verschleierten Auftreten der Damen des weiblichen Königreichs der Nacht: kein menschliches Auge kann sie von Angesicht zu Angesicht erblicken. Das verschleierte Bild zu Sais spielte in den Mysterien der Isis und den freimaurerischen Vorstellungen eine zentrale Rolle. Die männerbündnerischen Freimaurer der *Zauberflöte* treiben Isis aus ihrem eigenen Kult, indem sie sie als mörderische Furie der Nacht entlarven.

Aus dem mit dem Römischen Reich herrschenden Kult der

Großen Mutter wird in der Oper paradoxerweise die Mutter verbannt. Der alles überstrahlenden Sonne muss sie endgültig weichen. Sie verdient es nicht, »ein Mensch zu sein« (II,13:51), da sie Rache und nicht Vergebung predigt. Wenn Sarastro der Königin der Nacht gegenübertritt und seine Vergebung gegen ihre Rache stellt, so ist das ein ideologischer Move: so begegnet der vernunftgetreue Apollo den rächenden Erinnyen des Aischylos. Das macht ihn ganz zum Menschen, während es sie zur Furie stempelt. Ein Bruderbund, dessen sonore Männlichkeit unüberhörbar ist, usurpiert das Zepter und verweist die Königin aus der Herrschaft. Der Kontrast von weiblichem, künstlich-kunstvollem Koloratur-Sopran, der sich mühelos bis zum hohen f aufschwingt, und dem dröhnenden Bass ist nirgends so schlagend wie in der *Zauberflöte*. Sie scheint stimm-natürlich festzumauern, was im Isis-Kult so spektakulär ins Rutschen gekommen war: die Binarität weiblich/männlich. Die als natürlich ausgegebene, zum Genderkorsett ausgebaute Binarität von männlich (tugendhaft) und weiblich (pervers) ist besonders pikant, weil in den von Herodot überlieferten und seit Creuzer aufgearbeiteten Quellen die Priester der Isis sich in kultischer Raserei nicht nur als Frauen verkleideten, sondern selbst entmannten. Der Isis-Kult wurde von den Kirchenvätern auch deshalb verabscheut, weil er die Natur aushebelte, sodass Männer eins sicher nicht mehr waren: ganze Männer.

Wenn Mozart im Sopran der Königin der Nacht ostentativ den strahlenden Kastraten-Sopran der *Opera seria* durchklingen lässt, übersetzt er die Cross-Gender-Kulte der Isis in Musik. Die Freimaurer vertreten in dieser Oper eine Binarität, in der die Unterordnung des Weiblichen unter das Männliche die Bedingung der Menschwerdung der Frauen ist. Der Kastraten-Gesang der Königin der Nacht verrät die behauptete, natürliche, binäre Ordnung des Aufklärungsdiskurses als interessengeleitete Ideologie: lieblos ist sie machtbesessen. Was von der *Zauberflöte* im Ohr bleibt, ist die künstlichste, nicht-binäre Stimme der Königin. Die Oper widerruft die bürgerlich pathologische Behauptung einer so natürlichen, wie hierarchisierten Geschlechtsidentität.

Auf dem Einweihungsweg der Freimaurer geht es nicht um den das Selbst vollendenden Blick des Menschen in das Heiligtum der Wahrheit oder, aufklärerisch, des »Größten Lichtes« (II,1:37), sondern darum, ein Mann zu werden. Mann wird man, indem man alles schwarz-orientalische, blendend-verführerisch Weibliche überwindet. Beschritten wird der Weg der Einweihung in die Selbstvervollkommnung, indem Tamino als Erstes lernt, den Frauen und ihren Zungen zu misstrauen.

Ein Weib hat also Dich berückt? –
Ein Weib tut wenig, plaudert viel.
Du, Jüngling, glaubst dem Zungenspiel?
(I,15:30)

Das hält der Priester des Sarastro dem Tamino vor, als er zur Rettung der Pamina ankommt. Und er fordert mannhaft harte Fakten ein: »Ist das, was Du sagst, erwiesen?« (I,15:30) Umgekehrt gelingt Frau zu werden nur, indem Pamina sich vom Mann leiten lässt, erklärt Sarastro der Tochter der Königin der Nacht, im tiefsten Bass unüberhörbar Mann.

Ein Mann muß eure Herzen leiten,
Denn ohne ihn pflegt jedes Weib
Aus ihrem Wirkungskreis zu schreiten.
(I,18:34)

Unermüdlich wiederholt die Oper, dass allein die Unterordnung der Frau unter den Mann die Frau zum Menschen macht. So viel hierarchische Heterosexualität, so viel Männlichkeit ist man von Mozart nicht gewohnt. Will man zwischen *Figaro*, *Così* und der *Zauberflöte* keine Konversion Mozarts annehmen, muss man die genauere Pointe der Verkehrung der Oberflächenideologie erkennen.

Thronfolge pervertiert: Königin der Nacht

Einem Mann – auch ihrem Mann – hat sich Paminas Mutter, die Königin der Nacht, nicht untergeordnet. Angesichts des Männerbundes, der ihre einzige Tochter zum Zwecke des Machterhalts instrumentalisieren will, wird die verwitwete, durch den eigenen Mann auf dem Totenbett entmachtete Königin zur rächenden Furie:

> *Du, meine Tochter könntest die schändlichen Gründe dieser Barbaren verteidigen?*
> *– So einen Mann lieben, der, mit meinem Todfeinde verbunden,*
> *mit jedem Augenblick mir meinen Sturz bereiten würde?*
> *[...] Du wirst ihn töten, und den mächtigen Sonnenkreis mir überliefern.*
> (II,8:47 f.)

Wie ihr Mann ihr, so verbietet sie ihrer Tochter den Mund: »kein Wort« (II,8:48) und drückt ihr den Stahl zum Morden des Widersachers Sarastro in die Hand. Die Tochter indessen gibt Widerworte:

> *Mein Vater selbst [...] sprach jederzeit mit Entzücken von ihnen,*
> *preiste ihre Güte – ihren Verstand – ihre Tugend.*
> *Sarastro ist nicht weniger tugendhaft.*
> (II,8:47)

Pamina vermag Sarastro nicht zu töten, und auch an ihrer Liebe zu Tamino hält sie fest, obwohl der gerade zu einem Eingeweihten gemacht wird. Da bietet als letztes Mittel, einen Alliierten angesichts des drohenden Untergangs zu gewinnen, die Königin die Tochter dem verhassten, natürlich hässlichen, klar geil-übergriffigen schwarzen Sklaven Monostatos zur Frau an – der Gipfel weiblicher, mütterlicher Verworfenheit: »Ich halte Wort! es ist mein Wille, mein Kind soll deine Gattin sein!« (II,30:71)

Nach dem Willen der Eingeweihten soll aus der Muttertochter eine Vatertochter werden, die nicht Machtinteressen, sondern frei ihren Herzensinteressen folgt. Dass die Tochter in ihrer freien Liebe für die Machtinteressen des Männerbundes instrumentalisiert wird und dabei die ihrer Mutter verrät, verschweigen die Priester. Unverhohlener ist die Doppelbödigkeit der bürgerlichen Paar-Ideologie mitsamt der Geschlechterhierarchie zur Stützung der Männerherrschaft, nach der auch eine Königin nichts als eine Frau ist, selten zum Ausdruck gekommen. Geschlecht geht über Stand; das ist die bürgerlich-republikanische Moral. Ein Mensch ist mehr als ein König und eine Königin kein Mensch – grundlegend steht der Mann über der Frau, ob Königin oder Bauernmädchen. Ordnet sie sich dem Mann nicht unter, fehlt ihr die Menschlichkeit.

Wendet man die geschlechterpolitische Frage ins Herrschaftspolitische, dann geht es in der *Zauberflöte* um Erbfolge und Regentschaft. Der Übergang von der monarchischen zu einer republikanischen Regierungsform ist von Montesquieu bis Rousseau in Termini von Geschlechterpolitik gefasst worden. In einer Monarchie herrschten, so der polemische Befund, de facto die Frauen, obwohl sie wie in Frankreich de iure durch die *lex salica* von der Erbfolge ausgeschlossen sind. Das Phantasma der Monarchie als Weiberherrschaft, in der die Männer einschließlich der Könige nicht mehr ganze Männer waren und folglich Frauen nicht mehr Frauen, ist von Rousseau sonnenklar ausformuliert worden: unumschränkt tyrannisch herrschen in der Monarchie die Frauen über einen Serail von entmannten Männern allein durch die Kraft ihrer alles beherrschenden Zunge. Schon bei Rousseau finden wir die für die *Zauberflöte* so bestimmende Koppelung von so lasterhaftem wie alle Natur pervertierendem Orientalismus und Weiblichkeit. Und wie bei Rousseau geht es auch in der *Zauberflöte* darum, durch Befreiung aus den Schlingen einer faszinierenden, verführerischen, leeren, weibischen Rhetorik ganz Mann, endlich Mensch, zu werden.

Dieses Phantasma der Monarchie als einer von Grund auf pervertierten Frauenherrschaft kulminiert in der Königin der Nacht. Mozart treibt die Absurdität auf die musikalische, stimmhafte Spitze. Im perversen, in die unnatürlichste Höhe gesteigerten Kastraten-Sopran kommt das Phantasma verweiblichter Souveränität zu einer an Parodie grenzenden Epiphanie, in der die unnatürlichste, die Isis-Kulte illustrierende Gesangs-Technik triumphiert und allen pseudo-moralischen Freimaurer-Tand mit seiner Bass-Inbrunst im Nichts versinken lässt. In ihrer Arie vernichtet die Königin der Nacht musikalisch, was die im Brustton ihrer männlichen Akteure verfehlte Aufklärung der Freimaurer-Bässe als Pathos vor sich herträgt. Das geschieht – bis heute überraschend – in zwei Hinsichten: in der überirdischen Stimme der den *Seria*-Kastraten überbietenden Königin und der in karnevalesker Vogel-Fängerei auftretenden *Buffa*, der marktschreierisch burlesken Inszenierung Schikaneders, die die Moral des freimaurerischen Bundes für Menschlichkeit als Machtspiel entlarvt. Wer dieses raffinierte Doppelspiel überhört, verfehlt Mozarts abgründigen Witz. Dieser liegt in der *Zauberflöte* in einer hypertrophen Theatralität, die der alten *Seria* wie ihren harmloseren *Buffa*-Innovationen fremd war. *Die Zauberflöte* ist ein Ausbund aller Mozart'schen Errungenschaften.

Was Schikaneder durch sein Jahrmarkt-Theater an musikalisch-transgressivem, die *Seria* durch die *Buffa* zersetzendem Prätext für Mozart lieferte, trieb die Aufklärung in ganz Europa um. Es treibt auch die *Zauberflöte* an: Männer an die ihnen gemäße Macht zu bringen und Frauen von ihr auszuschließen – darum geht es auf der ideologischen Ebene. Vorangetrieben wird das männliche Machtinteresse unter dem Cover-up von »Natur« und »Menschlichkeit«, die von dem Bruderbund befördert werden sollen. »Stolze Frauen« – Frauen, die Macht beanspruchen und nicht von Männern geführt werden wollen – pervertieren die heiligsten Bande der Natur. Männer im Bruderbund gegen tyrannische Weiblichkeit an die Macht zu bringen, war deshalb das zentrale

Anliegen einer nach antikem Muster restaurierten Republik, wie sie sich die Französische Revolution eben zu errichten anschickte.

Das dynastisch-politische Moment ist in der *Zauberflöte* bei aller Märchenaffinität nicht zu übersehen. Sie erzählt vom triumphalen Weg einer Königstochter und eines Prinzen unter Führung der eingeweihten Brüder auf den Thron. Und sie endet in einer Art Königssalbung mit den Worten »krönen« und »Krone«. Pamina und Tamino stehen dabei »in priesterlicher Kleidung« (II,30:71) zwischen den sie inaugurierenden Priestern.

Es siegte die Stärke
Und krönet zum Lohn
Die Schönheit und Weisheit
Mit ewiger Kron!
(II,30:72)

Es geht in dieser (verdeckten) Posse um den Thron einer Königin, die von ihrem Ehemann, dem König, auf dem Totenbett zugunsten des Männerbundes entmachtet wurde. Der teure Gatte hatte Tochter und Witwe zwar seine Güter vermacht, die Königin aber aus der Macht und der Regentschaft gedrängt. Der sterbende König hatte die Freimaurer, den Bruderbund, dem er selbst schon angehörte, gegen die dynastische Erbfolge eingesetzt. Diese konnte bei den Habsburgern berühmterweise sehr wohl auf eine Frau übergehen – Mozart hatte als Kind vor Maria Theresia gespielt. In der salischen Erbfolge, die in Frankreich galt, führten die verwitweten Königsmütter wie Catherina von Medici jahrzehntelang die Regentschaft für ihre unmündigen Söhne.

Die Ausschaltung der Königin durch den sterbenden König und die Übernahme der Macht durch den Bruderbund kommt einem Putsch gleich, den der Bruderbund zu legitimieren sucht, indem er ihn hypokrit-moralisierend unter dem Motto »Aufklärung versus Verblendung«, »Tag versus Nacht«, »Licht versus Finsternis« als aufklärerischen Fortschritt ausgibt. Begründet wird die Ausschaltung der Königin bereits vom König und später auch vom Bruderbund unter Sarastro wie schon bei Rousseau durch die natürliche, so weise wie tugendhafte Geschlechterordnung. Die Natur selbst hat verfügt, dass die Frau nicht über den Mann herrschen darf, sondern sich unter seine Führung stellen muss – so die Behauptung der Eingeweihten. Alles andere führt schlicht zur Perversion des Wesens aller Dinge, zur Perversion der natürlichsten Sache der Welt, der Geschlechter. So dreht sich der Machtkampf in der *Zauberflöte* um die Infantin und ihren künftigen Ehemann. Wird die Tochter sich in die vom Bruderbund verordnete neue Geschlechterordnung fügen und der von der Mutter behauptete Thron an einen aus diesem Bruderbund Initiierten fallen? Um die Mutter-Königin endgültig auszuschalten, hat der Bruderbund die Infantin »aus der Mutter Armen« (I,15:30) geraubt.

Ursprünglich wurde Pamina womöglich, ja vermutlich entführt, um mit Sarastro, dem Priesterkönig selbst verheiratet zu werden, als dessen dunkles Doppel der Mohr Monostatos fungiert. Wie sonst soll man die Arie Sarastros verstehen, laut der er Pamina zwar zur Liebe nicht gut zwingen kann, ihr aber die Freiheit nicht geben will? Er, der, wie betont wird, allwissend in den Herzen zu lesen verstehe, weiß, dass sie einen andern liebt. Auf diese Ehe zu verzichten, kann Sarastro sich leisten, denn um zu herrschen, muss er nicht heiraten – also auch die suspendierte Thronfolgerin nicht. Das politische Modell ist nicht die Monarchie, sondern eine männliche Oligarchie, angelehnt an den zeitgenössischen Republikbegriff. Zu einem von allem Weiblichen kurierten Eingeweihten, zu einem der Ihren wird Tamino gemacht, bevor ihn Pamina heiraten darf. Schon beim ersten Auftritt hatte die ihrer Tochter beraubte Mutter ihre Ohnmacht beklagt, und als sie im Reich Sarastros auf die Entführte trifft, legt sie ihr die Entmachtung durch den eigenen Mann in einem erregten Dialog, der den Disput mit dem sterbenden Gatten zum Thema hat, offen:

Königin: Schutz? Liebes Kind, deine Mutter kann dich nicht mehr schützen.
Mit deines Vaters Tod ging meine Macht zu Grabe.
Pamina: Mein Vater –
Königin: Übergab freiwillig den siebenfachen Sonnenkreis den Eingeweihten;
diesen mächtigen Sonnenkreis trägt Sarastro auf seiner Brust.
(II,8:47)

Von ihr unterbrochen und zur Rede gestellt, so berichtet die Königin, macht der sterbende König »mit gefalteter Stirne: Weib, meine letzte Stunde ist da«, sein Testament:

So sprach er [...]: »[A]lle Schätze, so ich allein besaß, sind dein
und deiner Tochter.« – »Der alles verzehrende Sonnenkreis«,
fiel ich ihm hastig in die Rede – »ist den Geweihten bestimmt«,
antwortete er: »– Sarastro wird ihn so männlich verwalten, wie ich bisher.
– Und nun kein Wort weiter; Forsche nicht nach Wesen,
die dem weiblichen Geiste unbegreiflich sind. – Deine Pflicht ist, dich und
deine Tochter der Führung weiser Männer zu überlassen.«
(II,8:47)

Seiner entmachteten Frau verbietet der sterbende König den Mund. Er duldet keine Widerrede und weist seine Frau stirnrunzelnd an, sich weisen Männern unterzuordnen, denen er sowieso schon das Machtinstrument vermacht hat. Denn was sie qua Geschlecht nicht begreifen kann, soll sie den Männern überlassen, die allein die Macht verwalten können. Das Libretto wiederholt es zum Überdruss: »Sie ist ein Weib, hat Weibersinn!« (II,5:43) Weil Frauen zu viel reden und mit der Zunge betrügen, besteht die schwierigste Probe für Papageno und Pamino im völlig männlichen Schweigen sogar und gerade der Geliebten gegenüber. Wer »sein Stillschweigen bricht, den strafen die Götter durch Donner und Blitz« (II,13:51).

So ward die Tochter – gerade mannbar geworden – der Königin vom Männerbund geraubt, um einen Mann zu heiraten, der zum Bruderbund der hierarchisierten Eingeweihten gehört; endgültig entmachtet bleibt die Mutter zurück. Nicht Geilheit, wie

Tamino zunächst befürchtet, sondern Machtgeilheit treibt die Eingeweihten an. Die verbergen sie heuchlerisch unter dem moralischen Deckmantel von Weisheit, Natur und Tugend – das erkennt der arme Tamino allerdings nie. Man hat von Sarastro als einem Autokraten gesprochen, der seine diktatorischen Absichten mit menschheitsbeglückenden Schlagwörtern vernebelt (Zednik).

Papageno als Zerrspiegel des ganzen MANNES/MENSCHEN

Wie hängen Zaubermärchen, Volkstheater und Mysterienspiel zusammen? Eine organisch einheitliche Auslegung der *Zauberflöte* nicht nur als freimaurerische Oper, sondern als »Mysterienspiel«, als ritueller Vorgang der Einweihung, der auch eine die Zuschauer vervollkommnende Verwandlung durch die Macht der Musik in Gang setzt, hat Jan Assmann in der Folge von Jacques Chailley versucht, der die *Zauberflöte* bereits als »opéra maçonnique« bezeichnete. Tatsächlich gehörten Schikaneder und Mozart einer Freimaurerloge an. Die *Zauberflöte* möchte Assmann gegen die Patchwork-Theorie des irgendwie Zusammengeschusterten in Schutz nehmen. Der Kunst werde zugetraut, »die Ideale einer unter den damaligen Umständen sich in der Form des Geheimbunds organisierenden Aufklärung mit möglichster Breitenwirkung« (20) unter die Leute zu bringen; die emotionale Erschütterung verwandele nicht nur die Personen auf der Bühne, sondern auch das Publikum. Das Eigentümliche dieser Einweihungsreligion sei eine *religio duplex*, deren doppelbödige Botschaft als Volks- und Elitereligion sowohl die Eingeweihten als auch die Profanen erreichen wollte. Das Rätselhafte der *Zauberflöte* ergebe sich aus unserem Vergessen des Wissens um die Initiationsriten der freimaurerischen Aufklärung, die 1791 schon fast »zerfallen« (29) war. Wenig später galten die Freimaurerlogen nicht mehr als aufklärerische Kraft, sondern als »›Geheimniskrämerei‹«, als »Inbegriff antiaufklärerischer Umtriebe« (29).

Assmann selbst liefert das stärkste Gegenargument gegen die ideologische Einsinnigkeit der Initiation in die Freimaurerkulte, denn: musikalisch ist klar Papageno, resistent gegen alle Initiation, mit seinen drei Arien und zwei Duetten die Hauptfigur der *Zauberflöte* (48). Allerdings sei Papageno nicht mehr, meint Assmann, als eine »komische Kontrastfigur zu Tamino und zu der hohen Sphäre, in der sich dieser bewegt« (50) – ein »Trickster«, der »das Heilige parodier[t] und ins Lächerliche zieh[t]« (49). »Die weihe- und schauervollen Zeremonien der Isis, in die er zusammen mit Tamino im Fortgang der Handlung hineingerät, verfehlen bei ihm gänzlich ihre Wirkung und werden von ihm durchgängig parodiert. Er sorgt dafür, dass die Oper bei allem sakralen Mysterienernst zugleich immer Volkstheater bleibt und verkörpert eine Art Zerrspiegel, in dem sich die Handlungen und Vorgänge auf der hohen Ebene ins Komische verformen« (49).

Tatsächlich zeigt sich Papageno vom Mysterienzauber wenig beeindruckt. Fürstengleich weise und selig wird er durch irdische Genüsse: süßtönende Worte, Gezwitscher, Flöten- und Glockenspiel. Dem strengen Einwand »Dafür aber wirst du das himmlische Vergnügen der Eingeweihten nie fühlen«, antwortet er gelassen: »Je nun, es gibt ja noch mehr Leute meinesgleichen. – Mir wäre jetzt ein gut Glas Wein das größte Vergnügen« (II,23:60).

Dann schmeckte mir Trinken und Essen,
Dann könnt ich mit Fürsten mich messen,
Des Lebens als Weiser mich freuen,
Und wie im Elysium sein.
(II,23:61)

»Parodie« und »Zerrspiegel« werden völlig unterschätzt, wenn man ihre komischen Pointen nur punktuell darin sieht, dass Papageno, halb-aufgeklärt wie er ist, logischerweise von den höheren Weihen der Gesellschaft ausgeschlossen bliebe und, auf die irdischen Genüsse beschränkt, nicht in den Genuss der himmlischen käme. Welches Ideal, welche Religion, hat je einen Zerrspiegel intakt überlebt? Dass in dieser Oper die Hierarchie von »nur Mensch« und »ganz Mensch« verkündet wird, hieße, dass wie in der Ständeordnung die Eingeweihten mit Pamino als ganzem Menschen auf der einen Seite den pervertierten Frauen mit den Vogelfängern wie Papageno als »nur Menschen« auf der anderen Seite, oder sogar dem Mohren als »nicht einmal Menschen« haushoch überlegen gegenüberstünden. Entzieht Papageno nicht viel mehr und radikaler aller Erhabenheit der Ständeordnung den Boden? Lässt er den weihevollen Priesterkönig mit seinen Einweihungsriten nicht komisch aussehen? Und wird in der *Zauberflöte* nicht auch die hierarchische Geschlechterbinarität des hohen Paars durch die Verkehrung und Verrückung des einschlägigen zentralen Mythos von Orpheus und Eurydike auf den Kopf gestellt?

Der Orpheus-Mythos steht mit Monteverdis *Orfeo* am Anfang der Oper als Gattung: Orpheus, der Sängerdichter, kann mit seinem Spiel selbst die Steine erweichen. Die Oper ist damit von Anfang an selbstreflexiv – seither handelt die Oper von der alles verändernden Kraft der Musik, die sie gleichzeitig praktiziert. Es ist diese souveräne Macht der Musik, die in der Arie der Königin der Nacht ihre übernatürliche Gewalt demonstriert. Die drei Hofdamen der Königin setzen auf den Zauber der Musik, als sie Pamino und Papageno Zauberflöte und Glockenspiel mit auf den Weg geben:

Hiermit kannst Du allmächtig handeln,
Der Menschen Leidenschaft verwandeln,
Der Traurige wird freudig sein,
Den Hagestolz nimmt Liebe ein.
(I,8:19)

Der Reiz der *Zauberflöte* liegt nicht auf der Seite der tot-öden Tugendbässe, welche die Oper mit dem sonoren triumphalen Priester- und Volkschor »Es siegte die Stärke« zum guten Schluss ziemlich unerträglich enden lassen, wie Nagel schreibt. Entschieden steht dem einfältigen Dröhnen ein anderer, tieferer Zauber der Musik mit zartem Glockenspiel und lockender Zauberflöte entgegen. Der im tiefsten Bass vorgetragenen ideologischen Doktrin widerspricht das bezaubernde Lallen der Sprache im »Pa-Pa-Pa-Pa-Pa-Pa-Pageno« (II,29:70), im luftig lustigen, heiteren, lockenden, anlockenden, verlockenden Singen Papagenos. Spitzt man nicht erwartungsvoll die Ohren nach diesen glockenhellen, diesen schmeichelnden Tönen und erträgt so eben noch die autoritäre Zumutung der Bässe? Übertroffen wird der Kindermund des Papageno von den kunstvollen, alles überstrahlenden Arien der Königin, ihrem nachtigallen-jauchzenden Locken, dem Paradestück jedes Koloratur-Soprans, das im Strahlen der Stimme die alles andere als sonnenhaften, dumpf drohenden Bässe in der Versenkung verschwinden lässt.

Systematisch zersetzt und verzerrt die *Zauberflöte* die von den Eingeweihten propagierte Ideologie. Und das tut sie nicht nur durch den Zerrspiegel Papageno, der Hohes in Niedriges kippen lässt, Niedriges umgekehrt erhöht, sondern durch eine systematische Verkehrung der Szenarien der hohen Liebe. Die Oper, die die neue bürgerliche Geschlechts- und Herrschaftsordnung so unbarmherzig ins Recht zu setzen scheint, beginnt mit einer fast schon grotesken Verkehrung der Geschlechterverhältnisse: Ein Prinz in prächtigem, »javonische[m]« (I,1:7) Gewande stürzt zwar mit Bogen, aber ohne Pfeil auf die Bühne, und schreit, von einer ungeheuren Schlange verfolgt, um Hilfe. Vor Angst fällt er in Ohnmacht. Gerettet wird er von drei speerbewaffneten Damen; die eilen ihm mutig heroisch zu Hilfe und hauen die Schlange kurzerhand in drei Stücke. Phallische Power liegt bei den heldenhaften Damen, die singen, was eigentlich der männliche Heldentenor singen sollte:

Stirb, Ungeheuer, durch unsre Macht!
Triumph! Triumph! Sie ist vollbracht,
Die Heldentat! Er ist befreit
Durch unsres Armes Tapferkeit.
(I,1:7)

Von der Schönheit des ihnen ohnmächtig zu Füßen Liegenden sind die drei Damen hingerissen: »Zum Malen schön« (I,1:7), so schön, wie man nie gesehen, möchte ihn jede für sich. Ein Bild von einem Mann. Vielleicht kann er ihrer Herrin helfen?

Die Oper beginnt also mit einer nicht anders als komisch zu nennenden Verkehrung des ritterlichen Szenarios, das in Ariosts *Orlando furioso* die größtmögliche Nachwirkung zeigt und bis heute im sizilianischen Marionettentheater ein populäres Nachspiel hat. Der Gemeinplatz will, dass die schöne Prinzessin vor Schreck vor einem sie verfolgenden Ungeheuer in möglichst aufreizenden Windungen in Ohnmacht sinkt. Unverzüglich springt ihr ein Edler bei, um sie unter Gefährdung seines eigenen Lebens aus der Gefahr zu retten und selbstverständlich zur Frau zu begehren. In der *Zauberflöte* wird der Held in die weibliche Rolle gesteckt und die Damen in die Rolle des ritterlich-männlichen Befreiers, in der sie den Ohnmächtigen heiß begehren. Nichts mit natürlicher Geschlechtshierarchie, in der die Männer die Führung übernehmen; alles völlig queer.

Indessen trifft der aus der Ohnmacht erwachende, wunderbar errettete orientalische Prinz nach Abgang der drei Damen auf seinen vermeintlichen Retter: Papageno. Wer oder was ist dieser heldenhafte Retter Papageno eigentlich? Das ist nicht so einfach zu beantworten. Mensch oder Tier? Wie ein Vogel hat dieses Wesen Federn, hopst und flötet. Papageno stellt sich natürlich durch ein Lied vor: er ist Vogelfänger. Die Vogelwelt steht fürs Liebesleben, ein dankbares, von der Oper in Text und Musik ausgeführtes Metaphernfeld; das Hohe der edlen Liebe sinkt ins Kreatürliche. Aus den Szenarien der hohen, ritterlichen Liebe, die verkehrt werden, fallen wir in das niedrige Register der Liebe als Tausch und Leckermäulerei. Auf den kunstvollen Gesang der Hofdamen folgt ein Volkslied, ja ein Naturlied. Die Musik als kunstvolle Naturstimme macht durch Flöten und Pfeifen wie das Vogelkleid Papagenos die Vögel nach, um sie zu kirren, anzulocken. Das Lied wiederholt die Austauschbarkeit von Mensch und Tier. Denn wie Vögel will Papageno, der den exotischen Papageien im Namen trägt, die Mädchen anlocken: er träumt davon, dass sie ihm zu Dutzenden ins Netz gehen. Mensch und Tier, eins wie das andere.

Ein Netz für Mädchen möchte ich,
Ich fing' sie dutzendweis für mich.
Dann sperrte ich sie bei mir ein,
Und alle Mädchen wären mein.
(I,2:9)

Von den Vielen kommt er aber gleich zur Einen: »sie mein Weib und ich ihr Mann« (I,2:10). Süßes will er für Süßes eintauschen: Zucker für Küsse. Wie die Vögel sollen die Mädchen ihm auf den Leim gehen. Später erfahren wir, dass Papageno für seine im Palast abgelieferten Vögel »Wein, Zuckerbrot und süße Feigen« (I,3:13) bekommt. Süßes für Süßes.

Papageno bleibt in der gesamten Oper im niedrigen Register des Essens, in dem auch die Liebe verhandelt wird. Liebe ist für ihn süß wie Wein. Im Register des Essens kommt es durchgehend kannibalisch zur Verwechslung von Mensch und Tier. Als komischen Vogel würde er auch Tamino der Königin der Nacht und ihren Jungfrauen zum Sieden und Braten anbieten. Selber hat er ständig Angst, entweder zu verhungern oder gebraten und gespießt auf irgendeinem Tisch zu landen: »Die Herren Löwen machen eine Mahlzeit aus mir« (II,19:56). Die Liebe ist ihm Medizin, die natürlich oral eingenommen wird: »Doch küsst mich ein weiblicher Mund – So bin ich schon wieder gesund« (II,23:61). Er schmeichelt hemmungslos und erhofft sich für süße Worte Süßigkeiten. Die

Damen revanchieren sich mit französischem Witz: »Adieu, Monsieur Papageno« (I,3:14) und sperren sein prahlendes Zuckermaul mit einem goldenen Schloss zu.

Alles andere als todesmutig ist Papageno ein Hasenfuß, der von Tamino in diesem Spiel von schwindelerregenden, komischen Verwechslungen und Verkehrungen für den heldenhaften Überwinder des Ungeheuers gehalten wird und sich in der ihm zugesprochenen herkulischen Stärke sonnt, ein Ungeheuer erdrosselt zu haben. Tamino und Papageno verkennen sich gegenseitig: Die Königin der Nacht ist, weiß Papageno, keine gewöhnliche Frau; kein Menschenauge hat sie je erblickt. Tamino, der das nicht weiß, ist in Papagenos Augen ein komischer Vogel. Papageno, meint Tamino dagegen, nicht nur ein komischer Vogel, sondern ein Herkules? Papageno nennt sich Mensch, wie Tamino auch. Nicht nur Mann und Frau, Mensch und Tier, Held und Hasenfuß, Mensch und Gott, auch oben und unten, Edle und Unedle werden verwechselt – alle hierarchischen Ordnungen stehen Kopf. »Das fürstliche Geblüt« ist Papageno in einem Wortwitz »zu hoch« (I,2:10): er versteht nicht, was es heißt, und macht daraus gleich eine Stilblüte. Nicht in Palästen, sondern in Strohhütten ist er zu Hause. Papageno ist ohne Genealogie, die – Stichwort »Geblüt« – identitätsbestimmend und hierarchisierend wäre. Deswegen hat Tamino Schwierigkeiten, ihn in seinem Koordinatensystem zu verorten. Als elternloses Kind ist er von einem alten lustigen Mann erzogen worden – sein Vater?, wirft Tamino ein. Seine Mutter, die Papageno nicht kennt, ist vielleicht eine Dienerin der Königin der Nacht? Die Entourage der Königin, der »großen Fürstin« oder »Göttin der Nacht« (I,2:11) ist ausschließlich weiblich, im Palast verschlossen und verschleiert. Es scheint ein weibliches Reich zu sein, in der Genealogie, Dynastie, Familie keine Rolle spielen. Frauendienst steht über dem Familiendienst. In ihrer tiefen Verschleierung haben die Damen um ihre Königin oder Göttin etwas Klösterliches.

Tamino übergeben die drei Damen, wie es bei Brautwerbern

an Höfen üblich war, von der Fürstin höchst selbst ein Portrait der Tochter Pamina. Natürlich – es ist die berühmte erste Arie des Tamino – verliebt er sich direkt in diese bildschöne Person. Bei ihrem Anblick lernt er die Liebe kennen: die Form, in der er diese Liebe ausdrückt, ist allerdings alles andere als neu. »Dies Etwas kann ich zwar nicht nennen, doch fühl ich's hier wie Feuer brennen« (I,4:15). Das ist nun die abgedroschenste Metapher für die Erfahrung der Liebe. Die Arie hat die Form des Sonetts, das Petrarca zur Form hoher Liebesdichtung gemacht hatte; die Quartette werden durch ein instrumentales Zwischenspiel voneinander und von den Terzetten abgehoben – auch das eine abgegriffene Masche.

Wie das Lied des Papageno endet auch diese Arie damit, dass die Angebetete »ewig sein« wäre. Nun ist die Tochter aber – erfahren wir aus dem Mund der Mutter und Königin – von einem lüsternen zauberkundigen Bösewicht, der die Macht hat, »sich in jede erdenkliche Gestalt zu verwandeln« (I,5:16), aus den Armen der Mutter geraubt worden. Tamino stellt sich vor, dass sie gerade in diesem Augenblick verführt wird. Die absolute Tugend der »holden Schönheit« steht jedoch außer Zweifel: »Weder Zwang noch Schmeichelei ist vermögend, sie zum Wege des Lasters zu verführen« (I,5:16), korrigieren ihn die Hofdamen streng.

Im Zeichen des männlichen, blitzeschleudernden und donnernden Jupiters kommt die sternenflammende Königin der Nacht mit Donner. Sie bittet den schönen jungen Prinzen für sich, der mit der Tochter alles Glück entführt wurde, um Hilfe. Ihre Arie lässt die *Opera seria* anklingen; anders als dort gibt sie zwei Gefühlen Ausdruck: Zum einen klagt sie als ohnmächtige, ihrer Tochter beraubte Mutter; zum anderen kündigt sie jubelnd den Triumph des Helden und die Befreiung der Tochter an. In dieser Arie klingt ein typisches Moment der *Seria* an: die Kastratenstimme, die sich mühelos heraufschwingt. Der Kastratensopran galt nicht als verweibischt oder gar als monströs, sondern mit seiner hohen, starken Strahlkraft als super-männlich. Die strahlenden Helden kamen als

Kastraten. Das war zu einer Zeit, zu der den Leuten nicht so viel an natürlicher Geschlechtsidentität lag. Wenn eine Frau mit machtvoller Kastratenstimme singt, sprengt dies das enge Genderkorsett der binären Identitäten, in das die Eingeweihten alle stecken wollen. Bereits nach dem Vorspiel ist von natürlicher Geschlechtsbinarität und der männlichen Führungsrolle nicht mehr viel übrig.

Auf Tamino, den die Königin gleich als Sohn anspricht, scheint sie in ihrer Ohnmacht gerade gewartet zu haben. Die Tochter verspricht sie ihm als Belohnung für deren Befreiung in einer der hinreißendsten Arien der Operngeschichte. Endlich ist Tamino glücklich auf den Weg der männlichen Aventüre gebracht; er muss nicht mehr ohnmächtig vor Ungeheuern gerettet werden, sondern soll vor Ungeheuerlichem retten und mit der Männlichkeit Liebe und ein Königreich erstreiten. Mit auf den Weg gibt die Königin ihm die Zauberflöte, eben auch ein Mittel der ewigen Verwandlung:

Hiermit kannst Du allmächtig handeln,
Der Menschen Leidenschaft verwandeln,
Der Traurige wird freudig sein,
Den Hagestolz nimmt Liebe ein.
(I,8:19)

Die Zauberflöte mehrt »Menschenglück und Zufriedenheit« (I,8:19). So ausgerüstet wird Tamino auf Befehl der Fürstin auch Papageno als Diener beigeordnet und in Richtung von Sarastros Burg geschickt. Papageno, dem sein Leben lieber ist als Heldenmut, traut dem Schutz des Prinzen nicht und hat Angst, als Braten den Hunden des »Tigertiers« (I,8:19) vorgeworfen zu werden. Aber es nützt alles nichts: »Drei Knäbchen, jung, schön, hold und weise« (I,8:20) werden ihnen, sie umschwebend, den Weg weisen.

In Sarastros Reich treffen wir nicht auf den »Unmenschen« und »Tyrannen« (I,5:16), den Tamino als Entführer Paminas sucht, sondern auf ein orientalistisches Setting: Sklaven tragen, sobald das

Theater in ein ägyptisches Zimmer verwandelt ist, Polster und einen prächtigen Teppich heraus, »breiten Teppiche aus; sodann kommt der dritte Sklave« (I,9:21). Die *Entführung aus dem Serail* ist nicht fern, alle Paraphernalien des orientalischen Tyrannen, lüstern wie grausam, und seines Serails, von einem Mohren, dem »schwarze[n] Monostatos« (I,9:21) bewacht, sind beisammen. Der Orient, ein weites Feld, umfasste alle Orte, die in der Oper genannt werden: das Japanische und das Persische, das im Namen des Burgbewohners Sarastro mit Zarathustra anklingt, das Ägyptische und das Türkische. Der klischierte Alptraum der Mutter und Taminos scheint sich zu bewahrheiten: schöne Königstöchter werden als Haremssklavinnen geraubt und wenn sie sich nicht fügen, bei versuchter Flucht mit dem schrecklichsten Tod bedroht – ein Szenario, das von Hugos *Orientales* bis Fontanes *Effi Briest* noch das ganze 19. Jahrhundert durchziehen sollte. Jedenfalls steht der Hof des weisen Priesterkönigs Sarastro beim ersten Auftauchen im Zeichen von Vergewaltigung und Brutalität. Dem »Schwarzen« ist die Schöne seines Herren entsprungen, freuen sich die anderen Sklaven; deshalb wird Monostatos »gehangen oder gespießt« (I,9:21).

Aber alles ist da ein wenig verschoben: der Bewacher ist kein Eunuch, sondern potentieller Vergewaltiger; der von Pamina, dem Opfer, ausgerufene Name seines Herrn lässt den Übergriffigen in orientalischer Unterwürfigkeit wie durch Zauberbann erstarren. Die Entkommene wird wieder eingefangen – »feines Täubchen« (I,11:23); spießen und hängen will Monostatos Pamina, die seiner »Üppigkeit« (I,9:21) nicht zu Willen ist. Das mitfühlende Herz, auf das sich bürgerliche Zuschauerinnen etwas zugutehalten, haben hier die Sklaven. Sie werden zu Rückenfiguren der Zuschauer – so viel lüsterne Grausamkeit können sie nicht ertragen; mittun wollen sie schon gar nicht: »So was sehen zu müssen, ist Höllenmarter« (I,10:22). Merkwürdig auch, dass der zu Vergewaltigenden oder Umzubringenden nicht der ritterliche Prinz Tamino zur Hilfe eilt, wie es der Gemeinplatz vorschreibt, sondern der alles andere als todesmutige Papageno. Das liegt offenbar daran, dass Monostatos von der wieder eingefangenen Pamina als seinem »Täubchen« (I,11:23) redet – und der Spezialist fürs Taubenfangen ist nun mal klar Papageno.

Nicht Genderstereotype, sondern der alles sprengende Wortwitz leitet das Geschehen. Das Hohe kippt ins Niedrige, die *Seria* in die *Buffa*. Dadurch wird die Szene des hehren Pathos, aber auch des Rassismus entleert. Echos und Doppelungen verunklären, wer der Böse, wer der Gute ist. Mohr und Vogelmensch, Vergewaltiger und Retter halten sich gegenseitig für dasselbe: den Teufel. So ergreifen sie miteinander voreinander die Flucht. Der Hasenfuß Papageno ist im Angesicht von drohender Marter und Tod cool. Er kommt zur Vernunft und ist der Einzige, der ganz ohne Rassismus die schwarze Farbe des Mohren nicht für etwas Teuflisches, sondern für das Natürlichste der Welt hält: »Es gibt ja schwarze Vögel in der Welt, warum nicht auch schwarze Menschen?« (I,14:24) Das Mädchen, todesmutig, ist überglücklich, unvermutet auf einen Abgesandten ihrer »guten, zärtlichen« (I,14:24) Mutter zu stoßen. Papageno muss sich, da er für die Rolle des Retters nicht vorgesehen ist, ihrer Identität anhand von Taminos schönem »Fräulenbild« (I,14:24) erst vergewissern. Dabei vergisst er tatsächlich das Entscheidende, die Triebfeder dieser ganzen Aventiure: worum ging es noch mal? – Ach ja, richtig, genau, die Liebe.

Selten ist der petrarkistische Schönheitskanon so witzig unterlaufen worden: das Mädchen ist nicht weiß wie Marmor, sondern wie »Kreide« (I,12:23), die Haare sind nicht golden, sondern blond, die Lippen nicht wie Korallen, sondern knallrot, die Augen nicht wie Sterne etc. Dem Bild zufolge, meint Papageno, dürfte sie weder Füße noch Hände haben: wieder kommt es zu einem bizarren Wortwitz, das Bild kam von »Hand zu Hand« an Papageno. Wie die Vögel hat Papageno es gefangen, und so schnell der heroisch-verliebte Entschluss dessen war, der sich Prinz nennt, die Prinzessin zu lieben, so schnell ist Papageno und nicht Tamino zur Stelle.

Das erste Liebesduett singen dann auch nicht Pamina und Tamino, das »hohe Paar«, sondern Pamina und Papageno: »Wir leben durch die Lieb allein. [...] Mann und Weib und Weib und Mann / Reichen an die Gottheit an« (I,14:27). Die hohe Liebe wird auf ein gutherziges gegenseitiges Niveau abgesenkt. Von Tugend und Treue ist nicht, und von Pflicht nur als Liebespflicht der Frauen die Rede. Nichts von Sehnen und Seufzen, von sich Verzehren; nichts aber auch von Liebe als Bewährungsprobe, von Tugend und Weisheit. Man kann auch sagen: die Tragödie wird aufs Niveau des Vaudeville, die hohe Liebe auf die des Kreatürlichen gebracht.

Tamino, der in der Mädchenrolle auf die Bühne gekommen war, sind Lehrjahre der Männlichkeit bestimmt: »kurz, sei ein Mann.« Das heißt im Jargon der Eingeweihten: »standhaft, duldsam und verschwiegen! / [...] / Dann, Jüngling, wirst du männlich siegen« (I,15:28). Tamino beginnt an der Lasterhaftigkeit des Sarastro zu zweifeln. Er ist ja auch nicht bei Pamina, in den Fängen des lasterhaften Monostatos gelandet und findet so in diesem Reich alles ziemlich zivilisiert.

Doch zeigen die Pforten – es zeigen die Säulen,
Daß Klugheit und Arbeit und Künste hier weilen.
Wo Tätigkeit thronet und Müßiggang weicht,
Erhält seine Herrschaft das Laster nicht leicht.
(I,15:28)

Herrscht dort wirklich ein »Bösewicht« (I,15:29), ein hassenswerter Tyrann, wie die Königin der Nacht behauptete? Der erste Priester der Eingeweihten, auf den Pamino in diesem Männerstaat trifft, klärt ihn dann auch über seine falschen Motive auf: »Dich leitet Lieb und Tugend nicht, / Weil Tod und Rache dich entzünden« (I,15:29). Tamino hat, auf die orientalischen Opferkulte oder die daraus entspringende Tragödie anspielend, sogar Angst, dass Pamina geopfert wurde. Er spielt wie Orpheus auf seiner Flöte, aber nicht die Geliebte kann er anlocken, sondern nur die Tiere.

Dem mit Pamina eingesperrten, der Marter harrenden Papageno gelingt es indes wunderbarerweise, dank seines Glockenspiels Wut und Hass ihres Verfolgers verfliegen zu lassen. Der lüstern-brutale Monostatos wird zu einem glücklichen, marschmäßigen, ja trällernden Abgang, »Larala, larala!« (I,17:32), bewegt. »Nur der Freundschaft Harmonie / Mildert die Beschwerden, / Ohne diese Sympathie / Ist kein Glück auf Erden« (I,17:33). Unglaublich, aber wahr: Pamina und Papageno sind frei. Als Vorspiel des starken Marsches mit Pauken und Trompeten, mit dem Sarastro unter Vivat-Rufen angekündigt wird, nimmt sich dieser marschmäßige Abgang zu den Tönen eines hellen Glockenspiels, wo die Unterdrücker dem Zauber der Musik wie mechanische Puppen folgen und sich der Macht der Musik tanzend fügen müssen, wie eine Aushöhlung der kommenden Bombastik mit Pauken und Trompeten aus. Irgendwie scheint es auch einfacher, leiser, heiterer zum glücklichen Ende zu gehen, scheint sich das Singspiel gegen die *Seria* zu behaupten.

Orpheus und Eurydike – verkehrt

Sarastro kommt auf einem von sechs Löwen gezogenen Triumphwagen noch bombastischer als die Königin der Nacht auf die Bühne. Von seinen Untertanen wird er als »Abgott, dem alle sich weihn«, (I,18:33) apostrophiert. Das klingt doch stark nach Idolatrie und Tyrannis. Und erinnert an Brutalität – vielleicht auch an Lüsternheit: »Zur Liebe will ich dich nicht zwingen« (I,18:34), lässt es auch Sarastro nicht fehlen. Er macht klar, dass Paminas Mutter »in seiner Macht [steht]« und also dem Glück ihrer Tochter im Wege: »Du würdest um dein Glück gebracht, / Wenn ich dich ihren Händen ließe« (I,18:34). Dem übergriffigen Mohr sollen die Füße durch »siebenundsiebenzig Sohlenstreich« (I,19:35) stilgerecht zerschlagen werden; den beiden »Fremdlingen« (I,19:35) werden Säcke über den Kopf gestülpt. Er kann vielleicht auch anders, aber Tyrann kann er zweifelsohne.

So erklärt Sarastro sein Programm vollmundig im Namen der »Menschheit« mit der Tochter gegen die Mutter: »ein böses Weib, die eine sehr gute Tochter hat« (II,1:37). Frauen jedenfalls müssen von der Macht ausgeschlossen werden: »Das Weib dünkt sich, groß zu sein« (II,1:37). Schließlich geht es ums Ganze, um wahre Menschlichkeit und rechten Glauben – es ist ein Kampf von Laster gegen Tugend. Realpolitisch heißt das, dass ein Mann, ein Männerbund herrschen muss. Anders als ihre Mutter ist Pamina »ein sanfte[s], tugendhafte[s] Mädchen« (II,1:37), das sich in die natürliche und einzig menschliche Ordnung der Dinge zu schicken scheint. Doch dass, wie Sarastro sagt, Tamino für Pamina durch die Götter und nicht durch die Königin der Nacht bestimmt ist, bleibt Behauptung. Aber Männer lügen ja nicht.

> *Pamina, das sanfte, tugendhafte Mädchen, haben die Götter*
> *dem holden Jüngling bestimmt; dies ist der Grundstein,*
> *warum ich sie der stolzen Mutter entriß. – Das Weib dünkt sich groß zu sein;*
> *hofft durch Blendwerk und Aberglauben das Volk zu berücken*
> *und unsern festen Tempelbau zu zerstören. Allein, das soll sie nicht;*
> *Tamino, der holde Jüngling selbst, soll ihn mit uns befestigen und*
> *als Eingeweihter der Tugend Lohn, dem Laster aber Strafe sein.*
> (II,1:37)

Tamino soll also von Sarastro auf die Seite der Freimaurer für den Isis- und Osiris-Kult gegen die Königin, deren »Blendwerk« und »Aberglauben« gezogen werden. Der Tod muss dafür in Kauf genommen werden. Lockvogel und Trophäe ist Pamina: »Pamina, das holde Mädchen, mein Lohn« (II,3:40).

Die im Auftakt gesetzte Verkehrung von männlich (rettend) und weiblich (gerettet werden) setzt sich in der Oper jedoch trotz aller Beschwörung ganzer Männlichkeit und Führungskraft durch.

Tamino muss eine Reise durch die Unterwelt antreten und sich der Todesbedrohung stellen, um Weisheit zu erlangen und die dort gefangen gehaltene oder geschützte Pamina zu retten. Das ist das Szenario von Orpheus und Eurydike: Orpheus steigt in die Unterwelt, um Eurydike von dort wieder in die Welt zu bringen und geht ihr den Weg weisend voran.

In der *Zauberflöte* nun taucht Pamina in eben dem Moment auf, als Tamino seinen Weg in die Unterwelt antritt – und übernimmt prompt die Führung.

> *Ich selbsten führe dich –*
> *Die Liebe leitet mich!*
> *[…]*
> *Spiel Du die Zauberflöte an,*
> *Sie schütze uns auf unsrer Bahn.*
> *Es schnitt in einer Zauberstunde*
> *Mein Vater sie aus tiefstem Grunde*
> *Der tausendjährigen Eiche aus.*
> (II,28:66 f.)

Das ist eine Verkehrung der Szene von Orpheus und Eurydike; die Parallele wird durch den Hinweis auf die Macht der Musik unterstrichen: »Wir wandeln durch des Tones Macht froh durch des Todes dunkle Nacht« (II,28:67). Tamino ist einmal mehr in der weiblichen Rolle, nämlich auf der Position der Eurydike, während Pamina sich auf der Position des Orpheus findet, der durch die Unterwelt vorweggeht. Auch die Liebesklage der Pamina, die sich umbringen will, weil sie sich von ihrem beharrlich auf höhere Weisung hin schweigenden Geliebten nicht mehr geliebt fühlt, ist auf dem Trauergesang des Orpheus um seine Geliebte Eurydike modelliert. Aber da, wo Orpheus scheitert, ist Pamina erfolgreich. Im Gegensatz zu Orpheus gelingt es Pamina, mit ihrem Geliebten zusammen das Totenreich hinter sich zu lassen und ans Tageslicht zu kommen. Da mag es Taminos Pflicht sein, Pamina zu retten – »Paminen retten ist mir Pflicht« (I,15:29); de facto rettet aber sie ihn.

Papageno, der vorher so cool war, ist das alles nicht geheuer. Er will auch gar kein Mann, sondern lieber ein Mädchen sein. Klar hat er keine Furcht, nur »eiskalt läufts [ihm] über den Rücken« (II,2:39) – »Wieso nervös? Ich bin nicht nervös. Ich bin nur ein bisschen mit den Nerven herunter«, hätte er heute mit Overath gesagt. Er glaubt, ein »kleines Fieber« (II,2:39) zu bekommen. Den inquisitorischen Priestern gesteht Papageno, dass es ihn gar nicht so nach Weisheit verlange; er sei mehr so ein »Naturmensch, der sich mit Schlaf, Speise und Trank begnügt; und wenn es ja sein könnte, [...] einmal ein schönes Weibchen fange« (II,3:40). Den Tod möchte er aber selbst für eine Papagena nicht riskieren.

Die Zunge, wir erinnern uns, war bekanntlich weiblich konnotiert:

Ein Weib tut wenig, plaudert viel.
Du, Jüngling, glaubst dem Zungenspiel?
(I,15:30)

Und so müssen unsere Helden auf dem gefährlichen Weg zu ganzer Männlichkeit als Erstes lernen, ihre Zunge im Zaum zu halten und am besten gar nicht, aber bestimmt nicht mit Frauen zu sprechen. Regel Nummer eins im Männerbund ist Misstrauen vor Frauen, die, trügerisch-täuschend, die armen Jungs ins Verderben stürzen:

Bewahret euch vor Weibertücken.
Dies ist des Bundes erste Pflicht;
Manch weiser Mann ließ sich berücken,
Er fehlte und versah sich's nicht.
Verlassen sah er sich am Ende,
Vergolten seine Treu mit Hohn! –
Vergebens rang er seine Hände,
Tod und Verzweiflung war sein Lohn.
(II,3:41)

Kein Wunder, dass Papageno, von den Priestern, alias »Herren« (II,6:44) verlassen, mit offenen Augen am helllichten Tage schwarzsieht. Auch Königinnen sind nichts als Frauen mit »Weibersinn« (II,5:42). Phobisch reagiert der Männerbund auf Frauen, die die Reinheit ihres Bundes qua Geschlecht »entweih[en]« (II,5:44). Für seine groteske Unhöflichkeit seinen drei Retterinnen aus der Königin Palast gegenüber wird Tamino von den Priestern der Sieg seines »standhaft männlichen Betragen[s]« (II,6:44) bescheinigt. »[M]ännlich und gelassen« (II,21:58) erreicht er das von den Eingeweihten gesetzte Klassenziel und ist auf dem besten Weg, als ganzer Mann ein weiser Fürst zu werden.

Papageno täuscht erst mal eine Ohnmacht vor und hat die Nase gestrichen voll: »Bei so einer ewigen Wanderschaft möchte einem wohl die Liebe auf immer vergehen« (II,6:44). Schon davor hatte er geschworen, lieber ledig zu bleiben, als sich in Todesgefahr zu begeben. Papageno weint – Sie wissen schon, Jungen weinen nicht, Männer sowieso nicht – und hält sich an Tamino wie ein Kind an seine Mutter. Den Mund kann er nur vollgestopft halten. Ganz Mann ist er nicht etwa im Kampf, sondern beim Tafeln: »Ja, bei so einem Unternehmen, da bin ich Mann« (II,19:56). Wenigstens mit sich selbst und auch mit Tamino hofft er sprechen zu dürfen – »Mit mir selbst werd ich wohl sprechen dürfen; und auch wir zwei können zusammen sprechen, wir sind ja Männer« (II,14:52) – in diesem Reich, wo nicht einmal ein Vogel pfeift. Macht das die vom Priesterkönig verkündete Moral, die weibische Zunge mannhaft im Zaum zu halten, nicht vollends lächerlich?

Das männliche Schweigen führt zu seriellen Selbstmordversuchen: zuerst zum versuchten Liebesselbstmord der sich von ihrem Einzigen verlassen geglaubten, vor Schmerz wahnsinnigen Pamina, die zu dem von der Mutter gegebenen Dolch, mit dem sie sich durchbohren will, als Bräutigam spricht: »Du also bist mein Bräutigam – / Durch dich vollend' ich meinen Gram« (II,27:64). Angespielt wird *das* Motiv der *Opera seria*: Didone abbandonata.

Die verlassene und verratene, vor Liebesschmerz wahnsinnige Dido ermordet sich mit dem Schwert des Aeneas. Dann zum versuchten Selbstmord des Papageno, der – weniger malerisch – für den Strick optiert, mit dem er sich »den Hals zuschnüren« will, um dann einen »Baum [zu] zieren« (II,29:68). Hier steht nicht der Liebesverrat der einen großen Liebe, sondern das Verschmähtwerden durch alle Frauen im Vordergrund: keine Einzige hat ihn erhört. Papageno, der sich vom schönen Geschlecht ungeliebt fühlt, schmollt, weil die »falsche Welt« (II,29:69) ihm kein Mädchen angebandelt hat. Das Heroisch-Tragische, das der Selbstmord in der *Seria* hat, wird dadurch, dass Papageno zur Sicherheit wie ein Kind bis drei zählt, bevor er sich erhängt, auch nicht gerade befördert. Die komische Parallelität der beiden versuchten Selbstmorde setzt sich fort: Beiden fahren rettend die drei Knaben dazwischen. Pamina belehren sie eines Besseren: Tamino hat sie nicht verraten und liebt nur sie. Als Frau, »die Nacht und Tod« (II,28:66) trotzt, scheint Pamina den Brüdern sogar wert, eingeweiht zu werden. Papageno hingegen bekommt nach einem komischen Wechselspiel mit einer Alten, die immerhin besser als gar keine ist und die sich als die junge, reizende Papagena entpuppt, endlich sein Frauchen; das Vergnügen beider entlädt sich in einem musikalischen Freudentaumel. Ende gut, alles gut: nicht zwei Leichname liegen auf der Bühne, sondern zwei glückliche Paare stehen vor uns. Unglück verkehrt sich in Glück, die angespielte Tragödie verkehrt sich in ein Happy End. Allein schon durch die Doppelung von Selbstmordbegehren und Verhinderung, einmal im hohen, einmal im niedrigen Register, bekommen die an sich ja hochpathetischen und tragischen Szenen etwas Komisches. Mozart verkehrt die Poetik der Tragödie – Lachen schlug um in Weinen. Hier schlägt Weinen um in Lachen.

Das mannhaft zu erfüllende Schweigegebot – vor allem Frauen gegenüber, die alles mit der Zunge machen – ist angesichts des Wortklangs eigentümlich absurd. Denn der Zusammenhalt zwischen *Pamina* und *Tamino*, zwischen *Papageno* und *Papagena*, wird ja allein durch den Wortlaut, durch Reim und Rhythmus, durch das Lallen der Sprache, durch die Zunge eben gestiftet: »Pa-Pa-Pa-Pa-Pa-Pa-Papagena!« (II,29:70) Liebe ist das Wort, das Pamina so gerne und immer wieder hören will. Tausend süße Dinge wollen ihr Papageno und Tamino sagen und sie zu hören, kann Pamina kaum erwarten. Vielleicht nirgendwo ist die Liebe so wie in der *Zauberflöte* eine Sache der Zunge, des Trällerns, Pfeifens, Singens, Lallens, der glockenhellen Stimme, und natürlich des Flötespielens. Dieses Schnäbeln, Tändeln, Herzen und Küssen steht im Zeichen des Vogels der Venus, der Taube, des »Herzenstäubchens« (II,29:70). Das Wiederholen, das Umspielen des Signifikanten unterspült im Wortwitz das Signifikat. Und das tun natürlich auch die *puns*, mit denen der Text nur so gespickt ist. Der Laut, nicht der Sinn ist entscheidend.

Sogar der brutal-geile schwarze Monostatos verwandelt sich in einen schmachtenden, ewig verschmähten Liebenden, der trotz seiner Schwärze ganz à la Papageno auch nur Mensch, ein Mensch wie alle anderen ist. Wie Papageno kann er keiner gefallen; Mitleid bekommen die Zuhörer mit ihm und wir sehen ein, dass der Mond sich seiner Bitte fügen und verstecken möge, damit er die weiße, schöne Pamina küssen kann.

Alles fühlt der Liebe Freuden,
Schnäbelt, tändelt, herzet, küßt –
Und ich soll die Liebe meiden,
Weil ein Schwarzer häßlich ist!
Ist mir denn kein Herz gegeben,
Bin ich nicht von Fleisch und Blut?
[…]
Weiß ist schön – ich muß sie küssen.
Mond! verstecke dich dazu!
(II,7:45 f.)

Die Weisheitslehre, der feste Grundstein des Tempelbaus, wird deshalb von der Musik und dem so kunstvoll kosenden Wortlaut und -klang unterspült. Die strahlenden Koloratur-Arien der Königin singen mit machtvollem Kastratensopran sämtliche männerbündischen Bässe in Grund und Boden. Alle behauptete Natürlichkeit und ganze Männlichkeit geht damit den Bach runter, Queerness, Transvestie und überhaupt das märchenhaft Kunstvolle siegen auf ganzer Linie. Auf der Bühne mag die Königin vor aller Augen mit ihrem Hofstaat in der Versenkung verschwinden, vor aller Ohren singt sie die Tugendmänner in die Tiefe. Mit ihren Arien im Ohr gehen wir aus der Oper, der weihevolle Gesang Sarastros überdauert kaum den Vorhang.

Bel Canto

Liebe siegte
Norma

»Ha vinto amore«
(*II,11:72*)

Felice – infelice

Auf dem Scheiterhaufen endet Bellinis Oper *Norma*. Ein einer Tragödie angemessenes Ende. Nach Lage der Dinge ist dieser Feuertod des einstigen Liebespaares ein glückliches, man möchte sagen, ein glückseliges Ende. »Io son felice« (II,11:72) – glücklich gehen die Liebenden vereint auf den Scheiterhaufen. Der Feuertod der druidischen Oberpriesterin Norma und des römischen Prokonsuls Pollione ist der Beginn einer ewigen Liebe, von dem die beiden zusammen singen: »Là più puro, là più santo incomincia eterno amor«; »Dort beginnt, reiner und heiliger, die ewige Liebe« (II,11:75). Nichts hatte Norma sich mehr erhofft, als dass Pollione zu ihr zurückkehren möge. Für ihn hatte sie ihr Keuschheitsgelübde gebrochen und, indem sie den obersten römischen Befehlshaber schützte, das Vaterland verraten. Für ein solches Sakrileg wurde frau nach druidischem Gesetz auf dem Altar des Gottes geopfert. Ihre beiden Kinder, ihre Liebe hatte Norma verstecken müssen. Sie wartete darauf, dass Pollione, aus Gallien abberufen, sie und die Kinder mit nach Rom in die Freiheit nimmt. Aber Pollione, mittlerweile in die angehende Druidenpriesterin Adalgisa verliebt, hatte andere Pläne. Norma wollte er zurücklassen, Adalgisa in die Stadt des Lebens und der Liebe mitnehmen. Der Vater Normas, Orovist, der oberste Druide, verflucht seine Tochter Norma nicht, die »über alles menschliche Vorstellungsvermögen hinaus« (II,11:73) schuldig geworden ist, sondern weint; »infelice« (II,11:74) nennt er sie. Das ruft das Epitheton *infelix Dido* auf: Von Aeneas verlassen, stürzt die verzweifelte Dido sich in dessen Schwert. Verzweifelt ist sie auch deshalb, weil sie noch nicht einmal ein Kind von Aeneas hat. Aber gerade das Dido beigeordnete Adjektiv zeigt im Gegenzug, dass Norma trotz ihres Feuertodes nicht »infelice« ist. Ihr Geliebter kehrt im Tod zu ihr zurück, um mit ihr zu sterben; sie hat von ihm zwei Kinder. Normas Kinder wird ihr Vater Orovist vor den »Barbaren«, das heißt den blutrünstigen Galliern, die mit Norma und Pollione gerade wieder ein reinigendes Blutopfer bringen, schützen.

(Die Druiden hüllen die Priesterin in einen schwarzen Schleier.)

Vanne al rogo: ed il tuo scempio
Purghi l'ara e lavi il tempio;
Maledetta all' ultim' ora
Maledetta estinta ancor!

Geh zum Scheiterhaufen: und deine Marter mögen den Altar reinigen
und den Tempel säubern.
Verdammt bist Du bis in den Tod
Und als Verdammte wirst Du ausgelöscht.

(II,11:74 f.)

Norma und Pollione sind keine infamen, verdammten, ausgelöschten Opfer einer blutrünstigen Religion, sondern sie werden zu Märtyrern einer liebenden Menschlichkeit. Von den barbarischen, Menschenblut einfordernden Galliern und deren Druidenreligion, deren Priesterin sie ist, wendet Norma sich ab. Von der Tyrannei der erotischen Venusliebe, die dem Mann alles erlaubt, ganz egal, wie viele Opfer seinen Weg säumen, wendet Pollione sich ab. Norma rächt sich nicht an ihrer Rivalin Adalgisa, sie rächt sich nicht an ihrem treulosen Geliebten. Vor den Galliern klagt sie nicht ihre Rivalin Adalgisa, die der römische Prokonsul frevelhaft vom heiligen Altar reißen und mit nach Rom nehmen wollte, sondern sich selbst an. Ihren »treulosen Gatten« (I,10:38) opfert sie nicht, sondern liefert sich selbst dem Feuertod aus: »Ich gebe Eurem Zorn ein neues Opfer. Eine meineidige Priesterin hat die heiligen Gelübde gebrochen« (II,11:69), klagt sie sich vor den Galliern an. Pollione legt seine Rohheit (»crudo«) und seinen Hochmut ab. Angesichts von Normas hochherziger Liebe bis zum Tod findet er seine verlorene Liebe zu ihr wieder. Bereit ist er zuerst, anstelle seiner neuen Liebe Adalgisa in den Tod zu gehen, für die er um Mitleid fleht. Zusammen mit Norma geht er, als er in ihrem Selbstopfer ihre sublime Liebe erkennt, auf dem Scheiterhaufen in den Liebestod. Ein barbarisches, rächendes Opfer des Fremden, des Feindes, des eidbrüchigen Sakrilegen, hat sich in ein freiwillig auf sich genommenes Liebesopfer verwandelt: *gloria passionis*.

Liebe und Krieg

Ein Selbstopfer aus Mitleid und Liebe steht gegen ein Opfer des Anderen, *hostis*, aus Rache und Hass. Liebe und Hass, Krieg und Frieden bilden die Grundstruktur der Oper. Lyrisch sind die großen Friedens- und Liebesarien des Belcanto, lyrisch die Bitten um Mitleid. Kriegerisch abgehackt, auch instrumental martialisch untermalt sind die Rufe der Gallier nach Befreiung vom römischen Joch und nach reinigenden Opfern. Mit dem dreifachen Dröhnen des Kriegsgongs, des Schilds Irminsuls, wird zum Krieg gerufen und ein Menschenopfer angekündigt.

Bellinis *Norma* hat mit »Casta Diva« eine der berühmtesten und berührendsten Arien der Operngeschichte. Dieses lyrische Gebet der druidischen Oberpriesterin an die keusche Mondgöttin ist das Gegenteil eines Kriegsgesangs. Nicht mit Marschklängen, Pauken und Trompeten richtet es sich an den Menschenblut fordernden, donnernden männlich-kriegerischen, »wilden«, »grausamen« (I,6:25) finsteren Gott Irminsul. Es ist kein Kriegsgesang der Priester, der die »Tapferen«, die gallischen Krieger zornig zu »Gemetzel« und »Raserei« (I,4:21 f.) anstachelt, fremdes Blut in Strömen fließen zu lassen. Die Gallier, Priester und Krieger hoffen darauf, dass der Gott der Prophetin Norma Hass und Zorn auf die sie besetzenden Römer eingeben möge, dass durch sie die Eichen des heiligen Hains sprechen und zum Krieg gegen Rom rufen; diesen für sie tödlichen Frieden wollen sie brechen, Gallien von den feindlichen, sie besudelnden Adlern säubern, sich vom römischen Joch befreien.

Norma behauptet ihre Autorität; der Gott spricht durch sie und keiner kann ihr vorschreiben, was sie zu sagen hat.

Sediziose voci,
voci di guerra havvi chi alzarsi attenta
Presso all'ara di Dio? V'ha chi presume
Dettar responsi alla veggente Norma
E di Roma affrettar il fato arcano?
Ei non dipende da potere umano.

Ihr verführerischen Stimmen,
ihr Stimmen des Krieges, gibt es eine unter euch, die sich
neben dem Altar des Gottes zu erheben wagt? Gibt es eine,
die der Seherin Norma ihre Antworten vorschreiben
und das geheime Schicksal Roms beschleunigen will?
Dieses hängt nicht von menschlicher Macht ab.

(I,4:18 f.)

»Das stolze Rom«; »superba Roma« (I,4:20) wird, prophezeit Norma in Übereinstimmung mit allen großen römischen Autoren (Horaz, Lucan), nicht durch die Gallier, nicht durch einen äußeren Feind fallen, sondern in sich selbst zusammenbrechen:

Ella un giorno morrà;
Ma non per voi.
Morrà pei vizi suoi,
Qual consunta morrà.
L'ora aspettate, L'ora fatal
Che compia il gran decreto.
Pace v'intimo…
E il sacro vischio io mieto.

Es wird eines Tages sterben;
aber nicht durch euch.
Es wird an seinen Lastern zugrunde gehen,
wie aufgezehrt wird es sterben.
Wartet die Stunde ab, die Schicksalsstunde,
die den großen Beschluss vollbringt.
Ich fordere Euch zum Frieden auf…
und schneide die heilige Mistel.
(I,4:20 f.)

Die feurigen Herzen, den verwegenen Eifer der Kriegstreiber wird sie mäßigen. Nicht zum Krieg aufstacheln wird sie, sondern zum Frieden verführen: In einem wunderbar weich wiegend strömenden, silbern glänzenden, lyrischen Gesang des Soprans wird die schöne Mondgöttin, unumwölkt unverschleiert in ihrem hellsilbernen Strahlen angefleht, den Frieden des Himmels auf Erden zu verbreiten. Der lyrische Gesang der Arie ist eine der wunderbaren Pausen in der von Opfer- und Kriegsgedröhn durchzogenen Oper. Die Beschwörung des schönen Friedens ist auch eine Beschwörung ihrer verlorenen, schönen, strahlenden Liebe.

Ah! Bello a me ritorna
Del fido amor primiero
…
Ah! Bello a me ritorna
Del raggio tuo sereno.
E vita nel tuo seno,
E patria e cielo avrò.

Ach, gib etwas zurück
von der Schönheit der ersten, treuen Liebe …
Ach, gib etwas zurück
von der Schönheit Deines heiteren Strahlens
Und ich werde in deiner Brust
Leben, Vaterland und Himmel haben.
(I,4:22 f.)

Heiter strahlt hier nicht mehr die keusche Mondgöttin, sondern Pollione. Zu ihm und der Schönheit seiner ersten Liebe hat sich Norma bekehrt. Das Keuschheitsgelübde der Druidenpriesterinnen hat sie um seinetwillen gebrochen und ist Mutter zweier Söhne geworden. Von der blutigen Opferreligion der Druiden, von dem Altar, auf dem sie immer wieder Menschen opfert, hat sie sich abgewendet. Sie hofft, dass Pollione, der nach Rom abberufen ist, sie und die Kinder aus dem dunklen, blutigen, und für sie lebensgefährlichen Gallien mit nach Rom nehmen wird. Am Ende des ersten Aktes hat sich das weiche Strahlen des schönen Singens zu einem furiosen Rachecrescendo gesteigert.

Auch die selbstsüchtige, untreue, verräterische, triumphale Liebe des römischen Konsuls kommt, begleitet von Pauken und Trompeten, kriegerisch. Pollione stellt die Liebe der Römer gegen die Religion der Druiden: »Ciel più puro e Dei migliori t'offro in Roma«; »Einen reineren Himmel und bessere Götter biete ich Dir in Rom« (I,4:26). Für seine Liebe ist er bereit, sein Blut dem fremden Gott zu opfern, aber lassen kann er seine neue Flamme Adalgisa nicht. Adalgisa soll ihre grausamen Götter lassen und sich ihm ergeben. Ihr Herz gehört schon ihm, mit ihm nach Rom soll sie kommen.

Vieni in Roma, ah! Vieni, o cara
Dov'è amore e gioia e vita;
Inebriam nostr'alma a gara
Del contento a cui invita...
Voce in cor parlar non senti
Che promette eterno ben?
Ah! dà fede a' dolci accenti.
Sposò tuo mi stringi al sen.

Komm nach Rom, ach komm, meine Geliebte,
wo Liebe und Freude und Leben ist,
berauschen wir unsere Seelen gemeinsam
an dem Glück, zu dem es uns einlädt ...
Hörst Du nicht die Stimme im Herzen sprechen,
die ewiges Glück verheißt.
Ach, vertraue den süßen Tönen,
schließ mich als Deinen Gatten in die Arme.

(I,6:26 f.)

Adalgisa spricht von seinem Triumphieren über ihr Weinen, seinem Sieg über ihren Schmerz. In seiner neuen Liebe ist Pollione auf Eroberungsfeldzug für Rom. Zur Marschmusik schmettert er dem Gott der Barbaren eine Kriegserklärung hin; seinen Eichenwald will er niederbrennen, seinen frevelhaften Altar niederreißen, die »himmlische Jungfrau« – wieder eine angehende Druidenpriesterin – lässt er sich von ihm nicht nehmen. Schließlich steht er unter einer höheren Schutzmacht: der Liebe (I,2:16). Pollione und Rom kommen dabei nicht wie die Religion Normas und Adalgisas im Zeichen des Mondes, sondern der Sonne:

Dolci qual arpa armonica	*Seine Worte klangen mir*
M'eran le sue parole;	*süß wie Harfenharmonien.*
Negli occhi suoi sorridere	*In seinen Augen sah ich*
Vedea più bello un sole.	*eine schönere Sonne lächeln.*
	(I,8:34 f.)

Aber dieses sonnige, römische Versprechen ewigen Glücks in der Stadt der Lebensfreude und der Liebe ist eben der Trug, die »grausame, unselige Täuschung«; »crudo e funesto inganno« (I,9:36), der auch Norma erlegen ist. »Sposo sei tu infidele« (I,9:38), weiß Adalgisa schon wenig später. Als Adalgisa Norma ihre Liebe gesteht, Norma sie von ihren Gelübden entbindet, erkennt Norma eben dieselben verführerischen Klänge des Versprechens ewigen Glücks, mit denen sie verführt worden ist, um wenig später zu sehen, dass es nicht nur dieselben Versprechen sind, sondern derselbe Mann, der sie einer Anderen macht. Sind Norma und Adalgisa ihrem Gott untreu geworden, dann Pollione seinem Versprechen ewigen Glücks in Roma, der Stadt der Liebe. Die Szene endet zum Dröhnen des Gongs in Krieg. Der Krieg der Geschlechter tobt im Gegengesang zwischen Norma und Pollione. Pollione fühlt sich durch Normas Liebe vom Schicksal verflucht: »Maledetto io fu quel giorno che il destin t'offerse a me«; »Ich bin seit jenem Tag, da das Schicksal dich mir gewährte, verflucht« (I,9:40). Norma, zur rächenden Furie geworden, verflucht Pollione.

Vanne, sì, mi lascia, indegno;	*Geh nur, verlaß mich, Unwürdiger;*
Figli oblia, promesse, onore …	*vergiß Deine Kinder, Dein Gelübde,*
Maledetto del mio sdegno	*Deine Ehre …*
Non godrai d'un empio amore.	*Von mir verachtet und verflucht,*
Te sull'onde e te sui venti	*wirst Du Deiner frevelhaften Liebe*
Seguiran mie furie ardenti:	*nicht froh werden …*
Mia vendetta e notte e giorno	*Mein glühender Zorn wird Dich*
Ruggirà d'intorno a te.	*in Wind und Wellen verfolgen.*
	Meine Rache wird Dich
	Tag und Nacht umtosen.
	(I,9:40 f.)

Alles endet dröhnend im Krieg der Religionen: »Aber vorher wird Dein Götze mir zu Füßen fallen«; »Ma prima mi cadrà il tuo Nume ai piedi« (I,9:42), schwört der Römer.

Dreh- und Angelpunkt: das Opfer

Norma – lyrische Tragödie in zwei Akten hatte Ende 1831 an der Mailänder Scala Premiere. Das Libretto von Felice Romani ist nach der zu Anfang desselben Jahres in Paris aufgeführten Tragödie von Alexandre Soumet *Norma ou l'infanticide* geschrieben. Soumets Tragödie hinwiederum fußt auf Chateaubriands Velléda-Drama, dem ersten Teil der *Martyrs ou le triomphe du christianisme* (1809), ein europäischer Grundlagentext der Romantik.

Die Kernfrage dieser Geschichten ist die des Opfers. An der Frage des Opfers scheiden sich die Geister. Die Romantik rechtfertigt das Christentum als eine Religion, die gegen die Barbarei des Menschenopfers, wie es die babylonischen Religionen, aber auch die keltischen Kulte zeichnete, das freiwillige Liebesopfer, in dem Gott sich selbst opfert, stelle und damit den Menschenopfern ein Ende setze. In diesem Zeichen hat es gesiegt: Im 18. und

19. Jahrhundert ist die durch das Christentum erreichte Beendigung dieser barbarischen Praxis das entscheidende apologetische Argument der katholischen Reaktion von de Maistres *Éclaircissement sur les sacrifices* bis zu Chateaubriands *Martyrs*. Anstelle des Menschenopfers eines Fremden tritt das freiwillige Selbstopfer, nicht das Anderen aufgezwungene, sondern das auf sich genommene Martyrium. Bellinis *Norma* ist Inbegriff dieses romantischen Credos: Liebe siegt über Barbarei.

Die Nachromantik – auch Realismus genannt – setzt sich mit dieser Apologie auseinander, um sie abzuweisen: Ihr meist ernüchterndes, ja entsetzliches Fazit ist, dass die modernen Gesellschaften nach wie vor der Logik des Sündenbockes, des Menschenopfers gehorchen. Blind sind die modernen Gesellschaften, die an zivilisatorischen Fortschritt und Menschlichkeit glauben, und sich selbstgerecht meilenweit von dieser Barbarei wähnen, in dieser Opferlogik gefangen – diese verblendete Scheinheiligkeit der Moderne macht alles nur noch schlimmer als in den barbarisch-dekadenten, offen brutalen Zuständen. Christus hat diese Logik nicht beendet, er war einfach ein Sündenbock mehr. Nichts ist durch das Christentum und durch seine säkularen Nachfolgeformationen erlöst, gerettet worden. Der gleiche, blutige Horror von früher bis heute.

Mit *Norma* befinden wir uns in einer kolonialen Situation: Das Römische Reich hat sich Gallien unterworfen. Wir sind in einem besetzten Land. Besetzte und Besatzer trennen Welten. Die Kelten in Gallien hängen in einem Mondkult den Druidenpriestern mit ihrem Gott Irminsul an. *Norma* zeigt die ganzen Paraphernalien dieses Kultes, die Chateaubriands Velléda-Episode aus den *Martyrs* als »bretonischer Roman der Ursprünge« aufweist. Bis heute zeigen sich Spuren davon im Schneiden der Mistelzweige (I,1:10), in der Beliebtheit der Verbena, mit der die Priesterinnen bekränzt wurden (I,3:16), in den Druidensteinen und nicht zuletzt im Namen der Naturkosmetikmarke *Weleda*.

Die römischen Besatzer wenden sich in Abscheu und Grauen von diesem barbarischen, blutigen, frevelhaften, wild-schrecklichen Kult ab. Die Gallier sehen in den Römern »profani« (I,2:16), Ungeweihte, Ungläubige, die ihre reine Heiligkeit besudeln. Auf der gallischen Seite die Eichen des schrecklichen Todeswaldes mit seinen Opferaltären, Mond, Misteln und keusche Priesterinnen, auf der römischen Seite die Sonne, Togen, Stadt und Fluss (I,2:12).

In *Norma* haben wir einen Religions-, einen Zivilisationskonflikt, einen Konflikt der Kulturen, der sich als Krieg um das richtige Opfer artikuliert. Die druidische Kriegsreligion, die Menschenopfer fordert – Fremde, Sakrilege – steht gegen den römischen Glauben an die Liebe. Mitleid muss an die Stelle des wilden Zornes, treue Liebe an die Stelle der tyrannischen, selbstsüchtigen, ewig wankelmütigen Liebe treten. Die römische, untreue Liebe muss bekehrt werden: Bellinis *Norma* bietet für diesen Konflikt die romantisch-weibliche, und wenn man so will imperial-inklusive Lösung. Alle nämlich werden zur richtigen Liebe bekehrt – der romantischen Liebesreligion, die die Liebesreligion der Moderne geblieben ist. Nur die namenlosen Barbaren, die keltischen Kriegstreiber mit ihren unmenschlichen Opfern, ihren grausamen Göttern, ihren Todeshainen können nicht zivilisiert werden. Alle Anderen werden zu schön liebenden und also zu zivilisierten Menschen. Diese schöne Liebe, dieses Mitleid kommt im schönen Singen, im Belcanto. Bellini macht den Belcanto zu mehr als einem Virtuosenstück, in dem sich die Sänger und Sängerinnen gegenseitig überbieten und ausstechen. Er gibt ihm eine Funktion: lyrisches, liebendes, schönes Gebundensein bindet – legato.

Adalgisa bekehrt sich; von ihrer unheiligen Liebe und dem untreuen Gatten Pollione wendet sie sich um Normas willen ab. Aus bitteren Rivalinnen werden in einem wunderschönen Duett unzertrennliche Herzensfreundinnen:

Sì, fine all'ore estreme	*Ja, bis zur Todesstunde*
Compagna tua m'avrai;	*wirst Du in mir eine Gefährtin haben.*
Per ricovrarci insieme	*Uns beide zu beherbergen*
Ampia è la terra assai.	*ist Platz genug auf der Erde.*
Teco del Fato all'onte	*Mit Dir werde ich dem Schicksal*
Ferma opporò la fronte	*zum Trotz ausharren,*
Finché il tuo cuore a battere	*solange ich Dein Herz*
Io senta suo mio cuor.	*an meinem Herzen schlagen fühle.*
	(II,3:50 f.)

Adalgisa will versuchen, Norma in ihre Rechte einzusetzen, den wortbrüchigen Ehemann ihr und den Vater den Kindern zurückbringen. Bekehrt wird Norma zum Mitleid mit ihren Kindern; sie bringt es anders als Medea nicht über sich, sie umzubringen. Bekehrt hat sich die Druidenpriesterin Norma vom rasenden Zorn und Rachegelüst zum Mitleid; bekehrt hat sich der römische Prokonsul zu einer neuen, nach der christlichen Liebe modellierten, sublimen Liebesreligion des Paares: *puro, santo, eterno*. Pollione hat sich von seinem triumphalen Hochmut abgekehrt; weinend bittet er Norma um Mitleid mit Adalgisa. Seine Liebe zu Norma findet er angesichts ihres Selbstopfers wieder und bittet um Vergebung für Verkennung und Liebesverrat. Selten ist ein Todesduett ein so wunderbares Liebesduett gewesen. Alles Kriegerische ist aus dem Tenor Polliones gewichen, der ganz weich Belcanto geworden ist: »Moriamo insieme, ah! Si, moriamo: L'estremo accento sarà che io t'amo. Ma tu morendo non m'aborrire, pria di morire perdona a me«; »Ach sterben wir gemeinsam! Ja, sterben wir: Daß ich Dich liebe, soll mein letztes Wort sein. Aber Du sollst mich im Tod nicht verabscheuen, vergib mir, bevor Du stirbst« (II,11:70). Bekehrt hat sich schließlich Orovist, Normas Vater, zu Mitleid und Verzeihung: *Pièta*! So wird die Tragödie zum Guten gewendet.

Anders als bei Chateaubriands *Les martyrs ou le triomphe du christianisme* ist bei Bellini wie auch schon bei Alexandre Soumet alles explizit Christliche gelöscht. Das ändert nichts daran, dass das

Liebesopfer, mit dem *Norma* endet, eine Umbesetzung des christlichen Liebesopfers, eine Verkehrung des keltischen Menschenopfers ist. Norma und Pollione werden Märtyrer, Blutzeugen, ihrer sublimen Liebe.

Eben diese Umkehr von einem falschen zu einem richtigen Opfer inszenieren auch Chateaubriands *Martyrs*. Sie spielen zur Zeit Konstantins, in der das Römische Reich christlich wurde. Tatsächlich, und das gibt ihnen ihr ganzes Gewicht, rechtfertigen sie die römische Besatzung; die römische Eroberung Galliens war tatsächlich eine *mission civilisatrice*. Frankreich geht damit einen grundsätzlich anderen Weg als etwa Deutschland. Hermann der Cherusker wird zu einem deutschen Nationalhelden, weil er das römische Joch abschüttelt und zu den deutschen, authentischen Ursprüngen dieses Volkes zurückkehrt. Chateaubriands »Heimatroman« hingegen ist eine Huldigung an das auch in der Bretagne römisch gewordene Frankreich. Auch Bellinis *Norma* rechtfertigt die Eroberung Galliens durch Rom. Nur so kann an den barbarischen Menschenopfern etwas geändert werden. Es kann nicht darum gehen, die authentischen Ursprünge, die authentische Religion der Väter mit ihren Priesterinnen und Menschenopfern wieder ins Recht zu setzen. Rom hat diese Barbarei überwunden. In den *Martyrs* wird die Liebe der armorischen Druidenpriesterin Velléda, deren Aufgabe es ist, die keltischen Krieger zum Aufstand gegen Rom anzustacheln, zu dem christlich bekehrten griechischen Römer Eudore für diesen ein Hindernis auf seinem spirituellen Weg zur richtigen Liebe und zur richtigen Gottesliebe. Tragisch unerlöst bleibt die unselige Velléda zurück. Die richtige Liebe findet Eudore in Cymodocée, mit der er zusammen in Rom zum Blutzeugen der Kirche wird. In diesem Martyrium vollendet sich ihre Liebe. Dieser Liebestod steht gegen den einsamen Tod, in dem Velléda sich selbst als in Liebe entbrannte, unkeusche Priesterin auf dem Druidenaltar opfert.

Dem Römischen Reich und seiner weltweiten Ausdehnung

kommt bei Chateaubriand eine entscheidende Scharnierfunktion zu: Es wird zum Vektor der römisch-katholischen Kirche, zu der schließlich alle Provinzen dieses Reiches bekehrt werden. Erlöst werden sie in diesem neuen Glauben von ihren menschenopfernden, barbarischen Kulten. Das sich mit dem Römischen Reich verbreitende Christentum lässt mit den barbarischen Kulten auch die römische Grausamkeit des Zirkus, der Arena, der Christenverfolgung und der Gladiatorenkämpfe hinter sich.

In *Norma* wird das Tragisch-Antike der Kindsmörderin aus Eifersucht, Medea, wie es Soumets Tragödie schauerlich heimsuchte, und das trostlos Heidnische des einsamen Opfertodes der Velléda Chateaubriands überwunden. Wie Cymodocée und Eudore finden bei Bellini die Druidenpriesterin und der römische Konsul zusammen; gemeinsam überwinden sie die barbarischen Menschenopfer, indem jeder sich selbst überwindet. Niemand wird zurückgelassen. Bellinis Norma ist keine eifersüchtige, wild antik rächende Furie wie Medea, die außer sich ihre Kinder ermordet, als sie vom Liebesverrat Jasons hört, der dabei ist, eine jüngere, mächtigere Frau zu heiraten; sie wird ihn zum König machen und ist deshalb vielversprechender als Medea, die Mutter seiner Kinder. Rächend tut Medea Jason das Schlimmste an, was man einem Vater antun kann, als sie seine Kinder ermordet. Norma hat mit ihren Kindern Mitleid; den Dolch kann sie nicht aus Rache in ihre Herzen stoßen. Von Mutterliebe übermannt, lässt sich Norma nicht zum Äußersten treiben. Sie ist keine eifersüchtige, zornig rächende, einem brutalen Gott menschenopfernde Priesterin wie Velléda, die sich am Ende einsam die Kehle durchschneidet und selbst schlachtet. Norma liefert weder Pollione noch Adalgisa ans Messer; sie hebt diese Menschenopfer im Märtyrertod des Paares, für das sich ihre Liebe in der *gloria passionis* im Moment des Todes erfüllt, auf. Zu Unrecht graut dem Römer Pollione vor ihr, wie er am Ende erkennt. Sie ist eine zärtlich liebende Mutter, eine sublim liebende Frau, die eher sich selbst als die Anderen opfert. Die

Glückseligkeit des Endes des Liebespaares auf dem Scheiterhaufen wird klar, wenn man sich die Alternativen der Vorgänger vor Augen führt, Chateaubriands *Martyrs* und Soumets *Norma ou l'infanticide*.

Sowohl bei Chateaubriand als auch bei Soumet steht ein tragisches, nur schrecklich unheilvolles, trostloses Opfer am Ende, das niemanden und nichts rettet, niemanden und nichts tröstet, sondern den blutigen Schrecken fortführt. *Norma* überführt die Menschenopfer der Druidenreligion in ein gemeinsames, freiwillig angenommenes Liebesopfer. Die Druidenpriesterin Norma und der römische Prokonsul Pollione kehren gemeinsam als liebendes Paar zu diesem Opfer um. Mit den barbarischen Kriegerreligionen lässt die Oper auch die Schrecken der Antike zurück. Nicht zuletzt durch den Belcanto siegte die Liebe.

Erlöst: Dreimal Verdi

»und hätte der Liebe nicht«
(Paulus, 1. Korinther, 13)

Die Lösung des Tragischen im Liebesopfer *Rigoletto*

1850 bekam Giuseppe Verdi den Auftrag, eine Oper für das Teatro La Fenice während der venezianischen Karnevalssaison zu schreiben. Francesco Maria Piave schrieb das Libretto, das auf einem Drama Hugos fußt: *Le roi s'amuse* (1832). Zwei Sprechakte stehen im Zentrum von Oper und Drama: Fluch und Verspottung. Zuerst sollte die Oper *La Maledizione* heißen; schließlich gab der alles lächerlich machende Hofnarr mit dem sprechenden Namen *Rigoletto* der Oper den Namen. Sowohl im *Rigoletto* als auch in der später entstandenen und 1853 uraufgeführten *La Traviata* wird der Horror der antiken Tragödie, das Menschenopfer, angespielt – um im christlichen Liebesopfer überwunden zu werden. Im Zentrum von *Rigoletto* steht die Poetik der Tragödie, die durch das Liebesopfer der Gilda überwunden wird. Im Zentrum der *Traviata* steht eine Opferkonkurrenz; im gemästeten Ochsen des *Mardi Gras* kehren im Karneval die antiken Opferriten wieder, die durch das Liebesopfer der *Traviata* überwunden werden.

Sex und Republik

Als Republikaner, der unter tyrannischer Herrschaft schreibt, sah sich Victor Hugo. Unter dem Bürgerkönig Louis Philippe verfasste er 1832 das Schauspiel *Le roi s'amuse*. Als Republikaner, die unter tyrannischer Herrschaft schreiben, sahen sich Verdi und Piave, als sie 1850 Hugos Stück für das von den Habsburgern beherrschte Venedig, seit 1815 Teil der k.u.k. Monarchie, adaptierten. Sowohl Hugo als auch Verdi/Piave hatten mit ihrer Regimekritik offensichtlich einen heiklen Punkt getroffen: Die staatlichen Autoritäten sahen sich zum unmittelbaren Einschreiten gezwungen. Hugos Stück wurde in Paris mit sofortiger Wirkung nach der ersten Aufführung im Théâtre Français am 22.November 1832 verboten, obwohl die Zensur eigentlich abgeschafft worden war – so unerträglich erschien die vernichtende Kritik der Königsherrschaft offensichtlich auch noch in einer konstitutionellen Monarchie. Verdi/Piave erhielten vom Polizeipräsidenten in Venedig zunächst eine entschiedene Abfuhr für so viel unmoralische, »obszöne Trivialität« – so der Brief der Direzione Centrale d'Ordine Pubblico vom 28.November 1850 an die Direktion des Teatro La Fenice. Vergeblich hoben Hugo und Verdi/Piave den unpolitischen, rein moralischen Aspekt ihrer Stücke hervor. Um die Oper für die Habsburger Zensur erträglich zu machen, wurde der französische König François I., von Hugo als ein alles vernichtender Libertin gezeichnet, durch den Herzog von Mantua ersetzt. Ähnlich wie *Le roi s'amuse* sollte Piaves Text in der weit zurückliegenden Vergangenheit der Renaissance spielen.

Als Verdi ihn auf die Bühne bringen wollte, regierten in Süditalien die Bourbonen, während die Habsburgermonarchie die größten Teile Norditaliens beherrschte. Eine vernichtende Kritik eines französischen Monarchen hätte als Abrechnung mit den in

Italien regierenden Herrscherhäusern gelesen werden können. Die französische Monarchie unter François I. wäre schlicht als Platzhalter für die Habsburgermonarchie oder die Bourbonenherrschaft gelesen worden. Erst als der französische König durch einen italienischen Duca aus einem im Übrigen ausgestorbenen Fürstenhaus ersetzt worden war, konnte *Rigoletto* am 25. Januar 1851 die Zensur passieren. Premiere feierte die Oper am 11. März 1851 in Venedig.

Wie Frankreich stand auch Italien kurz vor einem Regimewechsel; für die Revolutionäre ging es darum, eine tyrannische Herrschaft zu stürzen. Für Hugo, der zu einem der führenden Republikaner der Revolution von 1848 wurde, waren Monarchie und Imperium tyrannische Herrschaftsformen. Verdi/Piave sahen in der monarchischen Fremdherrschaft ein tyrannisches Regime. Als in Frankreich nach dem kurzen republikanischen Intermezzo mit Napoleon III. ein solcher, diesmal imperialer Tyrann wieder zur Herrschaft kam, begab sich Victor Hugo ins Exil: Mit dem Staatsstreich von »Napoléon le petit« ging er für die Dauer des Zweiten Kaiserreichs auf die englische Insel Guernsey. Verdi wurde zur Verkörperung des im Risorgimento geeinten, von der Fremdherrschaft befreiten Italien. »Va, pensiero«, die als Gefangenenchor bekannt gewordene Chornummer der unterjochten Hebräer aus dem 3. Akt aus Verdis *Nabucco*, ist Italiens heimliche Nationalhymne.

Aber was, mag man sich fragen, hat die Geschichte eines strahlend schönen, unwiderstehlichen Herrschers, der die Frauen liebt, mit Politik zu tun? Was ist am Sex der Herrschenden von öffentlichem Interesse? Ist es etwas anderes als Privatsache, wenn ein junger Herrscher Gattinnen, Töchter, Schwestern zu seinen Geliebten macht? Und ohne Ansehen des Standes wahllos von der Großherzogin bis hin zur Zigeunerdirne, ganz seinem Vergnügen lebend, alle verführt? Was ist an der Geschichte eines Libertins, der Vorstellungen romantischer, schicksalhafter, einmaliger Liebe beständig im Mund führt, um sie genauso beständig in endloser Serialität und tatsächlicher Gleichgültigkeit gegen die Objekte seines Begehrens zu widerlegen, politisch?

Ist das Konzept des strahlenden Verführers eigentümlich verblasst, ja, in puritanisch-protestantischen Ländern zur Figur des Bösen schlechthin geworden, so kommt uns das Konzept tugendhafter Weiblichkeit vollends wie von einem anderen Stern vor. Vorstellungen wie »Entehrung« oder »Schändung« von Töchtern, Ehefrauen oder Schwestern, die gerächt werden müssen, sind uns fremd. Wie barbarische Einschlüsse tauchen sie im Zusammenhang mit zwar in unseren Breiten, aber eben in anderen Kulturen verübten Ehrenmorden auf. Die Liebe ist bekanntlich frei. Liebesverrat hat jede selbst zu verantworten. Selber schuld, wer den Männern, an deren Liebesfähigkeit Freud uns systematisch zu zweifeln lehrte, auf den Leim ihrer zur Schau gestellten Leidenschaft geht. Keiner – kein Vater, kein Bruder, kein Ehemann – käme auf die Idee, zur Blutrache zu schreiten.

Das war am Anfang unserer Demokratien, die alle als Republiken flügge wurden, anders. Das Bürgertum hat den Kampf gegen die Herrschaft der Aristokratie auch als sexuellen Krieg geführt und seine wirtschaftlichen Interessen als moralische deklariert. Die tugendhafte, meistens bürgerliche Weiblichkeit sollte gegen den unmoralischen, aristokratischen Verführer geschützt werden, der glaubte, er habe ein göttlich verbrieftes Recht auf alle Frauen, die sich ohnehin nichts Schöneres vorstellen könnten, als ihm zu Willen zu sein. Vätern und Ehemännern oblag der Schutz der so schönen wie tugendhaften Weiblichkeit vor übergriffiger Tyrannei. Und so erlebte eine Geschichte, die am Anfang einer anderen, nämlich der römischen Republik stand, in der europäischen Literatur im 18. und 19. Jahrhundert ein Comeback.

Es ist die Erzählung von der versuchten Vergewaltigung der Jungfrau Verginia durch den Herrscher und ihrer Erdolchung durch den eigenen Vater. Die schöne Verginia ist als Tochter des

Plebejers Verginius und als Braut des Volkstribunen Icilius fest im republikanischen Lager verortet. Der Decemvir Claudius Appius begehrt sie. Verginia bleibt standhaft; weder durch Geld noch durch schmeichelhafte Worte lässt sie sich verführen. Da missbraucht Appius, vor bestialischer Begierde blind, in einer »maßlosen Gewalttat« seinen Status als Richter. Livius demonstriert mit dieser Geschichte, wie das Decemvirat, eingesetzt und mit diktatorischen Vollmachten ausgestattet, um die Gesetze der Republik schriftlich niederzulegen, zur Tyrannei entartet: Der Gesetzgeber wird zum Gesetzesbrecher.

Claudius Appius bricht das von ihm selbst gesetzte Recht. In einer grotesken Verdrehung jedes rechtlichen Vorgehens spricht er Verginia seinem Strohmann als Sklavin zu. Das Urteil erkennt dem Feldherren Verginius die Tochter ab, der seiner *patria potestas* beraubt wird, und liefert sie an ihren Vergewaltiger aus. Es wird durch die Staatsgewalt, die aufgebotene Polizei, durchgesetzt, gegen die die unbewaffnete Menge nichts ausrichten kann. Zum Äußersten getrieben, greift der Vater in seiner Ohnmacht zu einer List und führt seine Tochter zum etwas abseits gelegenen Heiligtum der Venus Cloacina, der Göttin der Reinheit. Dort entreißt der Waffenlose einem Fleischer das Messer und durchbohrt damit die Brust seiner Tochter: »Mit dem einzigen Mittel, dessen ich mächtig bin, rette ich Dich, meine Tochter, in die Freiheit. … Dich, Appius, und dein Haupt, verfluche ich bei diesem Blute« (Livius, *Römische Geschichte*, III, 48,6).

Verginia, vom Vater erstochen, um nicht vom Decemvir durchbohrt zu werden, wird nicht Leibeigentum zur sexuellen Nutzung. Das von Vaterhand geführte Schlachtmesser bewahrt ihre Reinheit und ihre Freiheit. Ihr Opfer führt einen Herrschaftswechsel herbei: Claudius Appius, der Herrscher, der sich so wenig beherrscht, dass er sich gegen die eigenen Kinder und Frauen wie ein siegreicher Feind benimmt, wird entmachtet, Rom von der Willkürherrschaft befreit (Fögen).

etto

Sex und Politik gehen in dieser Geschichte Hand in Hand. Die Decemvirn werden vertrieben, die Republik wird im Jahre 449 v. Chr. wiederhergestellt. Politik, zeigt diese Erzählung, gründet in Geschlechterpolitik. Wie davor die Geschichte der Lucretia bindet sie einen politischen Umsturz an Geschlechterpolitik; die Tyrannei wird in beiden Fällen durch einen Übergriff in die *patria potestas* markiert. Im ersten Fall vergewaltigt der Herrscher eine Ehefrau, im zweiten Fall will der Herrscher eine Tochter und Braut vergewaltigen. Durch falsches, verheerendes, gewalttätiges Lieben werden die Herrschenden zu illegitimen Tyrannen. Über den Leichen der Frauen kommt es zum Regimewechsel. Beide Geschichten, von den Historikern ins Reich des Märchens verwiesen, bleiben durch ihre Beliebtheit in der Literatur und Malerei Gemeingut. Sie entfalten ihr politisches Potential neu.

Eine der glänzendsten Kulturleistungen des mittelalterlichen Europas war die Ausbildung einer Liebeskunst. Nur wer höfisch lieben konnte, konnte herrschen. Das Prestige der Leidenschaften war gar nicht zu überschätzen. Die Renaissancehöfe im Allgemeinen, der Hof von François I. im Besonderen, galten als Gesellschaften, in denen die Liebe, losgelöst von Ehe und patriarchalischer Familie, einen unwiderstehlichen Glanz entfaltete. Nicht Macht über andere auszuüben, sondern sich der Macht der Liebe freiwillig zu unterwerfen, war schönster Ausdruck der Souveränität. Die freie, nicht an die Institution der Ehe gebundene Liebe führte zur hohen Kunst der Galanterie. Der Herrscher hatte sich in dieser Kunst wie in allen anderen Künsten hervorzutun und das strahlende Schauspiel eines großen Liebhabers, eines wahrhaft schön liebenden Mannes zu geben. Nie hat ein Volk, schrieb Jules Michelet, das Lieben ihrer Könige so geliebt wie die Franzosen. Eine der glamourösesten Liebesgeschichten der französischen Monarchie war die Beziehung zwischen François I. und Diane de Poitiers. Hugo bürstet diese Liebesbeziehung in *Le roi s'amuse* gegen den Strich. Ausgerechnet den Ritterkönig François I., den am schönsten liebenden aller liebenden Könige, dessen Hof als glänzendes Zentrum des Kontinents galt, stellt Hugo als einen ausschließlich von seiner Lust beherrschten, übergriffigen, tyrannischen Herrscher dar. Ohne jede Höflichkeit, versteht er sich nicht auf die edle Kunst des schönen Liebens; in unerträglicher Gleichmacherei ist ihm die eine wie die andere. Rücksichtslos greift er in die *patria potestas* über. Hugo führt den römisch-republikanischen Plot gegen die hohe Kunst der höfischen Liebe.

Damit steht er in einer, im 18. Jahrhundert wieder aufblühenden, republikanisch-patriarchalen Tradition, die die Monarchien als Weiberherrschaft diffamierte. Mit der alle beherrschenden Liebe herrscht in den Monarchien, meinte schon Montesquieu, uneingeschränkt das schöne Geschlecht, salische Erbfolge hin oder her. Die galanten, ritterlichen Monarchien sind daher manchmal als Frauenherrschaft gepriesen, meistens aber als eine solche kritisiert worden. Der politische Kampf um die Republik war von vornherein ein Kampf um das richtige Lieben. Inbegriff des falschen, tyrannischen Liebens – und damit illegitime Herrschaftssysteme – wurden den Republikanern die Monarchien.

Das bürgerliche 18. und das republikanische 19. Jahrhundert schickten sich an, im Namen einer weiblich-bürgerlichen Moral das Prestige der Leidenschaften als männlich-aristokratischen Machtmissbrauch zu brandmarken. Auffallend ist die Wende in der Beurteilung der französischen Monarchie, welche die französische Intelligenz von Michelet bis Hugo in der Julimonarchie vollzog. Die höfische Liebe wurde als hohles Wortgeklingel abgestempelt, in der sich, um es mit *Emilia Galotti* zu sagen, alles wie nichts, nichts wie alles anhört. Die hohe Kunst der Leidenschaft mutierte zu Vergewaltigung und Ehebruch. Geliebt zu werden, die Geliebte des Königs zu sein, galt nicht mehr als Privileg, sondern als entehrende Schande. Sprachrohr dieser Moral ist in Hugos Stück der Vater der Diane de Poitiers, Saint-Vallier, bei Verdi der Graf Monterone, dessen Tochter vom Herrscher verführt wurde. Sex wurde wieder an die Ehe gebunden und Frauenverehrung umgedeutet zur nahezu krankhaften, letzten Endes frauenverachtenden, unbeherrschten Untreue. Seiner eigenen Lust unterworfen zu sein, in die patriarchalischen Rechte der anderen Männer einzugreifen und die Selbstbestimmung der Frauen zu missachten, war schon bei den Römern Kennzeichen der Tyrannei. Um sich gegen diese Tyrannen zur Wehr zu setzen, sollte ein neuer Bund der Väter, Ehemänner und Brüder die Sache aller, *res publica*, vertreten.

Die großen bürgerlichen Heldinnen, die ihren Namen tausendfach verkauften Romanen und den großen Bühnenschlagern gaben, sind Frauen, die den raffiniertesten Verführungskünsten eines aristokratischen Wüstlings trotzen. Am stärksten ausgeprägt sind sie in der protestantisch-puritanischen Literatur. Die bürgerliche Clarissa Samuel Richardsons erweist sich als ganz jungfräulich und immun gegen alle Sinneslust. Ihren vergewaltigten Körper, den der adelige Libertin vergeblich in lieblosen Liebesstricken – Lovelace – zu Fall zu bringen suchte, lässt sie sterben. Jungfräulicher als die Jungfrau Maria selbst wird Clarissa zur ersten puritanischen Heiligen. Samuel Richardsons Zimmermädchen Pamela gibt den Nachstellungen ihres Dienstherrn über viele hundert Seiten nicht nach. Schließlich willigt er in die Ehe ein; ihre Tugend hat sich ausgezahlt. Pamela bekehrt den adeligen Verführer zum treuliebenden Gatten. Lessings Emilia Galotti lässt sich von ihrem Vater erstechen, um dem Herzog in seinem Lustreich nicht zu verfallen.

Verdis *Rigoletto* steht in dieser Tradition; gleichzeitig deutet er sie radikal um. Am augenfälligsten wird die Umdeutung bereits im Titel der Oper: Er lautet nicht analog zu den puritanischen Romanen *Pamela* oder *Clarissa Gilda*, sondern *Rigoletto*. Verdi und Piave bringen das tragische Scheitern der Väter und Ehemänner auf die Bühne; auf sie fällt der Schatten der Tyrannei. Getrieben von bestialischer Rachelust, gebärden sie sich so erbarmungs- wie mitleidslos. Vergeblich bittet Gilda um Barmherzigkeit mit ihrem

Vergewaltiger; ihr Vater schreit ihr immer nur das Wort »Rache« entgegen. Weil Rigoletto seinen Rachegelüsten, seiner »gioia feroce«, seiner »grimmigen Freude« (II,8:72), freien Lauf lässt, wird am Ende durch das von ihm gedungene Messer nicht der Tyrann, sondern seine eigene Tochter erstochen: Gilda lässt sich anstelle des Ducas ermorden, der so verschont bleibt. Weder ein tugendhafter Bund von Ehemännern und Vätern, der die Sache aller, *res publica*, verteidigt und sich gegen das Unrecht der Tyrannei stemmt, noch die tugendhafte Selbstbehauptung der Frauen, wie sie die puritanisch-protestantische Tradition beherrscht, ist die Gegenkraft zu allem tyrannisch Übergriffigen im *Rigoletto*, sondern die alles verzeihende Liebe. Nicht die ausschließlich in sexuellen Termini verstandene weibliche Tugend, die immer nein sagt, sondern die heroische Kraft der Liebe, die immer ja sagt und sich bis zum Selbstopfer steigert, ist das romantische Ideal.

Gildas Liebe ohnegleichen, in die sich ihre Verführbarkeit und ihre blinde Gläubigkeit an die Liebe des Duca verwandelt, kommt geradewegs aus dem ersten Korintherbrief des Paulus. Sie übersteigt alle selbstsüchtige Leidenschaft und lässt die erotische Eifersucht der höfischen Liebe, die sinnliche Raserei der antiken Liebe hinter sich. Sie lässt aber auch alles Rachebegehren der Väter hinter sich, die sich in eben diesem Begehren als tyrannisch zu erkennen geben. Sie überschreitet liebend das so alttestamentarische wie republikanische Gesetz, das, Auge um Auge, Zahn um Zahn, für »Entehrung« »Rache« will. Gildas Liebe ist eine Liebe, die das Ihre nicht sucht und sich nicht verbittern lässt. Sie rechnet das Böse nicht zu: Sie glaubt alles, sie hofft alles, sie erträgt alles, sie duldet alles. Durch den Liebesverrat und -betrug des Herzogs wird diese Liebe nicht geschmälert, sondern sublim. Selbstlos opfert Gilda das eigene Leben für das des Herrschers, über dessen bodenlose Nichtswürdigkeit sie völlig im Bilde ist. Mit diesem Selbstopfer überbietet sie noch die Liebe ihrer Mutter, die ihren Vater – verächtlich, hässlich – aus Mitleid, wie der dankbare Vater sagt, geliebt hatte. Gilda erteilt dem Rachebegehren der Väter eine Lektion; eine solche Liebe könnte keine Republik, wohl aber einen neuen Liebesbund begründen.

Verkehrung der Ständeklausel

Rigoletto ist die Geschichte eines Hofnarren, der den erotischen Launen seines Herzogs zu Diensten ist. Dem buckligen, hässlichen Rigoletto steht ein junger Herrscher gegenüber: schön, immer heiter, reich und mächtig. Beide eint jedoch eine chiastisch verschränkte Monstrosität. Der Spötter verkörpert die Monstrosität seines Herrschers. Überkreuz stehen hier Äußeres und Inneres. Das verkrüppelte Äußere des Hofnarren verbirgt ein reiches, liebendes Innenleben: »ich finde es gerade wunderschön, diese Persönlichkeit äußerlich missgestaltet und lächerlich darzustellen und innerlich leidenschaftlich und liebevoll«, schrieb Verdi. Der schöne junge Herzog dagegen ist nicht nur oberflächlich flatterhaft, sondern im Verächtlichmachen von allem und jedem ein alles Seiende verneinender, böser, hässlicher Mensch. Schön wie Apoll ist er ein Monster. Als sich der Herzog gegenüber Maddalena zwischen Huren und Mördern, deren Infamie er in den Schatten stellt, lachend als Monster outet: »un mostro son« (III,3:80), hat er Recht, ohne zu wissen, was er sagt. Zur Selbsterkenntnis und damit zur Umkehr ist er unfähig. Alles Menschliche ist und bleibt ihm fremd.

Nirgendwo, meint Christopher H. Gibbs, sei Verdis Ironie so schneidend wie im *Rigoletto*. Zielscheibe dieser Ironie sei der Duca. Denn die Stimme des Tenors, die Stimmlage der romantischen Liebe, werde hier auch durch den schlagerverdächtigen, trällernden Dreivierteltakt in ihr Gegenteil verkehrt. Nicht die stimmgewaltig beteuerte Liebe für das schöne Geschlecht, sondern vielmehr gleichgültige Verachtung habe der Duca für die Frauen.

Verdis Ironie entwickelt sich auf der Folie der Tragödienstruktur. Die Tragödie fordert Personen von Stand, edle Personen. Nur sie haben die für den tragischen Umschlag nötige Fallhöhe: von ganz oben nach ganz unten. Hugos König, Verdis Duca haben gerade das nicht: Fallhöhe. Nichts Edles, Hohes ist an dem Duca. Wie ein grausames Kind weiß er nicht, was er Anderen antut; er hat keinen blassen Schimmer was Mitleid, was Liebe ist. Er hat keine Ahnung, in welchem Stück er sich befindet. Noch die Dirnen, die gefallenen Mädchen und die Auftragsmörder, mit denen er sich gemein macht, stehen nicht so tief wie er. Als Schmierenkomödiant gibt der Herzog bis zum Abwinken die Rolle des großen Liebenden; de facto amüsiert er sich ohne Rücksicht auf Verluste auf Kosten seiner Landeskinder. Dieses Amüsement hat nichts unschuldig leichtlebiges, sondern ist für seine Opfer todernste Schändung. Zur Selbsterkenntnis und damit zur Umkehr ist der Duca unfähig. Die moralische Niedrigkeit, die er von Anfang an zeigt, macht einen Fall unmöglich. Mit so viel abgründiger Verachtung ist einem Heldentenor kaum je begegnet worden, so ironisch werden Charaktere selten vorgeführt, eine vernichtendere Kritik der Herrschaft kann man sich schwer vorstellen. Furcht und Mitleid, die beiden Affekte, die die Tragödie nach Aristoteles bei den Zuschauern auslösen soll, können wir für den einfach nur verächtlichen Duca nicht empfinden. »Il duca è un carattere nullo«; »Der Herzog ist eine Null«, schrieb Verdi am 14. Dezember 1850 (Cesari;Luzio:110).

Verdis grotesk-sublimer Charakter ist der Hofnarr, der der Oper den Namen gibt. Im Buffone, dem verzerrenden Doppel des Herrschers, werden Herrscher und Ständeklausel, oben und unten, verkehrt. Zur Selbsterkenntnis kann Rigoletto, der ganz unten Stehende, sich erheben. Er erkennt seine eigene, alle vernichtende Unmenschlichkeit; aber zur Vergebung kann er sich nicht durchringen. Sein Verhängnis liegt darin, dass er in der – verkehrten – Dynamik der Tragödie bleibt. Der Unterste von allen will in seiner Rache durch die demütigende Erniedrigung der Mächtigen triumphieren. Er, ein Nichts, tritt das Haupt des Staates, den Duca, mit Füßen. Rigoletto schwingt sich zum Richter, ja zum Weltenrichter auf. Er beansprucht, Recht und Gerechtigkeit zu üben. Als Weltenrichter maßt er sich eine göttliche, als oberster Richter eine königliche Rolle an: Sein Mordopfer heiße Verbrechen (»Delitto«), er selbst sei die Strafe (»Punizion«, III,4:86). Wie einen Hund will er den Herzog behandeln. In einer Absteige will Rigoletto den Herzog erstechen lassen, kein Begräbnis, kein Leichenhemd soll er bekommen; im Sack will der Narr ihn in den dreckigen Fluss vor den Toren der Stadt werfen – kurzum infam. Den Buckligen, der statt des gemeuchelten Duca seine wunderschöne, engelsgleiche Tochter erdolcht im Sack entdecken muss, trifft das ganze Ausmaß des menschenmöglichen Unglücks mit voller Wucht.

Der Herzog hingegen ist ein an Schalheit nicht zu unterbietender Charakter. Frauen umschwirrt der Duca wie eine Motte das Licht. Einem Schmetterling gleich taumelt er flatterhaft von Blüte zu Blüte. Im Kopf hat er nicht das Wohl seiner Untertanen, sondern einzig sein Amüsement. Unumschränkt herrscht in seinem Reich die Lust: »la reggia del piacer« (I,5:20). Ein Glas Wein weiß er ebenso zu genießen wie eine schöne Frau, die ihm eine wie die andere ist. Ob Großherzogin, Bürgerin oder Zigeunerin: Allen begegnet er auf gleiche Weise aufgeschlossen, ausnahmslos will er sie ins Bett kriegen. Vergleicht man den Duca mit Don Giovanni, dem berühmtesten Verführer der Musikgeschichte, so geht ihm das zwanghaft Getriebene, das fast verzweifelte Aufbegehren gegen die die Frauen schützende Autorität eines menschlichen oder göttlichen Patriarchats ab. Das macht den Duca gleichwohl nicht zu einem »Bruder Leichtfuß« oder gar zu einer »unpolitischen Figur« (Voss:440). Sex und Mord werden sowohl in *Don Giovanni* als auch im *Rigoletto* durchgängig enggeführt.

Schon die erste große Arie »Questa o quella«, mit der der Herzog eingeführt wird, lässt nichts Gutes ahnen. Sie ist ein Schlag ins Gesicht höfischer Liebeskunst, die fraglose, bedingungslose Unterwerfung unter die Liebe und die Liebesherrin als erstes und oberstes Gebot verlangt. Bereits hier verhandelt der Herrscher die Liebe in einer eigentümlichen Verzerrung des republikanischen Diskurses in Termini der Herrschaft, Tyrannei und Freiheit:

La costanza, tiranna del core, *Detestiamo qual morbo crudele,* *Sol chi vuole si serbi fedele;* *Non v'ha amor, se non v'è libertà.*	*Die Treue, Tyrannin des Herzens,* *verabscheuen wir wie eine grausame Krankheit,* *nur wer will, soll treu bleiben;* *es gibt keine Liebe ohne Freiheit.* (I,1:12 f.)

Die Liebe will der Herrscher nicht über sein Herz herrschen lassen: »del mio core l'impero non cedo« (I,1:12); sich der Liebe zu unterwerfen, erschiene ihm als Tyrannei. Fesseln lässt er sich nicht in ihren süßen Banden; unberührt stolz bewahrt er einen kühlen Kopf und die Freiheit seines Herzens. Souverän will der Souverän da bleiben, wo es einzig darum ginge, sich souverän zu unterwerfen. Knapper hätte man das höfische Liebesideal nicht pervertieren können. Die Bühne betritt er als leicht entflammbarer Verführer, der gleich zwei Liebesintrigen verfolgt. Grundsätzlich begehrt er die Frauen der Anderen: Zu seiner bürgerlichen Flamme geht, weiß er, jede Nacht ein Mann; die Gräfin, deren Schönheit alle Anderen überstrahlt, ist selbstverständlich verheiratet. Ehemänner, Brüder und Väter – kurz alle Familienmänner – sind ihm nichts als lästige Störfälle. Sollten sie sich nicht als Kuppler entpuppen, gilt es, sie aus dem Weg der Lust zu räumen.

Verdis Musik bringt es auf den Punkt: Die höfische Tändelei des Menuetts wird bedrohlich unterlegt. »Die Werbung des Herzogs um die Gräfin Ceprano findet zwar in der scheinbar züchtigen Zopfigkeit des von einem zweiten, aus Streichern bestehenden

Bühnenorchesters begleitenden Menuetts statt, dem sich in derselben Formation eine Périgourdine (ebenfalls im Dreiermetrum) anschließt« (Schreiber:609). Kontrastiv folgt auf die dunklen c-Moll-Klänge im Vorspiel »die flache, in ihrer Nähe zum zeitgenössischen Galopp schmerzhaft banale Musik« (Schreiber:608). Diese »Doppelsträngigkeit des musikalischen Ablaufs« (Schreiber:608) wird durch ein musikalisches Zitat aus Mozarts *Don Giovanni* verkompliziert. Das ganz die höfische Form wahrende Menuett spielt »unüberhörbar auf jenes im Finale des 1. Aktes von Mozarts *Don Giovanni* an, [als Don Giovanni] versucht, sich hinter der Szene Zerlinas mit Gewalt zu bemächtigen« (Voss:440).

Der »züchtigen Zopfigkeit« des Menuetts wird durch das *Don Giovanni*-Zitat die gewalttätig dämonische Zerstörungskraft unterlegt; das Zitat fördert so in der Parallelisierung der beiden Verführer den Terror hinter der scheinbar harmlosen Galanterie zu Tage. Das Zitat setzt nicht etwa den Herzog als bloß »harmlosen Schwerenöter« (Voss:440) von Don Giovanni ab; vielmehr parallelisiert es Herzog und Don Giovanni. Das Menuett geht in die moderne Zügellosigkeit des Galopps und der jagenden Walzer-Stretta über. Tatsächlich wird die höfische Tändelei, das scheinbar so Gefasste, auf der Bühne aufgeführt. Das Opernorchester davor weiß es besser und entstellt den höfischen Tanz nach dem Fluch Monterones zum drohend jagenden Todestanz.

Unterminiert wird die Liebeständelei der höfisch glänzenden Festlust, »Tutto è gioia, tutto è festa«; »Alles ist Lust, alles ist ein Fest« (I,5:20), vom schweren, dunklen c-Moll »als auratisierte Schicksalstonart, in der Monterone erscheint« (Schreiber:603). Monterone verflucht diesen Hof, seinen Herrscher und Hofnarren. Dieser Hof – weiß die gegenstrebig gefügte Musik – ist eben nicht das »reggia del piacer« (I,5:20), das Reich des heiteren Vergnügens, sondern des dunklen Terrors. Was in musikalischer Hinsicht das c-Moll leistet, legt die Hofgesellschaft im Text nahe: Sie schaffen eine Verbindung zwischen dem Jenseits und Monterone. Nachdem der Vater den Herzog bezichtigt, seine Tochter geschändet und sein Adelsgeschlecht damit vernichtet zu haben, vermuten die vergnügungssüchtigen Höflinge, dass ein Höllengeist Monterone wohl den Weg zum Fest des Herzogs gezeigt habe (»Da un genio d'inferno qui fosti guidato«, I,6:24). Seine Drohung ähnelt der des als Geist wiedererscheinenden, richtenden Komtur, der den Groll des Himmels im Finale des zweiten Aktes mit seiner donnernden Bassstimme transportiert. Schließlich wird der Komtur Don Giovanni, der Reue und Umkehr im herausgeschleudert aufbegehrenden dreimaligen *No* von sich weist, in die ewige Verdammnis stoßen. Einen solchen dramatischen Höllensturz hat der flache Herzog gar nicht verdient – nie weiß er, was er tut, und kann also weder bereuen noch umkehren.

Sex und Mord

Es ist Rigoletto, der Sex und Mord explizit engführt. Er zieht dem Herzog den Schleier der Höfischkeit weg und zeigt ihm ungeschminkt seine brutale Hässlichkeit, seine menschenverachtende Tyrannei. »Entführ die Gräfin Ceprano doch«, rät er skrupellos, »wenn Dir danach so ist«: »Rapitela« (I,5:18). Rapire heißt auch vergewaltigen. »Kerkere den Ehemann, den Vater, der Dir im Weg ist, doch ein«; »schick ihn ins Exil«, oder besser: »lass ihn gleich köpfen«. Die »Liebe« ist Mittel der Vernichtung; Sex und Mord sind dasselbe – diese Wahrheit bringt der Hofnarr heraus. Rigoletto verscherzt es sich mit dem Herzog, in dessen Schutz er sich sicher wähnt. »Del duca un protetto nessun toccherà«; »Einen Schützling des Herzogs wird niemand anrühren« (I,5:20). Durch seinen überspitzten Witz fühlt sich der Herzog bloßgestellt; üble Folgen könne das nach sich ziehen: »Spingi lo scherzo all'estremo.

Quell'ira che sfidi, colpir ti potrà«; »Immer treibst du den Scherz zum Äußersten, der Zorn, den du herausforderst, könnte dich treffen« (I,5:20).

Rigoletto gibt die Männer, die die Schändung ihrer Töchter und Ehefrauen beklagen, dem Hohn des Hofes preis. Töten die einen mit dem Dolch, dann ersticht er mit seiner spitzen Zunge. Als skrupelloser Handlanger der unumschränkt-willkürlichen Allmacht des Herzogs verscherzt es sich Rigoletto, der bucklige, hässliche Hofnarr, im wahrsten Sinne des Wortes mit allen. Er, der alle lächerlich macht und ans Messer liefert, wird zum Spotte des Hofes. Wie ein Lauffeuer verbreitet sich die »große Neuigkeit« (I,4:17): Der Hofnarr hat, *incredibile ma vero*, eine Geliebte. Die Höflinge finden diese Verwandlung des Buckligen in einen Cupido, von einem Monster zu einem Liebesgott grotesk. Angeführt von Graf Ceprano verschwören sie sich gegen ihn, um sich zu rächen: »Vendetta del pazzo!« (I,5:20) Der Spieß soll umgedreht werden: So wie er immer dafür plädierte, dass der Herzog ihre Frauen verführt, so wollen sie jetzt seine Geliebte entführen, dem Herzog ins Bett liefern und Rigoletto als Gehörnten zum Spott des Hofes machen.

Prominentestes Opfer des Hofnarren ist der Graf Monterone, der den König anklagt, zwar sein Haupt geschont, seine Tochter aber geschändet und damit sein ganzes Geschlecht effektiver als durch seine Hinrichtung ruiniert zu haben. Monterone bringt so die Engführung von Sex und Mord auf den Punkt. Hässlich, »vile« (I,6:24), ist der Herzog, der den Hund, nämlich Rigoletto, auf den sterbenden Löwen, nämlich Monterone, hetzt. Wie der rächende, richtende Komtur des *Don Giovanni* droht auch Monterone, der den Groll des Himmels in seiner donnernden Stimme trägt, vom König hingerichtet von den Toten zurückzukommen, um vor Gott und den Menschen Rache für diese herzogliche Untat einzufordern.

Monterone, den abgeschlagenen Kopf unterm Arm, wird von heiligeren Assoziationen begleitet als der richtende Komtur Mozarts. Mit seinem Kopf unter dem Arm war auch der Stadtgründer von Paris, der Heilige Denis, von der Richtstätte bis zu dem Ort gelaufen, auf dem dann die Kathedrale Saint-Denis errichtet wurde. So will es die Legende. Von dem ihn nachäffenden Rigoletto in seinem Schmerz lächerlich gemacht, verflucht Monterone den Hofnarren. Mit der doppelten Verfluchung von Herzog und Narr endet der erste Akt. Es ist, singt der Chor, eine »ora fatale« (I,6:24) für Monterone, der am nächsten Morgen eingekerkert wird, um hingerichtet zu werden. Eine fatale Stunde wird es für Rigoletto werden, an dem sich der Fluch des Monterone aufs Schrecklichste erfüllen wird. Der Herzog selbst ist zu nichtig, als dass ihm die Stunde schlagen könnte. Trällernd wird er am Ende die Bühne verlassen, ein Lied auf den Lippen, weiter Unheil stiften, ohne auch nur zu ahnen, was gespielt wurde. Aber es wäre ihm auch egal.

Janusköpfe

Zweigesichtigkeit bestimmt *Rigoletto* und *Don Giovanni*. Auf der einen Seite haben wir die glänzende Champagnerarie und die unwiderstehlichen Verführungsarien des Don Giovanni, das galant tändelnde Hofleben, das von den süßesten Geigen untermalte, der Liebe im Dreivierteltakt gewidmete Frauenlob des Herzogs; auf der anderen Seite haben wir die bis zu Vergewaltigung und Mord gehende Getriebenheit Don Giovannis und die trällernde, de facto gefährlich tödliche Indifferenz des Herzogs, »Questa o quella« (I,1:12).

Die ironische Doppelstruktur zeichnet *Rigoletto* wie auch *Don Giovanni*: Beide Opern bringen einen Verführer auf die Bühne, der seine grundsätzliche Liebestäuschung so unermüdlich wiederholt wie offenbart. Der Herzog tut das selbst; Don Giovanni überlässt es seinem Diener Leporello, einem peniblen Buchhalter in Liebesdingen: »Ma in Ispagna son già mille e tre!« (I,5:34) In beiden Opern demaskiert sich der Verführer. Damit sind die großen Verführungsarien ironisch: Der Herzog/Don Giovanni singen von ewiger Liebe und der alle überstrahlenden Einzigartigkeit der Geliebten und beide meinen: eine wie die andere, alle völlig austauschbar. Alle Beschwörungen der großen, schicksalhaften Liebe, die wir vom Duca, von Don Giovanni hören, erkennt der Zuhörer als Pose, als täuschendes Theater, als Liebesbetrug. Wir, die Zuhörer wissen, was die zu verführenden Frauen nicht wissen: dass er die Liebe nur vorspielt, oder besser: vorsingt. Singt er von einzigartiger, sublimer Liebe, wissen wir – denn er hat es uns gesagt –, dass alle gleichgültig austauschbar sind. Aber erhören wir das auch? Nicht unbedingt.

Der Roman erreicht die Ironisierung durch die hohe Kunst der Montage. Am brillantesten ist das in Flauberts *Madame Bovary* in der großen Verführungsszene auf der Landwirtschaftsmesse gelungen. Unbeabsichtigt entlarvt der Preisredner der Messe die schicksalsbeschwörenden Liebesbeteuerungen Rodolphes von der Einzigartigkeit der Angebeteten als leere Versatzstücke, Phrasendreschen. Routiniert – erkennen wir – beschwört der Verführer die Einzigartigkeit der Liebe und die Schicksalhaftigkeit ihres Zusammentreffens. Das wirkt auf Emma, die diese Liebe erhört – uns hingegen, die Leser, lässt das völlig kalt. Wir erkennen Rodolphe sofort als abgebrühten Provinz-Don-Juan; durch den dazwischen montierten Text des Preisredners wird seine Liebesraspelei entlarvt. Systematisch untergräbt Flaubert die Verführungskraft des Wortes.

Don Giovannis Liebesarien, »Gib mir die Hand, mein Leben«, wirken, obwohl wir wissen, dass er Herz und Hand so besessen wie betrügerisch jeder anträgt. Die verratene Donna Anna erkennt an diesem Sound ihren Verführer, zu Tode erschrocken darüber, dass sie der Stimme in eben diesem Moment erneut verfallen ist. Sinnlich unmittelbar, trifft die Stimme, die Melodie, ins Herz. Dass es die Stimme des Mörders ihres Vaters ist, steigert das Entsetzen, mindert aber die sinnliche Überwältigung nicht. Mozarts große Liebesarien des Don Giovanni sind unwiderstehlich – ganz unabhängig davon, dass wir Zeugen der Selbstentlarvung werden und wissen, dass Don Giovanni nicht meint, was er singt. Die Musik untergräbt hier ihre Verführungskraft nicht durch Ironisierung; sie verführt. Naiv ist diese Musik: Wir erhören diese Liebe (Felman). Wie kein anderer erlag Kierkegaard, in seiner Ironie überwältigt, der Faszination dieser Oper.

Verdi ist Flaubert näher; auch er ist ein Meister der ironischen Struktur. So gibt es keine Liebesarie des Herzogs in *Rigoletto*, die unmittelbar zu Herzen geht. Mit Schiller könnte man sagen, dass Verdi sentimentalische Musik komponiert. Abgründig distanziert die Musik sich von dem, was der Text als eine bloße Masche vorführt. Von »little pop tunes« des Herzogs hat man gesprochen (Gibbs), von der überwältigenden Trivialität des Um-ta-ta eines Dreierrhythmus (Schreiber). Durch die Engführung mehrerer widerstrebender Stimmen wird die Abgedroschenheit und die Maschenhaftigkeit der Verführung ausgestellt. Verdis Musik verführt nicht, sie entlarvt den »ganzen süßen Kitsch der Liebe«, wie Kurt Boys später sagen würde. Verdi führt die Verführungskraft der Stimme des Tenors vor; sie ist wie ein Rausch, dem zuerst der Sänger selbst, dann berauscht die Frauen verfallen. Er liebt mich und ich liebe ihn, sagt Maddalena; ich werde ihn immer lieben, sagt Gilda. Uns wird diese Wirkung vorgeführt; unmittelbar kann sie nicht mehr verführen.

Der eingängigste Hit des *Rigoletto* ist allerdings weder ein hinreißendes Liebeslied noch ein zu Herzen gehendes Liebesduett, sondern ausgerechnet die Kanzone »La donna è mobile« – eine Frauenschmähung. Verdi hatte ein Gespür für deren Popularität und studierte sie mit dem Tenor privat kurz vor der Uraufführung ein, um einem Bekanntwerden vor der Premiere vorzubeugen. Die

Sorge, dass die Spatzen es in Windeseile von den Dächern pfeifen könnten, war in copyrightfreien Zeiten nicht unberechtigt. Dieser verleumderische Song von der Unbeständigkeit der Frauen lässt den Herzog mit einem virtuosen hohen C stimmlich glänzen und reißt das Publikum zu Begeisterungsstürmen hin. Gerne wird es auf – unglaublich, aber wahr – Hochzeiten gespielt. Ob Erfolg immer unerhörte Ironie ist?

Unter falschem Namen: Ironie des Schicksals

Gildas Entführung und ihre Ermordung ereignen sich zur Nachtzeit. Düster grundiert werden beide Szenen mit dem c-Moll der Verfluchung und einem totenglockenähnlichen Ton. Das unheimliche, dunkle Vorspiel der Oper hatte diesen Ton gesetzt. Die von Blitzen durchzuckte, vom Donner durchgrollte Todesnacht Gildas wird vom c-Moll des Fluches durchschossen. Die Zeit drängt zum Mord, um Mitternacht soll Rigoletto die Leiche bekommen; der Glockenschlag wird zur Todesglocke.

Die Szene der Entführung ist ein Bild über Blindheit und Einsicht, über Erkennen und tragisches Verkennen. Es ist vielleicht die Szene, die Hugos Poetik von der Verwandlung des Grotesken ins Sublime am treffendsten umsetzt. In seiner schonungslosen Selbsterkenntnis wird der groteske Rigoletto sublim. Die Tränen, Ausweis der Menschlichkeit, die er nicht weinen kann, weinen wir für ihn. Zentrum der Szene, in deren Mittelpunkt die Täuschung und Enttäuschung des Rigoletto steht, ist der Fluch des Monterone. Die Angst vor diesem Fluch leitet die Szene ein; am Ende erkennt Rigoletto, sich die Binde von den Augen reißend, die ihm unter dem Vorwand der Maskierung umgebunden worden ist und auf seine doppelte Verblendung weist, das Wahrwerden des Fluches.

Die Hofmänner, die sich an Rigoletto rächen wollen, halten Gilda nicht für die Tochter, sondern für die Maitresse des Hofnarren – und sind also blind für das, was sie Rigoletto antun. Sie beschließen, Gilda zu entführen, um sie dem Herzog ins Bett zu legen. Rigoletto würde so angetan, was er den Anderen immer antut: Er würde zum Gespött des ganzen Hofes. Rigoletto, dem man vorgemacht hat, bei der Entführung der Gräfin Ceprano mitzuhelfen und der damit kein Problem hat, hält bei der Entführung seiner eigenen Tochter blind und taub die Leiter. Vergewaltigt, entehrt wird Gilda wie die Tochter des Monterone vom Herzog. Zum überbietenden Spiegelbild Monterones wird Rigoletto in dieser Szene gemacht. Wie er den alten Grafen vor dem ganzen Hof verhöhnt hat, so wird Rigoletto vom ganzen Hof verhöhnt werden – als beraubter Vater. Er, der sich immer über alle lustig macht, soll zur Belustigung aller auf der Bühne stehen. Nicht mehr auslachen, nicht mehr verspotten soll er, sondern selbst ausgelacht, verspottet werden.

In der düsteren Nacht, einer Nacht der Verkennung und Verblendung, verwechseln alle alles und jeden; man spielt unter falschem Namen, bleibt namenlos, wird getäuscht, täuscht. Die »via cieca« (I,7:24), in der das Haus des Narren steht, die »blinde Straße« weist den Weg in die Blindheit des Verkennens. In der Auswechselung des einen Mordopfers durch das andere – Gilda statt des Herzogs – in einer anderen bedrohlich düsteren Gewitternacht erfüllt sich am Ende schrecklich dieses grauenhafte Quidproquo in der Tonart c-Moll, das mit dem Fluch die ganze Oper bedrohlich leitmotivisch durchzieht.

Auf dem Weg nach Hause zu Gilda in eben dieser Dunkelheit der »via cieca«, der »blinden« Gasse, Sackgasse, trifft Rigoletto auf einen Mann, den er für einen Bettler hält. Und dann für einen Dieb. Der hinwiederum sieht in Rigoletto nicht den Vater, sondern den Geliebten Gildas. Er bietet sich Rigoletto, von dem er fälschlicherweise glaubt, er habe bei seiner Maitresse Nebenbuhler, als Mörder für Geld an: Er sei ein zwar teurer, aber sicherer, verschwiegener Mörder. Nachdem die Geschäftsbedingungen geklärt sind, erklärt der Mann mit dem falsch sprechenden Namen Sparafucile seinen Modus Operandi. Denn nicht, wie sein Name sagt, mit dem Gewehr schießt er laut, sondern mit dem unter seinem Mantel versteckten Dolch mordet er heimlich und leise. Seine schöne Schwester Maddalena dient ihm tanzend als Lockvogel. Die Männer wollen Sex und kriegen einen Dolchstoß. Statt kleinem den großen Tod. Quid pro quo. Die Engführung von Sex und Mord spricht Sparafucile im Klartext aus.

Für einen ihn versuchenden Dämonen hält Rigoletto Sparafucile mit dem im Italienischen sprechenden Namen. Rigoletto hinwiederum hält dies für einen ausländischen Namen: Und tatsächlich, Sparafucile gibt an, Burgunder zu sein. Das geht zwar aus seinem Namen nicht hervor, verweist aber auf einen anderen falschen, nicht weniger sprechenden Namen: Als Gualtier Maldè, als armen Studenten, gibt sich der Herzog bei Gilda aus. Das ist die Übertragung von Hugos Gaucher Mahiet; frei übersetzt: mit böser Absicht link, verfälschend. In seinem falschen, erfundenen Namen sagt der Herzog die Wahrheit über sich.

In Sparafucile, dem verworfenen Verbrecher, erkennt Rigoletto sich selbst in der herzzerreißenden Arie »Pari siamo« (I,8:30). Der dingbare Mörder ist sein Doppel. Sparafucile tut buchstäblich, was Rigoletto – natürlich auch ein sprechender Name: verlachen, verhöhnen, verspotten – metaphorisch tut. Beide bringen um: der eine beißend mit scharfer, spitzer Zunge, der andere mit dem Dolch. Der Herzog schließlich begeht Seelenmord durch die Zunge – das Singen der großen Liebe – und Geschlecht, die Vergewaltigung. Zunge, Dolch und männliches Geschlecht sind, metaphorisch ineinander überführt, zu Instrumenten des Mordens geworden.

Rigoletto erkennt sich als verzerrtes Spiegelbild seines Herrn, des Herzogs. Er selbst, monströs hässlich, verformt, ohnmächtig, verächtlich, sieht sich verdammt, seinem Herrn, jung, mächtig, spielerisch, schön, in dessen mörderischen Absichten zu Diensten zu sein: Noch im Halbschlaf hat der Herzog nichts anderes im Sinn, als andere zu verhöhnen. So muss der Hofnarr auf seinen Befehl mit beißendem Spott andere fertig machen – wie ein Hund, den man auf Beute hetzt. Alle zum Narren zu halten, einen Narren zu halten, daran erfreut sich sein Herr.

Alles Menschliche ist Rigoletto fremd: Er kennt, von den Anderen verspottet und verlacht, nicht, was den Menschen zum Menschen macht: Tränen. Weinen, mitleiden, mitfühlen kann er nicht. Es denen, die ihn verhöhnen, mit beißendem Spott heimzuzahlen, ist seine einzige Freude. Uns treibt diese Selbsterkenntnis, die sublime Einsicht in die eigene Unmenschlichkeit, die ihn im emphatischen Sinne menschlich macht, die Tränen in die Augen. Rigolettos klarsichtige Selbstanalyse mündet in völlige Verblendung: Der Fluch des Monterone, der sich gerade an ihm erfüllt, tut er zu seiner eigenen Beruhigung als »follia«, »Unsinn« (I,8:30) ab. Im Trostlosen wird er das Schicksal Monterones überbieten.

Zu einem anderen Menschen, kurz zu einem Menschen, wird Rigoletto nur bei seiner Tochter: ein Vater. Aber selbst seinem Kind offenbart er weder seinen Namen noch seinen verächtlichen Beruf. Rigoletto, im Dienste eines Herrschers, der Verführer, nie Ehemann, Vater, Landesvater ist, ist im Privatleben ausschließlich und leidenschaftlich ganz und nur Vater. Als Witwer ist seine Tochter Gilda sein Ein und Alles: Religion, Familie und Heimat, »culto, famiglia, patria« (I,9:34).

Die düster verfinsterte Szene wird vom hellstrahlenden Sopran Gildas, der sich mühelos emporschwingt, erhellt – tatsächlich der einzige Lichtblick. Schon stimmlich kommt Gilda im Zeichen des Himmels; ihre Tessitur hebt sie – und uns mit ihr – über den die Szene bedrohlich grundierenden Cantus firmus. Ihr von Holzbläsern unterlegter Sopran entrückt uns für einen Moment aller irdisch düsteren Schwere.

An die Stelle des Liebesduetts treten in Verdis Oper Duette zwischen Vater und Tochter. In diesen Duetten zeigt sich Rigoletto als tyrannischer Vater, der seine Tochter einsperrt, weil er *ihre* Jungfräulichkeit ganz verdinglicht als *seine* Ehrensache behandelt. Herrisch benimmt er sich ihr gegenüber wie ein Kerkerwärter. Als Vater wird er hinterrücks zum monströsen Doppel des tyrannischen Herrschers. Sorgfältig versucht Rigoletto die engelsgleiche, jeden bezaubernde Schönheit Gildas vor den Augen der Welt und vor allem vor denen des Herrschers zu verbergen. Jungfräulich in jeder Hinsicht lebt Gilda, von ihrem Vater eingesperrt, in einem *hortus conclusus* wie die Nonne im Kloster. Hugo verstärkt den Aspekt der unbefleckten Jungfräulichkeit; die Tochter des Hofnarren heißt bei ihm Blanche.

Von Welt und Liebe weiß diese Tochter nichts. Das Haus verlässt sie nur, um in die Kirche zu gehen – der Ort, wo alle großen, meistens fatalen Leidenschaften beginnen. Dort begegnet Gilda *incognita* dem Herzog *incognito*. Das Bürgermädchen – »mia bella incognita borghese« (I,1:10) – ist auf den Herrscher getroffen, und das republikanische Drama entspinnt sich – aber mit einem Webfehler. Im Herrscher, den sie für einen armen Studenten hält, erfährt Gilda die Liebe als eine Himmelsmacht, von der der Herzog nur singt. Anders als die puritanischen Heldinnen liebt sie den, durch den sie die Liebe kennengelernt hat. Vom ersten Moment an gibt sie sich dieser Liebe ganz hin. Auch ihre Mutter hatte Rigoletto, hässlich wie er war, nicht um seiner Stärke willen, sondern trotz seiner Schwäche geliebt. In der Liebe sucht Gilda nicht das Ihre. In ihrem großen Liebesgeständnis wird ihr der Unbekannte zum – falschen, täuschenden – Namen der Liebe selbst. Ihre Liebestäuschung erkennt sie hier noch nicht.

Völlig täuscht sich Rigoletto auch in Giovanna, der Zofe Gildas, der er vertraut. Der Vater legt der Zofe seine Tochter als »fiore immacolato«, über die Giovanna wachen und unbefleckt dem Vater zurückgeben soll, ans Herz. Aber die käufliche Giovanna gibt Gilda für Gold preis. Vom Herzog bestochen, steckt sie mit ihm, der offensichtlich reich und mächtig ist, unter einer Decke. Tatsächlich ist Giovanna eine Kupplerin, die die Verliebtheit der Gilda mit allen Mitteln befördert. Sie bestärkt Gilda auch darin, diese Liebe vor ihrem Vater geheim zu halten. Gilda schließlich belügt ihren Vater; nie sei ihr jemand auf dem Nachhauseweg von der Kirche gefolgt. Während Rigoletto, wahnsinnig vor Angst, nach Entführern suchend auf die Straße geht, schlüpft der Verführer hinter seinem Rücken unbemerkt durch die von ihm geöffnete Tür ins Haus. Einmal mehr wird Rigoletto in dieser Nacht tatsächlich hintergangen: Er selbst lässt die Räuber ein.

Der Herzog kommt wie gerufen; die Worte nimmt er Gilda aus dem Mund. »E l'alma in estasi gli dice t'a ...«; »Und die Seele im Taumel der Leidenschaft sagt ihm, ich lie ...«; in diesem Moment stürzt der Herzog aus seinem Versteck, winkt Giovanna in die Kulisse, wirft sich auf die Knie und nimmt das Liebesgeständnis der Gilda auf: »T'amo!«; »Ich liebe dich!« (I,12:42) Der Herzog, nicht schwer von Begriff, hat seine Lektion gelernt: Nicht um irdische Macht und Reichtum, sondern um himmlische Liebe ist es Gilda zu tun. Ins Himmlische steigt Gilda, die sich im Liebesduett »in Dezimen über den Herzog schwingt«, im »stratosphärischen Höhenflug« (Schreiber:601) auf. Ein ewiges Band bindet sie und bringt sie den Engeln näher:

Una pur avvene – sola, divina, *È amor che agli angeli – più ne avvicina!*	*Nur eines ist einzig und göttlich:* *die Liebe, die uns an die Engel heranreichen lässt!* (I,12:42 f.)

Sie wird ihm zur »donna celeste«, »himmlischen Frau«; sein Herz wird nur für sie schlagen, »sol tu sarai per me«; ewige Treue versichert er ihr: »vivrà immutabile l'affetto mio per te«; »unveränderlich soll meine Liebe zu Dir lebendig bleiben« (I,12:46). Dem falschen, schnell nach ihren Erwartungen ausgedachten Namen, der ihn doch richtig benennt, gilt die Liebe Gildas. Gilda, das weiß der Herzog jetzt, ist nicht die Geliebte, sondern die Tochter seines Hofnarren. Seine Verführung ändert damit grundsätzlich ihren Charakter: Sie gilt nicht einem leichten Mädchen, sondern einer unschuldigen Tochter. Nicht einen Liebhaber, sondern einen Vater trifft sie. Dem Herzog in seiner blinden Blödigkeit ist das Jacke wie Hose.

Der ätherische Klang von Gildas Arie »Caro nome« (I,13:46) entrückt diese Liebe. Die instrumental geführte Singstimme imitiert die Flöte. Gildas Melismen verlassen die von Donizetti geschaffene Typik der Ausdruckskoloratur: »Die eher instrumentale Virtuosität der Stimmführung in Verbindung mit der gläsern-preziösen Instrumentation rücken den Affekt in die Distanz der Stilisierung. Die Musik identifiziert sich nicht mit den Gefühlsekstasen, sondern kommentiert sie als Illusion« (Schreiber:606). Aber ist das »unwirkliche Kolorit«, das uns dieser Welt und ihrer blutigen Wirklichkeit entrückt, Illusion oder »unwirklich« im Sinne von »überirdisch«? Ist es nicht vielmehr so, dass Gilda die Liebe als Himmelsmacht kennt, von der der Herzog bloß singt? Und dass sie weniger in einem »glasmusikalischen Käfig« (Schreiber:606) sitzt, als dass bereits hier ihre Liebe ganz von irdischen Schlacken befreit reiner Sphärenklang ist? *Amor sacro* und nicht *amor profano*? Bereits hier kündigt sich die Größe, die Liebe als Himmelsmacht an, die sie erst am Ende in ihrem Selbstopfer für einen Anderen, und sei es den Geringsten, erfüllt.

Sachte, bedrohliche Paukenschläge in den letzten Takten von »Caro nome« kündigen die Entführer an. Der Herzog muss verschwinden. Wieder kommt es zu einer Engführung von Mord und Verhöhnung. Ceprano, der Anstifter der Rache, rät zum Umbringen des in diesem Moment in der Dunkelheit der »via cieca« auf die Entführer stoßenden Rigoletto: »Bringen wir ihn um«.

Marullo findet es wirkungsvoller, sein Leben zu schonen, um ihn am nächsten Tag dem allgemeinen Gespött preiszugeben: »Lachen wir ihn aus« (I,15:49–53). Rigoletto bindet man einen Bären auf: entführen wolle man die Gattin Cepranos. Rigoletto, überzeugt vom Schlüssel Cepranos, den man ihm als Tatsachenbeweis in die Hand drückt und dessen Wappen er ertasten kann, ist dabei. Verdi selbst hat mit Blick auf die Bettszene zwischen Gilda und dem Herzog auf die Anzüglichkeit des Wortes »Schlüssel«, »chiave« hingewiesen: »chiavare« heißt im Deutschen so viel wie rammeln, bumsen. Und darum geht es hier ja: die Ceprano soll dem Herzog ins Bett gelegt werden. Der Schlüssel ist aus der Bettszene mit Gilda, die der Zensur zu anstößig war, in die Szene ihrer Entführung gewandert: »Bisognerebbe trovare qualche cosa di più pudico e togliere questo fotisterio [bordello] troppo evidente. Levare la chiave che suggerisce l'idea chiavare et et …«; »Man müßte etwas Schamhafteres finden und dieses zu offensichtlich Bordellige aus der Szene nehmen. Den Schlüssel, der die Idee des Bumsens nahelegt, raushalten und und …« (Baker:156 f.) Mit von den Höflingen heimlich verbundenen Augen tappt Rigoletto tatsächlich »blind« und »taub« (I,15:53) völlig im Dunkeln und weiß nicht, wie ihm geschieht. Unter seinen Augen, mit seiner Hilfe, trickst man ihn, den Trickster aus und raubt seine Tochter. Auch die Höflinge wissen nicht, wen sie da rauben. Sie glauben noch immer, quid pro quo, die Geliebte des Rigoletto zu entführen. In dieser Dunkelheit tappen alle mehr oder weniger blind, geblendet von Illusionen und Verwechselungen, herum. Die »wahre« Liebe des Herzogs, sein »wahrer« Name ist die überzeugendste, am besten gespielte Täuschung. Rigoletto erkennt, dass sich der Fluch erfüllt hat. Nichts bleibt ihm, als sich die Haare zu raufen und als Vorbild des Todes in Ohnmacht zu fallen.

Peripetie: Lachen und Weinen

»E tutto un sol giorno cangiare poté!«;
»Und ein einziger Tag konnte alles ändern!«
(II,6:70)

Was den Vater vor Entsetzen sprachlos lässt, gibt dem Herzog in der zweiten Szene Anlass zur selbstberauschten Klage der langsamen Cavatina »Parmi veder le lagrime«; »Mir scheint es, ich sähe ihre Tränen« (II,1:54 f.). In unheimlicher Doppelung sagt er, was der Vater hätte sagen können: »Ella mi fu rapita«; »Sie wurde mir geraubt« (II,1:54), und schwört, wie später Rigoletto, Rache für diese Entführung. Wie der Vater ist er in das verlassene, beraubte Haus Gildas zurückgekehrt. Das Theatralische der Trauer des Herzogs zeigt sich im abgedroschenen Zitat des Topos des durch einen reinen Engel zur wahren Liebe bekehrten Verführers:

Colei che poté prima in questo core
Destar la fiamma di costanti affetti?
Colei sì pura, al cui modesto accento
Quasi tratto a virtù talor mi credo!

Sie, die als erste in diesem Herz
die Flamme beständiger Liebe
entzünden konnte?
Sie, so rein, bei deren sittsamen Worten
ich mich manchmal beinahe zur Tugend bewegt fühle!
(II,1:54)

Quasi, eben! Näher ist der Herzog der Wahrheit nie gekommen als in diesem Moment, wo er sich selbst als fast! groß Liebender, fast! auf den Pfad der Tugend gebracht, betrauert – oder beglückwünscht. Jedenfalls kommt er auch hier umstandslos in seinen Text, mit Goethes Lotte zu reden. In den Text des in seine große, edle Liebe Selbstverliebten.

Dass man das als wahres Liebesgeständnis des Herzogs ernst genommen hat, gibt zu denken. Der Duca sei nicht so skrupellos zynisch wie der François I. Hugos – und anders als dieser keine politische Figur. Die Beziehung des Herzogs zu Gilda werde anders dargestellt als »seine Frauenbeziehungen zuvor und sonst«; Gilda bedeute für den Herzog »ein Erlebnis anderer Qualität«; sie »fasziniere ihn durch ihre moralische Integrität« (Voss:440). Keine Rede könne davon sein, dass der Herzog sich diese Gefühle, wie oft behauptet, selbst einrede (Döhring). Nein, er entdecke seine authentische Liebe zu Gilda. Die körperlich erfahrene Liebe hole Gilda aus der Überspannung der gekünstelten Triller und Melismen, des ganzen überbordenden Figurenwerks auf den Boden der Tatsachen zurück. Das genossene Liebesglück würde die Musik in Gildas Arie, die sich um den falschen Namen ranke, entgegen der zur Schau gestellten Scham über ihre Hingabe, »E a forza qui m'addussero«; »die mich mit Gewalt hierher brachten« (II,6:68), einfach, schnörkellos verraten. Das Fortdauern von Gildas Liebe, die über alle Enttäuschung hinweg bestehe, sei in der wahren Liebe des Herzogs begründet. Dass es denn nicht zu einem Happy End dieses Liebespaares käme, das läge an den Konventionen: Gilda sei ein Bürgermädchen, nicht von Stand, und deshalb sei eine offizielle Verbindung mit dem Herzog unmöglich (Voss:440 ff.).

Nach dem Muster: *a rake reformed* wird der Herzog hier als jemand gesehen, der durch die bürgerliche Unschuld zu wahrer Herzensliebe bekehrt wird. Und die leicht hysterisch überspannte – klar – Jungfrau durch guten Sex auf den Boden der Tatsachen zurückholt. Interessant, was man alles mit dem festen Willen zu machistisch platter Dummheit überhören kann.

Aber folgen wir lieber der Oper statt Mythen der Männlichkeit. Kaum weiß der Herzog Gilda in der Falle, fällt seine Trauer wie eine Maske von ihm ab und er verwandelt sich in der schnellen Kabaletta in einen gespreizten Pfau (Budden:499): »Possente amor mi chiama«; »Mächtig ruft mich die Liebe« (II,2:58). Triumphal schmettert der Tenor *di forza* »Thron« und »Sklave«, die das Vokabular der Tyrannei aufnehmen, hoch hinaus; von Liebe unterworfen, hört er sich nicht an. Überwältigt ist er höchstens von seiner eigenen Größe und der Größe seiner Liebe.

Il serto mio darei	*Meine Krone würde ich geben,*
Per consolar quel cor.	*um ihr Herz zu trösten.*
Ah sappia alfin chi l'ama,	*Ach, endlich soll sie wissen, wer sie liebt,*
Conosca appien chi sono,	*soll genau erfahren, wer ich bin,*
Apprenda ch'anco in trono	*soll wissen, dass die Liebe auch*
Ha degli schiavi amor.	*auf dem Thron Sklaven hat.*
	(II,2:58 f.)

Mit der Kabaletta schreitet der Herzog zur Tat und vollendet, angespornt von »mächtiger Liebe«, die Entführung seiner Höflinge in der Vergewaltigung. Der Tenor wird im schmetternden, forcierten Triumph zum Vollstrecker des bedrohlichen Männerchors im Staccato. Nicht Trost für das verängstigte Herz der Entführten, sondern Schande und Tränen wird er bringen.

Nun findet auf der Bühne hinter verschlossenen Türen coram publico, vor Hof und Vater die Entehrung der Tochter statt. Souveräne Lust ist hier in ihrer Schamlosigkeit im wahrsten Sinne des Wortes obszön geworden. Wir sehen nicht, wir hören den sich aufgipfelnden Lustrausch; er wird uns im aufgewühlten Rhythmus eingepeitscht. Im unheimlichen Glissando der Geigen wird der Lustrausch zur Höllenfahrt. Der zur Ohnmacht verdammte Vater wird gezwungen, nicht zum Augen-, wohl aber durch die Musik zum Ohrenzeugen der Entjungferung zu werden. Die Hofmänner hindern ihn mit Gewalt daran, in die Gemächer des Herzogs einzudringen, um die Ehre seiner Tochter zu retten. Rigoletto verflucht die Höflinge als verdammte Rasse, als Mörder – um dann weinend vor der Tür von ihnen überwältigt zusammenzubrechen. Vergeblich fleht er um Mitleid (»pietà«, II,4:64). Hartherzig lassen die Höflinge sich auch, als sie endlich erkennen, dass es seine Tochter, sein Ein und Alles, seine ganze Familie ist, nicht erweichen.

Verdi wollte das Bett, in dem der Herzog die Tochter des Rigoletto entehrt, unbedingt gegen alle Regeln der *bienséance* auf die Bühne bringen. Das tut er lautmalerisch durch die Musik. Eingesetzt wird die »Musik als Sinnträger« (Schreiber:602), die ausführt, was durch die Zensur ausgesperrt bleiben muss. Sex und Mord hatten bekanntlich im *ob-scene* stattzufinden: Gemordet und vergewaltigt darf nicht coram publico werden. Wenn Landesväter coram publico ihre Landeskinder entehren, wirft das in der Tat ein furchtbares Licht auf die Herrschaft. Man versteht schon, was die Zensur mit der »obszönen Trivialität« meinte. Die heute oft bewegende Frage, ob Gilda dem Sex zugestimmt hat, ob es Verführung oder Vergewaltigung war, geht an der Sache vorbei (Hudson). Das Wort »Rapire« – rauben, vergewaltigen, übermannen, überwältigen, in seine Gewalt bringen – sagt alles. Sie ist Mittel zum Zweck.

Die Tür, hinter der sich das am helllichten Tage abspielt, ist zentral auf der Bühne, passend flankiert von den Portraits von Herzogin und Herzog. Dass der Herzog ein verheirateter Mann ist und hier außerdem ein Ehebruch als *flagrant délit* stattfindet, steht jedem unübersehbar vor Augen. Um den Herzog ungestört zur Sache kommen zu lassen, um den hochherrschaftlichen Sex nicht zu stören – und ihre Rache an Rigoletto zum Ende zu bringen – sorgen die Höflinge dafür, dass keiner vorgelassen wird: Ihren Ausreden zufolge schläft der Herzog mal, mal jagt er. Klar weiß auch der Page der Herzogin, dass das blöde Ausreden für das Unsagbare sind – und beide als Metaphern für Sex ja auch irgendwie wieder treffend. Mit dem Pagen begreift Rigoletto, was dort hinter verschlossenen Türen auf offener Bühne vor sich geht. Den Höflingen ist alles recht, ihre Rache an Rigoletto zu vollenden. Die Dimension des Tragischen sehen sie nicht ab: denn nicht die Geliebte des Hofnarren, sondern seine unbefleckte, engelgleiche Tochter wird entehrt. Gewachsen sind sie diesem Furchtbaren nicht, das sie da gerade ins Werk setzen.

Tränen und Lachen, die beiden für die Tragödie entscheidenden Affekte, bestimmen die Szene; dieses Narrativ ist gleichzeitig eine absolut verdichtete Gattungsreflexion. Die Stilklausel, die Tragisches an hohen Stand band, hebelt Verdi aus. Tragikunfähig ist der flache, selbstverliebte, theatralische Herzog, der ganz entspannt brutal blind Unheil stiftet. Die tragische Figur ist der Narr in der schwindelerregenden Spannung von grotesk und sublim. Das Gattungsmoment der Tragödie, die Peripetie als plötzlicher Umschlag von oben nach unten, von Nacht in Tag, von Lachen in Tränen, von Erniedrigung und Erhebung, von Liebe und Verrat, ist eigentliches Thema des ersten Teils des zweiten Aktes. Niedergeschlagen, stellt sich der Herzog die in einem Moment entführte Gilda angstvoll in Tränen in den Händen der Entführer vor. Er selbst war ohnmächtig, sie, die in seiner Vorstellung zu ihm nach Hilfe rief, zu retten. Ihn aber hat diese Liebe, meint er, in engelische, himmlische Sphären, also nach oben, katapultiert. Sie wird jetzt, in seiner Macht, erfahren, dass er nicht unten ein armer Student, sondern ein mächtiger, reicher Herrscher oben auf dem Thron ist. Dort allerdings, als Souverän, gefällt er sich in der Rolle des von der Liebe Unterjochten: »anco in trono ha degli schiavi d'amor« (II,2:58). Der Hof kommentiert seinen plötzlichen Stimmungsumschwung zwischen Cavatina und Kabaletta: von melancholisch zu triumphierend, vom Weinen ins Lachen. Das ist eine verkehrte Tragödie, falsch herum. Der Herzog ist die Ironie der Tragödie.

Der Herzog wird Gilda antun, wovor sie in seiner Phantasie Angst hat: Seine Vergewaltigung erst vollendet die Entführung durch die Höflinge. Durch ihn wird sie entehrt und die Scham ob dieser Schändung bringt ihre Tränen an der Schulter des Vaters zum Fließen. Ihr Liebesjubilieren wird zu Weinen und endet in ihrem Liebesopfer. Aber noch die Vergewaltigung kann sie nicht verbittern, ihre Liebe vergiften und zur Rache aufstacheln. Sie fließt an ihr ab. Sie befähigt sie, ihrem Vater die Wahrheit ihrer Liebe zu gestehen: »Tutte le feste« (II,6:68). Die Illusion ihrer ersten Liebe in E-Dur hat sich bei der Geschändeten in ein e-Moll verkehrt.

Herzog und Narr folgen sich auf dem Fuße: Der eine geht ab, der andere betritt die Bühne. Der Herzog »possente« (I,8:30), um eine mehr in Schande und Tränen zu stürzen, der Narr, um in seinem Ein und Alles getroffen in Schande und Tränen gestürzt zu werden. Der Herzog, schön wie Apoll, stellt sich als das Monster heraus, als das er sich, halb spielerisch, erklärt. Rigoletto, der als Monster in den Augen des Hofes grotesk wurde, als er sich als Cupido gerierte, wird in seinem Unglück zum Menschen, sublim. Die Dynamik des Tragischen, in der Edles, Schönes, Hohes stürzt, wird durch eine andere Dynamik abgelöst: Groteskes, Entstelltes steigt zu sublimer Größe auf. Der Adel – das die verheerende Ironie Hugos und Verdis – ist schlicht nicht mehr tragödienfähig.

Die Dynamik von oben und unten, den plötzlichen Umschwung zeigt auch Rigoletto. Als Gegenbild des nach allen Regeln der Kunst wehklagenden und dann triumphierenden Herzogs betritt er trällernd die Bühne, seinen Schmerz zu verbergen. Wie immer äfft er alle nach. Lachen – das war die Definition der Tragödie – schlägt um in Weinen: Der trällernd, lachend auf die Bühne kommende Hofnarr bricht weinend und um Mitleid bittend (»perdono, pietate«, II,4:64) zusammen. Mitleid findet er bei den erbarmungslosen »assassini« (II,4:64) – auch hier die Parallelführung von Sex und Mord – auch dann nicht, als sie das Furchtbare, das sie da anrichten, begreifen müssten. Denn lächerlich gemacht wird nicht ein grotesker Affekt: die Liebe eines alten Buckligen zu einer himmlischen, jungen Schönheit. Getroffen wird Rigoletto im sublimen Affekt der Vaterliebe.

Als seine Tochter, aus dem Zimmer des Herzogs wankend, sich weinend in seine Arme wirft, sagt er zu ihr, das alles sei ein Scherz, er, der weinte, lacht jetzt. Die Tränen seiner entehrten Tochter kann das nicht stillen: »l'onta, o padre!«; »die Schande, o Vater!«

(II,5:66) Die unheimliche Spiegelbildlichkeit zwischen Vater und Herzog zeigt sich abermals in einer Verkehrung der Situation: War die Tür des Herzogs allen für die Vergewaltigung der Gilda verboten worden, so lässt der Vater jetzt in einer hilflosen Mimikry seine Tür für den Herzog verbieten, um die geschändete Gilda nicht coram publico zum Gespött zu machen. Beide, Herzog und Narr, enden im Ruf nach Rache.

Auch die Dynamik von oben und unten wird noch einmal aufgerufen, im Abjekten unter-, im Sublimen übersteigert.

Solo per me l'infamia
A te chiedeva, o Dio …
Ch'ella potesse ascendere
Quanto caduto er'io …
Ah presso del patibolo
Bisogna ben l'altare! …
Ma tutto ora scompare …
L'altar si rovesciò!

Um Schande nur für mich habe ich
dich gebeten, Gott …
daß sie so hoch hätte aufsteigen
können
wie ich gefallen war …
Ach, nahe beim Schafott
muß der Altar stehen! …
Aber jetzt verschwindet alles,
der Altar ist umgestürzt.
(II,6:68 ff.)

Je tiefer der Vater sank, je verworfener er war, desto höher sollte seine Tochter himmlisch sublim steigen. Infam/geheiligt ersetzt die Opposition Person von Stand versus gewöhnliche Person. Als Gegengewicht zu seiner Infamie war seine Tochter der geweihte, jetzt entweihte Altar.

Wie üblich versteht der Herzog Bahnhof; kann ihm, um im Bild zu bleiben, alles den Buckel runterrutschen. Jungfräuliche Tochter, leichtlebige Geliebte? Auch die Höflinge bleiben blind für ihre Untat. Die Ständeklausel machen Verdi/Hugo zum Witz der Geschichte; im Herzog geben sie sie unserem Gespött preis. Das Lächerliche dieser Unfähigkeit zum Tragischen erkennt der beleidigte Monterone aus hochadeligem Geschlecht auf seinem Weg in den Tod am besten: An der Tür vorbei, hinter der Gilda geschändet wird, wird er in den Kerker geführt. Vor dem Portrait des Herzogs bleibt der Todgeweihte stehen und verkehrt seinen Fluch in einen Glückwünsch: »Da ich dich vergeblich verflucht habe, da weder ein Blitz noch ein Stahl deine Brust trafen, sollst du, Herzog, also weiter glücklich leben ...«; »Poiché fosti invano da me maledetto, Né un fulmine o un ferro colpiva il tuo petto, Felice pur anco, o duca, vivrai« (II,7:70). Dieser Glückwunsch ist ein moralisches Todesurteil; der Herzog ist erledigt. Dieser Herzog ist ein Mann ohne Schicksal, nichtswürdig, den noch die Rache verschmäht: ein Nobody, der trällernd nichtsahnend die Bühne verlässt.

Rache schwört an Monterones Stelle Rigoletto: »Wie der Blitzstrahl Gottes wird der Narr dich zu treffen wissen«; »Come fulmin scagliato da Dio il buffone colpirti saprà« (II,8:72). Rigoletto, der durch seine Rache den ihn selbst treffenden Fluch des Monterone vollendet, zeigt immerhin, dass er schicksalsfähig ist. Dem wilden Racheruf des Vaters, dem eine »gioia feroce« (II,8:72) in den Augen leuchtet, setzt die Tochter im Schlussduett des zweiten Aktes Verzeihung und Vergebung entgegen. Für den, der sie belogen, betrogen und entehrt hat, bittet sie im Namen ihrer Liebe um Mitleid: *pietà*. Dem Flehen seiner Tochter setzt er ein hartes »No« (II,7:70) entgegen. Wie die Höflinge Rigoletto kein Mitleid zeigten, wird er kein Mitleid für den Herzog haben. Und in dieser rachsüchtigen Mitleidlosigkeit nicht den Herzog, sondern in seiner Tochter sich selbst treffen.

Bella figlia dell'amore – Liebesopfer

Die dritte Szene ist wieder eine Nachtszene, von Blitzen durchzuckt, vom Donner durchgrollt, winddurchheult. Die schöne Ordnung des Kosmos ist aus den Fugen geraten; das Oberste hat sich zuunterst, das Untere zuoberst gekehrt. Vor den Mauern in den

Elendsvierteln der Stadt, den schäbigen Mörder- und Hurenkaschemmen entpuppen sich Sex und Mord als dasselbe.

Bevor Rigoletto den Herzog, wieder inkognito, von dem gedungenen Killer Sparafucile umbringen lässt, will Rigoletto seine Tochter enttäuschen; ihr die Augen für den öffnen, den sie »für immer« (III,1:75) liebt, von dem sie sich geliebt glaubt, und für den sie um Gnade bittet. Diese Liebe will Rigoletto erschüttern, zur Augenzeugin des Trugs des Herzogs soll Gilda werden. Rigoletto zwingt den Herzog auf die Bühne, wo sein Theater als Theater gestellt wird. Unter seiner Schönheit soll Gilda seine tatsächliche Monstrosität erkennen – und in die mörderische Rache des Vaters einwilligen.

Der Herzog lässt sich nicht lange bitten. Fern des Hofes macht er sich, unerkannt seinen wahren Charakter offenbarend, in einer Spelunke mit Mördern, Zuhältern und Huren gemein. Weib und Wein setzt er als Konsumgüter gleich: »Una stanza e del vino!«; »Ein Zimmer und Wein!« »Das sind seine Sitten«, kommentiert Rigoletto ironisch (III,2:76). Der Herzog fühlt sich hier ganz zu Hause, das ist sein Milieu. Endlich ist er in seinem Element; offen kann er seinen Zynismus entfalten. Den erfolgreichsten Hit der Oper, »La donna è mobile« (III,2:78), seinen *signature song*, gibt er gleich zum Besten. Haarsträubend ist das sorglose Trällern von der Flatterhaftigkeit der Frauen, das die letzte Nachtszene, in der eine Frau mit heroischer Standfestigkeit sehenden Auges für ihn in den Tod geht, leitmotivartig durchzieht.

Von Höflichkeit als der Herzenstugend der höfischen Liebe hat der Herzog keine Spur. »Fuori muri« wird hier die hohe Kunst der Liebe, das Hofmachen, als billige Masche eingesetzt. Der Herrscher selbst bezeichnet sich ob seiner skrupellosen Unbeständigkeit als Monster: Alle Frauen sind ihm, eine wie die andere, gleichtaugliche Instrumente seiner Lust. Nicht so blöd zieren sollen sie sich; es enden doch alle in seinem Bett. Seine gespielte Frauenverehrung entpuppt sich als Frauenverachtung. Souverän beherrscht er die Kunst der Verführung, die ihm bloßes Mittel zum Zweck, leere, nichtssagende Schmeichelei ist. Auf der Bühne zeigt sich in dieser abgeschmackten Wiederholung, in dieser leeren Phrasendrescherei der völlige Verfall aristokratischer Liebeskunst. Dieser Herrscher mag sich in mechanischer Blindheit auf das Liebemachen verstehen, aber von der Liebe weiß er nichts. Vor aller Augen demaskiert sich der Herzog in dieser entlarvenden Szene.

Verdis vielleicht berühmtestes, auch von Hugo bewundertes Quartett (Schreiber:609) »Bella figlia dell'amore« (III,3) führt vier Stimmen zusammen gegeneinander: das Liebeswerben des betrunkenen, gleich handgreiflich werdenden, geilen Herzogs um das Freudenmädchen Maddalena; die Entlarvung und Verlachung dieses Liebeswerbens durch Maddalena, die dem jungen, schönen Fremden nicht eine Sekunde auf den Leim geht und alle Liebesschwüre als routinierte Masche erkennt, »Ha un'aria il signorino da vero libertino« (III,3:80); die Liebesklage der Gilda, die diesen Liebesverrat mit ansehen muss; Rigoletto, der glaubt, dass es ihm gelungen sei, seine Tochter durch die Demaskierung des Herzogs zu heilen und zur Rache an dem Verräter zu bewegen.

Der Lockvogel Maddalena, dem der Herzog gegenübersteht, ist kein unbeschriebenes Blatt. Sie kennt die Rhetorik der Leidenschaften im Gegensatz zu der in jedem Sinne jungfräulichen Gilda, die dem Herzog aufs Wort glaubte, in- und auswendig. Gilda hört, dass der Herzog allen dasselbe sagt:

Ah così parlar d'amore
A me pur l'infame ho udito!
Infelice cor tradito,
Per angoscia non scoppiar.

Ach, so habe ich den Betrüger
auch zu mir von Liebe reden hören!
Unglückliches, betrogenes Herz,
zerspringe nicht vor Beklemmung.
(III,3:82 ff.)

Der Herzog, der schmelzend mit den immer gleichen, immer gleich erfolgreichen Versatzstücken operiert, versteht nicht, was er da sagt. Die sublime Liebe, die er ständig im Munde führt, ist ihm ein Buch mit sieben Siegeln. Die schmachtend von ihm beschworene Himmelsmacht hat er nie kennengelernt. Was Sehnsucht ist, weiß er nicht; umstandslos tröstet er sich mit einer Anderen. Seine Umkehr zur wahren Liebe, die er behauptet – fast – durch Gilda kennengelernt zu haben, erweist sich endgültig als theatralisch-selbstgefällige Selbsttäuschung. An der unbeständigen Flatterhaftigkeit seines Herzens ändert sie nichts – oder besser: Er hat schlicht kein Herz. Seiner Überzeugung nach sind Frauen keine Engel – auch wenn er sie als solche unermüdlich ins Bett zu kriegen versucht –, sondern mit einer sehr irdischen Macht im Bunde. Auf sie, die schlicht und einfach untreu sind, kann man nicht bauen. Liebesverrat ist deshalb das Herz des Geschäfts. Und doch verdankt er Gilda, treu bis in den Tod, sein Leben.

Die Arie, die von der Unbeständigkeit der Frauen singt, zitiert einen Topos aus Vergils *Aeneis.* Merkur sucht Aeneas mit allen Mitteln aus dem Bett der Dido, der Königin von Karthago zu treiben und auf Kurs nach Rom zu bringen. Dido, meint Merkur, ist wie alle Frauen wankelmütig (Vergil, *Aeneis* IV, V. 569 f.). Schon morgen wird sie Aeneas vergessen haben. Hier wie dort, im *Rigoletto* wie in der *Aeneis*, erweist sich die Unbeständigkeit als Verleumdung. Durch die Handlung werden wir eines Besseren belehrt. Aus dem unerträglichen Schmerz über den Liebesverrat wird sich Dido in das Schwert des Aeneas stürzen; trotz des vor aller Augen offen daliegenden Liebesverrates wird Gilda treu bis in den Tod namenlos ihr Leben für das des Herzogs hingeben – ohne dass dieser es auch nur bemerkte. Das ist der schreckliche Höhepunkt der Verdi'schen Ironie, die den Herzog in Augen und Ohren der Zuschauer endgültig erledigt. Während Dido in leidenschaftlich verblendeter Raserei Selbstmord begeht und in der Stunde ihres Todes mit ihrem Blut Kinder- und Kindeskinder der Römer verflucht, geht Gilda sehenden Auges für den Herzog in den Tod und bittet für ihn um Mitleid: »Mi tradiva, pur l'amo, gran Dio, per l'ingrato ti chiedo pietà!«; »Er hat mich verraten, dennoch liebe ich ihn, großer Gott, für den Undankbaren bitte ich dich um Erbarmen!« (II,8:72); »L'amai troppo … ora muoio per lui!«; »Ich habe ihn zu sehr geliebt … jetzt sterbe ich für ihn!« (III,10:102) Völlig im Bilde, weiß sie, dass der Herzog sie nie geliebt hat. Ihre Gefühle, zu Beginn noch von narzisstischen Illusionen getrübt, läutern sich zu reiner *caritas*.

Gegen das Prinzip des Alten Testamentes – Auge um Auge, Zahn um Zahn – und gegen die Ausweglosigkeit der sich ewig perpetuierten Blutrache der Tragödie, setzen Verdi/Piave die Liebe des Neuen Testamentes. Ist dieser Herrscher nicht tragödienfähig, bleibt Rigoletto der Logik der Tragödie verhaftet. Rache und Vergeltung fordert er; rasend in seinem Mordbegehren, gibt er seiner Tochter, die um Gnade, Barmherzigkeit und Mitleid bittet, nicht nach. Rigoletto bleibt der Dynamik der Tragödie von unten und oben, der Dynamik der Rache verhaftet: Er jubiliert nahezu, als er die Leiche des Herzogs mit Füßen zu treten glaubt, so wie er immer mit Füßen getreten worden ist.

Bei Hugo und Verdi wird der in die Rechte der Familienmänner, auf ihre Frauen, ihre Töchter übergreifende Tyrann nicht verjagt, sondern moralisch vernichtet. An die Stelle der Tyrannei tritt keine von einem Bund der Familienmänner über der Leiche der Frau restaurierte Republik. An die Stelle der aus Verzweiflung gemordeten oder selbstgemordeten Frauen tritt eine hingebungsvolle, bis zum Selbstopfer gehende Liebe. Dazu fähig sind nur noch die Frauen. Die weibliche Kraft, nicht zu rächen, sondern zu lieben, deutet sich in Maddalena an, die ihrem Bruder, dem professionellen Killer, als Lockvogel dient. Mit sexuellen Versprechungen lockt sie die, die er gegen Geld umbringt, in sein Haus. Hugo, Piave und Verdi verkehren in dieser Maddalena das Judithmotiv. Sex und Rache des Alten Testamentes werden durch Liebe und Mitleid ersetzt. Der Herrscher schlummert in Erwartung des Liebestreffens ein. Ihm wird von seiner Beischläferin nicht der Kopf abgeschnitten wie dem von Wein und Lust trunkenen, post-koitalen Holofernes. Maddalena, die ohne Sex davonkommt, hat es die Schönheit des jungen Unbekannten, schön wie Apoll, angetan. Obwohl sie ihn ausgelacht hat, bittet sie um Gnade. Ihr Bruder, der an sein Mordgeld kommen will, soll sich nach einer anderen Leiche umsehen. Quid pro quo schlägt Maddalena vor, den Buckligen, der das Geld für den Mord bei sich habe, umzubringen. Ihr Bruder protestiert entrüstet: Er sei ein anständiger Geschäftsmann, seinen Kunden verpflichtet. Maddalena weint um den schönen jungen Mann, der mehr wert sei als 20 Scudi. Das stimmt in der Tat, denn der Mord an dem Herzog, wäre denn seine Identität bekannt, würde Rigoletto wesentlich mehr zu stehen kommen. Gilda, die diesen Handel Wort für Wort verfolgt, wird von den Tränen der Maddalena angespornt.

Che! Piange tal donna! …	*Was! Diese Frau weint! …*
Né a lui darò aita! …	*Sollte ich ihm nicht helfen! …*
Ah s'egli al mio amore divenne rubello	*Ach, wenn er auch meine Liebe nicht mehr will,*
Io vo per la sua gettar la mia vita …	*Will ich für sein Leben meines dahingeben …*
	(III,6:94 ff.)

In der sturmdurchheulten Nacht klopft Gilda kurz vor zwölf – höchste Zeit – an die Tür des Geschwisterpaares. Sie ist in Männerkleidern; nach dem Willen ihres Vaters sollte sie sich nach Verona, wohin er ihr gefolgt wäre, in Sicherheit bringen. Sie gibt sich als Bettler aus und lässt sich anstelle des Herzogs erdolchen. Treu bis in den Tod, gibt sie ihr junges Leben für seines, ihre Leiche für seine dahin. Nicht die Rache, sondern der heroische, im Namen von Mitleid und Barmherzigkeit selbstgewählte Opfertod einer Frau siegt im *Rigoletto*.

Die Beständigkeit ihrer Liebe ist von der bewiesenen Unbeständigkeit des Mannes, die ihr klar vor Augen steht, nicht zu erschüttern; in glasklarer Kenntnis seines Liebesbetruges gibt sie ihr Leben für das seine. Gilda geht ihren Opfergang in Männerkleidern: Von heroischer Liebe entflammt, ist sie wie schon die spätantiken Heiligen mehr als eine Frau. Alle Schwäche des weiblichen Geschlechtes überwindet sie heldenhaft. Hinter seinem Rücken werden die sublimen Liebesversprechen des Herrschers wahr; so, wie er behauptet zu lieben, wird er von Gilda geliebt. Wie blind und taub der Herzog der ständig von ihm im Mund geführten Liebe gegenüber ist, zeigt sich in abgründiger Ironie, wenn er in eben dem Moment, als Rigoletto seine totgestochene Tochter anstelle des Herzogs erkennt, von der ewigen Unbeständigkeit der Frauen singt. Der Herrscher ist und bleibt nichtswürdig. Im *Rigoletto* kann es aber auch dem Bürger, der sich dem Herrscher unheimlich anverwandelt hat, ohnmächtig nicht mehr gelingen, das Patriarchat und damit die Republik zu restaurieren. Beide zusammen, Herrscher und Vater/Bürger sorgen mitleidslos für eine »Nacht voll Grauen und Schrecken, Sturm und Regen am Himmel, und Blut und Mord auf Erden« (III,7:99). Die Töchter sind Opfer der Herrscher *und* Opfer der Väter. Die Vergnügungssucht der einen, die Rachsucht der Anderen wird ihnen fatal. Eine Republik gleicher und freier Männer ist nicht in Sicht.

Verdi verspricht eigentümlich unpolitisch ein neues Reich der Liebe, die jetzt ganz weiblich geworden ist. Dieses Reich ist nicht von dieser Welt. Im Himmel, als Engel, bleibt Mutter und Tochter nichts übrig, als für das Seelenheil der heillosen Männer zu beten. Die Frau ist in ihrer heroisch hingebungsvollen Liebe die Zukunft der Menschheit. Oder, um es mit einem Chanson zu sagen, das sich ebensolcher Beliebtheit erfreut wie die berühmte Arie aus dem *Rigoletto*: »La femme est l'avenir de l'homme.« Im Raum des Irdisch-Politischen wird diese Zukunft nicht stattfinden. Sie bleibt als Versprechen der Musik. In der Todesszene sinkt Rigolettos Stimme immer stärker ab, »mit spärlicher werdenden sprachähnlichen Brocken« (Schreiber:601); er versinkt fast, möchte man sagen, im Unglück dieser blutigen Erde. Gilda hingegen schwingt sich durch ihren klaren, hohen, reinen Sopran nach oben, und auf den Schwingen der Musik schweben wir in diesem Aufflug mit gen Himmel. Der über der Leiche seiner Tochter zusammenbrechende Rigoletto jagt uns Furcht und Schrecken ein. Einen grauenhaften Preis musste er für seine Rachelust bezahlen. Vor allem aber lässt er unsere Tränen des Mitleids fließen.

Liebe stärker als der Tod
La Traviata

Croce e delizia: Liebe, stärker als der Tod

»Wenn wir ihren Tod wissen, wissen wir alles.«
(Günter Eich, »Lauren«)

»Nicht schon wieder eine tote Frau auf der Bühne«, so die Einrede gegen die Oper des 19.Jahrhunderts. Die Oper des 19.Jahrhunderts – ein bürgerlich-patriarchales Schauspiel, das von weiblichem Blut nur so trieft? Am rituellen Frauenopfer hängt? Und sich patriarchalisch über deren Leichen einer höheren Moral versichert?

Für die »Zerstörung der Frauen« gilt die *Traviata* als Paradebeispiel. Den Titel könnte man als »Die vom Weg Abgekommene« übersetzen; eine Frau, die den geraden Pfad der Tugend verlässt. Francesco Maria Piave hat das Libretto nach dem Roman von Alexandre Dumas fils' *Kameliendame* (1848) geschrieben. Uraufführung war im Fenice 1853. Geht es in der *Traviata* wirklich um die Zerstörung der Frauen, um ein weiteres Frauenopfer? Bei dieser Einschätzung der *Traviata* sollte uns zu denken geben, dass die Kameliendame Sarah Bernhardts Lieblingsrolle war und Coco Chanel sich die weiße Kamelie zum Markenzeichen, zum Blason ihres Hauses erkor. Coco Chanel und Sarah Bernhardt waren beides unabhängige, freie Frauen, Künstlerinnen, die von ihrem Beruf leben konnten; beide waren unverheiratete Frauen mit Vergangenheit, frei in der Wahl ihrer Liebhaber. Zumindest Chanel hatte, wie ihr Spitz- oder Kosename schon sagt, als Unterhaltungsdame im Cabaret begonnen, bevor sie es den Frauen als Designerin erlaubte, den Ballast ihrer einschnürenden Weiblichkeit abzuwerfen. Sie blieb ihr Leben lang eine in der Liebe freie Frau. Noch zur letzten Jahrhundertwende war der Unterschied zwischen Schauspielerin und Lebedame nicht so genau auszumachen. Auch Sarah Bernhardt war und blieb eine in der Liebe und im Leben freie Frau. Die Emanzipation ist nicht von moralisch anständigen Frauen vorangetrieben worden, die in der Ehe gebunden waren, sondern von freien Frauen, die durch Größe in ihrem Beruf über genügend Mittel verfügten, sich diese Freiheit leisten zu können.

Führt uns die *Traviata* tatsächlich vor Augen, dass nur eine tote Frau eine gute Frau ist? Oder ist es nicht vielmehr eine Anklage des bürgerlichen Ehrenkodex und des Patriarchats, das seine Machtinteressen unter dem Cover einer beschränkten Tugendmoral und eines eisernen Selbstinteresses durchsetzt? Eben das hatte bereits die Revolution getan, die an die Stelle der relativ freien adeligen Frauen – von Rousseau gebrandmarkt als kraft ihrer Verführung tyrannische Herrscher über die Männer – die Mutter und selbstredend treue Ehefrau als Ideal und Norm erkor und befand, dass es dann am besten um die Moral und die Republik bestellt ist, wenn man von den Frauen, eingeschlossen in ihrem Haus wie die Nonne im Kloster, möglichst wenig hört und sieht. Pfeiler der republikanischen Politik war eine fast unglaublich reaktionäre Geschlechterpolitik, die sich im *Code Napoléon* niederschlug. Freiheit und Gleichheit der Frauen hat die Brüderlichkeit der Revolution jedenfalls nicht im Sinne: Olympe de Gouges wurde, eben weil sie dies forderte, geköpft.

Der Antirevolutionär Edmund Burke hatte der Revolution nicht vorgeworfen, dass sie die Frauen nicht frei und gleich behandele. Das hätte er für barbarisch gehalten, denn die Dame ist dem Mann überlegen, der gleich mit ihr wird, wenn er diese Überlegenheit schützt: ihre schöne Freiheit muss er verteidigen. Burke warf der Revolution himmelschreiende Unritterlichkeit vor: völlig vergessen hatten die Revolutionäre, dass Männer Frauen, egal wie sie sich benehmen, nicht beleidigen dürfen und einer beleidigten, bedrohten Frau jederzeit zur Seite stehen müssen. Bürgerlicher Ehrenkodex und Ritterlichkeit stehen auch in der *Traviata* im Zentrum. Die Traviata – das ist eine Kurtisane, ein *sex worker*, eine Lorette: eine Frau mit Vergangenheit und deshalb ohne Zukunft. Die Oper trägt keine Königin, Heilige oder Heldin im Namen, nicht den Namen einer verheirateten Frau – wie etwa Madame Bovary – sondern den Namen eines Standes von Frauen, die so edel und schön wie Fürstinnen aussehen mochten, aber, jung und schön, arm, namenlos, bitter auf Geld angewiesen waren: die Halbweltdamen. Jene Frauen, die weder Adel noch Ehemann hatten.

Wir sind in Paris, um 1840 herum. Und was war das damals, eine vom Wege Abgekommene? Wir sind im Zeitalter der großen Kokotten, die es dann im Zweiten Kaiserreich zu sagenhaftem Reichtum, zu den schönsten *hôtels particuliers* Paris' bringen werden. Zolas *Nana*, die große Hure, die das Vermögen von ganz Paris für Nichtigkeiten verschlingt, wird zum Inbegriff des babylonischen Paris' des Zweiten Kaiserreichs. Mit diesem geht sie verworfen, schrecklich entstellt zu Grunde. Aber bereits zur Zeit von Flauberts *Éducation sentimentale*, also etwa in den Jahren, in denen auch Dumas fils' *Kameliendame* spielt, waren die Lebedamen für das Pariser Gesellschaftsleben wichtige Größen. Die Gesellschaft war gespalten in anständige, ehrbare Frauen, die man heiraten konnte, und eben die, die weder Anstand noch Ehre hatten. Anständige Frauen, Ehefrauen, Töchter, patriarchalisch gebundene Frauen, konnten mit solchen Frauen, die von ihren wechselnden Liaisonen mit Männern lebten, nicht verkehren. Halbwelt und Welt konnten sich nicht mischen. Männer hingegen konnten sowohl in Gesellschaft der anständigen Frauen, als auch in der der eben vom Pfad der Tugend Abgekommenen verkehren. Allerdings sollten die Männer aus gutem Hause dabei drei Dinge auf keinen Fall tun: 1. das Familienvermögen für den Luxus der Kurtisane draufmachen und so finanziell die Familie in den Ruin treiben oder 2. den Ruf der Familie durch offizielle, eheähnliche Verhältnisse beschädigen. Wichtig war es auch, dass sie 3. Mann blieben und die Frauen aushielten und sich nicht umgekehrt von den Halbweltdamen aushalten ließen. »Schmach und Schande« (II,3:34 f.), um Alfredo in der *Traviata* zu zitieren, bringt man damit über sein Haupt und das der Angehörigen.

Herzenswüste: La dame aux camélias

Verdis *Traviata* spielt wie Dumas fils' *Kameliendame* auf einem Topos, der die Literatur des 19. Jahrhunderts faszinierte und in Maria Magdalena, einer Sündenheiligen, ihre Schutzheilige fand: »Ihr wurde viel vergeben, weil sie viel geliebt hat« (Lukas 7,47 f.). Dumas fils' Kameliendame lebt nicht nur deshalb mit Blick auf die Kirche Madeleine, weil das die angesagteste und teuerste Wohngegend war, sondern um den Topos der Sündenheiligen zu unterstreichen: die Herzensgüte, der Edelmut, die Großzügigkeit der Kurtisane stellt die der bürgerlichen Gesellschaft, für die sie sich opfert, in den Schatten. Dumas fils' Roman klagt nicht die Kurtisane, sondern die Gesellschaft an, eine Gesellschaft, die die Frau, die weder Mutter noch Schwester noch Tochter noch Ehefrau ist, verachtet. Die nur die patriarchalische Familie achtet und Nachsicht nur mit dem Egoismus des Profitierens hat. Als Sünderin, schließt der Roman, habe Marguerite gelebt, als Christin sei sie gestorben. Balzac hat mit dem Tod der Schauspielerin Coralie in den *Illusions perdues* den Akkord für diese Umkehr der Kurtisane im Tod gesetzt: Coralie söhnt sich mit der Kirche aus und wächst im Tod in den Morgenstunden bei Vogelgesang über das irdische Leben und dessen fatale Passionen in eine Liebe hinaus, die das Ihre nicht sucht, eine Liebe stärker als der Tod. Schon Coralie wird zu einer Märtyrerin der Liebe.

Alexandre Dumas fils rehabilitiert mit seiner *Kameliendame* das Bild der ausgehaltenen Frau: aus dem frivolen Spielzeug, der selbstbezogenen, kalten Kurtisane, die in ihrem unglaublich aufwendigen Luxus rücksichtslos ganze Vermögen verschlingt, Familien in den Ruin, ihre Liebhaber in Selbstmord und Gefängnis treibt, wird bei ihm ein Opfer des eisernen Selbstinteresses der Bourgeoisie. Später wird Émile Zola mit seiner *Nana* eine solche herzlose Kurtisane, die die ganze Welt in den Dreck zieht, um selbst als Dreck zu sterben, mythisierend als große Hure Babylon inszenieren. Ihr verweigert Zola einen guten Tod.

Die Kameliendame leidet an der Schwindsucht – das konnte damals auch ein Deckname für die Syphilis, die große sexuell übermittelte Seuche des 19. Jahrhunderts sein, an der so viele – Baudelaire, Maupassant, … – gestorben sind. Ein junger Mann, in sie verliebt, fragt inkognito jeden Tag nach ihrem Befinden. Nachdem sie sich über ihn lustig gemacht hat, erhört sie ihn. Großzügig verzichtet die Kameliendame Marguerite um ihrer Liebe willen zuerst auf ihr freies und glänzendes Leben. Bescheiden lebt sie mit Armand, den sie aushält, auf dem Land. Dort haben sie sich ihren finanziellen Möglichkeiten entsprechend eingerichtet und Marguerites Gesundheit blüht auf. Dann entsagt sie auf Drängen von Armands Vater dieser ihrer Liebe, um den Ruf der Familie des Geliebten nicht zu beschmutzen und Blanche, der, wie der Name schon sagt, jungfräulichen Schwester auf Bitte des Vaters hin eine standesgemäße Ehe zu ermöglichen. Mit ihrem Geliebten hatte Marguerite sich fünf Monate aufs Land zurückgezogen.

Um ihren Geliebten auf Wunsch des Vaters effektiv von sich zu trennen, kehrt Marguerite zu ihren Liebhabern und dem rauschenden Pariser Leben zurück. Sie stürzt wieder in den betäubenden Schwindel der Vergnügungen in dieser »Wüste des Herzens«, die Paris für sie ist. In Paris wird sie mit ihrem Lungenleiden an gebrochenem Herzen sterben. Der Welt bleibt diese Selbstlosigkeit verborgen. Marguerite wird so zum Opfer des Vorurteils, dass eine Kurtisane keine Tugend haben kann, und durch den Roman als große Liebende rehabilitiert.

Dumas fils' *Kameliendame* zeigt eine Kurtisane, die liebt, an dieser Liebe leidet, um schließlich von fast allen verraten und verlassen im eiskalten Pariser Winter allein und ruiniert, das Haus nur voll von Gerichtsvollziehern, einen qualvollen Tod zu sterben. Als Märtyrerin der Liebe beschreibt sie ihre Freundin, die ihre Kranken- und Totenwache hält. Ihr Schlafzimmer wandelt sich zur letzten Ölung von einem mit Lustgeflüster erfüllten libertinen Boudoir in ein »tabernacle saint«. Sie stirbt im Schoße der Kirche; aber weder ihre sehnlich erwartete große Liebe, noch der Vater, der sie zu dieser Entsagung gebracht hat, kommen an ihr Sterbebett. Und so verkennt die Welt sie als eine »Herzenstaube, unfähig das Gute zu begreifen, den Herrn zu hören, und die Sprache der Liebe und des Glaubens zu sprechen« (750). Ihre eigenen Aufzeichnungen ihres Leidensweges, die Teil des Romans sind, stellen diesen Irrglauben erst in seiner ganzen Rohheit bloß.

Erzählt wird die Geschichte aus der Perspektive des von seiner Reise zurückgekehrten Geliebten, der zu spät die Liebe und Großmütigkeit seiner Geliebten erkennt. Er ersteht auf der Versteigerung des gepfändeten Hab und Guts der Marguerite den Roman *Manon Lescaut* zu einem sagenhaften Preis. Ihrem Liebhaber wird er zur Reliquie; zu spät kommt seine Einsicht, dass Marguerite – viel edler als Manon – im Sterben von ihrem Geliebten verlassen, in einer Herzenswüste stirbt. Anders als Manon hatte Marguerite keine anderen Lieben neben ihm, frönt sie nicht dem Götzen Gold.

Manon Lescaut: Der Götze Gold

Manon Lescaut, ein Melodram, spielt nicht im Paris des 19. Jahrhunderts, sondern im Ancien Régime. Der Roman des Abbé Prévost, veröffentlicht 1731, hat es im 19. und 20. Jahrhundert auf Opernbühnen und die Leinwand gebracht. Am berühmtesten ist Puccinis gleichnamige Oper von 1893 geworden. Die Oper eröffnet mit einem jungen Mann, dem Chevalier Des Grieux, der nicht an die hohe Liebe glaubt; die himmlische Vergötterung von Liebe und Geliebter hält er für eine Farce. Eine wie die andere, ob braun oder blond, alle nicht mehr als ein reizender Zeitvertreib: »Tra voi, belle, brune e bionde« (I:14). Aber mit der unentschlossenen Tändelei ist es schon im nächsten Augenblick vorbei; er lernt die Liebe kennen, die ihm zum Schicksal wird. Durch die Schönheit der Manon Lescaut, die der Welt entsagen soll und sich auf dem Weg ins Kloster befindet, wird er zur hohen Liebe und zu einem neuen Leben bekehrt: »io t'amo, a nuova vita l'alma mia si desta«. Und dieser unvergleichlichen Passion bleibt er treu bis zum Tod. Am selben Abend lässt sich seine Angebetete Manon, die vom Bruder mit dem reichen Libertin Geronte verkuppelt werden soll – der das Alter im Namen trägt – stattdessen von dem armen, unsterblich verliebten Studenten von Adel entführen: »Vi rapisce amore« (I:34).

Aber der Bruder Lescaut, der sich als eine Art Zuhälter seiner Schwester entpuppt, kennt diese besser und hat andere Pläne. Er bringt den reichen, alten Verehrer auf die Spur der Verliebten:

seine Schwester, eher ein leichtes Mädchen, ist nicht für Hütten, sondern für goldene Paläste gemacht. Sie braucht einen vermögenden Liebhaber. Der Inzest wird spielerisch zynisch erwähnt; die Fiktion der Familie soll die Realität von Zuhälter und Maitresse verdecken: »Voi farete … da padre ad un'ottima figlia, io completerò, Signore, la famiglia« (I:38), sagt der Bruder, der durch das Verkuppeln seiner Schwester auch für sein eigenes Auskommen gesorgt hat.

In der nächsten Szene schon sitzt die flatterhafte Manon, die ihren armen Liebhaber gegen den vergoldeten Käfig eingetauscht hat, sich selbst bewundernd als frivole Fleischwerdung der Eitelkeit der Frau Welt, ganz mit ihrem Friseur, Rouge, Parfüm und Schönheitspflästerchen beschäftigt, vor dem Spiegel. Aber in ihrem goldenen, eisigen, tödlichen Palast fehlt ihren Sinnen die Hitze der erotischen Liebe. Sie träumt von ihrer armen Hütte, die ihr jetzt als idyllisches Liebesnest vorkommt. In der »bel mondo dorato« (II:60), in der sie als Liebesidol (»bell'idol mio«), als Himmelskönigin von allen Höflingen bewundert und angebetet wird (»la deità siete del giorno, della notte ella è regina«, II:56), ist Liebe nur abgestandenes, leeres Wortgeklingel. Manon, mit ihrem Liebhaber als Venus und Merkur in den Olymp der Götter gehoben, langweilt sich zu Tode. Das Überlebte dieser Galanterie wird durch das Ständchen, das man ihr bringt, profiliert. In der Gattung der aristokratischen, preziösen Liebesdichtung des vergangenen Jahrhunderts wird Manon in die arkadische Hirtenwelt versetzt, wie sie der Schäferroman *Astrée* in vielen Bänden ausmalt.

Sie will mit Des Grieux, geblendet von seiner wiedererwachenden Faszination – »È questo l'antico fascino che m'accieca« (II:62) –, diesem goldenen Käfig entfliehen. Weil sie sich aber noch in der hingegebendsten, sublimsten Liebesumarmung, in der sie ihren Mund zum von Gott geküssten Altar erklärt – »La bocca mia è un altare dove il bacio è Dio« (II:64) – vom Glanz dieser Welt, von ihren goldenen Versprechungen blenden lässt – »Tutti questi splendori, Tutti questi tesori« (II:68) – und alles aus dem Haus ihres reichen, alten Liebhabers wegrafft, entkommen Manon und Des Grieux zu langsam; sie wird gefasst und verurteilt.

Manon dient zwei Göttern: dem Gold – mit den Worten ihres Bedienten könnte sie auch »l'oro adoro« sagen – und Amor. Beiden gibt sie sich ganz hin. Im Augenblick höchster Gefahr rafft Manon nicht ihr Herz, sondern die Schätze ihres Liebhabers zusammen und wird zur Diebin. In ihrer idolatrischen Liebe zum Gold sieht Des Grieux, der ihr hoffnungslos verfallen ist, seinen Ruin. Es ist diese Liebe seiner Geliebten zum Gold, die ihn in den Dreck gezogen hat:

Tuo schiavo, e tua vittima discendo La scala dell'infamia. Fango nel fango io sono E turpe eroe da bisca M'insozzo, mi vendo. L'onta più vile m'avvicina a te! Nell'oscuro futuro, Dì, che farai di me?	*Ich bin dein Sklave und dein Opfer, tief gesunken, abwärts ging meine Laufbahn, hab' aus dem Schlamm getrunken. Hab' als rechter Held mich wüst verkauft an ein Spielhaus! Diese Schmach bringt, Ärmste, mich dir nah! In dem Dunkel der Zukunft, sprich, was soll werden aus mir?* (II:68 f.)

Ans Ende der Welt will er ihr folgen – und wird dies auch bis ins schreckliche amerikanische Exil tun.

Infam wie alle anderen, wird Manon als gefallenes Mädchen nach Amerika ins Exil geschickt. Das galt damals nicht als das Land der unbegrenzten Möglichkeiten, sondern war eher ein Todesurteil auf Raten. Den Bürgern, die zuschauen, wird mit dem Grauen und dem Mitleid ein Tragödienzitat in den Mund gelegt: »Che infamia! Che orror! Inver fa pietà!« (III:94) In der Wüste Amerikas (»landa deserta«) stirbt Manon, »e nel profondo deserto io cado«, »deserta donna« (IV:104), von Gott und den Menschen verlassen. Des Grieux kann sie nicht durch eine frohe Botschaft retten. Im Angesicht des Todes steht ihre blutbefleckte Vergangenheit vor ihrem inneren Auge auf. »Or tutto il mio passato orribile risorge«, »Ah! di sangue s'è macchiato!« (IV:104) In ihrem Tod wird Manon zu einer großen Liebenden. »Le mie colpe – travolgerà l'oblio ma l'amor mio – non muor« (IV:108). Manon stirbt zwar in der Wüste, aber im Schoße ihres ihr bis zum Tode treuen Geliebten, dem Chevalier Des Grieux, der ihr bis ans Ende der Welt in die Verbannung gefolgt ist. Sein Herz stirbt mit ihr. Es ist aber vielleicht nur die bewegende Musik Puccinis, die ihr Leben nicht in einer Selbststilisierung zur großen Liebenden in verblendeter Selbstidolatrie, sondern in bereuendem Erkennen enden lässt. Manon sühnt ihr flatterhaftes Lieben durch ihren schweren Tod und wird jedenfalls auf der Bühne groß. Auch sie eine Sündenheilige.

Violetta: Sublime, sublime Vittima

Verdi/Piave überhöhen den Plot der *Kameliendame* religiös. Fast führt er die Traviata zu einem glückseligen Ende: zu einer sublimen Liebesvereinigung im Tod. Aus einer vergnügungssüchtigen Frau wird eine große Liebende; für ihre Liebe opfert sie ohne mit der Wimper zu zucken ihr beträchtliches Vermögen. Auf Verlangen des Vaters ihres Geliebten, der die Ehre seiner Familie glaubt schützen zu müssen, entsagt sie ihrer großen und einzigen Liebe. Sie besitzt die Großmut, diese Entsagung vor ihrem Geliebten geheim zu halten und die ihr zugefügte Beleidigung für den angeblichen Liebesverrat zu ertragen. Bis dahin gleichen sich die Plots von Roman und Oper.

Die durchgehend massive Sexualisierung der Kameliendame verklärt Verdi zu einer reineren Liebe. Die Blumen geben uns einen Wink zum Unterschied von Oper und Roman: Die Kamelie war dem 19. Jahrhundert, was die Tulpe dem 17. – die Leute waren verrückt nach Kamelien. Die exotische Kamelie blüht im Winter; sie duftet nicht. Die Kameliendame trägt eine rote Kamelie, wenn sie ihre Tage hat und eine weiße, wenn sie ihre Liebhaber treffen kann. Ihrer Herzensliebe, Armand, gibt sie sich nicht auf der Stelle hin und schickt ihn am ersten Abend weg: als Erklärung schenkt sie ihm eine rote Kamelie. Morgen, wenn ihre Tage vorbei und die Kamelie weiß ist, wird er glücklich werden.

Wie die Kameliendame Marguerite, so trägt auch Violetta eine Blume im Namen. Anders als die stolz prangende Rose, die Sinnbild für Üppigkeit und ins Auge fallende Schönheit ist, steht das zierliche, im Verborgen blühende Veilchen für Demut, Unschuld, Bescheidenheit. Sein süßer Duft, ein Frühlingsbote, verheißt Ewigkeit. Violetta wird der Rückfall Marguerites in die Betten der Männer, in die Vergnügungssucht, in die Ausschweifungen des Babels, das Paris ist, in diese selbstmörderische Lustspirale erspart. Bei Marguerite steht die Schwindsucht auch für diese fieberhafte Lust, ist Metapher einer verschlingenden Sinnenlust. Mit der Liebesentsagung beginnt hingegen Violettas Leidensweg in den Tod; hier ist die Schwindsucht Metapher eines gebrochenen Herzens, das zum verzehrenden Liebestod führt. Vor allen Dingen aber kommen Vater und Geliebter reuevoll und untröstlich an ihr Sterbebett; der Sohn erkennt im Gegensatz zu Armand noch in ihrer Gegenwart das Schreckliche, das er ihr angetan, und das Heilige ihrer Liebesentsagung. Der Vater erkennt, dass seine Forderung an sie, ihre Liebe zu opfern, unmenschlich war. Er wird durch Violetta zur richtigen Liebe, zu einer unbedingten Liebe, die das Ihre nicht sucht, bekehrt. Im Tod wird Violetta verklärt und tritt in ein neues Leben ein.

Marguerite stirbt nicht im Geruch der Heiligkeit. Ihr ruinöser Tod, umgeben von Leichenfledderern, wird nicht verklärt, sondern makaber vor uns ausgebreitet. Ihr Hab und Gut wird verpfändet, um ihre Schulden zu decken: ganz Paris darf seine Nase in ihre

Dinge stecken. Ihre letzte todesgezeichnete Liebesnacht verbringt sie mit ihrem Ex-Geliebten; bereits hier ist das nekrophile Element unübersehbar. Armand schläft mit ihr wie mit einem Leichnam; ihre Seele hat dieses Fleisch schon lange verlassen. Ihr exhumierter Leichnam, den ihr Geliebter später, von seiner Reise zurückgekehrt, umbetten möchte, verströmt nicht den süßen Duft der Heiligkeit, sondern stinkt unter einem Bett von weißen Kamelien zum Himmel. Allen wird schlecht. Der Geliebte trägt ein fatales Hirnhautfieber davon. Die Beschreibung ihres entstellten Gesichts ist eine Vanitas, wie sie im Buche steht. Die schönste aller Frauen wird durch den Tod zur letzten Wahrheit der Verwesung allen Fleisches entstellt; die Rückseite der geschmückten, prangenden Frau Welt, der ganz Paris zu Füßen lag, ist der grauenerregende, verweste Leichnam. Liebe reimt sich in der *Kameliendame* von Anfang bis Ende auf Tod. Das Französische hat sich hier schon immer auf den Ähnlichklang der Worte verlassen: »L'amour«/»la mort«.

In der *Traviata* hingegen wird aus der Kurtisane eine Heilige, die sich selbst aus Liebe opfert. In ihrer selbstlosen Liebe ist Violetta, wie der Vater unter schwersten Selbstvorwürfen erkennt, von unerreichtem Edelmut. Nur in dieser vernichtenden Selbsterkenntnis, ein Opfer gefordert zu haben, das er nicht fordern durfte, kommt Germont an die Liebe der Traviata heran. Und klagt der sublime Tod dieser Frau, ein Liebesopfer, nicht die beschränkte Blindheit, das Kleben an den patriarchalen Konventionen der Ehrbarkeit an, die die verletzliche Einzelne nach Vorurteilen richten, ohne ihr eine Chance zu geben? Ist diese Gesellschaft, vertreten durch den Vater, nicht unfähig, die unvergleichliche Liebe der Traviata zu erkennen? Stellt diese Oper die Kurtisane an den Pranger, oder prangert sie Doppelmoral und Tugendgerechtigkeit der Gesellschaft an? »Mich ekelt Eure Tugend«, würde Effi Briest, auch eine gefallene Frau, mit der keiner Mitleid hat, sagen.

Verdi/Piave arbeiten an dieser Überhöhung des Todes zur Erlösung und Befreiung zur Liebe: wie Marguerite stirbt Violetta im Schoße der Kirche. Sie hat die Sterbesakramente empfangen, ihre Sünden bekannt und bereut, denen verziehen, die ihr Unrecht getan haben. Sie teilt ihr letztes Hemd mit den Armen. Mit ihrem Tod, erlöst von den Schrecken und Schmerzen der Krankheit und ihren Herzschmerzen, ist sie schon nicht mehr ganz von dieser Welt. Sie tritt über in ein neues Leben. Im Sterben wird sie in dieser Welt rehabilitiert und in den Schoß der Familie aufgenommen, die sie zuerst als Gefährdung und Ruin ihres Glücks ansah: sie stirbt, umgeben von den Ihren, von ihrem »Schwiegervater«, der in ihr Tochter und Schutzengel sieht, und ihrem Geliebten. Für Alfredos Ehebund will sie nach ihrem Tode zur Schutzheiligen werden. Aus der ruinösen Halbweltdame ist ein »angiol consolatore«; »tröstender Engel« (II,5:44) der bürgerlichen Familie geworden.

Gleichzeitig schreibt Verdi mit der *Traviata* die Geschichte der Oper neu. Im 17. Jahrhundert wandert die Oper bekanntlich von den Höfen in die Städte. Das passiert in Venedig, damals das gesellschaftliche und geschäftliche Zentrum Europas: San Cassiano war das erste Opernhaus der Welt für ein bezahlendes, städtisches Publikum. Die Oper, bis zu diesem Zeitpunkt weitgehend Herrscherpreis und Fürstenspiegel für die aristokratischen Häuser, wurde zu einer ausgesprochen populären Unterhaltung für die Mittelklassen. Von vornherein war die städtische Oper mit den der Fastenzeit vorangehenden Karnevalsvergnüglichkeiten, den maskierten Tanzfesten und den Umzügen assoziiert.

Dieser karnevaleske Ursprung der Oper ist der *Traviata* eingeschrieben: am *Mardi Gras* wird der schönste, gemästete Ochse in einem Triumph durch die Stadt geführt, um geschlachtet und verzehrt zu werden. Das heidnische Opferritual wird mit dem *Mardi-Gras*-Ochsen zurückgelassen und verabschiedet; abgelöst wird es vom Opfer Christi, dem Osterlamm, das mit der vierzigtägigen Fastenzeit am Aschermittwoch beginnt. Verdis *Traviata* inszeniert diese Ablösung des heidnischen durch das christliche Opfer. So überwindet die *Traviata* diesen karnevalesken Ursprung der Oper; die Opernbühne wird zum Analogon der Kirche. Auf der Bühne findet ein Liebesopfer statt. Wie im 19. Jahrhundert üblich, nimmt in dieser Religion die Frau die Nachfolge Christi auf sich. Das ist selbstverständlich kein heidnisches Frauenopfer, sondern ein Privileg. Die Ochsenparade des *Mardi Gras* lärmt unter dem Fenster Violettas, als ihr Leidensweg beginnt. In Verdis *Traviata* wird der heidnische Opferkult durch das christologische Liebesopfer der Violetta zurückgelassen und überwunden. Das macht die *Traviata* zur romantischen Oper par excellence.

Croce e delizia al cor: Je quitte Paris

Von der ersten Zeile an steht in der *Traviata* alles im Zeichen der Zeit: die Zeit, die vergeht, die Zeit, die verfliegt, die Zeit, die genossen werden muss. Das Vergnügen wird als ein Pharmakon, als eine Droge eingeführt, als eine Medizin, die zu einer Verdoppelung, einer ungeahnten Intensivierung des Lebens führt und alle Sorgen vertreibt. Wir sind auf einem Fest in Paris, in einem prächtigen Salon in Violettas Haus: Champagner, Diner, Tanz. Auch Violettas Leben steht im Zeichen der ablaufenden Zeit, überschattet vom Tod. Gerade hat sie sich von einer Lungenkrankheit erholt und ist in die glänzende Welt des Vergnügungsreigens zurückgekehrt. Gaston, ein Freund, stellt einen neuen Verehrer vor, den jungen Alfredo Germont aus der Provence. Der hat sich inkognito jeden Tag während ihrer Krankheit nach ihrem Wohlbefinden erkundigt. Der augenblickliche Liebhaber und Gönner, Baron Douphol, wittert Konkurrenz und weigert sich, einen Trinkspruch auszubringen. Den Trinkspruch bringt dann auf Wunsch Violettas Alfredo Germont aus.

Mit dem Aufeinandertreffen der beiden tritt eine andere Zeit auf die Bühne. Zeit, die nicht mehr als Vergänglichkeit zum Tode, sondern durch Ewigkeit zum Leben wird: die atmende, pulsierende, heilende Allgegenwart einer kosmischen Liebe. Schon das erste Gespräch zwischen Violetta und Alfredo steht pointiert nicht im Zeichen der Vergänglichkeit, sondern der Ewigkeit: sie möchte Hebe ihm sein, rosenwangige Göttin, die den Göttern Nektar ausschenkt. Er wünscht ihr, der Kranken, eben die Unsterblichkeit dieser Göttin, die ewige Jugend schenken kann. Alfredo feiert in dem perlenden, spritzigen Walzer, der als »Brindisi« zum Welthit geworden ist, die allmächtige, weltumspannende, weltzeugende Liebe im Angesicht der flüchtig dahineilenden Stunden. In ihrer Antwort setzt Violetta auf das Vergnügen – alles andere wäre Wahnsinn. Noch die Liebe wird ihr zum Inbegriff der flüchtigen Vergänglichkeit alles Irdischen. Wie eine Blume sei die Liebe, die wie alles auf dieser Welt lebt und stirbt, blüht und vergeht. Fast fieberhaft genossen muss sie werden, bevor es zu spät ist.

Tutto è follia nel mondo
Ciò che non è piacer.
Godiam, fugace e rapido
È il gaudio dell'amore;
È un fior che nasce e muore,
Né più si può goder.
Godiam … c'invita un fervido
Accento lusinghier.

Aberwitz ist alles in der Welt,
was nicht Vergnügen ist.
Genießen wir das Leben, flüchtig
und schnell vorbei
ist die Freude der Liebe;
sie ist eine Blume, die entsteht und
vergeht,
länger kann man sie nicht genießen.
Genießen wir das Leben … dazu
lädt uns
ein feuriger verlockender Spruch.
(I,2:18 f.)

Die Opposition von flüchtigem, taumelndem, fatalem Vergnügen mit seinen immer neuen, immer gleichen Zerstreuungen versus ewiger, kosmischer, rettender und heiligender Liebe bahnt sich bereits hier an. Das »Leben ist nur Vergnügen« – und das heißt auch ewiger Wandel und Unbeständigkeit, sagt Violetta – »wenn man sich noch nicht liebt« (I,2:19), kontert Alfredo. Violetta weiß nicht, was Liebe ist. Das Fieberhafte dieser Vergnügungssucht unterstreicht der wilde Walzerrhythmus. Violettas Welt ist eine Welt, in der das rauschhafte Vergnügen als Pharmakon das Leben intensiviert, aber gleichzeitig auszehrt.

Als sie zum Tanz bittet, hat Violetta einen Schwächeanfall und muss zurückbleiben. Die Rosen sind von ihren Wangen gewichen. »Welche Blässe« (I,3:21), sagt sie zu ihrem Spiegelbild in der klassischen Figur der Vanitas: mitten im blühenden Leben lauert der Tod als dessen letzte Wahrheit. Alfredo meint, dass dieser Lebensstil, dieses verzehrende Lebensfieber, diese Vergnügungssucht, sie umbringt. Die Schwindsucht wird hier zur Metapher eines fatalen Lebensstils und umgekehrt wird der fiebrige Lebensstil zur Metapher für die Krankheit. Fieberhaft begehrt Violetta dieses Leben, fieberhaft wird sie davon verzehrt. Wäre sie die seine, würde er über ihre Tage wachen. Sie lacht ihn aus. In Alfredos großem Liebesgeständnis, langsam, machtvoll, legato aus ihm strömend, ist alle Hektik, aller Fieberrausch im langsamen Walzertakt, der sich im »croce e delizia«; »Qual und Glückseligkeit« (I,3:24) aufgipfelt, jubelnd vergessen. Alfredo hat sich auf den ersten Blick vor einem Jahr in sie, die ihn bis jetzt gar nicht wahrgenommen hat, verliebt. Dieser Moment hat für ihn alles verändert. Sie war für ihn wie eine Erscheinung: glücklich, luftig-federleicht tauchte sie vor ihm auf. Von Dante bis Baudelaire führt diese Erscheinung der Dame zu einer Liebe auf den ersten Blick.

Alfredo stellt seine schicksalhafte Liebe als Atem des Universums, lebensnotwendig, ja, die Kraft des Lebens selbst, Lebenshauch, gegen das wirbelnde, schäumende, schnell vergängliche und letzten Endes fatale Vergnügen. Belebender Lebenshauch auch im Angesicht des Schwindens der Luft, die die Schwindsucht ja ist, in der man sich die Seele blutend aus dem Leib hustet. Heil und Heilung ist diese Liebe und kosmisches Prinzip. Mit der alles bewegenden kosmischen Liebe beschließt Dante die *Divina Commedia*: »amor che move il sole e l'altre stelle«. Das hört sich bei Piave so an:

Di quell'amor ch'è palpito
Dell'universo intero,
Misterïoso, altero,
Croce e delizia al cor.

Von jener Liebe, die der Herzschlag
des ganzen Universums ist,
geheimnisvoll und stolz,
Qual und Glückseligkeit für das Herz.
(I,3:22 ff.)

Violetta kontert, sie sei fürs Vergnügen und nicht für die Liebe gemacht. Diese *amor eroico* weist sie weit von sich. Eine andere muss er sich suchen und sie vergessen. Dies ist einer dieser wunderbaren Momente bei Verdi, wo Widersang und Gesang im Duett gegeneinandergesetzt, um dann ineinander verwoben zu werden. Sie sagt das Gegenteil von ihm, im Staccato, ungebunden, unterbrochen, um die Verbindung zwischen ihnen aufzulösen; er hält im weichen, bindenden Legato dagegen. Er bindet sie ein. Widerstrebigkeit kommt zum Einklang. Musikalisch ist das *der* die Oper durchziehende Gegensatz: der von einem Staccato oder jedenfalls einem Pizzicato – unterbrochene Präsenz – und dem wiegenden, strömenden Legato, wo der Ton ununterbrochen alles verbindet, wo alles begehrend in diesem Ton pulsiert.

Alfredo gehorcht und verlässt sie. Sie gibt ihm eine Blume, die er wiederbringen soll, wenn sie verwelkt ist. Die Blume steht hier im Gegensatz zur Kamelie in der *Kameliendame*: auch Armand, wir erinnern uns, bekommt eine rote Blume, als er geht. Durch die Blume sagt ihm Marguerite, warum sie jetzt nicht mit ihm schlafen kann. Nicht nur die fleischlich-sinnliche Blume der Kameliendame, auch die eingangs in der Figur der Blume zitierte Vanitas-Tradition, in die das Erblühen und Verwelken eingebettet ist, wird in der *Traviata* umbesetzt. In der *Kameliendame* war die Blume nicht nur Hinweis auf die Tage, sondern auch Sinnbild der Vergänglichkeit der Liebe: sie erblüht und verblüht. Gilt die erblühende Rose als Anreiz zum sofortigen Sinnengenuss, der vom Mann angemahnt wird, solange es noch Zeit ist und Schönheit und Liebe nicht verblüht sind – »Mignonne, allons voir si la rose qui ce matin avait déclose sa robe de pourpre au soleil« (Ronsard, *À Cassandre*) – so ist die verwelkte Blume Sinnbild einer verblühten Schönheit und Liebe, die ihre Zeit nicht hat nutzen können, deren Zeit vorbei ist.

In der Oper wird die verwelkte Blume Alfredo, »Himmel! Morgen (schon)« (I,3:25), zum Hoffnungszeichen einer unvergänglichen Liebe. Im Einklang mit dem Universum, als Sein der Welt, ist diese Liebe dem Herzen »croce e delizia« (I,5:28). Im Zeichen des Kreuzesopfers steht sie im Gegensatz zum schnellen Genießen: »gioir«, sofort, solange es noch Zeit ist. Schmerz und Seligkeit sind in dieser verbindlichen Liebe vereint und gipfeln sich in »gioia«/»dolor« (III,7:102) als letztes Wort der Oper auf. Seligkeit ist ihr Schmerz, Schmerz ihre Seligkeit. Es ist eine Liebe, deren Kreuz Ekstase ist. Süßen Schmerz empfindet Teresa von Avila im Liebesbrand, durchbohrt vom Schwert des Cherubin, süßen Schmerz Franz von Assisi, als auch er im Liebesbrand die Wundmale des Herrn empfängt. Alfredo ist glücklich (»oh ciel«, I,3:24); alle seine Wünsche sind erfüllt. Im vollkommen harmonischen Einklang singen Violetta und Alfredo ihr »Addio« (I,3:26).

Die Kamelie der Marguerite steht für sinnliche, letzten Endes fatale Erfüllung; die verblühte Blume der Violetta für den Beginn einer heilenden Liebe. Kaum ist Alfredo gegangen, bricht der Trubel der Welt mit seinen fieberhaften Vergnügungen wieder über Violetta herein. Die Wellen der Lust reißen sie aus dem Himmel ins nächtlich fatale irdische Paradies. Paris ist auf dem rauschenden Gipfel der Vergnügungssaison. In diesem Taumel ist alles verkehrt, die Welt steht Kopf: den Feiernden wird der Tag zur Nacht, in der sich alle »in paradiso« (I,2:18) wähnen. Im Morgengrauen gehen die Feiernden schlafen, um am nächsten Abend weiterfeiern zu können. Unersättlich.

Aber Alfredo hat sich Violetta ins Herz gesungen; sie hat aufgehorcht und hält im rauschenden Taumel der Welt verzückt in ihrem Liebesschmerz inne: »croce e delizia«. Sie hat die Liebe, die er singt, verstanden, tatsächlich erhört. Sie stimmt in das wiegende, strömende Legato ein. Diese erste große Arie der Violetta, gebunden diesmal, zeigt ihre Umkehr: Nie hat ihr jungfräuliches Herz geliebt, zum ersten Mal öffnet es sich dieser Süße.

Im Lichte – oder besser: im Ton, im Tönen – dieser neuen Liebe erkennt sie den fruchtlosen, sterilen Wahnsinn des taumelnden Wirbels des Vergnügens: »per l'aride follie del viver mio?« (I,5:28) Mitten unter allen in dieser von Leuten wimmelnden Wüste Paris ist sie allein. Sie kehrt sich von der Welt ab, geliebt, liebend. Die von Alfredo entzündete Liebesglut tritt an die Stelle des sie verzehrenden Fiebers der weltlichen Zerstreuungen und Genüsse, die zum Pars pro Toto für ihre auszehrende Schwindsucht werden.

Aber sofort schlägt diese Umkehr zur wahren Liebe in einem Chiasmus, überkreuz, wieder um: gerade diese »amore serio« sei nichts, meint Violetta, als leerer Wahnsinn, Trug, Schaum der Tage. Nichts bliebe ihr, als immer frei in den Mahlströmen der Wollust umzukommen. Immer frei von Vergnügen zu Vergnügen zu eilen. Das wiederholte »gioire« (I,5:30), hart im steilsten Sopran, hat hier etwas von einem Todesurteil. Verdammt fühlt sich Violetta zur Lust. Der Sopran überschlägt sich wieder eigentümlich hysterisch, der Rhythmus eilt hetzend auf dieser Lustjagd nach immer neuen, so ungebundenen wie einsamen Vergnügungen. »Freedom is just another word for nothing left to lose.«

Follie! follie … delirio vano è questo!
Povera donna, sola,
Abbandonata in questo
Popoloso deserto
Che appellano Parigi,
Che spero or più? …
Che far degg'io! … Gioire,
Di voluttà nei vortici perire.
Sempre libera degg'io
Folleggiar di gioia in gioia,
Vo' che scorra il viver mio
Pei sentieri del piacer.
Nasca il giorno, o il giorno muoia,
Sempre lieta ne' ritrovi
A diletti sempre nuovi
Dee volare il mio pensier.

Aberwitz! Torheit … eitler Wahn ist das!
Arme Frau, einsam,
verlassen in dieser
dichtbevölkerten Wüste,
die man Paris nennt;
was erhoffe ich mehr? …
Was soll ich tun! … Mich vergnügen,
in den Strudeln der Lust untergehen.
Immer ungebunden muß ich mich von
einem Vergnügen zum nächsten treiben lassen,
ich will, daß mein Leben die
Pfade des Vergnügens durchläuft.
Der Tag mag beginnen oder enden,
immer soll man mich fröhlich antreffen,
auf immer neue Freuden
soll mein Sinn gerichtet sein.
(I,5:30 f.)

Als »delirio vano«, als Inbegriff der vergänglichen Eitelkeiten der Welt, beschreibt Violetta die »amore serio« (I,5:28), die wahre, heilende, erfüllende Liebe. Aus dieser treibenden Hetze, dem schwindelerregenden Glissando, das einem den Boden unter den Füßen immer neu wegzieht und einen in die Leere fallen lässt, erlöst sie Alfredo. Das Verbindende, Bindende des Tenors umschlingt sie. In diesem Sängerwettstreit, diesem Gegeneinander zweier Stimmen bindet er sie aus dem Nichts atmend, singend in die Liebe, in die Weltenharmonie ein. Sie kann die aus den Fugen geratene Welt, die Welt, die Kopf steht, die karnevaleske Welt lassen. Gegenrede und Rede ergänzen sich, werden verflochten. Sie stimmt ein, stimmt zu. Harmonisch vereint Verdi die Gegenstrebigkeit zum Schwingen im und mit dem Universum: »croce e delizia«.

Sacrifizio: Ein Vater auf dem Land

Der zweite Akt beginnt in einem eleganten Landhaus. Die *Traviata* greift die Opposition von Land und Stadt, von arkadischer Liebeslandschaft und berauschendem Babylon auf, wie sie am traditionsmächtigsten Rousseau formuliert hat. Die Pariser Festszenen spielen zur Nacht, die Idylle auf dem Land im Sonnenlicht. Aber auch auf dem Land kann die Welt nicht zurückgelassen werden, weisen Uhr und Spiegel, Embleme der Vanitas, im Salon auf Trug und Taumel alles Irdischen hin. Alfredo, der in seiner großen Arie glaubt, fast im Himmel zu leben, irrt sich. Die Welt und ihre Freuden, Luxus, Vergnügen und den Genuss der unumschränkten Macht ihrer Schönheit hat Violetta um seinetwillen zurückgelassen: »scorda per me«. Alfredo ist in dieser Liebe neugeboren – »rinascer mi sento« (II,1:32) – und regeneriert. Er ist ein neuer Mensch geworden. Diese Liebe ist für ihn Umkehr. Das Strahlen ihres sanftmütigen, seelenruhigen Liebeslächelns hat seine jugendlichen Irrtümer, sein wildes Temperament geglättet. Die Liebe zu einer vom Wege abgekommenen, einer gefallenen Frau sieht Alfredo nicht wie alle Welt als Irrtum; diese Liebe korrigiert sein jugendliches Übermaß. Seit sie für ihn alles andere vergessen hat, ist er, die Welt vergessend, »quasi in ciel« (II,1:32). Ein bisschen zu viel redet er von sich, von seinem Glück, von seinem Himmel. Ganz sei sie jetzt sein, in ihrer Treue.

Schon im nächsten Takt, bedrohlich von wildem Geigenstreichen unterlegt, bricht Paris, und mit ihm die Welt und das Unglück, tatsächlich Schlag für Schlag, Strich für Strich über das Liebespaar herein. Violetta hatte offenbar schon vorher geschäftliche, weltliche Sorgen; so mitten im Himmel, in dessen wolkenlosem Glück er sich wähnte. Alles Unglück kommt natürlich aus Paris.

Die Haushälterin war dort, um Hab und Gut der Violetta zu versetzen. Denn: das luxuriöse, geschmackvolle Zweieridyll auf dem Land ist teuer, eröffnet sie Alfredo. Er will sich nicht aushalten lassen und auch er geht nach Paris, um die 1000 Louis, die fehlen, aus seiner Erbschaft aufzutreiben – eine übrigens bedeutende Summe. Die beiden Liebenden verpassen sich und verheimlichen sich ihre jeweiligen finanziellen Absichten. Von jetzt an wird sie nichts mehr verbinden, alles entzweien. Violetta trifft Alfredo nicht an, so wie er sie nicht angetroffen hat. Violetta wartet auf einen Mittelsmann, der ihre Vermögensverwaltung in die Hand nehmen soll; stattdessen trifft der Vater Alfredos ein. Der zweite Akt steht nicht im Zeichen der Umkehr und Harmonie der beiden Liebenden, sondern im Zeichen der agonalen Konfrontation von Violetta und dem Vater Alfredos. Und im Zeichen des Liebesverrats, den Violetta Alfredo mit blutendem Herzen vormacht, um ihn auf Bitten des Vaters effektiv und endgültig von ihr zu trennen.

Germont *père* weiß bereits, was Violetta noch nicht weiß: sein Sohn ist in Paris unterwegs, um Geld aus der Erbschaft seiner Mutter aufzutreiben. Oder vielleicht unterstellt er es nur. Jedenfalls beschuldigt er Violetta, Grund für den Ruin seines Sohnes zu sein: sie nimmt ihn aus, er verschleudert sein Erbe für sie. Souverän witzig verwahrt sie sich als Dame und Hausherrin gegen seinen abschätzigen Ton und seine Unterstellung. »Donna son io, signore, ed in mia casa« (II,5:38). Eher um seinet- als um ihretwillen verbittet sie sich weitere unhöfliche Fauxpas. Unmissverständlich macht sie ihm klar, dass er sich in ihr täuscht. Denn nicht sein Sohn opfert sein Erbe für sie; das würde sie auch gar nicht annehmen. Vielmehr verkauft sie im Geheimen alles, was sie hat, für ihn. Dies offenbart sie dem Vater. Alfredos Vater ändert schlagartig seine Meinung über sie: Sie macht das Ganze da nicht aus dem Grunde, aus dem Frauen ihres Schlages so etwas seiner Erfahrung nach tun: um ihre Geliebten in ihrem Eigeninteresse rücksichtslos auszunehmen. Sie ruiniert nicht seinen Sohn, sondern opfert ihm im Gegenteil alles, was sie besitzt.

Warum, so der Vater von Alfredo, würde ihre Vergangenheit sie anklagen, wo doch ihre Großzügigkeit so für sie spräche? Ihre Vergangenheit existiere nicht mehr, kontert sie; jetzt liebe sie Alfredo. Sie habe bereut und Gott habe ihr verziehen. Keine Sekunde zögert Germont, im Namen ihres ihn erstaunenden Edelmuts ein *sacrificium* zu fordern: das Opfer ihrer Liebe. Was Gott verziehen haben mag, das verzeihen die Menschen noch lange nicht. Das Schicksal und das Glück eines reinen Engels, seiner unberührt jungfräulichen Tochter, legt er in ihre Hände. Beschmutzt Alfredo weiter den Namen der Familie, indem er mit einer gefallenen Frau zusammenlebt, wird der Bräutigam die Schwester eines solchen Bruders nicht heiraten. In der patriarchalen Familie sind es die Männer, die Bedingungen stellen; der makellose gute Ruf ihrer Frau geht ihnen, die ohne jede Herzensliebe sind, über alles. Ohne Herzensliebe fordert auch dieser Vater im Namen der Ehre und der Liebe seiner Tochter, die er lyrisch besingt, kaltblütig das Opfer von Violettas Liebe.

Diese Qual, diese Folter, diese Hinrichtung – »supplizio« (II,5:42) – kann sie nicht ertragen. Germont stößt Violetta in die Halbwelt zurück. Aber die Musik weiß es besser: sie hebt sie über Germont hinaus und macht sie zu einer der großen tragischen Heldinnen der *Opera seria*. Die Fallhöhe, die die Tragik ausmacht, wird hier gewissermaßen verkehrt: denn die tragische Heldin fällt von großer Höhe als Königin oder jedenfalls edel Geborene in schwindelerregende Tiefe. Die Traviata kommt aber von unten und wird in ihrer Liebe, die sich im Liebesopfer vollendet, in sublime Höhen katapultiert. Das, was Mozart als narzisstische Verliebtheit in den eigenen Heroismus einer edlen, ewigen Liebe lächerlich gemacht hat, blüht hier zu vielleicht nie geahnter tragischer Größe in Violettas Bereitschaft auf, um einer unschuldigen Liebe willen ihrer eigenen unvergleichlichen Liebe zu entsagen.

Erst in dieser Entsagung wird die Traviata in ihrer Liebe zu Alfredo sublim.

Die Frage, ob wir Violetta ihr Opfer verzeihen, geht deshalb an Verdis *Traviata* vorbei. Genauso könnten wir uns fragen, ob wir Jesus sein Opfer verzeihen. Wert ist dieses Opfer sowieso niemand – verdient haben es sicher weder die Menschen noch die patriarchale Familie. Diese Familien, Männer wie Frauen, sind eben anders als Gott, wie Violetta schmerzhaft, fast bitter feststellt: weder fähig noch willig zu verzeihen. »Ein tyrannisches Gesellschaftsetwas«, hat Fontane das in *Effi Briest* genannt; der tötende Buchstabe des Gesetzes, dem man sich blind unterwirft, weil man anders als Violetta die rechte Liebe nicht kennt, diese Liebe, ohne die alles nichts ist.

Germont ermisst nicht, was er von ihr verlangt: Alfredo ist Violettas Ein und Alles, nichts hat sie sonst auf Erden. Diese Liebe ist ihr Leben. Ohne Liebe wird sie, krank zum Tode, sterben. Der Tod der Violetta, dessen medizinische Ursache die Schwindsucht ist, wird als Selbstopfer heroisiert und sakralisiert. Dann erklärt ihr der Vater mitleidlos im Staccato die Vanitas der Welt: Alles ändert sich – vor allen Dingen die Zuneigung der Männer. Ihre Liebe hat keine Zukunft: »col tempo« (II,5:42) wird die Zeit, die Vergänglichkeit in die Idylle, in die Allgegenwart dieser Liebe einbrechen. Auch diese Liebe wird sterben. Das Abgehackte ist, wir erinnern uns, das Singen derer, die die Liebe nicht begreifen. Violettas absolute Liebe lässt Germont auf die sinnlichen Freuden der Venus schrumpfen. Das Sakrament der Ehe, die eben diese Gefühle heiligen und verewigen kann, bleibt ihr als gefallene Frau, als eine Frau, die ihre Ehre verloren hat, verschlossen:

Così alla misera – ch'è un dì caduta,	*So gibt es für die Elende – die eines*
Di più risorgere – speranza è muta!	*Tages gefallen ist – keine Stimme*
Se pur benefico – le indulga Iddio,	*der Hoffnung, sich jemals wieder*
L'uomo implacabile – per lei sarà.	*aufzurichten!*
	Wenn ihr auch Gott barmherzig
	vergeben hat, zeigt sich ihr der
	Mensch doch unerbittlich.
	(II,5:44 f.)

Violetta willigt in das Selbstopfer in einem hinreißenden Legato ohne alle Überspannung ein; für die junge, reine Schwester wird sie das einzige Gut, das ihr bleibt, alles, was sie auf der Welt hat, opfern. Ihr Leben wird sie für sie hingeben. Das Opfer ihres Liebesheils ist ihr Tod. Aus dem verachteten »Madamchen« ist für den Vater der bewunderte Schutzengel seiner Familie geworden. Aber er versteht nicht, was sie weiß und was ihn eines Besseren belehren würde; »ne siete in tempo ancor« (II,5:44), glaubt er, aber diese Entsagung hat ihr den Todesstoß versetzt. Violetta hat ihren Leidensweg, den Weg ihres Liebesopfers, angetreten.

Germont immerhin versichert sie seines Mitgefühls. Ihr edles Herz werde siegen: »coraggio e il nobile cor vincerà!« (II,5:46). Das ist jedoch eine leere Phrase; denn wie das edle Herz siegen soll, steht in den Sternen. Dass es die *gloria passionis* sein wird, so zynisch ist Germont nicht. Für Violetta, jung und schön, glaubt er an eine Zukunft ohne seinen Sohn. Musik und Text aber wissen es besser: »coraggio e il nobile cor vincerà!«, »che a lei il sacrifica e che morrà!« (II,5:44) »Vincerà« und »morrà« reimen sich durch das ganze Duett hindurch; tatsächlich wird ihr edles Herz in ihrem Liebestod siegen.

Morrò! … la mia memoria
Non fia ch'ei maledica,
Se le mie pene orribili
Vi sia chi almen gli dica.

Ich werde sterben! … Er soll die Erinnerung an mich nicht verfluchen,
wenn es jemanden gibt, der ihm meine schrecklichen Qualen wenigstens erzählt.
(II,5:46 f.)

Von Vater Germont verlangt Violetta, dass er seinen Sohn über ihr Liebesopfer nicht im Unklaren lassen wird, damit Alfredo, den sie bis zu ihrem letzten Atemzug geliebt haben wird, sie nicht als treulose Verräterin verdammt und verflucht.

Conosca il sacrifizio
Ch'io consumai d'amor …
Che sarà suo fin l'ultimo
Sospiro del mio cor.

Er soll das Opfer kennen,
das ich aus der Liebe brachte …
die für ihn bestehen wird bis zum
letzten Seufzer meines Herzens.
(II,5:46 f.)

Unverzeihlich ist, dass Germont dieses Opfer annimmt. Zugutehalten kann man ihm einzig, dass er nicht weiß, was er tut. Das ewige Glück der Liebe und des Sakraments der Ehe glaubt Germont auf Seiten seiner jungfräulichen Tochter und deren Bräutigam sowie seines für das Haus zurückgewonnenen Sohnes; die Vanitas der Welt sieht er in der Liebe der vom Wege abgekommenen Traviata. Auch hier weiß die Musik es besser. Ewig, ewig bindend ist dieses glühende Liebesopfer der Violetta. Souverän strahlt ihr Sopran über dem grundierenden Bariton des Vaters. Vergänglich sind alle weltlichen Liebes- und Familienträume des Vaters, mag er sich seines Sieges noch so gewiss sein. Wenn sich Germont und Violetta »Addio« sagen, dann heißt das Wort hier etwas anderes als in dem Moment, als sich Alfredo und Violetta »Addio« gesagt haben, um gemeinsam in die universale Liebe im Zeichen von Kreuz und Ekstase einzustimmen. Jetzt gehen Germont *père* und Violetta mit demselben Wort, »Addio« (II,5:48), getrennte Wege.

Sie, die schon wenig später tot sein wird, geht in ihrem Liebesopfer zu Gott. Germont geht in die Blindheit der eitlen Leidenschaften der Welt. »Orgoglio« und »vanto« (II,8:54), Stolz und Ruhm des Vaters soll sein Sohn ihm so wie früher sein, befreit von seiner kompromittierenden Liaison mit einer Kurtisane. Die Kindesliebe gilt als die stärkste aller irdischen Bindungen; am festesten kettet das eigene Fleisch und Blut ans Irdische. Sublim wird die Liebe erst von irdischen Banden geläutert. Germonts und Violettas Singen bleibt im Gegensatz zu dem Legato des »croce e delizia« nebeneinanderstehen – unverbunden, unverwoben. Zusammen singen sie aneinander vorbei.

Den Modus ihres Opfers wird Violetta – und darin beweist sich ihre unvergleichliche, von allen verkannte Liebe – selbst in die Wege leiten. Der Vater kann ihr ihr Kreuz nicht aufladen; sie wird es selbst auf sich nehmen müssen. Die einzige Methode, Alfredo von sich zu trennen – das weiß Violetta im Gegensatz zum Vater, der gar keine Ahnung hat, mit welcher Liebeskraft er es hier zu tun hat – ist der Liebesverrat. Den Vater wird sie dazu verpflichten, seinen vor Leiden von Sinnen seienden Sohn zu trösten – vergeblich. Alfredo wiegt sich angesichts ihres letzten, verzweifelten Liebesgeständnisses etwas eitel in der Vorstellung, dieses Herz lebe nur für ihn; da hat er Recht. Vor allen Dingen aber bricht es für ihn. Sie wird Alfredo glauben machen, sie liebe seinen vermögenden Widersacher aus früheren Tagen, den Baron Douphol. Auch Alfredo ermisst genauso wenig wie sein Vater die sublime Liebe der Violetta. Die Blumen werden Metaphern für eine Liebe, stärker als der Tod. Das ist die Verheißung ihres Namens, Violetta, des Veilchens mit seinem süßen Duft, Versprechen der Unsterblichkeit: »Sarò là, tra quei fior presso a te sempre« (II,6:52). Mit diesen Blumen, verspricht sie ihm, werde sie immer bei ihm sein. Alfredo versteht nur Bahnhof.

Der Vater setzt die Liebe zu Heimat und Familie, die Liebe zu den Hügeln der Provence und die Stimme der Ehre als Trost gegen den Liebesverlust seines Sohnes. Und wieder ruft der Vater Gott im Fall seines verlorenen Sohns an: er möge ihn erhören und seinen Sohn auf den Pfad der Tugend und ins väterliche Haus zurückführen: »Dio m'esaudì« (II,8:56). Gott wird ihn nicht erhören. Genauso wenig wie Gott erhört ihn sein Sohn. Der danach losbrechende wilde, dramatisch-tumultige Affekt, von Pauken und Trompeten unterstützt, lässt das berühmte Lied des Vaters, das fast volksliedartig Heimat und Haus besingt, unerhört verklingen. Alfredo wird nicht, wie vom Vater ersehnt, als verlorener Sohn unter das väterliche Dach zurückkehren. Denn just in dem Moment fällt sein Auge auf die Einladung Violettas zum Fest der Flora in Paris. Alfredo hat andere Pläne; auf den Spuren seiner anscheinend verräterischen Geliebten eilt er nach Paris, sich zu rächen. Diese infame Rache wird ihn in ein Duell verwickeln. Danach muss er sich ins Ausland absetzen. Was der Vater Violetta angetan hat, wird er erst viel später verstehen. Und auch der Sohn wird erst, wenn er sieht, was er getan hat, die Liebe der Traviata verzweifelt ganz ermessen und die Kraft seiner anfänglichen Liebe wieder erreichen: »croce e delizia«. Sie geht mit ihrem »Addio« (II,6:52) nach ihrem letzten Liebesgeständnis zu Gott.

Beleidigung: la donna offende

Die neunte Szene des zweiten Aktes spielt wieder in Paris und wie schon die erste Szene in der Nacht in atemlosen Wirbel; diesmal im Haus der Flora, getragen von dem hektischen Rhythmus der Geigen, Rasseln und Handschlaginstrumente, »Flöten und Zimbeln«, Schellen, Lachen und dem Lärm einer großen Menge. Nicht alles ist mehr Musik, Harmonie, sondern es gibt Geräusche. Das alles verleiht dieser Musik eben das Harte, Schlagende, das Unverbindliche, Unharmonische.

Die Szene eröffnet mit zwei Vanitas-Motiven: ein Tisch mit einem Kartenspiel im Zeichen der wankelmütigen Fortuna und ein Tisch, reich gedeckt mit Blumen und Speisen. Die Pracht der Welt angehäuft, nur um ihre Vergänglichkeit mitten im Überfluss des Lebens zu zeigen. Die Einlagen der Masken in dieser Zeit des Pariser Karnevals, der auf den *Mardi Gras* zusteuert, bringen das rituelle Opfer ins Spiel, dessen Paradebeispiel neben dem geschmückten Ochsen des *Mardi Gras* der Stierkampf ist. Sie vervollständigen den Verweis auf das Gauklerische, Trügerische einer Welt, die Kopf steht. Die die Zukunft voraussagenden Zigeunerinnen, die Stierkämpfer aus Madrid und Andalusien sind verkleidete Gäste der Flora, die zur Unterhaltung in diese Rollen geschlüpft sind. Wir haben also ein Theater auf dem Theater. Vanitas – die wankelmütige Fortuna, die vorhergesagt wird – und orientalisch antike Opferkulte – der Stierkampf, der *Mardi-Gras*-Ochse – kommen in einem stampfenden, schlagenden, abgehackten Musikregister. Gewechselt wird von den »klassischen« Orchesterinstrumenten zu den Instrumenten, die die orientalischen Opferriten begleiteten: Flöten und Zimbeln, Tamburin.

All die abwechslungsreichen Zerstreuungen, die auf dem Fest zum Besten gegeben werden, sind von einem dunklen, bedrohlichen Ton grundiert. Am Anfang wird eine große Neuigkeit verkündet: Alfredo und Violetta hätten sich getrennt; Violetta würde mit ihrem früheren Liebhaber, dem Baron erscheinen. Die stern- und händelesenden Zigeuner sagen eben dies voraus: Liebesbetrug, im unverbundenen Staccato, unterstrichen vom Tamburin. Von Anfang an sind in dieser Szene alle Paare überkreuz, streiten und bedrohen sich, fürchten die Unbeständigkeit des Anderen, den Liebesverrat. Flora und ihr Begleiter, der Marchese führen den durch die angekündigte Trennung von Alfredo und Violetta gesetzten Ton fort: der Marchese, sagen die Zigeunerinnen, halte nach anderer Liebe Ausschau. Die Szene ist von Unbeständigkeit, von der Wankelmut der Fortuna bestimmt. Sie steht ganz im Zeichen der Wechselhaftigkeit und der untreuen Liebe, für die Rache angedroht wird. Genauso unstet, abwechselnd, abgehackt ist die Musik; disharmonisch stößt Entgegengesetztes aufeinander, verbunden nur durch eine untergründige Gehetztheit und nervöses Pizzicato. Von *providentia* und *constantia*, aber auch von Verbindlichkeit, von Legato und harmonischer Musik keine Spur. Volksmusikartige Einlagen wie Balladen wechseln sich mit Arien und kunstvollstem Gesang ab. Die Szene kreist um Motive des *Mardi Gras* mit seinem zu schlachtenden Ochsen und um den Stierkampf. Mit dem »bue«/»Bœuf« (II,11:64) des *Mardi Gras* klingt das Opfermotiv an; der Ochse ist, anders als das Deutsche es mit dem Sündenbock sagt, das primordiale Opfertier. Die Theatereinlagen nehmen vorweg, was die Intrige ausspinnen wird: Blut und Tod liegen in der Luft. Die vorgetragene, volkstümliche Madrider Ballade fragt nach dem Preis der Liebe. Fünf in der Arena getötete Stiere für Hand und Herz, fordert die schöne Andalusierin von ihrem Matador. Das klappt. So gewinnt der triumphierende Stierkämpfer seine Schöne. In diesem eigenartigen Liebesopfer ist der Preis der Liebe des jungen Mannes der Tod der Stiere. Selbst diese »glückliche« Szene einer gelungenen Vereinigung schwimmt in Blut; niederstechend ist auch der Rhythmus, der regelrecht eingepaukt wird, mit kastagnettenartigen Schlaginstrumenten afrikanisch, wird Nietzsche à propos von *Carmen* sagen, verstärkt.

Das ist Vorspiel für das, was jetzt unter den Gästen passieren wird: Alfredo geht seinem Duell mit dem Baron entgegen. Kaum hat Alfredo das Fest betreten, kommt Violetta mit Douphol – und erschrickt zu Tode, Alfredo da zu sehen: sein Leben sieht sie durch den Baron gefährdet. Blut ist zwischen ihnen, wird Alfredo später sagen. Violetta wird vom Baron untersagt, mit Alfredo zu reden: kein Wort. Violetta bedroht Douphol, sie würde ihn verlassen, wenn er Alfredo zu hart angeht. Der Tenor ist jetzt nicht mehr die Stimme des Frauenlobs und der Liebe, des kosmischen Atems, sondern die Stimme des Zorns, der Beleidigung, der rasenden Eifersucht. Alles weich-süß Bindende ist aus ihr gewichen.

Wie die Arena für den Stierkampf so wird der Ring für die Spieler eröffnet und wie der Matador hat Alfredo »fortuna« oder »la sorte« (II,11:66) auf seiner Seite. Dramatisch grundiert das Orchester in drängendem Rhythmus die Szene. Die Herausforderung des Barons nimmt er an. Das agonale Spiel um sehr hohe Summen ist ein verschobenes Duell zwischen dem Baron und Alfredo, Schlag auf Schlag. Man spielt, statt sich zu duellieren. Alfredo, wahnsinnig vor Eifersucht, hat, wie er selbst sagt, anders als der Matador Glück im Spiel und Unglück in der Liebe.

Gegen diese verheerenden Opfer – *Mardi Gras*, Stieropfer, Menschenopfer – steht das rettende Liebesopfer der Violetta; sie wird ihre Liebe, stärker als der Tod, auf ihrem Leidensweg, den sie auf diesem Fest, von Alfredo verstoßen, beleidigt und geschmäht beginnt, beweisen. Die Peripetie der Oper, von brillant dramatischen Geigenaufschwüngen eingeleitet, um mit einem Paukenschlag und der höchsten Fermate der Violetta zu enden, ist ihr falsches Liebesgeständnis; fast schreiend schleudert sie es Alfredo über dem erregten Rhythmus des Orchesters entgegen, um ihn zu retten. Alfredo will sie vom Fest bekommen, sofort. Deshalb bezichtigt sie sich als infame Frau, Alfredo müsse sie, deren Ruf ruiniert ist, vergessen: »scorda un nome ch'è infamato« (II,13:74). Ihm folgen wird sie nie, weil sie ihr heiliges Gelübde (»un giuramento sacro«, II,13:74) dem gegenüber, der alles Recht der Welt hat, es zu fordern, einlöst: Germont Vater. Alfredo missversteht, was Violetta sagt. Er glaubt, sie meint nicht seinen Vater, sondern den Baron, ihren Liebhaber und Beschützer. Wahnsinnig dringt er auf sie ein. Zum Äußersten getrieben, gesteht Violetta, dass sie den Baron liebt. Das ist der einzige Weg, den sie sieht, Alfredo von sich zu trennen. Es ist dieses Geständnis ihrer Wankelmütigkeit, dieser Liebesverrat, der die unvergleichliche Liebe der Violetta beweist.

Hass, Verachtung, Verkennung, Beleidigung und vor allen Dingen den Liebesverlust ist sie bereit, auf sich zu nehmen.

Vor herbeigerufenen Zeugen diffamiert Alfredo daraufhin sich selbst und Violetta; »tal femmina« (II,14:76) ist noch abschätziger als das »Madamigella« (II,5:38) des Vaters. Alles, was sie besaß, hatte sie um seinetwillen veräußern wollen. Blind vor Liebe, habe er das fast angenommen. Von solcher Beschmutzung des ausgehaltenen Mannes wasche er sich jetzt rein. Ihre Liebe, schreit auch Alfredo am Ende vor Wut fast erstickt heraus, ist keine Liebe ohnegleichen, »croce e delizia al cor« (I,5:30); wie alles in der Welt hat sie ihren Preis. Den wirft er ihr vor die Füße – und beleidigt sie damit als Hure: als eine Frau, die nicht Liebe schenkt, sondern die man für ihre Liebesdienste bezahlt. Erledigt hat er sie in den Augen der Welt, abgestochen mit Worten.

Violetta, als Vorschein ihres tatsächlichen Todes, fällt in Ohnmacht. Unisono verurteilen die Gäste Alfredos Tat, die Beleidigung der Frauen, als unbeschreiblich grauenhaft; ein fühlendes Herz habe er umgebracht. Das Mitgefühl aller gilt Violetta. Den nichtswürdigen Beleidiger, den Mörder verstoßen sie aus ihrer Mitte. Nicht in Harmonie, sondern auf einem dissonanten Missklang endet diese Verbannung:

Oh, infamia orribile	*Oh, eine schreckliche Infamie*
Tu commettesti! …	*begingst du! …*
Un cor sensibile	*Ein empfindsames Herz*
Così uccidesti! …	*hast du so getötet! …*
Di donne ignobile	*Gemeiner Verleumder*
Insultator,	*der Frauen,*
Di qui allontanati,	*geh weg von hier,*
Ne desti orror.	*du erweckst in uns Abscheu.*

(II,15:76 f.)

Der Vater selbst, der von Violetta eben das Brechen dieses edlen Herzens verlangte, erhebt jetzt die Frauen qua Geschlecht, einem typisch romantischen Motiv folgend, in den Herzensadel. Schockiert von dieser so unritterlichen, unehrenhaften Beschimpfung und Beleidigung der Frau, die er aufs Schärfste verurteilt, erkennt der Vater seinen eigenen Sohn nicht. Statt der Geschichte des wiedergefundenen Sohnes, statt einer Rückkehr in die väterliche Ehrbarkeit, die sich der Vater im Namen von Haus und Familie erhoffte, häuft dieser Sohn Infamie auf Infamie:

Di sprezzo degno se stesso rende
Chi pur nell'ira la donna offende.
Dov'è mio figlio? … più non lo vedo:
In te più Alfredo – trovar non so.

Der Verachtung gibt sich der preis,
der, wenn auch nur im Zorn, eine
Frau beleidigt.
Wo ist mein Sohn? … Ich sehe ihn
nicht mehr:
In dir kann ich Alfredo nicht mehr
finden.
(II,15:76 f.)

In dem letzten Gesang des zweiten Aktes verflicht sich das Bereuen Alfredos, das Mitgefühl der versammelten Gäste, das grausame Schweigenmüssen des Vaters gegenüber der so Bemitleidenswerten (»misera«, II,15:78), deren Tugend nur er kennt, mit dem Geständnis der so unverstandenen wie unvergleichlichen Liebe der Violetta. Übertönt wird alles vom süßen, langsam walzenden, wiegenden Takt einer Liebe, stärker als der Tod, die sich eben erst in diesem Moment auch in der weichen Schönheit ihres melodischen Gesangs ganz offenbart.

Alfredo, Alfredo, di questo core
Non puoi comprendere tutto
l'amore;
Tu non conosci che fino a prezzo
Del tuo disprezzo – provato io l'ho!

Alfredo, Alfredo, du kannst nicht
die ganze Liebe dieses Herzens
erfassen;
du erkennst nicht, daß ich sie dir
sogar um
den Preis deiner Verachtung
bewiesen habe!
(II,15:78 f.)

Das Harte, Drängende, Schlagende, Hektische der Szene löst sich in diesem traurigen, wiegenden Walzertakt, in den alle einstimmen, mit einem Tusch.

Der Baron fordert Alfredo zum Duell. Entzweiungen, Missverständnisse, Verwerfungen, Opfer und Liebesopfer bestimmen diese Szene. Mit dem zum Opfer gemästeten, am Ende des Tages am *Mardi Gras* geschlachteten und verzehrten Ochsen ist das Motiv angeklungen, das die Todesszene der Violetta kontrastierend grundiert: Das antike Schlachtopfer wird vom christlichen Liebesopfer überwunden. Die *Traviata* wird so von zwei Zeit- und Liebesvorstellungen bestimmt, denen zwei verschiedene Opfer entsprechen.

Verdi/Piave schreiben der *Traviata* in dieser Ablösung des einen antik-götzenhaften Opfers durch das andere christologische den Ursprung der Oper aus dem Geiste des venezianischen Karnevals ein. Der Triumphzug des Ochsen, seine Schlachtung und Verspeisung am *Mardi Gras* verabschiedet die heidnischen Riten und bereitet den Opfergang Christi, der am Aschermittwoch mit dem vierzigtägigen Fasten beginnt, vor. So auch in der *Traviata*: ihr Liebesopfer verabschiedet die Logik des verheerenden, heidnischen Opfers; dagegen stellt sie ihr heilbringendes Liebesopfer. Verdi führt, kann man sagen, die Oper aus dem Karneval heraus in die romantische Liebesreligion der Kirche.

Verklärtes Sterben:
vittima sublime – oh gioia

Der dritte Akt der Oper spielt wie bereits die erste und die zweite Festszene im Dunklen, es ist sieben Uhr abends am Veilchendienstag. Wir sind in Paris, an dem Tag, den die spanischen Matadore erwarteten: am *Mardi Gras*, dem rauschendsten, wildesten Fest des Jahres. Nicht nur die Lebenszeit der Violetta, auch ihr Geld ist aufgebraucht; den Rest ihrer Habe schenkt sie den Armen. Das langsame, melancholische Streicherprelude, das die Todesszene einleitet, wird von einer Harfe schleppend und vielleicht sogar bedrohlich grundiert. Über dem steigt die süße Geige ganz hoch, fast jubilierend, sehnend, hoffend, mit einem Triller auf. Violettas Todesmotiv nimmt das Motiv der Ouvertüre auf. Ihr Schlafzimmer hat sich in ein Kranken- und Sterbezimmer verwandelt; sie hustet ständig. Der Arzt kommt zur rechten Zeit; er macht ihr Hoffnung, aber sie weiß, dass ihre Stunde geschlagen hat. Ihrer Zofe sagt der Doktor, was er Violetta verschweigt: nur noch wenige Stunden hat sie zu leben.

Immer wieder liest Violetta einen Brief, in dem der Vater Germont sein und Alfredos Kommen ankündigt: Das übrigens zu dieser Zeit bereits gesetzlich verbotene Duell zwischen Douphol und Alfredo hat stattgefunden – mit bestmöglichem Ausgang ohne Mord und Blut. Dadurch ist Violetta in den Augen der Gesellschaft rehabilitiert; man riskierte sein Leben nur für ehrbare Damen und duellierte sich nicht um die Damen der Halbwelt. Der Baron, verwundet, erholt sich, Alfredo hat sich ins Ausland abgesetzt. Sein Vater hat ihm das Opfer der Violetta enthüllt. Alfredo eilt, sie um Vergebung zu bitten und mit ihr ein neues Leben zu beginnen; Germont, um sie als Tochter in seine Arme zu schließen. Die Lektüre des Briefes wird von dem anfänglichen Liebesmotiv des Alfredo (»di quell'amor ch'è palpito«, I,3:22) unterlegt, das für Violetta heilbringend war.

Violetta fühlt, dass die Zeit abläuft. So lange hat sie schon gewartet. Verzweifelt fürchtet sie, dass Vater und Sohn nicht mehr kommen. Wie in der Anfangsszene blickt sie in den Spiegel: die Rosen ihrer Wangen sind verblüht. Ohne die Liebe Alfredos muss sie sterben; die Welt wird lächeln, wenn sie erfährt, dass sie, die »traviata« (III,4:88), auf so eine Liebe gehofft, daran geglaubt hat. Sie bittet weinend, singend um Vergebung und hofft, zu Gott heimzukehren. Alles ist vorbei. Mit dem Leitmotiv der Oper lässt sie den Liebestraum zurück.

In diesem Moment erklingt unter ihrem Fenster die Musik des Festzugs des gemästeten, geschmückten und bekränzten Ochsen, begleitet von Hörnern und Pfeifen: »corni e pifferi« (III,4:90). Als »vierfüßiger König« wird er im Triumph durch Paris geführt, um abends geschlachtet und verspeist zu werden, bevor am Aschermittwoch die Fastenzeit beginnt: »carne vale« meint etymologisch das Abschiednehmen vom Fleisch essen und das heißt Abschiednehmen von den antiken Opferriten, die mit dem Fleischverzehr verbunden waren. Aus dem Leben wird auch Violetta scheiden; aber im Gegensatz zum grotesken Opfer des fetten Ochsen wird sie sublimes Opfer einer Liebe ohnegleichen. Lachen und Lärmen auf der Straße mischen sich mit den Tränen der Violetta. Ihr süßer Gesang, das Liebesmotiv des Anfangs, steht gegen die lärmende Straße.

In diesem Moment kündigt die erregte Zofe ein unerwartetes Glück an: eine große Freude, von der sie hofft, dass sie der erschütterten Gesundheit der Violetta nicht fatal werde. Eine Sekunde später liegen sich Alfredo und Violetta jubilierend in den Armen: »una gioia« (III,5:92). Alfredo bittet die angebetete Frau, seinen Engel, um Vergebung für sich und seinen Vater. Er verspricht mit demselben Lied aus der ersten Szene, dass beide zusammen Paris verlassen werden, um auf dem Land zu leben. Dort wird ihre Gesundheit wie schon einmal wieder erblühen: »Parigi, oh cara, noi lasceremo« (III,6:94). Der schleppende, verhaltene Rhythmus des Duetts, das zarte, leicht Hinauszögernde, das Verhängt-Verschleierte der Stimmen verrät uns, dass es sich eher um eine Hoffnung, um einen Traum, als um eine konkrete Zukunft hier auf Erden handelt. Es ist der letzte, so glückliche wie illusionäre Liebesmoment; so lange wie möglich verweilen Orchester und Zuhörer mit dem Liebespaar. Kein Wunder geschieht: die Gesundheit der Violetta erblüht nicht.

Violetta will in die Kirche, um für die Rückkehr ihres Geliebten zu danken. Sie ist zu schwach und bricht, grausames Schicksal – »cruda sorte« (III,6:94) –, unter harten, dunklen Geigenstreichen zusammen. Und hart, verzweifelt werden auch die Stimmen; gegen ihren Tod so jung im Leben, nach so vielen Tränen, nach so langem Warten, lehnt sie sich auf. Das, was zuvor als Opposition gesetzt war – Vanitas der Welt versus ewig Rettendes der Liebe – verschränkt dieses verzweifelte Lied in der harten Fügung der Geigen: Wahn (»delirio«) war ihre Hoffnung, umsonst (»invano«) war die Beständigkeit (»costanza«) ihres Herzens. Alfredo bringt sie zum Glauben zurück: Beständigkeit (»costanza«), Hoffnung (»speranza«) und Herz (»cor«) reimt er wieder (III,6:96).

Endgültig versöhnt sie aber das Eintreffen des Vaters mit ihrem harten Schicksal; als Tochter schließt er sie in die Arme. Vater und Sohn erkennen, dass Violetta tatsächlich stirbt. »Sieh, was Du getan« (III,7:99), sagt der Sohn zum Vater: *ecce homo*. Der Vater bereut; zerrissen ist er von Gewissensbissen, zerschmettert wie vom Blitz von jedem Wort der Violetta. Erst jetzt wird ihm das Schreckliche, was er getan, klar: blind, mitleidlos hat er ihr Liebesopfer eingefordert.

Wie Marguerite stirbt Violetta im Schoß der Kirche; im pointierten Gegensatz aber zu der in ihrer Todesstunde von der Welt verlassenen Marguerite stirbt sie umgeben von ihrem Geliebten und dessen Vater, die sie in den Schoß der Familie aufgenommen haben. Für Alfredo will sie zum Schutzengel einer in der Zukunft liegenden Heirat Alfredos mit einer »pudica vergine« (III,7:100) werden. Violetta schenkt Alfredo ein Medaillon mit ihrem Bild. Die Selbstbezichtigungen des Vaters und des Sohnes weist sie zurück; alle Schuld nimmt sie auf sich. Indem sie sich zur Schutzheiligen einer jungfräulichen Ehe macht – »fiore«, »vergine«, »angeli« (III,7:100) –, bestätigt sie den Wert, um dessentwillen der Vater ihr Opfer einforderte. Gleichzeitig erstrahlt ihre Herzensliebe süß glorreich; ihr im Namen der Familienehre vom Vater eingefordertes Opfer lässt die bürgerlichen Werte einer jungfräulichen Ehe verblassen. Es rechtfertigt den Vater nicht, der ein solches Opfer zur Rettung des Patriarchats eingefordert hatte, sondern verurteilt die Einforderung des Opfers einer solchen Liebe. Das letzte Terzett zwischen Vater, Sohn und Violetta vereint alle drei im Leiden der Violetta. Mit ihr will Alfredo den Liebestod sterben; seine letzte Träne wird der Vater um die weinen, die Gott als Engel zu sich ruft.

Die Oper affirmiert die weibliche Jungfräulichkeit und die daran hängende, patriarchale Ehe und Ehre als höchsten Wert der bürgerlichen Gesellschaft nicht. Der höchste Wert, das höchste Gut ist die glorreiche, heilbringende Herzensliebe der Violetta, die das Ihre nicht sucht. Keine bürgerliche Tochter, keine anständige Ehefrau und Mutter, sondern eine vom Wege abgekommene, eine Halbweltdame und ausgehaltene Frau ist dieses Liebesopfers fähig. Sie bekehrt die bürgerlich patriarchalische Männlichkeit zur Erkenntnis dieser Liebe ohnegleichen. Ganz erblüht diese Liebe in der *gloria passionis*.

Violetta stirbt so mit dem Liebesmotiv »croce e delizia«, das ihre Passion zusammenfasst, den Liebestod; schon einmal hat es sie vor der fatalen Welt gerettet und geheilt. Sie stirbt den Tod der Heiligen. Dem Gemeinplatz zufolge kommt es zur ekstatischen, atemlosen Liebesvereinigung mit dem himmlischen Bräutigam in der höchsten Freude im Moment des Todes. Verdi/Piave stellen diese himmlische Liebe nicht gegen die irdische Liebe. Der Preis der ekstatischen Liebesvereinigung im Tod ist nicht die jungfräuliche Unverführbarkeit als Abkehr von weltlicher Erotik – für dieses Programm steht die puritanische Heldin par excellence, Clarissa –, vielmehr vollendet die himmlische die irdische Liebe. Violetta wechselt ins Parlando. Mit dem Wort »gioia« (III,7:102) lässt sie ihren Körper hinter sich; verklärt tritt sie in ein neues Leben ein. Nicht ihre Gesundheit, wohl aber das Heil erblüht: »la tua salute rifiorirà« (III,6:94). Dieses Heil will sie auch für Germont und seinen Sohn, ihren Geliebten erblühen lassen. Das Veilchen verströmt seinen süßen Duft. Es ist vollbracht. Nachtönt Verdis Musik.

Verdis Bluthochzeit
Les vêpres siciliennes

»Die Vesperglocke läute euch,
Sie läute euch zu ew'gem Glück!«
(Montfort in Verdi, »Vespri IV,2«)

Bürgerkrieg oder Befreiung?

»Als Sizilianische Vesper bezeichnet man die am 30. März 1282 am Ostermontag zum Zeitpunkt der Vesper zunächst in Palermo auf dem Platz vor der Kathedrale ausgebrochene und von einer Serie von Massakern an Franzosen begleitete Erhebung der sizilianischen Bevölkerung gegen die französische Herrschaft unter Karl I., die sich schnell über die ganze Insel ausbreitete und zur Vertreibung des Hauses Anjou aus Sizilien führte« (https://de.wikipedia.org/wiki/Sizilianische_Vesper). Auslöser der Erhebung war ein Sexualdelikt: die Vergewaltigung einer Sizilianerin durch einen Besatzer. Die Vesper führte zu einer weiteren Teilung des Landes – das Königreich Neapel wird von Sizilien getrennt – und ersetzt eine Fremdherrschaft (Anjou/Frankreich) durch eine andere (Aragón/Spanien).

Im Zuge des Risorgimento entzündete sich an der Sizilianischen Vesper, die Erhebung gegen die Fremdherrschaft, ein Konflikt der Interpretationen. Heroischer Vorläufer der italienischen Einheits- und Freiheitsbewegung und Beginn eines brüderlich geeinten Volkes, einer Nation? Das war die dominante Rezeption. Die von Goffredo Mameli geschriebene und mittlerweile offiziell bestätigte Nationalhymne von 1847 *Fratelli d'Italia* sieht in den *Vespri* den Gründungsmoment der italienischen Befreiung von Fremdherrschaft und Einigung einer Nation, die sich jetzt, also 1847, vollenden soll: »Il suon d'ogni squilla, i Vespri suonò«. Sinngemäß: »Jede Kriegstrompete ruft wie die Glocken der Vesper zum Aufstand gegen die Fremdherrschaft und zur Einigung des Volkes«. Die Gründung Italiens wird in der Nationalhymne explizit in die Nachfolge des Römischen Reiches gestellt; noch die Siegesgöttin ist, wie der größte römische Feldherr Scipio Africanus bewiesen hat, »Sklavin Roms«. »Vespri« ist hier Kurzformel für die heroisch-männliche Befreiung der weiblichen Italia, für das Zusammenwachsen eines brüderlich geeinten Volkes. Es war der Zug der Tausend des Giuseppe Garibaldi 1860 durch Sizilien, der die Vesper zur Mutter der italienischen Einigung und rückwirkend zu einem fast mythischen Ereignis machte. Auffällig ist an dieser Rezeption, dass das sehr reale Sexualverbrechen allegorisch verschoben wird: im Land der Brüder ist Italia eine allegorische Frau. Wirkliche Frauen dagegen und damit Liebes-, Ehe- und Familienbande verschwinden von der Bühne des national-brüderlichen Geschehens.

Verdis 1855 in Paris uraufgeführte Oper *Les vêpres siciliennes* hat die Vorgeschichte dieses historischen Aufstands gegen Karl von Anjou zum Thema. Das, was mit einer brüderlichen Republik ins Private abgeschoben wurde – Sex und mit ihm die Frauen – ist handlungsbestimmend, wie das auch in der tatsächlichen Vesper von 1282 der Fall war. Auch in Verdis Oper geht es um die Befreiung des Vaterlandes von tyrannischer Fremdherrschaft. Perspektiviert aber wird der Kampf von Mann gegen Mann, von Tyrannen und Befreiern durch das Verhältnis zwischen Mann und Frau:

Vergewaltigung und Hochzeit. So haben wir in den *Vespri* anders als in den *Fratelli d'Italia* nicht Brüder und allegorische Frauen, sondern Schwestern, Mütter, Väter, Söhne, Bräute und Bräutigame. Obsessiv kreist diese Oper um die Signifikanten *patria, padre, madre, fratello, sponsa, sposo*. Die Oper endet allerdings nicht in der glücklichen Befreiung und Vertreibung der Fremdherrscher durch das sizilianische Volk unter der heroischen Führung Procidas, sondern fatal in einer alle Eintracht zerschlagenden Bluthochzeit, die die nächste Fremdherrschaft einläutet.

Weil die »Sizilianische Vesper« zum Schlagwort der italienischen Einigungsbewegung, zum Ruf zur Befreiung von Fremdherrschaft geworden war, horchten die Bourbonen und die Habsburger auf. Unter dem Druck der Zensur wurde in der Restaurationszeit nach der Zerschlagung der Einigungsbewegung im Jahre 1849 die Handlung der Oper nach Portugal verlegt und unter dem Titel *Giovanna di Guzman* aufgeführt. Auch an der Mailänder Scala wurde die Oper unter diesem Titel aufgeführt. »Erst 1861, nach der Invasion Garibaldis, der Vertreibung der Bourbonen aus Neapel und Sizilien und der Ausrufung eines Teilkönigreichs Italien unter Viktor Emanuel II., konnte Verdis Oper unter dem Titel *I vespri siciliani* in der italienischen Überarbeitung von Arnaldo Fusinato in Italien aufgeführt werden« (https://de.wikipedia.org/wiki/Les_vêpres_siciliennes#Rezeption_und_Bearbeitungen). Die deutsche Übersetzung hält sich weitgehend an die italienische Überarbeitung.

Wie viele Opern Verdis kreist auch diese um die Einigung eines Volkes und die Befreiung von tyrannischer Fremdherrschaft. Das 19. Jahrhundert modelliert Geschichte – und was Italien angeht, die Entstehung eines Nationalstaates gleicher und freier Brüder – nach dem Römischen Reich. Mit der heroischen Glorie dieses Reiches kommt aber auch der Fluch der Bürgerkriege. Wie ein Damoklesschwert hängen die römischen Bürgerkriege, die ihr Urbild im Brudermord von Romulus an Remus fanden, über der italienischen Einigung; Vatermord, Brudermord sind ständige Themen (Lowrie). In den *Vespri* Verdis wird der um Haaresbreite abgewendete Vatermord zum Dreh- und Angelpunkt des Dramas, zum Kipppunkt der Oper. Montfort, der französische Statthalter, bekehrt sich vom Tyrannen zum liebenden Vater; Arrigo und Elena bekehren sich von Rächern zu liebender Menschlichkeit, zu *concordia* und Einheit. Procida hingegen wird vom heroischen Vaterlandsliebhaber, vom Sänger seiner Herzensliebe Palermo in der hinreißenden Bassarie, mit der er die Szene betritt, zum tückischen Verschwörer und Brudermörder, dem alles Menschliche fremd wird. Mit dieser plötzlichen Kehrtwendung lassen Verdi und Scribe ihre Figuren eine Umkehr im Sinne einer *conversio*, wie sie Manzonis *Promessi sposi* in den Mittelpunkt stellt, durchleben. Nur gehen die Konversionen von Montfort, Arrigo und Elena in die richtige Richtung zur vereinenden und verzeihenden Liebe, die von Procida hingegen zum spaltenden Hass; seinen Dolch richtet er gegen die Verbündeten von gestern.

Die Gefahr, die über der Einigung Italiens schwebt, liegt mit dem römischen Erbe in der Wiederkehr der Bürgerkriege, in einer völligen Spaltung im Eigenen. Statt das Schwert gegen den Feind, den Anderen zu wenden, wenden die, die sich am nächsten, ähnlichsten, die gleich sind, das Schwert gegen ihr eigen Fleisch und Blut. Eben dies geschieht in der schrecklichen Bluthochzeit, mit der die *Vespri* im Glockengeläut ausklingen. Nicht die Hochzeit, sondern ein Massaker wird eingeläutet. Die Oper macht das Vesperläuten zum gespaltenen Signal. Das Glockengeläut ist melodramatisches Moment: die einen ersehnen es als Besiegelung des Liebesbundes, des Friedens und der Aussöhnung zwischen den Geschlechtern und den Völkern, die anderen erwarten es genauso sehnsüchtig als Signal der Rache und des Massakers, als Zeichen zur Befreiung der Heimat von tyrannischen, vergewaltigenden und mordenden Usurpatoren. Nur Elena, die um diese doppelte, gespaltene Signalwirkung weiß, versucht vergeblich die »Schicksalsglocken« (V,3) schweigen zu lassen. Das Wort *Schicksal*, *destino*, durchzieht die Oper wie ein roter Faden. Auch das ist Inbegriff des Tragisch-Unausweichlichen.

Die Bürgerkriege sind nicht nur historisches Ereignis, sondern eine Figur: die einer totalen Spaltung im Eigenen, die sich in der europäischen Geschichte ausweglos wiederholt. Im nach- wie im vor-revolutionären 19. Jahrhundert wird diese Gefahr zum Basso continuo europäischer Geschichtsschreibung. Jede Erhebung, jede Revolution wird durch diese Linse betrachtet. Immer geht es darum, den römischen Fluch der Bürgerkriege in der Neubegründung einer geeinten Nation zu überwinden. In vielen Opern Verdis, so auch im *Trovatore*, gelingt diese Überwindung des römischen Fluches, das Zurücklassen des Bürgerkrieges nicht.

Die historischen Ereignisse werden im Libretto aus der Werkstatt Scribes aus Gründen der semantischen Profilierung des Feldes – alles spaltender Bruder- und Bürgerkrieg versus einigende Blut- und Liebesbande – verschoben und verdichtet. Die Semantik der geheiligten Liebesbande zwischen Vater, Sohn, Frau und Mann, Braut und Bräutigam, Heimat und Bewohnern, Volk und Herrschenden, Himmel und Erde überschreibt das semantische Feld von fremder Tyrannei und Vergewaltigung und des sich davon befreienden, gerechten, einigenden Volksaufstands. Doch diese Hoffnung hat nicht das letzte Wort. Die Vespri werden in Verdis Oper zur Katastrophe. Die Oper erzählt gerade kein strahlendes Heldenepos der gerechten Befreiung von tyrannischer Fremdherrschaft, kein glorreiches Vorspiel des Risorgimento, das als Blaupause für die aktuelle Erhebung zu liebender, nationaler Vereinigung dienen könnte, sondern eine Tragödie, in der die Hochzeit zur Bluthochzeit wird. In fünf Akten erfüllt die Oper die Norm der tragischen Gattung.

Lange hat man versucht, diese katastrophale und, würden manche sagen, völlig unpatriotische Interpretation der *Vespri* dem Franzosen Scribe in die Schuhe zu schieben, der dafür ein altes

Manuskript aus der Schublade gezogen und zu Verdis Unzufriedenheit nur minimal umgearbeitet hätte. Mittlerweile ist aber klar, dass Verdi bis ins Detail mit Scribe zusammen an diesem Libretto gearbeitet hat. Es steht, entgegen einigen Äußerungen Verdis, durchaus in der Verantwortung beider. Dem Libretto zufolge haben die Franzosen Sizilien unter Guy de Montfort erobert, Conradin, den letzten Staufer und seinen Alliierten Friedrich von Österreich ermordet und ein Schreckensregime errichtet. Hélène (Elena), die Schwester des ermordeten Statthalters Friedrich, ist eine Anführerin des Widerstands gegen die usurpatorischen, tyrannischen Franzosen.

Man hat Scribe immer vorgeworfen, dass er die historischen Fakten verdrehe: »Tatsächlich«, so Wikipedia, »wurde der historische Guy de Montfort … erst 1283 von den Aragoniern in einer Schlacht gefangen genommen und starb 1288 in der Haft. Auch sonst nahm es die Schreibwerkstatt von Scribe nicht sehr genau mit den historischen Fakten. Eine historisch belegte Helena war nicht die Schwester Friedrichs von Österreich-Baden, sondern die Witwe Manfreds von Sizilien, des vorletzten staufischen Herrschers in Sizilien. Sie wurde 1267 durch Karl von Anjou gefangen genommen und starb um 1271 in ihrem Gefängnis« (https://de.wikipedia.org/wiki/Les_vêpres_siciliennes).

Scribe nahm es nicht genau mit den historischen Fakten; er ordnete sie anders an, um eine andere Wahrheit zu Tage zu fördern. Die übliche, patriotische Rezeption durch das Risorgimento wird durch die Oper über den Haufen geworfen. Verdis *Vespri* erzählen nicht die Geschichte einer legitimen Befreiung eines geeinigten Volkes – wie ein Mann stünde Sizilien gegen die Schreckensherrschaft auf. Sie schreiben die Sizilianische Vesper als Bürgerkriegsgeschichte. Liebe überwindet nicht den Hass, das Jawort der Hochzeit ist ein Todesurteil. Die Glocke, die zur Abendmesse, zur Vereinigung der Brautleute Elena und Arrigo und damit zur Vereinigung der verfeindeten Herrscherhäuser, der Staufer und Anjou, zum Altar ruft, ruft zum Massaker einer im Blut ertränkten Hochzeit.

Elena, die trauertragende Schwester des ermordeten Staufers, ist in den Augen Procidas von der zur edlen Rache an ihrem Bruder aufrufenden, tyrannenmordenden Befreierin der Heimat zu einem Fremdenliebchen geworden. Procida, der Anführer der Erhebung und ihr Verbündeter von gestern, bezichtigt sie der Hurerei, des Verkaufes des Vaterlandes an die fremden Tyrannenmörder aus Schwäche im Fleische: Sie sei für den verführerischen Kuss eines schönen Franken, des mächtigen Sohns des Gouverneurs gefallen: »Bist du so schwach? Ist aller Hass verglommen? Hat dem Lande dich geraubt der Kuss des schönen Franken? Wählst den Sohn unsres Feindes zum Geliebten?« (V,3) Procida verflucht sie als eidbrüchige Verräterin: »Du verrietest deine Freunde, die zur Rache für dich bereit, du verrietest die teure Heimat, treulos brachst du deinen Eid! Schande über dich! So lang ich lebe, ruf' ich: Schande über dich! Fluch dir, Verräterin! So lang ich lebe, fluch' ich dir! Du hast dein Land dem Feind verkauft!« (V,3)

Frauen zu beschimpfen und der Hurerei zu bezichtigen, ist in Verdis Opern ein verächtlicher Sprechakt. Sie erinnern sich an das kategorische »Di sprezzo degno se stesso rende, chi pur nell'ira la *donna offende*« (II,15:76 ff.) der *Traviata*. Verächtlich macht sich, wer von Wut hingerissen Frauen beleidigt. Gegen den beleidigenden Fluch des aufständischen Procida, des Helden des Risorgimento, der die sattsam bekannte, misogyne Formel der weiblichen Käuflichkeit und der weiblichen Schwäche des Fleischs ins Feld führt, setzen die *Vespri* die versöhnende Geste einer kosmischen, gottgeheiligten, von Hass und Streit erlösenden, glücksverheißenden Liebe. Friede, endlich Friede soll durch den versöhnenden Liebesbund, das Sakrament der Ehe gestiftet werden. Die Vergewaltigung der Mutter Arrigos, einer Sizilianerin, durch seinen Vater Montfort, einen tyrannischen Fremdherrscher, soll in der Liebesheirat zwischen Elena und Arrigo korrigiert, verbessert und geheilt werden. Die Semantik von Ekstase/Raub/Vergewaltigung wird durch Elena aufgegriffen: sie ist »rapito in estasi« (IV,5) und nicht von Gewalt hingerissen wie die Mutter des Arrigo.

ELENA, ARRIGO
Mit dir vereint!
Nun leuchte hell des Lebens Sonne
Tief in unsre Herzen.
In hellem Glanz erstrahlt der Tag,
Der uns Erlösung gab.
Glanzvoll lichter Tag des Glücks.
Vesperglocke läute uns,
Läute uns zu ew'gem Glück!

MONTFORT
Der Friede kehrt zurück
Kein Neid, kein Hass
Kann uns verderben.
Zu End' aller Streit.
Die Vesperglocke läute euch,
Sie läute euch zu ew'gem Glück!

PROCIDA
Ihr vertraut dem falschen Glücke,
Toren seid ihr, blinde Toren,
Unser Hass wird euch verderben,
Wird den Jubel blutig enden,

HÉLÈNE, ARRIGO
Ô surprise! ô mystère!
Tu prescris, ô mon frère!
Cette chaine si chère,
Que rèvaient mes souhaits.
Je cède avec ivresse,
Et qu'ici ma promesse
Fasse régner sans cesse
Le bonheur et la paix!

HENRI
Désormais plus de guerre,
Et que sur cette terre
La haine et à la colère
Fassent place à la paix!
Ô ma belle maîtresse!
En mon cœur, plein d'ivresse,
Je te fais la promesse
De t'aimer à jamais!

MONTFORT, SICILIENS et FRANÇAIS
Désormais plus de guerre
Entre amis, entre frères;
Que le bruit seul des verres
Retentisse à jamais!

ELENA, ARRIGO
O mia sorpresa! o giubilo
Maggior d'ogni contento!
È muto il labbro, e accento
A esprimerlo non ha.
Ornai rapito in estasi
Da tanta gioia il core,
S'apre al più dolce amore
È pegno d'amistà.

MONFORTE, FRANCESI
Risponda ogni alma al fremito
D'universal contento:
Di pace omai l'accento
Ovunque echeggierà.
Lieti pensieri in estasi
Rapiscono ogni core:
Il serto dell'amore
Coroni l'amistà.

PROCIDA, SICILIANI
(Di quelle gioie al fremito,
Al general contento,
Fra poco un altro accento
Tremendo echeggerà.
Lo spensierato giubilo

Wenn die Vesperglocke
schallt.
Der heil'ge Tag der
Rache naht!
Vesperglocke läute nur!
Nicht zum Glück, nein
zum Tod!
Du läutest Rache,
läutest Tod!
(IV,2)

Ô transport
d'allégresse!
Plus d'humeur
vengeresse,
Et que règnent sans
cesse

Le bonheur et la paix!

PROCIDA et SES
AMIS
Ô hasard tutélaire!
Qu'une trêve éphémère,
Dans l'ombre et le
mystère,
Cache bien nos projets!
Oui, j'en fais la
promesse,
Oui, je veux que sans
cesse
Ma haine vengeresse
Soit fatale aux
Français!
(IV,5)

Si cangerà in dolore,
Dai veli dell'amore
Vendetta scoppierà.)
(IV,5)

Der glücklichen, alle Sizilianer, Franzosen und Montfort vereinigenden Erlösung von Rache, Hass und Blut durch eine ewige, einstimmige Liebe wie in Schillers *Ode an die Freude* stimmt die überarbeitende italienische Übersetzung nicht zu. Den ewigen Frieden ersetzt sie durch einen simplen Waffenstillstand. Die Sizilianer singen mit Procida weiter von Rache. Die Überarbeitung handelt von keiner Hierogamie, keiner universellen Liebesvereinigung, sondern schiebt die Hochzeit ins private Glück. Sie lässt damit Procida und den Sizilianern der Vesper ihr politisches Recht und stempelt sie nicht als die machiavellistischen Rächer ab, als die sie im französischen Libretto erscheinen.

Dass die Hoffnung der erlösenden Versöhnung durch die Eheschließung trügt, macht eine die Oper durchziehende, verschränkende Engführung der Stimmen klar: singt die eine von Frieden, Liebe und Glück, dann die andere von Hass, Rache und Mord. Die gegenstrebige Spaltung, die den Bürgerkrieg auszeichnet, ist in der Struktur der Musik umgesetzt. Das ist Verdis unglaubliche Leistung: das völlig Dissonante, Entgegengesetzte wird in *einem* Ton, *einer* Melodie gegenstrebig zusammengesungen. Die Vesperglocke vereinigt in ihrem Klang das Unvereinbare. Die Musik ist Medium der Spaltung, bringt sie zu Gehör.

Die Procidas Rachefeldzug bestimmende Opposition von Freund und Feind, von Vergewaltigern und Geliebten der süßen Heimat (»cara patria«) geht jedoch nicht sauber auf, sie verläuft spaltend durch alles und jeden: Im Inneren Montforts, Arrigos, aber auch Elenas stehen sich Freund und Feind gegenüber. Montfort liebt in seinem politischen Gegner und potentiellen Mörder den eigenen Sohn. Arrigo, der Rächer ihres Bruders und Bräutigam der Elena, ist, wie sich herausstellt, der Sohn Montforts – eben dieses Tyrannen, den er nach dem Willen der Elena umbringen sollte. Als grausamer Tyrann hatte Montfort die Mutter geraubt und vergewaltigt; »Opfer seiner Leidenschaften« (III,2) sei sie, wie der Sohn sagt, geworden. Dieser Raub endet nicht in Versöhnung. Die Mutter rächt sich, indem sie den Sohn, die Frucht dieser Entehrung, gegen den tyrannischen Vater schickt. An der Seite Procidas wird Arrigo zum patriotischen Freiheitskämpfer gegen die französische Fremdherrschaft in Person seines Vaters. Arrigo ist die fleischgewordene Spaltung. Elena ist zwischen der Rache für den schändlichen Mord an ihrem Bruder und der Liebe zu dem, der sich als Sohn des Tyrannen entpuppt, als Schwester und Braut, hin- und hergerissen. Ist Arrigo ihr zuerst Mittel zum Zweck der Rache, so erkennt sie dann ihre Herzensliebe zu ihm.

Montfort ist fähig, seine Schuld einzusehen und zu gestehen: »Ja, ich gesteh' es. Ich war in Schuld! Ich entführte sie, die Stolze! Und ich raubt' ihr die Ehre. Doch sie entfloh. Für lange Jahre meinen zärtlichen Armen entriss sie den Sohn und erzog ihn im Hass« (III,1). Der Umschlag vom vergewaltigenden, mordenden Tyrannen zum liebenden Vater und gütigen Landesvater findet als Peripetie im dritten Akt statt. Die Schuld eingestehen kann Montfort nur, weil sein Herz schon umgekehrt ist: Vom grausamen Tyrannen zu den süßen Banden der Natur bekehrt, ist er von einem Monstrum in einen Menschen verwandelt. Die Träne im Auge zeigt es: »So kennst du nicht der Liebe Stimme, die auch den strengen Sinn bewegt? Du siehst im Auge Tränen blinken und kein Gefühl hat das Herz dir erregt?« (III,2), fragt der die Stimme der Liebe hörende Vater seinen Sohn. In der Liebe zu seinem Sohn wird er erlöst: »Figlio, ... son beato« (III,3,4). Montforts große Arie, die Liebeserklärung an seinen Sohn, ist das Pendant zur Liebeserklärung des Procida an Palermo.

Der Sohn wird keinen Vatermord begehen, sondern seinen Vater vor seinen Mitverschwörern, seinen Waffenbrüdern, retten. Die eingekerkerten Befreier des Vaterlandes, Elena und Procida, sehen in Arrigo zunächst einen Verräter. Als ihr Arrigo bekennt, Montfort sei sein Vater, erkennt Elena die tragische Ausweglosigkeit, in der sich Arrigo befindet: »Des Geschickes Macht schuf diese Tat!« (IV,1), sagt Arrigo im Gefängnis zu Elena. »Fluch dem Band, das mich fesselt an den Vater, an ihn, der unser Land in Ketten schlug. Verflucht das Schicksal, das all mein Glück in Stücke schlägt, ewig dich mir raubt!« (IV,1) Seinem Vater, dem er das Leben gerettet, hat er das Kostbarste – seine Ehre als Befreier – und das Liebste – Elena – geopfert. »Des Bruders Tod zu rächen, hast du dich selbst geopfert. Ich tat mehr: Ich opferte dem Vater meine Ehre!« (IV,1) Arrigo bittet Elena, ihn nicht zu verdammen und ihm das Recht nicht zu nehmen, für sie zu sterben: »Das Recht, für dich zu sterben, für dich zum Tod zu gehen« (II,2). Elena versteht Arrigo und wird zu einer zweckfrei Liebenden, bereit, mit ihm vereint selig in den Tod zu gehen: »Doch seliges Sterben ist hohes, heil'ges Liebesglück!« (IV,1)

Um das süße Wort »Vater« von den Lippen seines Sohnes zu hören, um den Preis, dass Arrigo ihn als Vater anerkennt und nennt, ist Montfort bereit, auch die anderen Aufständischen, die ihm gerade noch nach dem Leben getrachtet haben und schließlich umbringen werden, zu begnadigen. Aber Montfort versteht erst wirklich, was ein Vater ist, als Arrigo in dem Moment, als Elena vom Henker zum Schafott geführt wird, seinen Vater anruft: jemand, der Liebe nicht um den Preis des Todes erpresst, sondern der seine Kinder und die Liebe seiner Kinder liebt. Montforts Konversion wird vollkommen. Aus einem *De profundis*, aus der tiefen Verdammung, das der geplanten Hinrichtung der Verschwörer voran ging, schwingen sie sich zusammen in die Glückseligkeit. Das Libretto betont die vergebende Güte, die wichtigste Eigenschaft eines guten Fürsten, die jeder Fürstenspiegel kennt: *clementia*.

Der Text verkehrt ein römisches Schreckensbild ins Gute: Der unerbittliche Brutus ließ seine Söhne, sein eigen Fleisch und Blut, als Verräter an der Sache der Republik hinrichten. *Les licteurs rapportent à Brutus les corps de ses fils* ist ein mindestens so berühmtes Gemälde wie der später im Opern-Text erwähnte *Raub der Sabinerinnen* von Jacques-Louis David. Die *Vespri* beziehen sich explizit auf die wirkungsmächtigste republikanisch-neoklassizistische Interpretation der Französischen Revolution auf der Folie der römischen Geschichte. Anders als die ohnmächtige römische Mutter, die der Hinrichtung ihrer Söhne zusehen muss, bewahrt die sizilianische Mutter den Vater vor dem Sohnesmord; ihrem Sohn gibt sie einen Brief mit und offenbart Montfort so seine tatsächliche Identität: »O du, der keinen schont, wenn das Schwert des Henkers Arrigo Nota droht, dem Stolze seines Landes ... Sein schuldlos Haupt doch schone, es ist das Haupt deines Sohnes« (III,1). Ihren Sohn bewahrt sie vor der Hinrichtung. Den Sohn, den Rebellen, lässt der erbarmungslose Montfort nicht hinrichten. So schlimm wie die römischen Zustände, wo Väter ihre verschwörerischen Söhne ans Messer lieferten, sind die Zustände nicht. Die

Vaterliebe erlöst hier von der mitleidlosen, söhne-mordenden römischen Justiz.

Procida dagegen kennt die Heiligkeit der Familienbande nicht. Er versteht nicht, warum Arrigo keinen Vatermord begeht; er sieht nicht, dass Elena Arrigo, der in seinen Augen als Tyrannensohn zum Verräter der Heimat geworden ist, liebt. Menschliches ist ihm fremd. Als der Waffenbruder von gestern den eigenen Vater davor bewahrt, auf dem Maskenball von Elena umgebracht zu werden, gehört er zu den Feinden. Procida wird Arrigo massakrieren lassen. Procidas Befreiungswunsch der geliebten Heimat kippt vom Heroischen ins Verschwörerische. Mit einer anderen Macht, welche die eine Fremdherrschaft durch eine andere ablöst, ist er schon im Bunde: die Aragonesen liegen mit einem Schiff voller Waffen und Gold vor der Küste. So vollendet sich der römische Fluch des Bürgerkrieges, das Wenden des Schwertes gegen die eigenen Eingeweide, der Sizilianer gegen Sizilianer, der Staufer gegen Staufer, von Bruder gegen Bruder. Verdis *Vesper* ist keine Befreiung von Tyrannei, sondern ein Sieg der Rache über die Liebe. Die Vendetta hat das letzte Wort; mit ihm endet die Oper.

Was ist davon zu halten? Wikipedia resümiert lakonisch: »Trotz der Schwächen des Librettos und des Bruchs in der Handlung, indem sich (der Tyrann) Montfort zum Edelmut bekehrt und der Freiheitskämpfer Procida zum gewöhnlichen Verschwörer wird, war die Uraufführung in Paris ein Erfolg. Die Oper wurde danach insgesamt 62-mal aufgeführt« (https://de.wikipedia.org/wiki/Les_vêpres_siciliennes).

Den »Bruch in der Handlung« hat man pragmatisch als Erfolgsorientierung an den französischen Gegebenheiten der *Grande opéra* in Paris unter Napoleon III. interpretiert. Denn die Vesper wird vom Vorläufer einer heroischen, nationalen italienischen Einigung gegen ein Herrscherhaus, das man zur Zeit der Oper als französisch bezeichnete, zu einer illegitimen Rebellion gegen das ebenfalls französische Herrscherhaus der Bourbonen umgeschrieben. Das würde den Erfolg in Paris nationalistisch erklären. Das Paradigma der Nation ist aber offenkundig nicht Verdis Paradigma. Was in seiner *Vesper* besiegt wird, sind nicht die französischen Tyrannen. Die haben sich selbst besiegt, ja bekehrt: vom Hass zur Liebe. Was zerstört wird, ist das Versprechen ewiger Liebe und ewigen Friedens, dessen Figur die Hochzeit zwischen Arrigo und Elena ist, die die Geschlechter, Klassen und Nationen in Freude vereinen soll. Zerschnitten wird dieses glückselige Band der *concordia* nicht von den Sizilianern oder Italienern, sondern von einem in fehlgeleiteter Liebe, in schneidendem Hass erstarrten Helden, Procida.

Unabhängig von Geschäfts-Pragmatik und Nationalismus lese ich Verdis *Vespri* als revolutions-skeptische, risorgimento-skeptische Oper. In den dargestellten Erhebungen sieht diese Oper kein Vorbild erlösender Einigung. Geschichte, zeigt sie, ist fest im Griff des Bürgerkriegs. Das Gegenbild des Bürgerkriegs ist das Selbstopfer aus Liebe, das für den Moment der Musik erlöst, oder auch der Mythos einer heiligen Hochzeit, der in eine arkadisch-idyllische Zeit, eine mythische Gegenwelt verweist. Dafür steht in der Oper die wiegende Sicilienne der Elena. Das würde die *Vespri* in Verdis Gesamtwerk und, allgemeiner, in die romantische Rezeption der Französischen Revolution, der Mutter aller republikanischen Befreiungen des 19. Jahrhunderts, einfügen. Vom Damoklesschwert des Bürgerkriegs bedroht, sah Victor Hugo in *Quatre-Vingt-Treize* die im Terreur mündende Französische Revolution. Für eine skeptische Lektüre der *Vespri* spricht die Musik Verdis, die in der Engführung von Hass und Liebe, Hochzeit und Mord die Struktur des Bürgerkriegs als Spaltung im Eigenen in der Verschränkung von Stimmen, die unisono Gegensätzliches sagen, zu Gehör bringt. Dann ergibt die tragische Struktur der Oper in fünf Akten und Peripetie, die in die blutige Katastrophe mündet, Sinn.

Krieg und Liebe

Im 19. Jahrhundert ist die Sizilianische Vesper in den Gemälden von Hayez wirkungsmächtig geworden. Hayez konzentrierte sich ganz auf die Schändung der Sizilianerin vor der Kathedrale, den übergriffigen französischen Sergeanten und die Rache des Ehemannes: wir befinden uns kurz nach der Vergewaltigung. Die edle Frau sinkt mit halbentblößtem Busen (erste Version), totenblass, ohnmächtig wie eine gebrochene Blume dahin. Der Ehemann hat den Sergeanten, der zu ihren Füßen liegt, gerade erstochen. Auf den Bildern von Hayez wird das Schamlos-Lüsterne im Schatten von Kreuz und Kirche profiliert, die befleckte Keuschheit der Frau durch ihre weiß leuchtende Kleidung unterstrichen.

Dieser Gesetz und Ehre ins Gesicht schlagende Übergriff auf Frauen unter dem Schutz der Ehemänner und Väter – auf Töchter, Bräute, Ehefrauen – definiert den Tyrannen von den Römern bis heute. Endgültig verrät sich Tarquinius Superbus durch die Vergewaltigung der Lucretia als Tyrann. Über ihrer Leiche kommt es zum Volksaufstand gegen die Monarchie; die Schändung der Lucretia ist der Gründungsmythos der Römischen Republik. Ebenso Virginia, die der Decemvir Appius Claudius unter perverser Verdrehung des Gesetzes in seine sexuelle Gewalt zu bringen sucht. Die Erdolchung durch den Vater bewahrt Virginia vor Unterwerfung und Durchbohrung durch den Tyrannen; ihre Leiche führt zur Vertreibung des Tyrannen und zur Restauration der Republik.

An dem tyrannischen Übergriff, an Geschlechterpolitik, entzündet sich auch die Oper. Darin folgt sie dem römischen Vorbild. Ab urbe condita, so Livius, kommt es zu einem Regimewechsel, zu der Vertreibung der Tyrannen aus der Republik, die über die Körper vergewaltigter oder von Vergewaltigung bedrohter Bräute, Töchter und Ehefrauen geht. Das Verhältnis zwischen den Geschlechtern, das heterosexuelle, nicht das homosoziale Paradigma der *Fratelli* und nicht das der offenen Schlachten, in der Mann gegen Mann kämpft, bestimmt Verdis *Vespri*. Die Oper spannt sich zwischen Vergewaltigung als brutaler Unterwerfung der Frau unter den Mann und höfischem Minnedienst als freiwilliger Unterwerfung des Mannes unter die Frau auf.

Das Motiv der Entehrung und Schändung bestimmt alle Bearbeitungen der Sizilianischen Vesper in den unterschiedlichen Konstellationen. In manchen Bearbeitungen ist die Gattin Procidas von der französischen Besatzung vergewaltigt worden. In Verdis Fassung erreicht die Vergewaltigung als Mittel der Tyrannei eine unerhörte Zuspitzung. Arrigo selbst ist Frucht einer Vergewaltigung. Und wie keine andere Erzählung der Sizilianischen Vesper entwirft Verdi ein Gegenbild: nicht Vergewaltigung und Rache, sondern Umkehr zur Liebe, die in einer alles in Liebe umfassenden Hochzeit gipfeln soll.

Den Bürgerkrieg nicht nur durch männliche Bluts- und Familienbande – Brudermord, Vatermord, Sohnesmord –, sondern auch durch Liebes- und Ehebande zu erzählen, war schon eine römische Strategie. Lucans *Bellum civile* stellte die Ehen des Cato, des Pompeius und natürlich die Beziehung von Caesar und Cleopatra nicht als Gegenkraft zum Bürgerkrieg, sondern als eine Spielart desselben dar. Dieser wird durch die Verkehrungen der Liebesbeziehung ausagiert. Sex und Krieg, Liebesbande und Kriegsverwicklungen werden sich gegenseitig zur Metapher. In dem Sinne war in Rom das Private immer schon politisch, Geschlechterpolitik Politik.

In der, mit Hegel zu reden, »romantischen Kunstperiode« ist Liebe, der Sex und die Beziehung zwischen den Geschlechtern, nicht mehr wie in der Antike, der »klassischen Kunstperiode«, die Figur der allumfassenden Spaltung, sondern sie kann zum rettenden, erlösenden Band werden. In den *Vespri* zeichnet sich die Hoffnung ab, das gespaltene Gemeinwesen in Liebe zu vereinen. Die Liebe hat in der nach-antiken christlichen, und a fortiori in der romantischen Schule des 19. Jahrhunderts, in der Scribe steht, eine heilende Kraft, die das Monster im Menschen, die Wendung gegen die eigenen Eingeweide bändigt, die Chaos wieder in eine schöne glückliche kosmische Ordnung fügt. Liebe siegt – zum Glück aller. Das ist von Manzoni bis Hugo, Sand und Verdi die frohe Botschaft der Romantik. Bei Verdi klingt diese Hoffnung immer an, sie kommt in der schönen Harmonie zu Gehör, wird aber so gut wie nie wahr. Verdi ist nicht Wagner, seine Opern sind keine Weihspiele der Erlösung, die in Dur zum guten Ende sich fügen oder der Erlösung noch unwürdig des kommenden Erlösers harren.

Verdi erzählt vollends die *Vespri* nicht als die triumphale Befreiung von Tyrannenherrschaft und die Einigung eines Volkes in selbstbestimmter Neubegründung, als die sie in der Rezeption des Risorgimento wie bei den *Fratelli d'Italia* gefeiert wurde. Seine *Vespri* erzählen die tragische Geschichte eines Scheiterns: die Liebe überwindet den Hass nicht oder nur in der seltenen Ausnahme und nicht auf Dauer. Verdi führt das Friedens- und Einigungsmodell der Herrscherhäuser – nämlich zu heiraten und dadurch nicht Krieg zu säen, sondern Einigung und Frieden zu stiften – gegen den republikanischen Diskurs der Brüderlichkeit. Dieser Aufstand, der jetzt nichts mehr ist als eine homosoziale, illegitime Verschwörung, die gleichgültig ist gegen Herzensbande, richtet sich in der Oper gegen alle *concordia*, gegen Liebe und Frieden. Er setzt das aristokratische, friedliche Herrschaftsmittel des *Tu felix Austria, nube*, das zur Vermeidung des Kriegs dient, aber auch das christlich-romantische Versprechen der kosmisch verbindenden, rettenden Liebe außer Kraft. Die Sizilianische Vesper kommt bei Verdi als Terror.

Procidas Brüder sind nicht aus Fleisch und Blut, sondern metaphorisch – nur wenn sich Sizilien »wie ein Mann« (II,2) erhebt, kommt ihnen Aragon gegen die Anjou zu Hilfe. Procida kennt nicht die Liebe zu Frauen aus Fleisch und Blut, sondern nur die Liebe zu allegorischen Frauen: Seine erste große Arie ist eine Liebeserklärung an Palermo, die einst so mächtige, strahlende, und jetzt von den Besatzern gedemütigte, verspottete Königin. Nach Palermo, nach der süßen Heimat, hat er sich in der Verbannung gesehnt, um jetzt ihren Boden ehrfürchtig zu betreten und sie zu rächen. Sie zum Glanz, zum Glück der Freiheit zu befreien, lebt er. Ins Herz der Brüder möge seine brennende Sehnsucht ziehen, den geheiligten Boden der Heimat von Mördern und Vergewaltigern zu befreien.

Städte und Reiche allegorisch als Frauen darzustellen, ist von Jerusalem, der geschmückten Braut des Alten Testamentes und der Großen Hure Babylon bis zu Lucans Darstellung der Roma als alter, grauhaariger Frau, die Caesar warnend beim Überschreiten des Rubicon erscheint, und der von ihrem Gatten verlassenen Roma, die bei Petrarca um den Papst trauert, eine Konstante. Die Befreiung der Heimat ertönt bei Verdi zunächst im höfischen Diskurs des Frauendienstes; Procida stellt sein Leben in den Dienst der von ihm verehrten, bewunderten und geliebten Stadt.

Auch Arrigo stellt sein Leben in der Tradition der edlen höfischen Minne in den Dienst der Elena; sie, die trauertragende Prinzessin, verspricht ihm, der nichts hat und nichts ist, und den sie trotzdem liebt, die Ehe für seine Rache am Mord ihres Bruders durch Montfort. Sie weiß genauso wenig wie Arrigo, dass Tyrannenmord und Vatermord hier in eins fallen würden.

Klar betreten das Haus Anjou und mit ihm die französischen Besatzer als Tyrannen die Bühne: Montfort selbst kommt als Mörder und Vergewaltiger. Es ist klar, dass der Mord an Elenas Bruder, dem rechtmäßigen Herrscher, nicht nur illegitim, sondern mehr als das, Sakrileg war, ein schrecklicher Frevel, der nach Sühne und Rache schreit. Tyrannisch auch greifen die französischen Besatzer auf die Bräute und Töchter über. Dem tyrannischen Topos folgend, betreten die Franzosen im Zeichen von Weib, Wein und Gesang, angetrunken, die Bühne. Zynisch wird die französische Galanterie ins Feld geführt: Die Sizilianer möchten sie beim Liebeskampf, bei der süßen Arbeit des Liebemachens unterstützen; in Sachen

Liebe kann keiner ihnen das Wasser reichen. Aus dem Tändeln wird blutiger Ernst. Procida souffliert ihnen den tyrannischen Akt des sexuellen Übergriffs: schließlich hätten sie mit dem Land die Frauen unterworfen.

Der schönsten, edelsten, trauertragenden Frau befehlen die Franzosen, aller Höflichkeit brutal ins Gesicht schlagend, wie einem Cabaretgirl, zu ihrem betrunkenen Vergnügen zu singen. Elena singt – und singt sie nieder. Statt den Sieger zu preisen, statt das willfährige Weibchen zu mimen, singt sie ein bedrohliches Rachelied für den Aufstand gegen den Tyrannen, Mörder ihres Bruders. Aber: die Besatzer sind schon hier in sich gespalten. Die besser gesinnten Franzosen stimmen Elena bei, dass der Mord an ihrem Bruder grausam war und jeden Ehrenkodex verletzt hat: er hat Treue gehalten und musste aus edlem Verhalten sterben. Eine Übereinstimmung der Werte kündigt sich an. Mit Gott ruft Elena hinreißend zum Kampf gegen den Tyrannen für die Freiheit auf.

Als Montfort bewaffnet auftaucht, stieben die Sizilianer auseinander. Nur Arrigo bietet ihm die Stirn – und der ist ja, wie Montfort schon weiß, halb Franzose. Wie die Sizilianer – von Procida, Elena und Montfort einmütig als unedles Sklavenvolk eingeschätzt – zum Aufstand aufstacheln? Daran hängt schließlich die spanische Unterstützung. Nichts kommt Procida gelegener als die zwölf Hochzeitspaare; nichts könnte ihm besser passen als eine frevelhafte, massenhafte Brautentführung mit nackter Waffengewalt. Die lüsternen, phallisch gerüsteten, mit Schwertern gut bestückten Franzosen stehen gegen die in Paaren unbewaffnet auftretenden, die Tarantella tanzenden Sizilianer. Procida gibt sich als Freund der Besatzer aus; perfide stiftet er sie an, sich wie die Tyrannen aufzuführen, auf die Frauen der anderen überzugreifen, um die sizilianischen Männer so im Kampf zu einigen. »Nun denn: nur starke Mittel helfen! Wir wagen, was keiner noch gewagt: Wir reizen unsern Feind zu neuen Freveltaten, wir schüren die Begierden der wilden Horden, bis hoch die Flamme zum Himmel lodert!« (II,2) Für Procida heiligt der Zweck die Mittel. Er wird zum üblen, verführerischen Demagogen, zu einer Art Kleist'schem Hermann. Die tyrannisch-übergriffigen Franzosen segnet er, denn sie haben unter seiner Regie das scheinbar Unmögliche geschafft: die Sizilianer zu einigen.

Procidas Strategie geht, sekundiert von Elena, auf: tatsächlich schwören die Sizilianer danach geeint Rache.

PROCIDA *Und tötest den* *Räuber nicht!* *(in tiefer Verachtung)* *Sie stehn und* *zagen …* *Und ihre Frauen küsst* *der rohe Feind!*	*PROCIDA* *Sans immoler son* *ravisseur …* […] *(avec mépris)* *Ils hésitent … ils* *délibèrent …* *Quand leurs femmes sont* *dans les bras …*	*PROCIDA* […] *(con disprezzo)* *Né uccidi il rapitor!* *Frenar si ponno …* *e timidi* *Serbar l'oltraggio in* *cor? …*
ELENA *Die achten ihn wohl* *mehr als ihre Männer,* *Die erduldet solche* *Schmach!*	*HÉLÈNE* *De ces vainqueurs, qu'elles* *préfèrent* *A l'époux, qui ne les* *défend pas …*	*ELENA* *Mentre col ratto* *insultano* *Lor donne i vincitor?*
CHOR (in wildem *Ausbruch)* *Ah! Diese Schmach …* *Heiaha! Heiaha!* *Wir stürmen zur* *Rache,* *Wir rächen die* *Schmach!* *Auf zur Rache, zur* *Tat!* (II,4)	*ENSEMBLE* *(en crescendo et arrivant* *au dernier degré de* *fureur) DANIELI et les* *SICILIENS* *C'en est trop, je frémis et* *de honte et de rage,* *Nous avons trop* *longtemps dévoré cet* *outrage!* *Je m'éveille, et je sens,* *dans le fond de mon cœur,* *De l'Etna, qui mugit,* *éclater la fureur!* (II,8)	*DANIELI,* *SICILIANI* *(crescendo fino* *all'ultimo grado i* *furore)* *Troppo già – favellò* *il dolor nel mio sen.* *Ben è ver! – l'onta* *ria – vendicar –* *or convien!* *Taccia ormai –* *la viltà! – Sento già* *nel mio cor –* *D'un lion – più* *fatal – ribollir –* *il furor.* (II,7)

Der Raub der Sabinerinnen

Nun beziehen die Franzosen die Entführung der Bräute, die das tatsächliche historische Ereignis der *Vespri* im Schlimmen überbietet – Massenvergewaltigung gegen einzelnen Übergriff – explizit intermedial auf den römischen Mythos zur Gründungszeit des Reiches: den Raub der Sabinerinnen. Tebaldo: »Ich kenn ein schönes Gemälde«, und darauf Roberto: »Du meinst den Raub der Sabiner Frauen!« (II,4) Interessant auch, dass der zur Mäßigung rufende französische Roberto die übergriffigen Römer im französischen Skript gleich als Soldateska, als brutale Soldaten (»soudards«) verurteilt, während Procida es den französischen Barbaren verwehrt, sich mit den edlen Römern auch nur zu vergleichen: »Das waren Römer!« (II,4) Für einmal nimmt diese römische Geschichte einen überaus glücklichen Ausgang.

Die von den Römern mit List geraubten, unverheirateten Sabinerinnen sind den Bund der Ehe eingegangen, Frauen der Römer geworden und haben Kinder bekommen. Als Brüder und Väter der Sabinerinnen mit einem Heer gegen die Römer vorrücken, ihre geraubten und entehrten Töchter und Schwestern zurückzuerobern, stellen sich die Sabinerinnen, mittlerweile Mütter, zwischen die Heere und bieten der Schlacht Einhalt: ihre Brüder und Väter würden ihre Ehemänner und Väter ihrer Kinder umbringen bzw. von denen umgebracht werden. Nach anfänglicher tückischer Gewalt des Raubes wird der Krieg durch die Frauen, die gleichzeitig Grund des Krieges sind, beendet: sie stellen sich zwischen die Fronten. Die beiden Seiten, Sabiner und Römer, schon de facto in den Kindern von Sabinerinnen und Römern zusammengewachsen, werden im blühenden, fruchtbaren Gedeihen durch die verbindenden Frauen ein Volk. Hier verhindern die Frauen, Mütter, Ehefrauen, Töchter, Schwestern, den Krieg: sie weisen ihre Kinder, deren Väter die Römer und Großväter, Onkel die Sabiner sind. Kein Wunder, dass Jacques-Louis David dieses Bild 1799 nach der Überwindung des Terreur gemalt hat; schließlich stand die Französische Revolution ständig im Verdacht des Bürgerkrieges. Eben diese Gefahr ist auf dem Gemälde gebannt, zu einem Bürgerkrieg kommt es nicht.

Die explizit aufgerufene römische Folie wird in den *Vespri* veredelt (oder auch katholisch romantisch verbessert): von der pragmatischen Gebärmutter aufs liebende Herz verlegt – und selbst in dieser sublimierten, ganz edlen Gestalt, die alles tyrannische Sakrileg ins Heilige wendet, vom Furor der Aufständischen desavouiert.

Das Aufbegehren Procidas gegen diesen edlen, alles vereinenden Liebesbund liegt vielleicht daran, dass er, wie uns die Oper eher durch die Blume zu verstehen gibt, mit seinen männerbündnerisch-republikanischen *Fratelli d'Italia* liebesunfähig ist. Nie kämpft er, dem Topos des Verschwörers folgend, mit offenem Visier, sondern immer travestiert, verkleidet, versteckt; den »Schleier der Liebe« nutzt er, um darunter den Dolch zu führen. Nie sagt er ein offenes Wort. Die Waffen erhebt er gegen unbewaffnete, ganz dem Hochzeitsfest der vereinigenden Liebe sich Hingebende. Als ob er seine wehrhafte Männlichkeit ständig inszenieren müsste, statt sie im Liebesspiel auszuleben, durchbohrt er lieber mit dem nackten Stahl.

Der auf einem geschmückten Schiff in wonnigem Wiegen von freudvollen Nächten singenden Hofgesellschaft, die sich auf dieser Venusreise der Königin der Liebe huldigend zum Maskenball des Hofes begibt, begegnet Procida mit eifersüchtiger, herabwürdigender, sittenstrenger Abwehr. Als Deckung, als Maskerade für seinen Aufstand will er diese reizende Gesellschaft missbrauchen: alle sollen fallen. Den Phallus als universales Bindeglied – zwischen den Geschlechtern, den Generationen, Himmel und Erde –, als das er auf den Maskenbällen bei Hofe funktioniert, ersetzt er durch dessen negatives Pendant, den alles durchbohrenden Dolch.

Die Hochzeit zwischen Elena und Arrigo ist nach der Entführung der zwölf Bräute und dem Venusmaskenfest im Palast von Montfort modelliert, die sie erfüllend überbietet. Alle drei Szenen spielen mit anderen Tanzmelodien – die Tarantella, die Barcarole, die Sicilienne – in erotischen Gegenwelten. Die alles ins Edle steigernde Hochzeit kommt als dritte Stufe. In der Idylle des königlichen Gartens – Winde fächeln, Brunnen sprudeln – wird die Braut geschmückt. Das Populär-Unkultivierte des wilden Tanzes der Tarantella der sizilianischen Brautpaare, bei dem man sich der Volksetymologie zufolge das wahnsinnig machende Gift aus dem Körper tanzt, wird zu einem anmutig zärtlichen Reigen des jungfräulichen Kränzewindens. Elena sieht die Wut der Rache, die die sizilianische Erde immer entzweigerissen hat, durch ihre Hochzeit geheilt. In der mondbeschienenen Nacht des maskierten Venusfestes stand die Welt in der Verkehrung von Nacht und Tag im Erotischen noch Kopf. Beim Hochzeitstag erstrahlt alles im Glanz der Sonne; an den Tag bringt sie nicht promiske Tändelei, sondern die bis zum Tode treue Herzensliebe der Brautleute. Anders als die Sabinerinnen, anders als die entehrte Mutter des Arrigo muss Elena sich nicht mit Raub und Vergewaltigung arrangieren. Anders als die Mutter Arrigos wird es ihr erspart bleiben, gegen eigenes Fleisch und Blut, den Sohn gegen den Vater aufzuwiegeln, besser als die Sabinerinnen soll sie nicht durch nackte Tatsachen, sondern durch edle Herzensliebe binden.

Dass Elena in dem Moment, da sie zu heilen hofft, völlig zerrissen zerreißen muss, kann Montfort nicht wissen. Sie will »Liebe« sagen und sagt de facto »Mord«. Nur sie weiß, dass ihr Jawort im Glockenklang nicht Zeichen der Versöhnung, sondern der Verheerung wird. Als unerträglichen Verrat empfingen Arrigo und Procida unisono den Versuch, ihr Jawort zurückzuziehen: sieht der eine sich um seine Liebe betrogen, dann der andere um seine Rache. Montfort interpretiert die Weigerung der Elena, ihr Jawort zu geben, als eine Spaltung ihres Selbst: den vergeblichen Kampf gegen ihr Herz soll sie aufgeben. Die innere Spaltung glaubt er zu heilen, indem er den Sprechakt ausführt und die Hände der Brautleute ineinanderlegt. »Und ich, den Tyrannen du genannt, für euch will ich's noch einmal werden. Doch nur zu eurem Besten!« (V,3) Indem er Elenas Jawort gibt, gibt er im selben Moment das Signal für ihren, seines Sohnes, seinen, seines Volkes Mord.

Die Glocken selbst werden zum zwiegespaltenen Zeichen: Montfort, Arrigo, dem Volk bedeuten sie Versöhnung; Procida und den Seinen sind sie Signal der Rache. Verdi führt Rache und Liebe ineinander und gegeneinander. Anders als den Sabinerinnen gelingt es Elena nicht, ihren Bräutigam, die Seinen und die Aufständischen zu binden, einzubinden, zu verbinden, Freund und Feind als *jointress*, mit Hamlet gesprochen, zu versöhnen. Hinter ihrem Rücken wird sie zum Opfer ihres unheilbringenden, schicksalsschweren Namens; Helena war der Anlass für die Mutter aller Kriege zwischen Troja und Hellas. Die Heiligkeit der Ehe, die Heiligkeit der Kirche, die Heiligkeit der Liebe, die zum Versöhnungsfest entwaffneten Franzosen ändern nichts an Procidas höherer Mission, seiner mörderischen Wut: Ihr Jawort, die versöhnende Stimme Gottes, die in den Glocken aufjauchzt, bedeutet Mord. Die Oper schließt mit dem Wort »Rache«.

Unerlöst: Puccini, Bizet, Mascagni

Nicht von dieser Welt: Göttliche Stimmen *Tosca*

Rom – civitas terrena

Giuseppe Giacosa und Luigi Illica haben das Libretto der *Tosca* nach Victorien Sardous Drama *La Tosca* geschrieben. Die Oper zeigt den Kampf zwischen laizistischer, nationalstaatlicher Republik und der Allianz von Kirche und der Habsburger Monarchie, zwischen Freiheit und Tyrannei. Dieser Konflikt bestimmt die italienische Oper der zweiten Hälfte des 19.Jahrhunderts, als Italien, von Fremdherrschaft befreit, eine Regierungsform finden musste und sich als Nationalstaat gründete. In Rom kommt es dabei zu einem Konflikt zwischen italienischem Nationalstaat und dem Anspruch des Vatikans auf territoriale weltliche Herrschaft, unterstützt von den Habsburgern (Grab). Die Oper brandmarkt die Allianz von Thron und Altar als unheilig. Sardous für Sarah Bernhardt, die Diva der Diven geschriebenes Melodrama hatte überwältigenden Erfolg. Aber nicht alle zeigten sich begeistert: Bernard Shaw, angewidert, beschimpfte Sardous Stück als »billigen Shocker« (Budden:181).

Wir wissen nicht, ob Shaw dasselbe vernichtende Urteil über *Tosca* gesprochen hätte. Als schockierend ist die sich auf der blutgetränkten Bühne entfaltende Gewalt, die »decorum« und die Norm der »Wahrscheinlichkeit« des klassischen Theaters hinter sich lässt, empfunden worden. Die Grausamkeit, die das klassische Theater ins *ob-scene* verbannt, wird vor aller Augen ausgebreitet. Der Maler Cavaradossi wird auf der Bühne für aller Ohren hörbar brutal gefoltert; Scarpia, der tyrannische Polizeichef, erpresst auf offener Bühne Sex. Coram publico, das hat man immer als besonders anstößig empfunden, wird er von Tosca, einer Frau, die nicht verrückt ist und weiß, was sie tut, erstochen: »Stirb, Verdammter, stirb, stirb« (II:93), schreit sie. Durch diese Tat wird sie sie selbst, macht sie ihren Namen wahr: »Son Tosca, oh Scarpia!« (II:92) Die Titelheldin trägt beides, blühendes Leben – Floria – und die Todesglocke im Namen – Tosca. Der Nachname, der Drama und Oper den Namen gibt, vereint »tocsin«, Alarmglocke, und »glas«/»sonner le glas«, die Totenglocke läuten. Scarpia verwandelt noch die blühende Natur selbst – Floria –, deren kosmische Lebenskraft und Zierde, in ihren Nachnamen, den der Totenglocke. »Das ist Toscas Kuß!«; »Questo è il bacio di Tosca!« (II:92 f.) Gleich sind Sex und Tod. »Und vor ihm hat ganz Rom gezittert!«; »E avanti a lui tremava tutta Roma!« (II:94 f.), sagt sie verächtlich. Scarpia erstickt im eigenen Blut. Als er tot ist, vergibt sie ihm und legt fromm der Leiche das Kreuz auf die Brust, die Kerzen stellt sie zu seinem Haupt.

Indem Tosca Scarpia ersticht – »Und von einer Frau getötet« (II:92) – verkehrt sie die symbolische Ordnung der Geschlechter: Männer töten, nicht Frauen. Sie verkehrt auch die Roms Geschichte begründenden Exempel von Lucretia und Verginia. Über deren Leichen wurde die neue, republikanische Ordnung gegründet. Lucretia, vergewaltigt, ersticht sich; Verginia wird von ihrem Vater erstochen, um nicht vom Tyrannen durchbohrt zu werden. Tosca aber ersticht den Tyrannen eigenhändig, statt sich von ihm durchbohren zu lassen. Die römischen Exempel tugendhafter Weiblichkeit werden gegen das Alte Testament eingetauscht: Judith schneidet Holofernes den Kopf ab, um ihr Volk zu retten;

Tosca hofft, das Leben ihres Geliebten, ihre Selbstbestimmung und ihrer beider Freiheit vor den irdischen Zuständen eines Terrorregimes retten zu können. Tosca ist eine katholische Judith. Kaltblütig wird Cavaradossi entgegen Scarpias Versprechen coram publico erschossen und auf der Bühne bleibt der Kadaver, den der Held schon im Namen trägt – in »Cavaradossi« hört man den »Kadaver« mit –, zurück. Schließlich springt Tosca von den Festungsmauern der Engelsburg; als Mörderin von Scarpia wird sie von seinen Schergen erkannt. Sie hat nichts mehr, für das zu leben es sich lohnte. Sie ist es, die Scarpia vor das Jüngste Gericht zitiert.

Puccinis *Tosca* ist im veristischen Sinne durch die real existierenden Orte, an denen sie spielt, eine ganz und gar römische Oper. Der erste Akt spielt in der Kirche Sankt Andrea della Valle, der zweite im Palazzo Farnese, der dritte in der Engelsburg. Die Tragödie von Folter, Mord, Verrat und Vergewaltigung beginnt zu Füßen der Madonna in Sankt Andrea della Valle, einer Titularbasilika, die nur hinter Sankt Peter zurücksteht. Der Palazzo Farnese, wo der Polizeichef Scarpia sich eingenistet hat und die Königin residiert, wurde in seiner ganzen weltlichen Pracht von einem Kardinal erbaut. Er wurde dann von einem Papst bewohnt, der für seinen fürstlichen Lebensstil, seinen luxuriösen Geschmack und seine sehr weltliche Lust an Herrschaft bekannt war. Den Palazzo ziert das größte päpstliche Wappen ganz Roms. Die Engelsburg, ursprünglich das Mausoleum des römischen Kaisers Hadrian, wurde von den Päpsten in eines der grausamsten Gefängnisse seit Menschengedenken verwandelt. Römisch ist die Oper auch, was die Klangkulisse, die Kirchenglocken von Sankt Peter angeht. Puccini, wird berichtet, habe die Engelsburg im Morgengrauen zur Stunde der Hinrichtung Cavaradossis erklommen, um das tiefe E der großen Glocke von Sankt Peter, das den dritten Akt einläutet, zu hören: Cavaradossis letzte Stunde hat mit dieser zur Totenglocke verkehrten Morgenglocke von Sankt Peter geschlagen. Römisch ist die Oper, was die römische Gestaltung der liturgischen Gesänge angeht. Römisch schließlich ist der Konflikt zwischen Republik und Imperium, der einmal mehr ausgetragen wird. Natürlich geht es nicht um »realistisches Klangkolorit«, wenn die Glocken von Sankt Peter, Trommelwirbel, Gewehrsalven, Röcheln und Stöhnen, schrilles Zerreißen zu Gehör gebracht werden, sondern um das akustische Zerreißen der Harmonie kosmischer Schönheit, die in Liebes-Viola und -Violinen aufklingt.

Die Handlung der Oper spielt zu einem genau datierbaren Zeitpunkt, im Juni 1800 in Rom, im direkten Anschluss an die Schlacht von Marengo zur Zeit der Koalitionskriege zwischen der französischen Republik, ihrem ersten Konsul Napoleon Bonaparte und der Heiligen Allianz unter Führung des Habsburger Reiches, unterstützt vom Vatikanstaat. Im Februar 1789 hatten französische Truppen den Vatikanstaat eingenommen und in Rom einmal mehr eine römische Republik ausgerufen – man denke an *Rienzi*, der die römische Republik zu Zeiten von Petrarca ausruft. Durch Wagners Oper wurde sie den Zeitgenossen ins Gedächtnis gerufen. Den Aristokraten Cesare Angelotti erkennt der Maler Mario Cavaradossi als »Konsul der ehemaligen römischen Republik« (I:15). Mit der Ankunft des russisch-österreichischen Heeres 1799 ziehen sich die Franzosen aus Rom zurück. Am 30. September 1799 zog die neapolitanische Armee unter Ferdinand IV., verheiratet mit einer Tochter Maria Theresias und also einer Schwester der Marie-Antoinette, in Rom ein. Mit von der Partie war die für ihre Grausamkeit berühmte Geheimpolizei. Blutig wurden die Republikaner verfolgt und unterdrückt. Angelotti, durch seine Kerkerhaft in der Engelsburg entstellt und entkräftet, wäre dort fast umgekommen: ein Engel in der Engelsburg, die sich als Kreis der Hölle entpuppt.

Am 14. Juni 1800 besiegelt die Schlacht von Marengo den Sieg Bonapartes. Die Österreicher unter Melas, die zuerst zu gewinnen scheinen (I. Akt) und deren Schlachtsieg durch den Gesang der Floria Tosca vor dem Hof gefeiert wird, haben de facto verloren

(II. Akt). Italien ist von Habsburg befreit; Napoleon siegt entscheidend gegen die Heilige Allianz. Cavaradossi, der Maler mit republikanischen Sympathien, sieht dies als Sieg der Freiheit über die Tyrannei.

Vittoria! Vittoria!
L'alba vindice appar
che fa gli empi tremar!
Libertà sorge, crollan
tirannidì!
(II:76)

Sieg! Sieg!
Der Rache Morgenrot bricht an,
das die Feinde [»Gottlosen«, BV]
zittern läßt!
Freiheit steigt auf, es stürzen
die Tyrannen!
(II:77)

Als er von Bonapartes Sieg erfährt, triumphiert er, noch halbtot nach der grausamen Folter. Die Oper nimmt Partei für die Republikaner; sie sind die edlen Opfer pervertierter, gottloser Monster auf der Seite von Thron und Altar. Auf den ersten Blick ist die Freiheit an die Restauration der römischen Republik in Rom durch Napoleon gebunden.

Aber *Tosca* ist eine historische Oper: Die republikanische Hoffnung, wie sie Napoleon für Italien um 1800 verkörpert, bestand um 1900 nicht mehr. Keine zukünftige Republik steht mehr in Aussicht. Zu Anfang der Oper liegt die Hoffnung einer Rückkehr der römischen Republik bereits in der Vergangenheit: »la spenta repubblica romana« (II:14) (Formica). Das römische Erbe der Bürgerkriege hat die verspätete Geburt einer geeinten italienischen Nation heimgesucht. Verdis Opern hatten die Gefahr einer Spaltung inszeniert, in der Hoffnung, diesen Bruderzwist überwinden zu können: durch ein Liebesopfer zu einigen. Puccinis *Tosca* hat diese Hoffnung aufgegeben. Nichts passiert über seiner, über ihrer, über all den Leichen, die auf der Bühne liegen. Sie zeigen nichts als die heillose Trostlosigkeit der irdischen Zustände – keine Komödie, wie Tosca selbst bis zuletzt hoffte, sondern ein Trauerspiel.

Tosca ist vor allem deshalb eine römische Oper, weil sie Rom in dem Licht erscheinen lässt, in dem Augustinus es sah: als von Hochmut und Eigenliebe gelenkte tyrannische Stadt, Inbegriff der *civitas terrena*, die sich in Bürgerkriegen zerfleischt. In Rom kennt jeder jeden: Angelotti den Maler Cavaradossi, Scarpia und Tosca erkennen das Wappen der Attavanti, Scarpia weiß, dass Cavaradossi der Geliebte Toscas ist. Römer kämpfen in einem Bürgerkrieg in Rom gegen Römer. Der Römer Scarpia wütet in Rom mit seinen römischen Schergen gegen seine Mitbürger. Als Sitz des Papsttums erfüllt Rom seine grauenhafte Mission und wird zum Inbegriff der *civitas terrena*. Noch die am 14. Januar 1900 in Rom stattfindende Premiere der *Tosca* stand unter diesem römischen Stern des Bürgerkrieges: die parlamentarische Monarchie Umbertos drohte nach Aufhebung des Parlamentes in eine Tyrannei umzukippen. Die inner-römische Gewalt sprang in die Oper über: die Premiere wurde durch eine Bombenwarnung mit darauffolgendem Chaos unterbrochen.

Ein Jenseits des Bürgerkrieges gibt es in der Welt weder im Staat noch in der Kirche. Die Frage im Herzen der Oper ist überraschenderweise keine politische Frage: laizistische Republik oder die Monarchie von Gottes Gnaden. Der Gegenpol zu dieser zerrissenen Welt ist eine aus Liebe geborene, harmonische Kunst. *Tosca* bringt eine Liebes- und Kunstreligion zu Gehör, die jenseits der zerschlagenen, blutbeschmierten kosmischen Ordnung steht. Das die ganze Oper »mosaikartig« (Erkens:248) durchziehende Tosca-Motiv, das anklingt, ohne immer ausgeführt zu werden, bringt diese Harmonie zu Gehör; dem italienischen Belcanto verpflichtet, ist es ein natürlich fließendes, fast lyrisches Motiv in tonal klarer Harmonik. Dagegen steht das Scarpia-Motiv, mit dem die Oper eröffnet wird. Es verzerrt, zersetzt Harmonie (Hindrich).

Dieser neue Bund wird durch Tosca, den göttlichen Sopran und ihren Geliebten Cavaradossi, einen berühmten römischen Maler, verkörpert. Die in Liebe gezeugte Kunst feiert, lobt, preist Kosmos und Schöpfung; sie ist Zierde der Schöpfung, Gottesdienst, Liturgie. *Tosca* ist eine Oper über die Oper, eine Oper über die göttliche Stimme der Diva (Weigel), die harmonische Schönheit der Schöpfung, die in all ihren Gegensätzen im glänzenden Klingen vereint ist. Als eine moderne heilige Cäcilia, die Schutzpatronin der Musik, hat man Tosca gesehen, die Oper als eine umbesetzte Heiligenlegende interpretiert (Ley). Deshalb steht ein Liebespaar, eine Sängerin und ein Maler, und sein Widersacher, Scarpia, im Zentrum der Oper. Scarpia will die Schöpfung zerstören; seine Beute soll sie werden. Er macht Jagd auf die Geschöpfe Gottes. Sein Leben ist eine Perversion der Liturgie, des Gotteslobes, der Verherrlichung der Schöpfung. Die Oper inszeniert eine Schwarze Messe, die das Heilsversprechen Wort für Wort vor dem Hintergrund des liturgischen Gesanges widerruft.

Die Liturgie, der Lobpreis der erlösbaren Schöpfung, leuchtet in Cavaradossis Heiligenbild der Maria Magdalena, de facto das Portrait der Attavanti, himmlisch schön auf; die Liebesreligion tönt in der hinreißend schönen, der göttlichen Stimme der Floria Tosca: »è così dolce il suon della tua voce« (III:106). Die ekstatische Liebesvereinigung, der »kleine Tod« als Moment der Ewigkeit auf Erden, in dem sich die Liebenden, Himmel und Erde, Wolken und Meer in Sphärenklängen vereinigen, findet in der Musik statt. Die Oper wird Kultraum für das Aufklingen einer unerhörten Liebe, die sonst auf der Welt keinen Ort hat.

Jetzt und in der Stunde unseres Todes

Der historisch-zeitliche Konflikt artikuliert Überzeitliches: den Kampf des Chaos gegen den Kosmos, den Kampf Satans gegen Gottes Schöpfung. Die Oper eröffnet mit der Posaune des Jüngsten Gerichts. Mit der Anrufung des Jüngsten Gerichts, vor dem die sich von der Engelsburg in den Tod stürzende Tosca den von ihr ermordeten Scarpia erwartet: »O Scarpia, avanti a Dio« (III:114) schließt sie in Gottes Namen, der als Richter angerufen wird. Schlag auf Schlag nützt die Oper den Gegensatz zwischen dem Schweren, Tiefen, Bedrohlichen, dröhnend Dunklen und dem leichten, hoch, harmonisch Strömenden zur dramatischen Steigerung. Dunkle, dröhnend zerrissene, zerspaltende Todesstimmen stehen gegen die weich melodisch strömenden Liebesviolinen. Gefühlt spielt die Oper verdichtet nicht nur während des einen Sonnenlaufs der Tragödie, sondern in einer Stunde. Diese nächtliche Stunde (Bronfen) wird nicht, wie von Tosca erhofft, dem Liebesspiel gewidmet sein, sondern der Folterqual eines leidvollen Todes. In »quest'ora penosa« (II:66) wird Cavaradossi der Prozess gemacht, er wird gefoltert und zum Tode verurteilt. Tosca, deren Seele wie die der Schmerzensmadonna durch das Mitansehen und -hören der Qual ihres Geliebten gefoltert wird – »Torturate l'anima« (II:72) – bricht zusammen: sie verrät Angelottis Versteck im Brunnen der Villa des Malers und wird durch Cavaradossi verflucht: »Maledetta!« (II:76) In dieser Stunde bringt sich Angelotti um. »Nell'ora del dolore« (II:86), in dieser Schmerzensstunde erpresst Scarpia Tosca zum Sex. »Noch eine Stunde« (II:85) hat Cavaradossi zu leben, sagt Scarpia, wiederholen die Gefängniswärter: »Voi resta un'ora« (III:98); die Glocken schlagen die vierte Morgenstunde. »L'ora!« (III:108), sagt der Aufseher. Diese schwere Stunde, diese Stunde vor Tagesanbruch, diese Stunde der nicht enden wollenden, ewigen Angst wird auch Toscas Todesstunde sein. Mit der aufgehenden Sonne wird Cavaradossi erschossen, steht er nicht auf, und Tosca stürzt sich in die Tiefe.

Mit dem pointierten Gedrängtsein zu dieser einen Stunde, der Schmerzensstunde, der Todesstunde, wird das Ave Maria aufgerufen, das mit dem lateinischen Angelus-Gebet die Oper eröffnet: »Heilige Maria, Mutter Gottes, bitte für uns Sünder, jetzt und in der Stunde unseres Todes« (vgl. I:9). Angefleht wird Maria um Beistand in dieser schweren Stunde – angefleht, um im Angesicht des Weltenrichters Gnade zu erwirken. Der verzweifelte Tod aller Beteiligten lässt keine Hoffnung auf einen solchen Beistand, keine Hoffnung auf eine Auferstehung zu ewigem Leben. Ewig ist auf Erden nur die Hölle. Umsonst war ihr Gottesdienst, klagt die verzweifelte Tosca, der keiner in dieser Schmerzensstunde beisteht:

Nell'ora del dolore
perché, perché, Signore,
perché me ne rimuneri così?
Diede gioielli
della Madonna al manto,
e diedi il canto
agli astri, al ciel, che ne ridean più belli.
Nell'ora del dolor
perché, perché, Signore,
perché me ne rimuneri così?
(II:86)

In dieser Schmerzensstunde,
warum, warum, o Herr
warum dankst du mir das so?
Ich gab Juwelen für den Mantel der Madonna,
gab meinen Gesang
für die Sterne, für den Himmel, noch schöner sollten sie strahlen.
In dieser Schmerzensstunde,
warum, warum, o Herr,
warum dankst du mir das so?
(II:87)

Umsonst wendet sich Tosca in ihrer Schmerzensstunde an die Madonna, an die Heiligen: »Vergebens flehte ich, wahnsinnig vor Grauen, zur Madonna und den Heiligen« (III:102). Das historische Geschehen, Scarpias Jagd, wird als Schwarze Messe inszeniert, die die Heilsgeschichte verkehrt, pervertiert. Die Musik zerreißt zu einem disharmonischen Missklang.

Angelus: A pie' della Madonna

Zu Füßen der Madonna beginnt die Oper; »A pie' della Madonna« (I:6) hat die Marchesa Attavanti den Schlüssel ihrer Familienkapelle für den aus der Engelsburg geflohenen Bruder Angelotti versteckt, der dort eine Zuflucht finden soll. Ihr Bruder hofft sich gerettet. Statt mit einer Arie, die Cavaradossi und Tosca einführen würde, beginnt die Oper mit dem mittäglichen Angelusläuten und dem lateinischen Gebet, der Empfängnis Mariens und der Fleischwerdung des Wortes, dem Beginn der Heilsgeschichte: »Angelus domini nunciavit Mariae« (I:8). Die Geschichte der Oper ist dagegen eine Unheilsgeschichte, sie entspinnt sich vor dem Hintergrund der Heilsgeschichte, wie sie die Liturgie feiert. Cavaradossi enthüllt sein Portrait der Maria Magdalena, das so lebensecht ist, dass der Mesner es sofort als Portrait der Frau erkennt, die dort fromm zur Gottesmutter gebetet hat. Der Maler betont ihre Schönheit; die in Frömmigkeit Versunkene konnte er für seine Maria Magdalena unbemerkt portraitieren. Der Mesner findet, dass es satanisch sei, das Portrait einer schönen Frau für das Bild einer Heiligen auszugeben: »Fuori, Satana, fuori« (I:10). Seine fast gezischten, harten Vokale, oft im Sprechgesang, ein bigottes, zerhackendes Zwischengebrumm, »laß die Heiligen in Ruhe« (I:13), stehen gegen den klaren, weichen, verbindenden, harmonisch strahlenden Tenor Cavaradossis. Für den Mesner ist die Schönheit der Schöpfung Teufelswerk; sie ist und bleibt ihm unerlöst. Der Mesner versteht die Heilsgeschichte der Fleischwerdung des Wortes, das unter uns wohnt, und uns erlöst, nicht. Er kann nur auswendig rezitieren und weiß nicht, was er sagt.

Die erste Arie Cavaradossis ist kein Loblied der Madonna, sondern Floria Toscas, deren Name hier zum ersten Mal erklingt: sie allein gibt ihm die Kraft zur Synthese der Kunst, zur harmonischen Fügung, zum Einklang der verschiedenen Schönheiten: blond und dunkel, blauäugig und dunkeläugig. Durch diese einzige Quelle seiner Inspiration kann er alles wunderbar verbinden, zusammenfügen. Genauso harmonisch verbindend ist auch die weichgefügte, strömende Melodieführung, begleitet von Geigen.

Recondita armonia	*Sie gleichen sich auf unergründliche Weise*
Di bellezze diverse!	*und sind doch von so unterschiedlicher Schönheit!*
[...]	*[...]*
L'arte nel suo mistero	*Die Kunst verbindet mit ihrem Zauber*
le diverse bellezze insiem confonde:	*So ungleiche Reize zu einem:*
ma nel ritrar costei	*Doch wenn ich jene male,*
Il mio solo pensier, Tosca, tu sei.	*bist, Tosca, du mein einziger Gedanke!*
(I:10)	(I:11)

Die Kunsttheorie, die Cavaradossi vertritt, steht gegen die des Zeuxis, der das Idealbild der Schönheit Helena aus den fünf schönsten Jungfrauen zusammensetzte. Denn: vollkommen schön könne der Körper einer einzigen Frau nicht in allen seinen Teilen sein. Gerade um eine solche zusammengesetzte Schönheit geht es hier nicht, denn es werden in diesem Portrait der Maria Magdalena nicht die schönsten Züge der Tosca und die schönsten Züge der Attavanti, dunkel und blond, himmelblau und schwarz, zusammengesetzt. Diese Maria Magdalena ist ein Portrait der Attavanti: jeder erkennt sie sofort. Es ist ein überwältigend schönes Bild. In jeder einzelnen Frau lässt die Kunst die ganze Schönheit aufstrahlen. Das Wunder der Kunst besteht darin, in all diesen verschiedenen Schönheiten die ganze Harmonie aufleuchten zu lassen. Die Kraft, diese »Recondita armonia« (I:10) in jedem einzelnen, so verschiedenen Geschöpf zum Vorschein zu bringen, gibt Cavaradossi eine einzige Frau: Tosca. Sie ist also nicht auf dem Bild der Magdalena mitabgebildet, sondern sie verleiht die Fähigkeit, die Vollkommenheit in unterschiedlichen Geschöpfen – etwa in der völlig konträr aussehenden Attavanti – zur Anschauung zu bringen. Die Liebe gibt die Kraft zu bewunderndem Lobpreis der Schöpfung. Da für den Mesner die Liebe nichts als die niedrige Versuchung des für ihn nach wie vor verdammten Fleisches – je schöner, desto schlimmer – ist, schimpft er empört vor sich hin. Frauen sieht er nicht durch die Gottesmutter wie alle Menschen zu makelloser Schönheit erlöst. Er reduziert sie auf ihr sündiges, nach Hölle stinkendes Geschlecht in Konkurrenz zu den Madonnen: »Queste diverse gonne / che fanno concorrenza alle Madonne« (I:12). Und dass die Gottesmutter im Plural steht, ist auch nicht gerade beruhigend. Der Mesner ist eine durch und durch autoritäre Persönlichkeit in der Auswendigkeit einer ihres Mysteriums entleerten Religion, in niedriger, egoistisch materieller Sinnenlust gefesselt: er giert nach Cavaradossis Esskorb, er schnupft Tabak, er höhnt, flucht und verflucht. »Lass die Heiligen in Ruhe« (I:13), murmelt der bigotte Küster vor sich hin. Von der weltschöpfenden Kraft der Liebe und der Kunst in Schönheit, welche die ganze Schöpfung in all ihrer Verschiedenheit zur harmonischen Erscheinung bringt, versteht er nichts. Den Lobpreis der Welt in der Kunst, den Lobpreis der Schöpfung in himmlisch gefügter Harmonie sieht er als ein Sakrileg der Ruchlosen, das die Madonna beschmutzt. Malen – die Dreckspinsel wie die verführerische Schönheit – ist ihm das Gegenteil der Immaculata. Die Religion muss er von solcher Verschmutzung reinhalten. Die Schöpfung ist und bleibt ihm verdammt. Seine impotente Monstrosität zeigt eine ins Falsett kippende Stimme.

Tosca betritt die Bühne im Zeichen der Eifersucht; noch bevor wir sie sehen, hören wir ihre Stimme, die den Namen des Geliebten ruft, schon von weitem. Als der nicht zur Stelle ist, wird ihre Stimme ungeduldig. In der Regieanweisung lesen wir: »entra con una specie di violenza, allontana bruscamente Mario […] e guarda sospettosa intorno a sé« (I:16). Eifersucht ist die beherrschende Leidenschaft, »gereizt« (I:17) stößt sie den Geliebten, der sie umarmen will, zur Seite, um misstrauisch nach der anderen Frau zu suchen. Die findet sie zwar nicht im Kirchenraum, aber auf Cavaradossis Bild. Auch sie erkennt die Attavanti, nach der Cavaradossi die Maria Magdalena gemalt hat, an ihren himmelblauen Augen; sofort vermutet sie, dass diese zu schöne Frau seine Geliebte sei. Cavaradossi hat zwar keine Frau, aber tatsächlich etwas zu verbergen, das er ihr nicht sagen kann, denn Tosca geht zur Beichte und ist deshalb nicht zuverlässig verschwiegen: »È buonà, la mia Tosca, ma credente / al confessor nulla tiene celato«; »Meine Tosca ist lieb, aber gläubig / und verschweigt dem Beichtvater nichts« (I:28 f.), wird er Angelotti erklären. An die andere Partei, der der Beichtvater zugehört, würde sie womöglich etwas verraten. Cavaradossi muss seine Geliebte so schnell wie möglich loswerden, um Angelotti so schnell wie möglich in seiner bedrohlichen Lage zu helfen; jede Sekunde zählt. Von einer Minute auf die andere kann seine Flucht aus der Engelsburg entdeckt werden.

Also bleibt Cavaradossi nichts anderes übrig, als Theater zu spielen; mit »gespielter Ruhe« (I:17) öffnet er die Tür. Es geht darum, seine Liebe überzeugend zu behaupten, die Parade-Rolle jedes Tenors: sie ist sein Leben, in ihren Augen liegt sein Glück. Das spielt er, findet sie, mal gut, mal schlecht. »Sag das noch einmal« (I:19), fordert sie ihn auf, und findet dann, unzufrieden: »Lo dici male« (I:18). Das könnte auch eine Bühnenanweisung sein. Aber am Ende ist Floria Tosca doch bezaubert, hingerissen von seinen gekonnten Liebesbeteuerungen. Die Liebe ist nichts natürliches, sondern eine hohe Kunst: »Oh, come la sai bene, / l'arte di farti amare!«; »Oh, wie gut verstehst du / die Kunst, Liebe zu erwecken!« (I:24 f.), ist Tosca am Ende besänftigt.

Gekommen ist Tosca, um der Madonna Gebete, in die sie sich versenkt, und Blumen, die sie kunstvoll arrangiert, zu bringen. Gekommen ist sie aber auch, um ihren Geliebten zur nächtlichen, vollmondbeschienenen Liebesstunde unter dem gestirnten Himmel zu locken. Am Bühnenausgang soll er sie nach ihrem Auftritt abholen. Ihr Liebesnest liegt außerhalb der Stadtmauern, *fuori muri*: jenseits von Politik, Geschichte und Gesellschaft. Es ist Zuflucht, Asyl, Sanktuarium. Zu den Füßen der Madonna singt Tosca von diesem arkadischen, sublunaren Raum. Harfen und Violinen begleiten sie.

Non la sospiri, la nostra casetta
che tutta ascosa nel verde ci aspetta?
nido a noi sacro, ignoto al mondo inter,
pien d'amore e di mister?
Al tuo fianco sentire
per le silenziose
stellate ombre, salire
le voci delle cose!
Dai boschi, e dai roveti,
dall'arse erbe, dall'imo
dei franti sepolcreti
odorosi di timo,
la notte escon bisbigli
di minuscoli amori
e perfidi consigli
che ammolliscono i cuori.
Fiorite, o campi immensi; palpitate,
auree marine, nel lunare albor;
ah, piovete voluttà, volte stellate!
Arde a Tosca nel sangue il folle amor!
(I:20)

Sehnst du dich nicht nach unserm Häuschen,
das ganz versteckt im Grünen uns erwartet?
Nach unserm Nest, uns heilig, aller Welt verborgen,
erfüllt von Liebe und Geheimnis?
An deiner Seite will ich lauschen,
wie im schweigenden,
sternenglänzenden Dunkel die Stimmen
der Natur aufsteigen!
Aus den Wäldern und den Büschen
aus verdorrten, verbrannten
Kräutern, aus der Tiefe
verfallener Grabmäler,
die nach Thymian duften,
dringen nachts das Flüstern
kleiner Liebesgötter
und listige Ratschläge,
die die Herzen erweichen.
Erblüht, ihr weiten Felder; weht,
ihr Meereslüfte im Schein des Mondes;
ah, regnet Liebeslust, ihr gestirnten Gewölbe!
Toscas Blut glüht in wahnsinniger Liebe!
(I:21)

In dieser kosmischen Liebesbeschwörung – »piovete vollutà, volte stellate« (I:20) – belebt die Liebe und beseelt sie die Welt in einem *Hierogamos*, einer heiligen Hochzeit zwischen Himmel, Erde und Meer, zwischen Mensch und Natur, Vergangenheit und Gegenwart. Die Liebe zwischen Tosca und Cavaradossi hat an dieser nächtlichen Himmelshochzeit teil. Floria Tosca ist die blühend duftende Floria, die himmlisch tönende Verkörperung der Leben schöpfenden Kraft. Die Dynamik der besungenen Liebe geht mal von oben nach unten, vom Himmel auf die Erde; mal steigt sie aus den Gräbern nach oben. Wir bleiben auf der sublunaren, todesverfallenen Erde. Diese Liebe steht im Zeichen der Antike: man hat die verfallene Campagna Roms vor Augen. Putti, kleine Liebesgötter, kleine Cupide, flüstern »perfidi consigli« (I:20). Auch die Sirenen, mit denen Cavaradossi Tosca vergleicht, kommen aus der Antike. Für den, der ihren verführerischen Gesang hört, sind sie fatal. Er wird vom Abgrund des Meeres verschlungen. »Ah! M'avvinci ne' tuoi lacci! / Mia sirena« (I:20). In den Schlingen seiner Sirene ist er gefangen, singt der Maler. Tosca nennt ihr eigenes Glühen verrückt: »folle amor« (I:20). Und als »follia« (I:24) bezeichnet Cavaradossi ihren eifersüchtigen Verdacht. Er hat in diesem Moment andere Sorgen, nimmt sich aber zusammen und kann sie in ihrer Eifersucht beruhigen, von seiner Liebe überzeugen. Die Ambivalenz dieser Liebe liegt aber nicht nur in Toscas Eifersucht, sondern in Cavaradossis Idolatrie: »Tosca idolatrata, / ogni cosa in te mi piace; / l'ira audace / e lo spasimo d'amor!« (I:24) Das hochdramatische Liebesduett erreicht einen harmonischen Zusammenklang im Liebesmotiv.

Antike Szenerie untermalt Umarmungen und Küsse des Paars »im Angesicht der Madonna«: »innanzi la Madonna« (I:18), meint Tosca zu Anfang mit leichtem Vorwurf, als ihr Mario sie küssen will. Als sie ihm nach Umarmungen vor der Madonna zum Abschied ihre Wange zum Kuss bietet, zitiert er mit zärtlicher Ironie ihren leisen Vorwurf: »davanti la Madonna« (I:26). »È tanto buona« (I:26), weiß Tosca, indem sie auf die Madonna zeigt, die den Liebenden alles verzeiht. Die Verehrung der Madonna und die antik-kosmische Liebe sind in Toscas Augen vereinbar. Liebe ist Passion: Leiden für sie und Qual für ihren Geliebten. Die Beziehung zwischen Liebe und Madonna wird noch einmal von Cavaradossi aufgenommen: er hatte hinter der ferventen Frömmigkeit der jungen schönen Frau, die er als Modell für Maria Magdalena malte, eine Liebesgeschichte vermutet – um von Angelotti zu erfahren, dass es Schwesternliebe war.

In Sardous Stück wie in Illica und Giacosas Libretto finden wir die für das französische 19. Jahrhundert typische Konstellation der apolitisch frommen, liebenden Frau auf der einen Seite und dem republikanisch aufgeklärten, die Kirche als Feind begreifenden Mann auf der anderen Seite. Mit der Kirche hat Cavaradossi nichts zu tun: er fastet nicht und in der Stunde seines Todes will er keinen Priester sehen, sondern sehnt sich nach den Liebesstunden mit Tosca. In der Oper hat die Madonna also keine Mittlerrolle mehr; Gott ist nicht da. Niemand hilft Angelotti, niemand Cavaradossi, niemand Tosca in ihrer Not. Oder ist es nicht doch die göttliche Vorsehung, die Tosca zu der Waffe führt, die sie Scarpia ins Herz stoßen wird? Die Welt Roms ist in den Klauen Scarpias.

Die Oper verändert diesen politischen Geschlechterplot grundlegend. Die Republik ist etwas Tugendhaft-Männliches; in der *Tosca* kommt das Versprechen eines neuen Liebesbundes, einer Kunstreligion der kosmischen Harmonie in der angebeteten Stimme göttlicher Weiblichkeit zum Klingen. Der Ort dieses neuen Kultes, und sei es nur als Ertönen eines Versprechens im Hier und Jetzt, ist die Oper. Nicht die patriarchalische Ehe in ihrer republikanischen Verschärfung, sondern die göttliche Stimme der Tosca bringt Rettung. Sie belebt die Schöpfung jubelnd zu glänzender Schönheit. Ihre Liebe, geläutert durch ihr Leiden, verwandelt Zorn, Gereiztheit und Eifersucht in siegreiche Waffen triumphierender Gerechtigkeit: eigenhändig bringt sie Satan um. Die Liebe der Tosca, wie die Liebe der Maria Magdalena, verwandelt sich: aus der Eifersüchtigen wird eine große Liebende. Aus einer affektgeladenen Frau wird eine Heilige, die wie keine andere das Lob der Schöpfung, eine neue Liturgie, zu singen vermag. Aus den »spasimo d'amor« (I:24) wird die »ecstasi d'amor« (vgl. III:106 f.) der Seelen im umschlungenen, sphärischen Flug. In der Stunde ihres Todes lassen Floria und Mario, emporschwebend in der Schönheit ihrer Stimme, die blut-besudelte Welt, das satanische Rom, aber auch die idolatrische, sublunare Liebe hinter sich. Giacomo Puccini, einer Dynastie von Kirchenmusikern in Lucca entstammend, schafft dieses *Gloria*, diesen unerhörten Lobpreis der Schöpfung in der ekstatischen Schönheit der menschlichen, in der Schönheit der weiblichen Stimme.

Te Deum: Scarpia, Jäger wider den Herrn

Scarpia ist ein Ausbund all der Perversionen, welche die bürgerliche Revolution am tyrannisch-libertinen Ancien Régime verdammt hat. Das wird hier umstandslos in den Termini von »heilig« versus »Sakrileg« formuliert. Zwar werden die Republikaner Angelotti und Cavaradossi von den papistischen Monarchisten als »Voltairehunde«, »Ketzer«, »Teufel«, »Umstürzler«, »Feinde der Heiligen Allianz« (vgl. I:37,39,49) beschimpft, denen nichts heilig sei. Tatsächlich ist den frömmelnden Königstreuen, die die Heiligkeit scheinheilig im Munde führen, nichts heilig. Nicht die Republikaner sind Libertins, sondern wahre Liebende. Das libertine Monster findet sich auf der Seite der Königstreuen in Scarpia, dem Polizeichef im Dienst der Habsburger; er bringt das Sakrileg dieser Allianz auf den Punkt.

Scarpias eigentlicher Ort liegt jedoch im theologischen Register: er ist eine satanische Figur, verkleidet als Höfling. Tosca nennt ihn ein »empio mostro« (III:102), gottloses Scheusal, Dämon, Satan. Cavaradossis Urteilsspruch macht er alle Ehre: »Scarpia?! Bigotto satiro che affina / colle devote pratiche la foia / libertina – e strumento / al lascivo talento / fa il confessore e il boia!«; »Scarpia?! Ein bigotter Wüstling, / der hinter frömmelndem Gebaren / seine Lüsternheit stachelt – / und seine Geilheit / mittels Beichtvater und

Henker stillt.« (I:28 f.) Scarpia ist ein ebenso gesetz- wie gnadenloser, scheinheilig-intriganter, brutaler, blutrünstiger, geiler, sadistischer, bestechlicher, verworfener, sadistischer Libertin, der Kirche und Gesetz pervertiert. Mord und Sex sind für ihn dasselbe, Sex die lustvollste Form von Mord. Scarpia ist der Inbegriff toxischer Männlichkeit, die missbraucht und umbringt: die Menschen, die Liebe, Gott. Sich selbst erfährt er nur, wenn er foltert, zerreißt, in Leid und Elend stürzt. Nichts hasst er mehr als die Liebe anderer. Vor allem hasst er die von schönen Frauen geliebten schönen Männer, die er mit ihnen und durch sie missbrauchen und umbringen muss. Scarpia betreibt die Vernichtung allen Seins. Nichts fügt er harmonisch, so dass Schönheit darin aufstrahlen könnte, alles entwirklicht er zum Theater. Er ist der Geist, der stets verneint, genießt die Zerstörung von Leben und Liebe, wenn er in diesem Theater allmächtig die Fäden in der Hand hält.

Auch die zweite Szene spielt in der Kirche wieder zu Füßen der Madonna. Maria schützt nichts und niemanden. Die Kirche ist kein Gegenort; sie bietet kein Asyl, keinen Schutzraum vor der weltlichen Gerichtsbarkeit; sie schützt das Seelenheil nicht vor Vergiftung. Sie ist eine Festung der unheiligen Allianz von Thron und Altar: Bürger Roms wüten gegen die eigenen Mitbürger. Die Kirche, gedacht als Asyl vor der Härte der weltlichen Gerichtsbarkeit, ein Ort der Keuschheit, Nächstenliebe und Frömmigkeit, ist zu einem Raum bestialischer Lust geworden, einem Ort der infamsten Hofintrige, des Verrats, der grausamen Verführung und Vergiftung, der geträumten Vergewaltigung. Ein männlicher Ort. Keine Spur mehr einer *Civitas Dei*. Mehr *terrena* geht nicht.

Die Chorschüler bereiten sich in Sankt Andrea darauf vor, das *Te Deum* zu Ehren des Sieges über »Belzebub« Napoleon zu singen. Auch sie sind bei allen hehren Zielen am Gewinn interessiert: »doppio soldo!« (I:34) Scarpia betritt die Szene wie zu den Posaunen des Jüngsten Gerichts mit seiner Meute von Spürhunden, der geflüchteten Beute auf der Fährte. Aber hätt' er es auch am Kragen, den Teufel spürt das Völkchen nicht. Sofort rekonstruiert Scarpia die Szene durch Indizienbeweise. Zum Verhängnis wird Angelotti, Cavaradossi und Tosca der Korb mit Wein und Speisen, den der gefräßige Mesner vermisst. Wein und Brot, das Angelotti in der Kapelle aß, verraten ihn und führen nicht zu Licht und Leben, sondern in Dunkelheit und Tod. Das verweist auf die Schwarze Messe, die Scarpia feiern wird. Dieser hat an Ort und Stelle fette Beute gemacht, denn ein verräterisches Zeichen haben die Komplizen des Staatsfeindes hinterlassen, Cavaradossi als Fluchthelfer. Scarpia weiß sofort, welche zerstörerische Strategie er einschlägt. An die Stelle des heilenden Liebesduetts zwischen Floria und Mario tritt die vergiftende Verführung der Tosca durch Scarpia. Der Fächer der Attavanti wird den Riss in Toscas Liebe aufreißen. Er wird ihre Eifersucht derart anzustacheln wissen, dass er sie für ihr eigenes Verderben, das ihres Geliebten und das des politischen Feindes instrumentalisieren kann: »Per ridurre un geloso allo sbaraglio Jago ebbe un fazzletto, ed io un ventaglio« (I:40). Scarpia misst sich mit Iago, dem unerreicht perfiden Meister der Intrige in *Othello*; die kunstreich und verleumderisch angefachte Eifersuchtsintrige führt zu Blut und Mord. »Um einen Eifersüchtigen ins Verderben zu stürzen, hatte Iago ein Taschentuch, und ich einen Fächer« (I:41).

Die Opposition, die Scarpia beim Betreten der Kirche aufmacht, ist die von Frömmigkeit versus Unzucht, die schon die vorherige Szene zu Fuß der Madonna bestimmt hatte: »un tal baccan« (I:40) nennt er das freudige Durcheinander in der Kirche. »Baccan« trägt das Bacchanal, das aus dem antiken Register des Unzüchtig-Orgiastischen stammt, in der Wurzel; auch Cavaradossi beschreibt Scarpia in diesem Register als »satiro« (I:28). Scarpia selbst, wie der Teufel ein Verführer, der im Ton höfischer Galanterie, ganz à l'Ancien Régime daherkommt, stellt sich scheinheilig auf die Seite der Frömmigkeit, um seiner Unzucht Vorschub zu leisten. Toscas »Händchen« (I:43) will er, nicht aus Galanterie, sondern um ihr Weihwasser zu spenden. Er ist die Scheinheiligkeit selbst: während er ihre Tränen hinterlistig zum Fließen bringt, versichert er ihr, wieder in der Sprache der Galanterie, dass er sein Leben gäbe, ihre Tränen zu trocknen. Das Leben fiktionalisiert er zum Bild, das ihm Tosca in diesem Moment wird: die Träne ist das Signum, das Attribut der Heiligenbilder der Maria Magdalena (Weigel). Scarpia ist ein Antimaler, ein Antimusiker. Denn er steigt nicht durch das Erfassen des Sinnlichen harmonisch verklärend auf. Für ihn leuchtet die Schönheit des Kosmos nicht im Hier und Jetzt, in jedem realen, sinnlichen Detail auf; er entwirklicht alles Sinnliche zu einem Signum der satanischen Verführung, der Gefallenheit.

Die zum zweiten Mal mit dem Namen des Geliebten auf den Lippen zur Kirche kommende Tosca will ihrem Mario sagen, dass es mit ihrer nächtlichen Liebesstunde nichts wird, weil sie auf der Siegesfeier als »prigioniera« (I:44), als Höhepunkt des Abends singen muss. Scarpia, der sie abfängt, preist sie als »fromme Frau« (I:43), deren Kunst auf der Bühne den Glauben stärkt, die in der Kirche betet und nicht wie andere Unzucht treibt – wie er es gerade in seinem Gieren nach ihr tut. Zu Füßen der Madonna stellt er sich vor, wie sie in seinen Armen vor Lust vergeht. Der Fächer wird ihm zum Beweis einer Liebesszene; quasi *en flagrant délit* hat er den Maler und die Attavanti, auf die der Verdacht Toscas in der vorherigen Szene ja bereits gefallen war, entdeckt – lügt er. Von Eifersucht zerrissen, sieht Tosca ihr Liebesnest beschmutzt. »Insozzato di fango«; »besudelt« (I:46 f.) heißt, dass das Liebesnest für sie ein reiner, ein heiliger Ort ist: »nido sacro« (I:20). Das »insozzato« nimmt das »sozzo« (I:8) der »beschmierten Pinsel« des Mesners in der ersten Szene auf, der durch Cavaradossis Kunst die Madonna und die Heiligen besudelt fand. Der »unberührte Korb«; »intatto« (I:8) in der nächsten Zeile ruft kurz vor dem Angelus die Immaculata, die Unbefleckte, auf. Aber es ist gerade die Unfähigkeit, die strahlende Schönheit der durch Maria von den Flecken der Erbsünde gereinigten Schöpfung zu sehen, die den Mesner und

Scarpia zu Beschmutzern der Schöpfung macht; einzig diese Beschmutzung ergötzt sie.

Das dramatische Verführungsduett Scarpia-Tosca ist das Pendant zum Liebesduett Mario-Floria. Mario tröstet Tosca in ihrer Angst, er heilt Toscas Eifersucht durch die von seiner schönen, gleichmäßig strömenden Stimme getragene versichernde, triumphierende Liebeserklärung: »sempre ›T'amo‹ ti dirò« (I:26); Scarpia facht sie an. Toscas wilde, blinde Eifersucht, wie sie zu spät einsieht, macht klar, dass es ihr an Vertrauen, an Glauben fehlt. Ihr Herz ist gespalten. Scarpias »Gift« kann hier Verwüstungen anrichten: »Già il velen l'ha rosa!«; »Schon wirkt das Gift!« (I:44 f.) »Morde il veleno«; »Das Gift ätzt« (I:46 f.). Weil Tosca nicht mehr an Cavaradossis Liebe glaubt, kann Scarpia in ihrem Herzen nisten: »Tosca! Nel tuo cuor s'annida Scarpia« (I:48). Durch ihre Eifersucht zieht er sie zu seinem Falken, dem Jagdvogel par excellence. »Scarpia läßt ihn aufsteigen, / den Falken deiner Eifersucht« (I:49). Gegen ihre besten Absichten verrät sie ihren Liebhaber und Angelotti an Scarpias Bluthunde, die sie alle drei zu Tode hetzen werden. Für Angelotti wird Cavaradossi sein Leben lassen, ohne ihn zu retten: »La vita mi costasse, vi salverò« (I:30). Der Hass, das Gift, das im Herzen nistet, ist eine Verkehrung des Hoheliedes, wo im Herzen die Liebe nistet. Der Falke ist als Jagdvogel das implizite Gegenbild zum Liebesvogel der Taube, die im Hohelied in den Felsklüften nistet.

Während sich die Leute in der Kirche versammeln, die Kardinäle einziehen, die Glocken zum Gottesdienst rufen und das *Te Deum* in »dem ganz strengen Ausmaß des liturgischen Gesangs nach dem echt römischen Ritual« (Hindrichs:180) intoniert wird, bläst Scarpia zur Jagd. Seine Bluthunde setzt er auf Toscas Spur. »Va, Tosca!« (I:48) In ihrem Herzen trägt sie nicht die Liebe, sondern Scarpia. Wird Gott im *Te Deum* als Schöpfer des Himmels und der Erde jubelnd gelobt und gepriesen, erklärt Scarpia triumphierend das Ziel seiner seins-vernichtenden Jagd. Doppelte Beute will er machen. Einen Doppeltod, den großen und den kleinen, hat seine Jagd zum Ziel: »La doppia preda avrò. L'uno al capestro, l'altra fra le mie braccia«; »Die doppelte Beute werde ich haben. Ihn am Galgen, sie in meinen Armen« (I:48 f.). Statt jubelnder Lobpreisung unzüchtige Vernichtung, statt Liebe Hass. Über seiner sadistischen Erregung vergisst Scarpia Gott – »Tosca, mi fai dimenticare Iddio« (I:50) –, bevor er in das *Te Deum* einstimmt. Das Jüngste Gericht klingt mit Pauken und Tuba am Anfang wie am Ende als ein gnadenloses Strafgericht. Blasphemischer als Scarpia kann Satan nicht sein. Die abgründige Ironie der Oper liegt darin, dass Scarpias höllische Jagd doch Heilsinstrument wird. Durch die Qualen, die sie erleiden, wird die Liebe von Cavaradossi, vor allem aber die der Tosca geläutert; in ihrem letzten Liebesduett klingt die kosmische Liebe, die vollkommene Harmonie überwältigend schön auf. Scarpia, der tiefste Liebe in tiefstes Unglück verwandeln wollte, hat de facto tiefste Liebe zu höchstem Glück gebracht. Ein Hohelied der Liebe beschließt die Oper.

Die sakralen Stimmen der Kirchenchöre und -glocken grundieren das profane Geschehen. Es ist eine Oper in zwei Sprachen: das Latein der Kirche durchzieht das Italienische. Durch diese Doppelsprachigkeit wird die Konzentration auf den Signifikanten erhöht: Man kennt den Wortlaut der Liturgie, aber das oft gehörte Sakrale gibt dem italienisch Profanen eine zweite Bedeutungsschicht. Neu zu hören gibt uns die Oper die römische Liturgie, als deren grauenhafte Verzerrung, ja Verkehrung sich das auf der Bühne entspinnende Geschehen entpuppt. Satan vergeht sich an Gottes in der Kirche gepriesener Schöpfung. Beide – lateinischer und italienischer Text, liturgischer Gesang und Opernstimmen – kommentieren sich gegenseitig.

Schwarze Messe

Der zweite Akt ist Perversion der eucharistischen Wandlung. Folter und Vergewaltigung, Verrat und Betrug, Mord und Totschlag kommen auf der Folie der Liturgie, als eine Variation des *Gloria*, des *Dies irae, dies illa* und der Eucharistie, zu Gehör. In einer schwarzen Messe, seinem tatsächlich letzten Abendmahl – »la mia povera cena«; »meine bescheidene Mahlzeit« (II:78f.) – verkehrt Scarpia als Satan und Antichrist die Eucharistie. Die Wandlung wird umgedreht: aus Wein wird Blut, aus Brot gefoltertes Fleisch. Die Musik ist ebenso zerrissen, zerreißend, folternd, schreiend, brüllend, gespalten wie die Seelen und Körper des gefolterten Cavaradossi und der mitgefolterten Tosca.

Wie verabredet, finden wir uns im zweiten Akt zu nächtlicher Stunde im Palazzo Farnese ein, wo die neapolitanische Königin Maria Carolina zu Ehren von Melas ein Fest gibt, auf dem Tosca, die Diva (vgl. II:54), eine Kantate singt. Vor dem Hintergrund des liturgischen Gesanges und des eucharistischen Opfers verkehren die Folter, der unter Todesangst erpresste Sex und der eidbrüchige Mord die Liturgie und das Heilsgeschehen. Ist Christus Licht, Liebe und Leben, dann Scarpia Dunkelheit, Hass und Tod.

Scarpia sitzt am gedeckten Tisch und speist. Ganz Jäger, fiebert er mit dem Auge auf der Uhr dem Ausgang seiner Menschenjagd entgegen. Tosca kommt als Jagdfalke ins Bild: »Tosca ist ein guter Falke! / Wohl zu dieser Stunde (»a quest'ora«) packen meine Bluthunde beide Beutetiere« (II:53). Mit der aufgehenden Sonne sollen sie hängen. Tiefe Liebe will er in tiefes Leid, tiefstes Elend verwandeln: Tosca, die göttliche, soll sich aus Liebe zu ihrem schönen Mario seiner Lust ergeben und Mario soll trotzdem hängen. Scarpia will Tosca konsumieren. Wie der Mesner nach den köstlichen Speisen lechzt Scarpia nach ihr. Wie auf den politischen Gegner

Jagd gemacht wird, ist die Liebe eine Jagd: in beiden Fällen wird die Beute vom Jäger erledigt.

Ha più forte
sapore la conquista violenta
che il mellifluo consenso. Io di sospiri
e di lattiginose albe lunari
poco m'appago. Non so trarre accordi
di chitarra, né oròscopo di fior
(sdegnosamente)
né far l'occhio di pesce,
o tubar come tortora!
[…]
Bramo. La cosa bramata
perseguo, me ne sazio e via la getto
volto a nuova esca. Dio creò diverse
beltà, vini diversi. Io vo' gustar
quanto più posso dell'opra divina!
(II:54)

Stärker ist
der Genuß einer gewaltsamen Eroberung
als der süßlichen Hingabe. Ich kann
Liebesseufzern
und milchigen Mondaufgängen
wenig abgewinnen. Ich mag nicht
Gitarre spielen noch Blumenorakel befragen,
(verächtlich)
noch verliebte Fischaugen machen,
noch turteln wie eine Taube!
[…]
Ich begehre. Und was ich begehre,
verfolge ich, sättige mich daran und werf es weg,
neuer Speise zugewandt. Gott schuf verschiedene
Reize, verschiedene Weine. Ich will genießen,
soviel ich kann, von der göttlichen Schöpfung!
(II:55)

Die göttliche Schöpfung ist nicht da, um bewundert, angebetet, gepriesen, besungen, kurz geliebt, sondern um gierig konsumiert und weggeworfen zu werden. Die Schönheiten, die Gott schafft, rufen die »verschiedenen Schönheiten auf« (I:11), die Cavaradossi durch die Kraft der Liebe bewundernd zu ihrer wirklichen Schönheit fügt: »Recondita harmonia di bellezze diverse« (I:10). Aber statt sie harmonisch zu fügen, giert Scarpia nach ihrer seriellen Vernutzung. Er versündigt sich an der Liebe, die für ihn Zerstörung ist. Nichts ist ihm heilig. Die schöpferische Liebe, die das Universum erschafft, verkehrt er in tierisch zerstörerische Begierde.

Seine Gier, »brama[re]« (II:54), verdinglicht den Anderen zu einem gleichgültigen Gegenstand der beliebigen Neugierde. Als etwas Köstliches zwischen vielen Köstlichkeiten wird er konsumiert und weggeworfen. Ganz männlich und nicht weichlich romantisch, kitschig weiblich ist diese Gier in seinen Augen. Wenig später sollte F.T. Marinettis Manifest »Bringen wir den Mondschein um« (1911) diese Abkehr von der Romantik im Namen ganzer Männlichkeit fordern. Bevor Scarpia diese Gier befriedigen kann, isst er weiter, während er den »zur rechten Zeit« (II:55) eingetroffenen Schergen Spoleta – das heißt ungefähr soviel wie »scharfgemachte Waffe« – »o galantuomo« (II:54), nach dem Ausgang der Jagd befragt. Das höfische Register des aristokratischen Vergnügens wird durchgehalten. Die Suche – in Termini technici des Jagens: die Spur aufnehmen, ein Tier in seinem Bau aufstöbern: »Fiuto! … razzolo! … frugo!« (II:56) – war nicht so erfolgreich wie gehofft. Scarpia beschimpft die Häscher als »Hunde«, als »Schlangenfratze« (II:57), beruhigt sich aber, sobald er Cavaradossi in seiner Gewalt weiß.

In diesem Moment ertönt die Kantate, der »Menschen Lobeshymne«, »inno di gloria« (II:58f.) in der göttlichen Stimme der Diva: »der Menschen Lobeshymne, / sie vereine sich mit den Liedern der Engel / und steige auf zu dir!« (II:59) Entzückt erkennt Cavaradossi »sua voce« (II:60). Vor diesem jubilierenden Lob, das mit der göttlichen Stimme wie der Opferrauch nach oben schwebt, wird Scarpia Seelen und Körper in ein Tal der Tränen, in ein Jammertal stürzen: Cavaradossi zu einem gequälten, gefolterten, blutüberströmten Schmerzensmann und Tosca zu einer zusammenbrechenden Schmerzensmadonna machen. Das *Gloria,* das Gott als den Schöpfer der kosmischen Harmonie der Sphären in den höchsten Tönen lobpreist, wird zur Folie der sadistischen Zerstörung, Befleckung und Vergewaltigung des glänzenden, schönen Kosmos, des Zerstörens von Gerechtigkeit, Schönheit, Liebe und Leben. Das Gesetz ist außer Kraft gesetzt, Terror herrscht souverän.

Gegen das leicht Hochschwebende der Kantate, gegen den Sopran der Tosca steht die tief dröhnende, niederschmetternde, in Angst und Schrecken versetzende Musik der tiefen Bläser und tiefen Schlaginstrumente, der drohende und schreiende Bariton Scarpias. Das Motiv des Jüngsten Gerichts, das die Oper mit Pauken und Tuba einleitet und das den ersten Akt beschließt, durchzieht, mehrmals angespielt, den ganzen Akt. In den schroffen Gegensatz von erhebendem Lob und niederschmetterndem Grauen ist das Sehnsuchtsmotiv Toscas und das Verratsmotiv, das Scarpia begleitet, kunstvoll eingewoben.

Scarpia und seine Schergen usurpieren die Stelle Gottes, des Weltenrichters, um sie auf das Schrecklichste zu pervertieren: Für das Flehen um Gnade (*pietà*) bleiben sie taub; was Mitleid mit der von ihnen geschundenen Kreatur ist, wissen sie nicht. »È forza che s'ad*empi*a la legge«; »Das Gesetz muss nun einmal erfüllt werden« (II:66 f.), sagt Scarpia, während er Cavaradossi foltern lässt, und gibt sich als gesetzestreuer Vollstrecker. Aber auch: »Gewalt erfüllt das gottlose Gesetz«. Dieser Wortwitz versteckt und legt gleichzeitig das Blasphemisch-Satanische Scarpias und seiner Schergen offen. Ihre Anrufung der Heiligen, ihre Zitate der Liturgie sind Deckung für mörderische Lust und lustvolles Morden. Während die Schlächter sich auf das Jüngste Gericht beziehen und das *Dies irae* aus der Totenmesse zitieren, üben sie weder Gerechtigkeit noch Erbarmen – um das göttliche Erbarmen für den Gestorbenen wird ja im *Dies irae* schließlich gefleht. »Iudex ergo cum sedebit / quidquid latet apparebit / nil inultum remanebit«; »Wenn der Richter also dort sitzt, wird alles Verborgene ans Tageslicht kommen, nichts bleibt ungesühnt zurück.« (II:72 f.) Das Verborgene ist hier jedoch keine Sünde, sondern der im tiefen Brunnen verborgene Angelotti, und die angekündigte Sühne ist das Aufhängen noch seiner Leiche am Galgen. Gnadenlos, erbarmungslos, genießt Scarpia die Angst, den Schmerz, das Zerbrechen seiner Opfer, die er sarkastisch verlacht. Die durch ihn verbrochene Seelenfolter der

Tosca ist für Scarpia nichts als ein Schauspiel. Brutal zynisch sorgt er für Toscas Rolle ihres Lebens: die der großen Tragödin. »Mai Tosca alla scena / più tragica fu!«; »Nie war Tosca auf der Bühne / tragischer!« (II:70 f.) Verratener Verrat und der Galgen für den »moribondo« (II:78) stehen wie geplant am Ende der Szene. Jetzt weiß Scarpia Tosca in seinen Fängen.

Mit der Geschlechterverkehrung, die sich in der Erdolchung Scarpias erfüllt, beginnt die Szene: »Wieviel« (II:81), fragt Tosca verächtlich, willst Du für das Leben meines Geliebten? Auf Scarpias Verführungsversuche, untermalt vom Betrugsmotiv, geht sie nicht ein. Scarpia weiß sich käuflich, und das ist bekanntlich ein mit dem Weiblichen assoziiertes Motiv der Prostitution. Aber von einer schönen Frau will er kein Geld, sondern einen anderen Lohn. Scarpia schließt seine »povera cena« (II:78) in der Absicht, seine Beute zu verschlingen: »ghia la sua preda pronto a ghermir« (III:102). Auf diese Stunde hat er gewartet. Nie hat er sie so begehrt: »Deine Tränen waren Lava für meine Sinne und Dein Blick, der mich mit Hass durchbohrte, brachte meine Gier zum Rasen! Geschmeidig wie ein Leopard umschlangst Du den Geliebten! Ah, in diesem Augenblick schwor ich, Du würdest mein.« (II:81) Er weidet sich an Toscas Hass, ihrem Leid, ihrem Schmerz. Rau wird seine Stimme vor Erregung. Taub bleibt er ihrem Flehen um Gnade gegenüber. Unterm Galgen, beim Trommelwirbel der Henker, willigt Tosca im Angesicht der Stunde von Cavaradossis Tod ein.

Das sinnliche Temperament Toscas buchstabiert Scarpia nach dem Lexikon der Femme fatale aus, deren Attribut, ist man versucht zu sagen, das Raubtier, der Panther, der Leopard ist. Den Mann macht sie sich, sinnlich fordernd, begehrend, zur Beute ihrer glühenden Lust. In die Richtung der Femme fatale gehen auch die am Anfang von Cavaradossi besungenen »Liebeszuckungen«, »spasimo d'amore« (I:24), die Wut, die in ihren Augen flammt, die Sirene, in deren Schlingen der Maler sich gefangen sieht, und natürlich »arde a Tosca nel sangue il folle amor« (I:21) – ihr in wahnsinniger Liebe glühendes Blut. Eine leidenschaftliche, vulkanische Geliebte, die Scarpia noch einmal in der »lava«, die ihre Tränen für seine Sinne waren, aufruft.

Toscas glühende Leidenschaft, sonst eher Anzeichen für die weibliche Schwäche, hat sich während des Passionsspiels, das Scarpia unter verkehrten Vorzeichen gab, in überwältigende Liebe verwandelt. In dieser Liebe kann sie mehr als eine schwache Frau sein: aus Liebe hätte sie die Kraft, sich diesem verworfenen Monster hinzugeben. Aus Liebe wird sie sogar, ganz *virtus*, wie alle großen Heiligen, die ihre weibliche Schwäche hinter sich lassen, männlich. So erdolcht sie Scarpia, statt ihm zur Beute zu fallen. Tatsächlich wird sie ihm fatal. Während für Scarpia die Tränen des Heils – Zeichen der Umkehr der Magdalena – zu Mitteln des Hasses werden, wandelt Tosca ihre weibliche, glühende Leidenschaft in siegreiche, alles überstrahlende Liebe: *gloria passionis*.

Aber bevor sie sich Scarpia ergibt, braucht sie – pragmatisch alle Eventualitäten im Blick – den Passagierschein: Diesen Staat will sie sofort, auf kürzestem Weg, über den römischen Hafen Civitavecchia – den alten Staat wie den alten Bund – für immer übers Meer verlassen. In der Erpressungsszene bietet Scarpia Tosca zeremoniell – wie der Priester den Kelch, aus dem er getrunken und den er mit einem Tuch abgewischt hat – »spanischen« Wein an. Damit wird auf Habsburg und die Eucharistie angespielt. Daneben sieht Tosca das Messer leuchten, das sie ihm ins Herz stoßen wird. Kein lebensspendendes, sondern tödliches Blut, an dem er röchelnd erstickt, ein Heilswerkzeug, gelegt in die Hände der Diva, Zeichen der göttlichen Vorsehung, das sie braucht, um die Schwarze Messe, die er zelebriert, abzubrechen und den geschändeten Altar wieder zu heiligen. Sein kleiner Tod – »Tosca finalmente mia!« (II:92), stürzt er sich auf seine Beute – wird sein großer sein. Während die Eucharistie den ganzen, lebendigen Körper der Kirche durch Einverleibung von Christi Fleisch und Blut, Brot und Wein, konstituiert, zerreißt Scarpia in seiner Schwarzen Messe Körper und Seelen. Das Fest der vereinigenden Liebe verkehrte er in Vergewaltigung, Zerstörung und Hass. Den entweihten, pervertierten Altar als Ort der Wandlung, von dem er sich während der ganzen Szene nicht entfernt hat, heiligt Tosca nach vollbrachter Tat. Mit Kerzen und Kreuz errichtet sie auf seiner Leiche einen Altar. Aber in diesem Hier und Jetzt wird kein Neuer Bund, keine Gemeinschaft über dieser Leiche gegründet. Durch den Betrug wissen wir, die Hörer, dass Tosca, die der Hand Scarpias noch den Passagierschein entwindet – »Civitavecchia« (II:90) – den alten Bund, die alte Stadt des Teufels, die Rom für Augustinus war, nicht »via pel mar« (III:104) verlassen kann.

Der Teufelspakt, in den Tosca von Scarpia gezwungen wurde, war die Einlösung einer Liebesumarmung für das Leben des Geliebten. Scarpia hatte von vornherein vor, diesen Pakt zu brechen. Der »Conte Palmieri« – »come facemm' del conte Palmieri« (II:88) –, der von Scarpia den Schergen als Deckname für die Scheinexekution Cavaradossis eingebläut wird – »hai ben compreso?« (II:88) – und von Spoleta wiederholt wird, ist offensichtlich der Befehl zu einer tatsächlichen Exekution durch Erschießung. Tosca kann das Codewort »Palmieri« nicht verstehen. Scarpia betrügt Tosca, als er ihre Umarmung erpresst: es gibt kein Leben für Sex. Folgt man dem durch die dreifache Wiederholung insistierenden Wortlaut, so ruft »Palmieri« den Palmsonntag, *Domenica delle Palme*, auf. Auf den Palmsonntag folgt keine Auferstehung, sondern Karfreitag. Cavaradossi, der den »Cadaver« im Namen trägt, wird nicht von seinem allzu wirklichen Tod erstehen: »Su, su«; »Steh auf, steh auf« (III:112), sagt Tosca vergeblich. Der zweite Akt eine Schwarze Messe, der dritte Akt eine durchkreuzte Auferstehung.

Puccinis Hohelied: L'amor che move il sole e l'altre stelle

Der dritte Akt beginnt mit einer arkadischen Liebeselegie im Morgengrauen, die aus der Ferne in das Gefängnis herüberklingt: »et in arcadia ego«. Von Flöten begleitet, wird die einfache Hirtenelegie im römischen Dialekt von einer hellen, leichten Knabenstimme gesungen. Indem in Verkehrung des christlichen Heilsgeschehens Tod und Sonne verknüpft werden – »lampena d'oro, / me fai morir!«; »Sonnenlicht, / bringst mir den Tod!« (III:96 f.) – wird Cavaradossis Ende vorhergesagt. Im pointierten Gegensatz zu Christus, der mit dem Sonnenaufgang auferstanden war, bleibt Cavaradossi mit dem Sonnenaufgang in der vierten Stunde tot am Boden. Seine Todesstunde hat geschlagen. Auf den Gesang des Hirtenknaben folgen die Glocken des »Ave Maria des römischen Frühmorgens« (Puccini, zitiert nach Ley:180). Das zeigt weniger eine veristisch-realistische *couleur locale*, sondern den liturgischen Hintergrund, vor dem die Oper spielt. Der erste Akt begann wie der dritte mit dem Angelusläuten. Das Geschehen der Fleischwerdung des Wortes ist Beginn der Heilsgeschichte. Hier wird das Angelusläuten zu Cavaradossis Todesstunde zur Totenglocke, die noch einmal Toscas Namen aufklingen lässt. Der elegische Gesang widerlegt die frohe Botschaft der römischen Steine, die römischen Glocken des Angelus verkehren sich von Glocken des Heils in Unheilsglocken. Hinter der Engelsburg sieht man den Petersdom, der einmal von der Überwindung des Todes durch Christi Auferstehung künden sollte. Stattdessen grundiert eine Art Trauermarsch den dritten Akt.

Die vielleicht berühmteste und schönste Arie der Oper »E lucevan le stelle« (III:100), die das die Handlung durchziehende elegische Motiv von Liebe und Tod endlich schmerzlich erfüllend aufklingen lässt, betrauert die verflogene Liebesstunde mit Floria: »L'ora è fuggita« (III:100). Verzweifelt bleibt Cavaradossi, der das Leben nie so geliebt hat wie in der Stunde seines Todes, zurück: »e muoio disperato!« (III:100) Selten ist das Leben, die Schönheit der Welt, so schön besungen worden wie in dieser Arie; in *Tosca* singen nur die Liebenden liebend schön. Aus der überwältigenden, sinnlichen Erfahrung, dem sehnsüchtigen Kosen erkennt der Liebende unter dem bestirnten Himmel die Schönheit der Schöpfung in den bebend enthüllten Formen der Geliebten. Fast alle Sinne werden aufgerufen: Riechen, Hören, Fühlen, Sehen. Floria, die die blühende, duftende Zierde im Namen trägt, erfüllt ihn ganz. Auch diese Arie führt uns, wie der Hirte aus dem steinigen Rom in die Campagna, in den duftenden Garten unter den Sternen.

Dann kommt Tosca. Das Signifikantenfeld »unbefleckt« versus »beschmiert«, das den ersten Akt zu Füßen der Madonna bestimmt hatte und durch die Glocken der Verkündigung noch einmal ertönt, wird in der dramatischen Erzählung von der Erdolchung Scarpias aufgerufen: »lorde di sangue«; »blutbeschmiert« (III:104) waren ihre Hände, sagt Tosca. Aber Tosca wäscht ihre Hände nicht in Unschuld, wenn sie sie danach abwischt. Sie musste diese Besudelung als Martyrium auf sich nehmen, um durch Sünde von der Sünde zu reinigen.

Cavaradossis Arie »O dolce mani« macht das doppelte Register dieser Tat klar. Es handelt sich um einen Tyrannenmord, der juristisch-politisch gerechtfertigt ist. Deswegen spricht Tosca gleich nach der Tat davon, dass vor Scarpia ganz Rom gezittert habe. Cavaradossi sieht ihre Hände als siegreiche Instrumente der Gerechtigkeit, die Rom vom Tyrannen befreien. Gleichzeitig wird ein religiöses Register ins Spiel gebracht. Die »sanften«, »frommen« Hände werden im Kampf mit dem Bösen zu triumphierenden Heilswaffen. Gemordet hat Tosca aus Liebe, sich besudelt um seinetwillen – und gesiegt. Sie sind frei, wähnen sie. In ihrem letzten Liebesduett lassen sie die blutbeschmierte Welt, dieses Tal der Tränen zurück. Das von Gott in Maria gegebene Versprechen einer durch die Kraft ihrer Liebe wieder ganzen, geheilten, strahlendschönen Schöpfung lässt dieses Liebesduett aufklingen. Der konkrete Weg vom Hafen Civitavecchia übers Meer, »via pel mar« (III:104), wird zum Weg in eine überirdische Liebesverzückung, in die Entrückung. Die »eccitazione« (vgl. II:80) des geilen Scarpias, die »spasimi d'amor«, die »glühende Wut« der Femme fatale weichen der »estasi« (vgl. III:106) der beiden Liebenden in einer triumphierend sich erhebenden Begeisterung ihrer beiden verschlungenen Stimmen. Das Duett steht nicht mehr im Zeichen der Nacht und des Mondes, sondern in dem der Sonne. Es spielt nicht mehr sublunar auf der todesverfallenen Erde, sondern in himmlischen Sphären. Verliebt, meint Tosca, erwartet alles im aufsteigenden Rosenduft die Sonne. Diese durch die Liebe in Harmonie neugeschaffene Welt ist himmlisches Exil. In dieser besungenen Liebes- und Kunstreligion gibt Cavaradossi Tosca die Rolle, die in der Theologie der Heilige Geist hat: sie ist Lebenskraft, durch sie erstrahlt alles in glorreichen Farben, alles beginnt zu duften, zu tönen. Die Süße ihrer Stimme nimmt alle Bitterkeit des Todes. In ihren Augen sieht er die himmlischen Sphären kreisen. Ihre Liebe lässt die lebendige, vibrierende Harmonie der Welt ertönen. Sogar der Tod hat in diesem Einklang seinen Stachel verloren. Als Vereinigung von Himmel und Erde wird er gedacht:

Finché congiunti alle celesti sfere
dileguerem, siccome alte sul mare
a sol cadente, nuvole leggere!
(III:106)

Bis wir gemeinsam zu den
Himmelssphären aufschweben, wie
hoch über dem Meer
bei Sonnenuntergang die leichten
Wölkchen!
(III:107)

Ihre entrückte Liebe ist auf dem ekstatischen Liebestod der Braut Christi, der Seele, und ihres Bräutigams, Christus, modelliert; in der Mystik wird der Tod als Liebesverzückung begriffen. Die gesungene Liebesekstase ist Zusammenfall von kleinem und großem Tod. In ihrem letzten Liebesduett erschaffen Tosca und Cavaradossi die kosmische, göttliche Harmonie in »Harmonien der Farben«, »Harmonien des Gesangs« (III:109), in den sich in Liebesekstase aufschwingenden Stimmen und Seelen neu – eine Liebe, eine Musik, nicht mehr von dieser Welt und doch ganz sinnlich, jenseits von Rom, jenseits irdischer Geschichte, jenseits auch von Idolatrie. »Triumphierend, neuer Hoffnung, erbebt die Seele in göttlicher, wachsender Glut. Und in gemeinsamem Flug steigt sie schon zum Liebesrausch auf« (III:109). Entzückt, entrückt werden beide in der Stunde ihres Todes – »L'ora!« (III:108) – in himmlische Sphären, in einen Einklang mit der Welt, auf den Schwingen der Musik.

In den Mauern Roms, dem von Satan beherrschten Gefängnis, brechen alle Furien der Hölle los. Eine von Kadavern übersäte, blutbeschmierte Bühne, auf der souverän Tod, Verrat und Verderben herrschen, machen diesen rosen-duftenden Liebesflug, weich aufgefangen von Violinen, in dem die Sonne mit dem Meer kreist, diaphan unvergesslich. Die Göttliche Stimme, »così dolce«, klingt zum Lob der Schöpfung nach, klingt auf – jetzt und hoffentlich in der Stunde unseres Todes.

Heroisch lieben
Madama Butterfly

Tragödienfähig?

Wie wenige andere Bühnentode lässt der Tod von Madama Butterfly unsere Tränen fließen. In diesem »Bravourstück des Herzeleids« (Mehnert:115) stirbt eine Kindfrau in beispielloser Verdichtung aller Pathosformeln nicht nur als verlassene Geliebte, Ehefrau und ihres Sohnes beraubte Mutter. Sie stirbt für das Glück ihres Sohnes in Amerika, für »den kleinen Gott« (II:III), der ihr wie vom Thron des Paradieses herabgestiegen scheint. Sterbend umarmt sie ihr blondes, blauäugiges Baby, das der Vater und seine »richtige Frau«, blond und blauäugig, mit in die USA nehmen. Ihren rituellen Selbstmord, Harakiri oder Seppuku verübt Cio-Cio-San mit dem letzten ihr verbliebenen Erbstück, dem Dolch ihres Vaters, der sich selbst auch damit auf Befehl des Kaisers umgebracht hatte. Vor einer Buddha-Statue, vor ihrem dreijährigen Sohn mit verbundenen Augen begeht sie den rituellen japanischen Selbstmord, »*happy dispatch*«, der sühnend Schande von der Familie abwenden soll. Den Vater des Kindes zitiert sie als Augenzeuge des von ihm angerichteten Unglücks herbei. Sie gehorcht ihm und liefert den Sohn an ihn aus, wenn er selbst ihn in einer halben Stunde abholt. Aus der kleinen Konkubine, der Ehefrau auf Zeit, wird nach einem langen, verzehrenden Leidensweg eine verkehrte Pieta, die sich für ihren Sohn opfert und wie ihre männlichen Vorfahren den heroischen Tod eines Samurai stirbt. Puccinis Oper ist in dem herzzerreißenden, trostlosen Leiden einer Mutter eine globalisierte, veristische, selbstverständlich säkulare Aufgipfelung der von den sieben Schwertern durchbohrten Schmerzensmadonna. Ohne diese Ikonographie, ohne die Musikgeschichte der Madonna bleibt die *Butterfly* ein Buch mit sieben Siegeln.

Die Oper ist auf die verwirrendste Weise interpretiert worden. Erzählt *Madama Butterfly* tatsächlich die stereotype Geschichte der unterwürfigen Orientalin, die auf einen rassistischen, sex-imperialistischen Stecher trifft und ihm zum Opfer fällt? Ist ihre Geschichte die der »Zerstörung durch westliche Werte«? Gefällt uns die Oper, weil eine Orientalin für einen aus dem Westen stirbt (Hwang)? Uns als Kolonialherren? Ist es also tatsächlich eine der misogynsten Opern je? Puccini ein Sadist (Taruskin/Gibbs:783)? Was soll es heißen, dass diese Oper nichts »als eine Kreuzigung der Frau« sei (Raina Kabaivanska nach Mehnert:114)? Hat die Gekreuzigte Unrecht? Hat sie verloren? War das Neue Testament etwa die Geschichte der Kreuzigung der kolonialisierten Juden durch die römischen Imperialisten? Stehen wir auf Seiten der römischen Kolonialherren, des Pontius Pilatus? Wen lieben wir, um wen weinen wir: um die, die kreuzigen, oder die, die gekreuzigt werden? Die lynchen oder die gelyncht werden? Um die Freier oder die von den Freiern Erniedrigten und Ausgebeuteten? Die Reaktionen auf diese Oper in all ihrer ungebrochenen Beliebtheit könnten verwirrender, irregeführter nicht sein.

Der imperialistische, sadistische Sexprofiteur samt seiner Kolonialphantasien, den wir auf der Bühne sehen, ist kein Modell für die Zuschauer. Er ist im Gegenteil ein verächtliches, abschreckendes Beispiel, zuletzt völlig impotent. Die Oper unterstützt diese Phantasien nicht; sie zeigt das unrettbare Unheil, das sie anrichten. Nicht die Oper ist unmoralisch, sondern Pinkerton, ihr Heldentenor, ist es und die, die ihn im Publikum bewundern (McClary). Sie haben allerdings weder hingehört noch hingesehen. Sowenig der Herzog im *Rigoletto* ein Modell für die zuschauenden Herren ist und eine Anleitung zu Frauenraub und Vergewaltigung gibt, sowenig tut es Pinkerton – nicht als nachahmenswertes, der Identifikation wertes Modell, sondern als verächtliche Nullnummer steht er auf der Bühne. Als geiler, jeglicher Empathie unfähiger, einzig auf seinen Profit bedachter Mann, dem am Ende nichts mehr einfällt, als eine Geldsumme weiterzureichen, wird Pinkerton von Puccini gezeigt. Im Gegensatz zu Verdis Herzog – das ist in der Tat Pinkertons einziges Verdienst – erkennt er sich in der revidierten Fassung Puccinis als Feigling. Dem Schrecklichen, das er angerichtet hat, sieht er für ein paar Minuten ins Auge – immerhin, länger hält er es nicht aus.

Ist es nicht eher so, dass Cio-Cio-San als Einzige die gern berufenen »westlichen Werte« verkörpert, die als universal postulierte Liebe und Mutterliebe, für die sie als Märtyrerin, Blutzeugin stirbt? Zynisch hat sich der Westen im Rassenwahn eines *white supremacy* und in eiserner Verfolgung seines Selbstinteresses zur Ausbeutung der ganzen Welt längst von allen Werten verabschiedet, entlarvt die Oper. Bei Puccini wird die »japanische Ehefrau auf Zeit«, die nach japanischem Brauch möglichst gewinnbringend von einem Ehemann zum nächsten weitergereicht, aber den Sitten des Landes zufolge anders als in Europa keinesfalls verachtet wird, von einem bezahlten Sexspielzeug zur großen Operntragödin, zur Märtyrerin der Liebe. Hat in Pierre Lotis Roman die Madame Chrysanthème als eine solche Ehefrau auf Zeit bestenfalls das Zeug zu einer kleinen Komödie, so wird Puccinis *Madama Butterfly* zu einer *tragedia giapponese*. Das ist mit der Universalisierung der westlichen Werte in der Figur der Butterfly, die sich vom sexistisch-essentialistischen Rassismus der Amerikaner absetzt und an das westliche Universalitätsversprechen glaubt, eine Veredelung, eine Erhöhung ohnegleichen. Es stimmt, dass sie dafür singen muss »wie wir«, nämlich so, dass wir sie erhören und sie unmittelbar, als heroische Schmerzensmadonna, unser Herz trifft. Mit *Madama Butterfly* hat Puccini eine der facettenreichsten Sopranstimmen des Repertoires erschaffen. Im Strahlen ihrer Leidenschaft, dem Strahlen ihres Leidens stellt die Butterfly mit ihrem sagenhaften, durchschlagskräftigen Sopran des *lyrico spinto* noch die beiden großen, beherrschenden Figuren der Opernbühne in den Schatten, mit denen sie verglichen wird: Wagners Isolde und Verdis Kameliendame. Madama Butterfly, von Gott und den Menschen verlassen, opfert sich für ihren Sohn. Das große Schicksal dieser demütigen Frau erfüllt sich in ihrem tragischen Tod, den wir bis zum bitteren Ende mit ihr durchleiden müssen. Sie wird nicht wie Verdis Violetta, wie seine Gilda verklärt. Sie muss den Kelch, und wir mit ihr, bis zur bitteren Neige trinken. Das Ende ist keine Aufhebung in strahlende, luftige, verklärende Höhen wie bei Verdi, sondern der harte, trostlose Gongschlag, der den steinigen Weg der von Unglück Verzehrten, das langsame Verbluten eines für das gaukelnde Glück geborenen Schmetterlings besiegelt.

Puccini/Illica/Giacosa vollenden die Auerbach'sche Theorie des Realismus, des *genus humile*, in dem noch das Niedrigste, Demütigste, Kleinste, Alltäglichste – das Essen, etwa einer mehrfachen Ehebrecherin in der Provinz – tragischer Größe fähig ist. Man hat Verdis Musik mit der Gattung des Historiengemäldes, Puccinis dagegen mit dem in der Hierarchie der Kunst tiefer stehenden Genrebild verglichen; man hat auch versucht, es als sentimentales Melodram abzutun. Gegen diese Einschätzung ist aus der Perspektive einer realistischen Poetik einzuwenden, dass dieses Demütigste die Historiengemälde wie aufgeblasene Schinken aussehen lässt, während das Niedrige, Kleine in der Oper sublim wird. In dieser Sublimierung, Veredelung liegt die ästhetische Leistung Verdis wie dann auch Puccinis. An die tragische Größe des Liebestodes der Isolde gemahnt bei Puccini der sagenhafte Tristan-Akkord. Puccini überbietet Wagner und Verdi, indem er die kleine, kindliche, nippes-artige, zum Konsumartikel verdinglichte Butterfly, von der »die Perle von einem Heiratsvermittler« (I:11) Goro sagt, er habe davon ein ganzes Sortiment im Angebot, und die für Pinkerton als bezauberndes Sexspielzeug von einem gelackten Wandschirm zu flattern scheint, zur tragischen Heldin macht. Ist Cio-Cio-San eine »Lucretia of modern imperialism, the tragic artefact of a traditional Japan sacrificed on the altar of masculine modernity« (Mostow:193)? Wer für was geopfert wird, wer sich für was opfert, wer dabei bloßgestellt wird, das ist die Frage. Lucretias Selbstmord stürzt den übergriffigen Tyrannen, der sie erpresst. Ihr Selbstmord befestigt, in jeder Hinsicht staatstragend, die republikanische Männlichkeit, weil und insofern sich diese Männer, Wilhelm Tells Spruch zu zitieren, vor »ihre Frauen, ihre Kinder« stellen. Ist das, was durch das Selbstopfer der Butterfly als feige und lächerlich ausgestellt wird, nicht jene »masculine modernity«, die sich längst nicht mehr vor »ihre Frauen, ihre Kinder«, sondern allein und ohne jeden Heroismus superkonform national vor die eigene Rasse – *America First* – stellt? »Masculine modernity« ist schuld an dieser durch nichts anderes als durch sie verursachten »immensa pietà« (II:106), an dem unaussprechlichen Elend dieses harten Todes. Wer wäre lächerlicher, aber auch verwerflicher als *the all-American man* Pinkerton, der glaubt, in imperialer Überlegenheit alles ausbeuten zu können? Der nichts versteht außer billigem Sextourismus und die Anmaßung weißer Überlegenheit im Glauben an eine »richtige Ehe, und eine richtige … amerikanische Braut« (I:19)?

Das traditionelle Japan wird bei Puccini keineswegs und überhaupt nirgendwo geopfert, denn Cio-Cio-San hat diesem um der emanzipatorischen Qualität der westlichen Ehe und der idealen Universalität der Liebe willen abgeschworen. Ursprünglich war die Ehe von der Kirche als Schutz gegen die Verdinglichung und Vernutzung der Frauen durch mächtige, reiche Männer eingefordert worden. Zur Zeit der Opernhandlung, als im Zuge der Verwestlichung 1898 eine auf dem deutschen Bürgerlichen Gesetzbuch beruhende gesetzliche Reform durchgesetzt war, unterlagen die Eheschließungen dieser juristischen Praxis (Bailey-Harris). Das traditionelle Japan hatte dieser Form der Vernutzung der Frauen durch serielle Scheidung, sieht man sich den Fall Yamadori und den Urteilsspruch der Cio-Cio-San dazu an, weder bei Loti noch bei Puccini/Illica/Giacosa etwas entgegengesetzt. »Man weiß, wenn man hier die Tür öffnet und die Frau auf die einfachste Weise verjagt, nennt man das Scheidung, aber in Amerika kann man das nicht tun.« (II:69)

In *Madama Butterfly* (1904–1906) werden wir mit einer Gesellschaft konfrontiert, in der eine völlig andere Sexualmoral herrscht. Oft ist deshalb auf die Implausibilität des Charakters Butterfly hingewiesen worden. Wie kann sie, die in vollem Wissen, aus einer verarmten Familie stammend, eine Ehe auf Zeit eingegangen ist, glauben, sie sei eine vollwertige amerikanische Ehefrau, Hausfrau und Mutter? Wie kann sie meinen, diese Ehe wäre für immer und ihr Sohn ein legitimes Kind? Wieso glaubt sie felsenfest und entgegen jeglicher japanischer Gepflogenheit, nach der die Ehe zustande kam, an die Rückkehr ihres Mannes, nachdem dieser weggesegelt ist (Micznik)? Wieso korrigiert sie jeden, der sie mit »Madama Butterfly« statt »Madama Pinkerton« anredet? Wieso nimmt sie nicht den Anwärter Yamadori, den steinreichen Fürsten, der mit ihr eine Ehe auf Zeit eingehen möchte? Wieso sieht sie sich durch das erwartbare Verlassen Pinkertons entehrt? Wieso versteht sie die für einmal elegante Abschiedsformel Pinkertons nicht, er komme wieder, »wenn das Rotkehlchen wieder sein Nest baut« (II.64)? Warum glaubt sie eher an eine Veränderung der Naturgesetze als daran, von ihm, wie üblich, verlassen zu werden?

Frauen, die nicht lieben

Der Text, der diese anderen, japanischen Landessitten für den westlichen Kontext am einflussreichsten dargelegt hat, ist Pierre Lotis Erfolgsroman *Madame Chrysanthème* von 1888. Er erzählt die Geschichte eines bretonischen Marineoffiziers, der genau wie der amerikanische Pinkerton in Nagasaki, der größten japanischen Hafenstadt und Japans Tor zur Welt, an Land geht. Aus Langeweile und weil man es ihm so rät, beschließt er, eine japanische Ehe auf Zeit einzugehen. Die Mutter der Braut, ihre Verwandten, Freundinnen und Freunde finden einen solchen Vertrag vollkommen in Ordnung. Nach wenigen Wochen verlässt Pierre die Hafenstadt an Bord der *Triomphante*. Die Ehe ist damit ohne alles Brimborium, ohne Tränen, ohne Reue zu Ende. Um des Geldes willen ist die junge Frau die Ehe eingegangen. Der doch irgendwie romantische Ehemann ist narzisstisch gekränkt, weil er keinerlei Spuren hinterlassen hat. Nichts, befindet er, ist in diesem kleinen Hirn, im kleinen Herzen der Chrysanthème je geschehen. Noch ehe das Schiff abgelegt hat, hat sie ihn bereits vergessen. Von diesem merkantilen, herzlosen, sterilen, liebesunfähigen Land möchte Pierre kein Souvenir: Die Blumen in seiner Kabine wirft er, der so viele verblühte Blumen als Zeichen der Liebe aufgehoben hat, ins Meer.

Alles, was nach den westlichen Vorstellungen des 19. und 20. Jahrhunderts tugendhafte Weiblichkeit bestimmt, spielt nach Loti in Japan keine Rolle; weder Jungfräulichkeit vor der Ehe noch treue Liebe und Standfestigkeit noch legitime Geburt sind Werte. Keine patriarchale Gesellschaft? Eine ganz unpatriarchalische, merkantile, nach europäischen Maßstäben ehrlose Vernutzung von Frauen? Überhaupt scheint die Sexualität eine wenig aufgeladene, profane Angelegenheit; Sex und Geld werden umstandslos ausgetauscht. So ist es, anders als im Westen, kein Drama, wenn eine Mutter die Tochter für eine Ehe auf Zeit verkauft, sondern das scheint landläufige gesellschaftliche Praxis. »Mit Erlaubnis der Verwandten« (I:35) geht die fünfzehnjährige Cio-Cio-San in Puccinis Oper die von einem kaiserlichen Kommissar lapidar vollzogene Ehe ein. Die patriarchalische Religion von Ehe und Familie, wie sie vor allen Dingen in puritanischen Ländern regierte, ist unbekannt; die große leidenschaftliche Liebe zu einem Ein und Alles mit allen daraus folgenden Dramen unerhört. Ehen auf Zeit mit zahlungskräftigen Herren stigmatisierten die oft sehr jungen Frauen im Alter von 14 oder 15 Jahren nicht. Anders als in Europa lebten diese Ehefrauen auf Zeit nicht wie Kurtisanen und Prostituierte im Westen in einer Parallelgesellschaft, in der anständige Frauen nichts zu suchen hatten. Diese Ehen auf Zeit setzten Frauen in den Stand, sich eine Mitgift zu erwirtschaften. Oft wurde diese Art der zeitweiligen Bindung von ihren eher bescheidenen Familien zur Zufriedenheit aller arrangiert (Boscaro:12). So wenig wie weibliche Tugend oder Schwäche kennt diese Gesellschaft offensichtlich auch die sie schützende, männliche Ritterlichkeit. Man scheint sich mit den wenig poetischen Bedingungen aufs Bestmögliche zu arrangieren.

Von den Ausländern, die diese Ehen auf Zeit eingehen, vom westlichen Publikum, das Geschichten dieser ihnen unverständlichen Sexualmoral hört, werden diese Frauen, wird diese Gesellschaft, die nach westlichen Kriterien nicht schön liebt, hingegen verachtet. Diese Form der Liebe erscheint dem Westen so unmoralisch wie billig. Herz- und seelenlos. Die Einrede Lotis gegen die Landessitten ist nicht moralischer, sondern ästhetischer Natur. Die Verachtung für ein Volk, das so hässlich merkantil liebt, hat Pierre Loti vielleicht am härtesten formuliert. Es ist eine Gesellschaft, die das Ein und Alles der romanischen Gesellschaften, ihre Raison d'Être, nicht kennt: die Leidenschaft. Diese Gesellschaft weiß nicht, was Liebesleid, Liebesfreud ist. Sex ist schlicht eine höflichnüchterne, gekonnte Dienstleistung; die Teilzeitfrauen und die Ehefrauen, die sich prostituierten, sind tatsächlich Sexarbeiterinnen. Dort interessiere die Beteiligten, meint Loti, allein der Gewinn – Passion ist ihm zufolge in diesem konventionell gelenkten, überaus zeremoniellen Verkehr der Geschlechter unbekannt.

Pierre Loti stellte seinen Orientalismus in bewährter französischer Topologie gegen den nächsten, näherliegenden: Während die islamischen Länder des Vorderen Orients, die Türkei und Nordafrika leidenschaftlich liebten, leidenschaftlicher als der kühle Norden, und während die Liebe in Tahiti von einer paradiesischen Unschuld sei, wovon der verderbte Westen nichts ahne, sei die Liebe in Japan, dem Land des Lächelns, eine Sache von Geld und Verträgen. Große Gefühle, Sehnsucht, Treue, Verliebtsein bis zum Wahnsinn, Liebestod, Liebesverrat, Eifersucht: Das ganze Drama der großen Liebe gibt es in diesem Land, folgt man Loti, nicht. Und genauso wenig gibt es Innerlichkeit; alles ist eine schale kleine Komödie, bloßer Nippes, künstlich und mechanisch. In dieser entzauberten Welt ist alles gleich-gültig, jeder ist mit jedem, jede mit jeder austauschbar. In Japan, dem Land, in dem alles *en miniature* daherkommt, hat die Erotik nichts überwältigend Großes, nichts verzehrend Süßes. Sex ist eine Lappalie und die Frauen sind als gefälliges Konsumgut selbstständige wirtschaftliche Agenten ihres konventionellen Zaubers.

Monsieur Sucres Ehefrau, Madame Prune, der im Roman das Haus gehört, das für die Ehe auf Zeit mit Madame Chrysanthème gemietet wird, prostituiert sich mit ganz Nagasaki. Sie ist so beliebt, dass die Freier oft warten müssen, bis sie an die Reihe kommen. Um die Herren zu unterhalten und ihnen das Warten zu versüßen, malt der Ehemann für sie mit wenigen gekonnten Pinselstrichen äußerst anmutige Störche. Loti sarkastisch: »In Nagasaki besitzen alle Herren eines gewissen Alters in ihren Sammlungen zwei oder drei dieser kleinen Genrebilder, die sie dem so feinen, ganz persönlichen Talent des Herrn Sucre verdanken.« Alle haben sie ganz unpersönlich zur Zufriedenheit aller dasselbe mit derselben gemacht (Loti:143).

Madame Chrysanthème weint ihrem Ehemann, der sich einen Hauch von Gefühl erhofft und bei seinem Abschiedsbesuch auf ein bisschen Romantik zählt, keine Träne nach. Beglückt wird sie, kühl bis ins Herz hinein, nicht von dem Mann, mit dem sie Tisch und Bett für ein paar Wochen geteilt hat, sondern von den Piastern, die Pierre für diese Zeit vertragsgemäß bezahlt hat. Auf dem Fußboden des schon völlig ausgeräumten Ehezimmers, in dem kein Duft von Melancholie hängt, hat sie die Münzen ausgebreitet. Das Metall bringt sie mit einem kleinen Hammer zum Klingen, um es auf seine Echtheit zu prüfen; dazu summt sie ein Lied. Gar nichts, resümiert der doch völlig enttäuschte Zeitehemann, der sich so etwas Prosaisches beim besten Willen nicht vorstellen kann, bevor er es mit eigenen Augen gesehen hat, hätte sie für ihn gefühlt, nie hätte dieses Herz für irgendjemanden gezittert. Das Gegenbild in Lotis *Madame Chrysanthème* zu einem Volk, das so dekadent, konventionell und blutleer ist, dass es nicht lieben kann, ist das männliche Paar Yves und Pierre, beide Bretonen. Seit König Arthus, spätestens aber seit Chateaubriand ist die exotisierte Bretagne das Land der romantischen Ursprünglichkeit und des großen Liebens. Wenn dieser Roman einer völlig belanglosen, japanischen Ehe auf Zeit von Lieb und Treu erzählt, dann von der zwischen den beiden bretonischen Seemännern.

Frauen, die nicht lieben – etwas derart monströs Herzloses, eine solche Beleidigung der Frau wollte die westliche Männerwelt nicht auf sich sitzen lassen. Schließlich gehört es zum romantischen Credo des Westens, dass die Liebe universell ist. Schon bald wurde zu Lotis *Madame Chrysanthème* (1887) eine Richtigstellung verfasst, die klarmacht, dass Japanerinnen wie alle Frauen auf der Welt lieben. André Messagers Oper *Madame Chrysanthème* (1894) ist ein Widerruf von Lotis Verdikt des prosaischen Japans, in dem man ohne Begehren und Leidenschaft alles gewinnbringend feilbiete. Hier schreibt Madame Chrysanthème einen Abschiedsbrief, der mit den Worten endet, »dass es auch in Japan Frauen gibt, die lieben und … weinen!« Yves' und Pierres echoen im Chor: »Dort wie bei uns bleiben Frauen … immer Frauen« (Messager:241, BV). Damit schließt das Libretto. Ende gut, alles gut: Die Liebe ist keine nationale Frage, keine Frage der Rasse, keine Frage der Landessitten. Sie ist eben doch universell: Überall auf der Welt reimen sich Herz und Schmerz.

Schlag auf Schlag wird die Rehabilitierung der als herzlos beleidigten japanischen Frauen eingehämmert. Das *Cahier rose de Mme Chrysanthème* (1894) von Félix Régamey ist aus der (fingierten) Innenperspektive der Madame Chrysanthème geschrieben und stellt die Tiefe des Seelenlebens einer immer neu frustrierten Liebesfähigkeit heraus. Brutal fühlt sich Madame Chrysanthème von Pierre verletzt, der sie auf ihr Interesse am Gewinn reduzieren will. Das *Cahier rose* gibt auch eine Erklärung dafür, warum die Liebe der jungen Frau immer wieder frustriert wurde. Es zeiht Pierre Loti der Effeminiertheit; in seinem melancholischen Spleen sei er unfähig, in Frauen etwas anderes als Püppchen, bloße Accessoires zu sehen. Aber liegt das nicht daran, dass sein romantisches Interesse Männern, also seinem »Bruder« Yves gilt? Yves und Pierre, »die beiden Unzertrennlichen« (Loti:246), sind ein romantisch verbandeltes Paar. Undercover erzähle Lotis Roman *Madame Chrysanthème* durch die Blume von einer schwulen Liebe (James).

Dann war da 1898 noch John Luther Long. Der erzählt nicht wie Loti die Geschichte eines von der Prosa der Japanerinnen enttäuschten, melancholischen Ehemannes auf Zeit, sondern die Geschichte von Sextourismus, Leihmüttern, nationaler Rückführung der aus gemischten Verhältnissen geborenen Kinder, von einem rassistischen, US-amerikanischen Liebes- und Ehe-Nationalismus, gegen den er die große, gläubige Liebe und das heroische Sterben der Madama Butterfly stellt. Eine Frau, die anders als der schnöde Yankee lieben und für diese Liebe sterben kann. Eine Japanerin aus Nagasaki, fünfzehnjährig, die im Gegensatz zu den in imperialistischem Ausbeutungswahn und krudem Rassismus befangenen Amerikanern und Amerikanerinnen weiß, was wahre Liebe ist. Es ist die Geschichte einer Tochter, die in der Nachfolge ihres Vaters ein heroisches Harakiri begeht. Die Geschichte einer Mutter, die es kaum überlebt, ihr Kind durch seine, wie sie zu spät erkennen muss, uneheliche Geburt in den USA stigmatisiert zu wissen. Die Tragödie einer verlassenen Mutter, die, nach amerikanischem Gesetz unverheiratet, einen Bastard zur Welt gebracht hat. Der Heimführung des blonden, blauäugigen Kindes durch die rechtens überlegene, amerikanische Ehefrau will sie nicht im Wege stehen. Longs Kurzgeschichte zeigt die imperialistisch-kaltherzige Blindheit der Amerikaner, deren bigotte Ehen an der eigenen Rasse – kaukasisch, hellhäutig, blond und blauäugig – hängen. Die Hoffnung der jungen Japanerin, den heimischen Sex- und Ehebräuchen zu entkommen und in Amerika eine bessere Zukunft zu finden, scheitert an diesem Eherassismus. Butterfly nimmt naiv an, dass die amerikanische Ehe- und Familienmoral, das amerikanische Ehe- und Familiengesetz universell für jede und jeden zu gelten hat. Den impliziten Rassismus dieses Ehe- und Familienverständnisses hat sie nicht erkannt: Nie kam sie als Ehefrau, sondern nur als ein von der amerikanischen Ehefrau toleriertes, reizendes Sexspielzeug, »plaything« für »our men« in Frage (Long:80). Puccini/Illica/Giacosa drehen den Spieß also um: Nicht die Japanerin ist liebesunfähig; liebesunfähig ist der an billigem Sex interessierte Amerikaner. Die ganze, verheerende Ironie der Oper richtet sich gegen den kleinherzigen Pinkerton und dessen »richtige Frau«, die nur die Religion des »America First« kennen. Taub und blind sind sie gegen kulturelle Unterschiede, brutal befolgen sie ihre unbarmherzige, hypokrite, rassistische Ehereligion. Das befindet in harter Selbstkritik bereits Long in seiner *Butterfly*. Es ist deshalb für die Oper unwesentlich, dass dies nach der juristischen Reform von 1898 nicht mehr der reale Stand der Dinge war, dass

Cio-Cio-San und nicht Kate vermutlich als rechtmäßige Ehefrau Pinkertons anerkannt worden wäre. Weder in den Augen Pinkertons, noch in denen ihrer Verwandten ist Butterfly eine »richtige« Ehe fürs Leben eingegangen. Der Standesbeamte, der imperiale Kommissar, der die Ehe schließt, der Konsul, der ihr beiwohnt, die japanische Familie, die zugegen ist, der amerikanische Bräutigam gehen nicht davon aus, dass hier eine Ehe geschlossen wird, wie sie das Bürgerliche Gesetzbuch fasst.

Belascos Stück, die Grundlage für das Libretto von Puccinis Oper, fußt auf Longs tragischer Geschichte einer Japanerin, die in ihrer Liebe, ihrem Glauben an die amerikanische Ehe und Familie bitter enttäuscht wird. Von ihrem Ehemann auf Zeit für eine wirkliche, blonde Amerikanerin verlassen, von ihren Verwandten ausgestoßen, weiß sie sich nach dem Vorbild ihres Vaters keinen anderen Ausweg als den Selbstmord: »Ehrenvoll sterbe, wer nicht in Ehren zu leben weiß.« Long schrieb ein Stück gegen Amerika; die ausbeuterische, rassistische Scheinheiligkeit dieser Ehe- und Familienmoral legte er offen. Unsere Tränen – und auch die Tränen des besseren Amerikas, des Konsuls – fließen für die verlassene Geliebte, die missbrauchte junge Mutter aus Nagasaki, die an die Liebe und an die Ehe glaubte. Völlig verarmt, soll ihr noch das letzte, ihr Sohn, genommen werden. Wir verachten die blonde Amerikanerin, die eine Kindsräuberin mit gutem Gewissen ist; wir verachten den amerikanischen Kolonisator, der glaubt, in seiner Geilheit die ganze Welt als Sexspielzeug ausnutzen zu dürfen.

Die Erstaufführung der *Butterfly* in der Mailänder Scala (1904) war das größte Fiasko, das Puccini in seiner Karriere hinnehmen musste. Was immer dafür die Gründe gewesen sein mögen: Puccini zog daraus die Konsequenz, in seinen Umarbeitungen vor allen Dingen den *ugly American* nicht ganz so hässlich zu machen. Er verleiht ihm einen Anschein von Empathie, einen Hauch von Herz. Der Tenor bekommt eine Arie, in der er sich der Zeit mit der Butterfly wehmütig erinnert: »Addio fiorito asil«; »Leb wohl, du mit Blumen geschmücktes Asyl« (II:102). Puccini lässt die Oper nicht ganz so unbarmherzig hart, sondern mit seinen Rufen nach der verlassenen Liebe, ihrem Namen auf seinen Lippen, enden: »Butterfly, Butterfly« (Groos). Belascos/Longs *Madama Butterfly* hat, was Lotis *Madame Chrysanthème* abging: Glaube, Liebe, Hoffnung.

Pietà

Puccini verdichtet dieses Pathos und macht aus Madama Butterfly eine der herzzerreißendsten Figuren der Opernbühne. Aus der gefühllos prosaischen, einzig auf Gewinn setzenden Frau, die nicht weiß, was Herzschmerz ist (Loti), aus einer das schlimmste Pidginenglisch redenden, sich in haltlosen Illusionen, Amerikanerin werden zu können, wiegenden jungen Frau (Long), macht Puccini einen dramatischen Sopran, der in sublimem Leiden jedem, der zu hören weiß, die Tränen in die Augen treibt. Puccinis Butterfly glaubt – glaubt an den Mann und an das Land, das sie so grausam ausbeuten und verraten wird. Puccinis Butterfly glaubt nicht wie die Butterfly Longs an das amerikanische Gesetz, sondern sie glaubt wie jede wahre Frau, die in der westlichen Tradition sublim wird, an die universale Liebe, den Glauben des Westens. Sie opfert sich – eine verkehrte Pieta – in der reinsten, hingebungsvollsten aller Lieben für ihren Sohn. Der amerikanische Konsul weint, Pinkerton flieht feige, wir beten an. Loti hat eine »kleine japanische Komödie« geschrieben, die mit der lächerlichen, so unsäglich unromantischen Musik des Versilberns schließt. Gegen sein Urteil, dass einfach alles in Japan zu kleinherzig sei, um tragödienfähig zu sein, schreibt die Rezeption von *Madame Chrysanthème* frenetisch an, um ihn ritterlich eines Besseren zu belehren. Frauen, und selbst kleine Japanerinnen, beleidigt man nicht. Siehe Verdi: *Non offendere le donne*. Zur großen, tragischen, die Opernbühne beherrschenden, alles überstrahlenden Heldin aber wird Cio-Cio-San erst in Puccinis Oper. Ausschließliches Thema ist die innere Entwicklung der Butterfly: Die Oper spannt den Bogen von der zwar von Todesahnungen verfolgten, aber doch strahlend hoffenden jungen Braut, die eine kosmische Hochzeitsnacht mit ihrem Geliebten verbringt, die ihre Religion und ihre Familie aufgibt, um eine amerikanische Ehefrau und Mutter zu werden, bis zur von Gott und den Menschen verlassenen, blutjungen Mutter, die bis zum bitteren Ende auf die Wiederkehr des Mannes hofft. Zerrüttet von Tränen und Seufzern, enttäuscht aufgezehrt von dreijährigem Warten, hat sie ihren kindlichen Charme, ihre Schönheit verloren. Als letzten Trumpf spielt sie ihren Sohn aus, der in Abwesenheit des Vaters geboren wurde, und hofft, dass er den Mann zurückbringen würde. In einer einsam durchwachten Nacht erkennt sie, dass sie nur ein Sexspielzeug war. Ihren Sohn würde sie durch seine illegitime Geburt zu einem in den USA Ausgestoßenen machen. Die Butterfly, für die die Sonne in ihrer schwarzen Verzweiflung nicht mehr aufgeht, sieht keinen anderen Ausweg als das Harakiri ihres Vaters. Enttäuscht von den Versprechungen, zerstört in ihrem Lieben, Hoffen und Glauben, kehrt sie zur erbarmungslosen Härte des japanischen Ehrengesetzes zurück. Die Stationen ihres Leidensweges gehen wir mit ihr.

Das, hat man gesagt, sei im Hinblick auf die japanische Sexualmoral unrealistisch. Stimmt. Aber Puccinis Verismus liegt nicht darin, dass er eine den Sitten des Landes entsprechende, wahrscheinliche Geschichte erzählt. Das Skript vermischt etwa ganz unterschiedliche Kategorien von Frauen: Die Geishas, die lange in den schönen Künsten ausgebildet wurden, um einer Klasse kultivierter Männer Gesellschaft zu leisten, hatten mit den Ehefrauen, die auf Zeit wohlhabende Männer – gutsituierte Japaner oder wohlhabende Fremde – heirateten, wenig zu tun. Loti unterscheidet die beiden Kategorien sorgfältig, Puccini mischt sie ineinander: »Eppure conobbi la ricchezza. Ma il turbine rovescia le quercie più robuste … e abbiam fatto la ghescia per sostentarci.«; »Und doch habe ich den Reichtum gekannt. Aber der Sturmwind fällt die stärksten Eichen … und wir sind Geishas geworden.« (I:22), singt Cio-Cio-San. Hier sollten wir schon aufhorchen, denn die Metapher des Sturmwindes, der die stärksten Eichen fällt, kommt bei allem vorgeschobenen Pragmatismus geradewegs aus der römisch-heroischen Tradition. Es ist das Simile für Pompeius – keine eben kleine, lächerliche Figur, sondern die tragischste Figur der römischen Bürgerkriege. Cio-Cio-San ist gerade dabei, eine vertraglich geregelte Ehe auf Zeit einzugehen. »Non lo nascondo, né mi adonto. … Cose del mondo« (I:22). Sie versteckt sich nicht, sie verhehlt es nicht. Das ist der Lauf der Welt.

Wie kann es bei einer solchen Moral zur Zurückweisung eines reichen Anwärters durch die verarmte und verlassene Butterfly kommen, die nach japanischem Brauch als geschieden gilt? Wie gar zum rituellen Harakiri? Wie kann sie sich entehrt fühlen? Wo ist die selbstbewusste Weltläufigkeit, das wirtschaftlich kühle Kalkül dieser jungen Frauen geblieben? Mutter zu werden, muss bei den Ehefrauen auf Zeit an der Tagesordnung und kein Grund für ein Skandalon gewesen sein; die junge, verlassene Frau, durch ihre Schwangerschaft in Schande und Elend gestürzt, kann es in Japan nicht gegeben haben. Die unverheiratete Mutter, die für sich und ihr Kind Geld verdienen muss, indem sie sich weiter an die Männer verkauft, kann also in Japan nicht gewesen sein, was sie im Europa des 19. Jahrhunderts war: die Pathosfigur par excellence. Eben dieses Pathos einer westlich sakral aufgeladenen Mutterrolle schreiben Puccini/Illica/Giacosa Cio-Cio-San auf den Leib. Warum steht ihr Sohn ihrem Leben als Geisha im Wege? Und was ist eigentlich mit diesem Harakiri? Es war ein der männlichen Kriegerkaste der Samurai vorbehaltener, heroisch konnotierter Selbstmord, um Schande abzuwenden.

Der Orient, wie er in Puccinis Oper erscheine, sei ein ganz und gar westliches Konstrukt (Wisenthal). Man hat dagegengehalten, nichts sei falscher als diese Behauptung. Der *japonisme* sei ein von der Meijidynastie hergestelltes und kontrolliertes Exportgut. Das auf allen Bühnen Europas zu dieser Zeit ausgesprochen erfolgreiche japanische Theater verbreitete einen der *Butterfly* nicht völlig unähnlichen Plot im Westen. Die Geisha, Tänzerin und Schauspielerin Kawakami Sadayakko spielte die Rolle der sich selbst aufopfernden Frau in einer vom Kabukitheater beeinflussten Inszenierung mit weltweitem Erfolg – allerdings geht es nicht um Geishas, sondern um heroische Familiengeschichten, in denen die Ehefrau um ihres Ehemanns willen Seppuku begeht. Der Ruhm Kawakami Sadayakkos reichte an den der Duse, an den Sarah Bernhardts heran. Sie spielte eine Rolle, die über 200 Jahre nur von Männern gespielt werden durfte – wie das im Übrigen nicht nur in Japan, sondern auch für die Shakespeare'sche Bühne galt. Belasco hat in Mailand jeden Abend auf der Bühne einem weiblichen Harakiri beiwohnen können. Diese Theaterpraxis fußte auf einer Demokratisierung des Heroischen in der japanischen Gesellschaft, die das Harakiri als Privileg des männlichen Kriegerstandes klassen- und geschlechterübergreifend ausdehnt: eine *Samurai-zation* der Massen. Anderen Schichten, ja sogar Frauen wurde jetzt das ehrenvolle Harakiri zugestanden, um Schande abzuwenden (Mostow).

Was passiert also in *Madama Butterfly*? Der sublime Plot der westlichen Kurtisane, die von der Hure zur Heiligen wird, wird dem prosaischen Sexverständnis Japans unterlegt, wo eine solche Spanne von Stigmatisierung und Erhöhung nicht gegeben ist. Dieser Plot hatte in der Literatur und Oper des 19. Jahrhunderts auf der Vorlage der Sündenheiligen Maria Magdalena eine große Sprengkraft entwickelt; man denke nur an Violetta, die Traviata, an Mimì. Die Heroisierung der Cio-Cio-San durch das Harakiri, das in Japan für Ehefrauen von Kriegern zum möglichen Plot wurde, wird auf eine Ehefrau auf Zeit und Mutter mit eben diesem Ziel der Erhöhung und Heroisierung einer zuvor als nicht tragödienfähig verstandenen Rolle übertragen. Dem Harakiri wird die westliche Ikonographie der verkehrten Pieta unterlegt: Hier liegt nicht der Sohn tot im Schoße der Mutter, sondern der Sohn, ihr kleiner Lichtgott, spielt, einer goldenen Zukunft im Lande der *Free and Brave* entgegensehend, im Schoße seiner toten Mutter. Aus der Komödie wird eine Tragödie. Die Struktur ist westlich-christlich. Madama Butterfly – und das erklärt ihr Verhalten – konvertiert; auch das eine, vielleicht *die* christliche Struktur der Innerlichkeit, die es ermöglicht, das Ich zu erzählen. Diese Konversion wird auf der Bühne als eine religiöse Konversion dargestellt, die eine säkularisierte Variante hat. *Madama Butterfly* trägt im Titel den Namen einer Frau, die sich zur amerikanischen Religion, zur Religion der Ehe und Familie bekehrt. Sie ist begleitet von einem Kippen in der Gattung, die als Burleske, als Komödie, operettenartig beginnt, um dann zu einer der größten Tragödien der Oper zu werden. Bis heute fehlt sie in keinem Opernrepertoire.

Diaspora und Verismo

Um die Jahrhundertwende entstanden, steht diese amerikanisch-japanische italienische Oper im Konflikt der Globalisierung. Zwei historische Momente rahmen sie: Zum einen die Massenauswanderung von Italien, und besonders aus dem in weiten Schichten verarmten Süditalien, nach Amerika, und zunehmend in die USA, getragen von der Hoffnung auf eine bessere, weniger demütigende Zukunft. In den USA galten zu dieser Zeit allerdings Italiener genau wie Juden als *ethnic*. Sie gehörten nicht zu den »richtigen« Weißen, zur Leitkultur des Landes, zu den *WASP* und den Yankees:

zu arm, zu katholisch oder jüdisch, zu dunkel. Aber auch nicht richtig moralisch puritanisch reformiert, zu leichtfüßig, heißblütig promisk. Liebe und Ehe müssen in diesen Schichten nicht unbedingt wie bei den richtigen Yankees nach dem Motto »*Love and marriage go together like a horse and carriage*« zusammengehen. Man hat *Madama Butterfly* deshalb auch als eine Oper zur Assimilation gelesen: Cio-Cio-San versucht, ihre japanische Vergangenheit der Ehefrau auf Zeit, ihre Vergangenheit als Geisha zurückzulassen und Amerikanerin zu werden: eine richtige Ehefrau. Sie will den Namen ihres amerikanischen Ehemannes tragen, sie nimmt das Christentum an, sie möchte ein amerikanisches Haus führen, sie glaubt an die amerikanische Ehe. Schließlich gebiert sie einen Sohn, der mit blauen Augen, blonden Haaren und hellem Teint als Amerikaner durchgeht. Sie selbst hingegen hat aufgrund ihres »dunklen Zopfes«, ihrer schwarzen »Mandelaugen«, ihrer in amerikanischen Augen billigen Moral – für 100 Yen auf Zeit verkauft –, ihrer Spielzeugputzigkeit nie eine Chance, als »vera sposa americana«, als »richtige amerikanische Braut« (I:18) von den Yankees akzeptiert zu werden. Cio-Cio-San muss für die Italiener in den USA also gar nicht so exotisch-erotisch gewirkt haben; die Oper kann auch als Figur der Diaspora verstanden werden, in der der gute Glaube, dazugehören zu können, aufs Grausamste enttäuscht wird (Pasler).

Zum anderen hatte sich Japan unter der Meijikaiserdynastie zwecks »Modernisierung« nach jahrhundertelanger Abschottung aus Angst vor Überfremdung zum Westen hin geöffnet; das Land stand im Konflikt zwischen Tradition und Europäisierung. Das Meijiregime förderte im Namen von »Zivilisation und Aufklärung« den Weg zur europäischen Moderne in die Verwestlichung; klares Indiz dafür ist eine neue Gesetzgebung, die auf dem deutschen Bürgerlichen Gesetzbuch basiert. Als imperialer Player im von Japan gewonnenen russisch-japanischen Krieg betrat es die Weltbühne. Umgekehrt war die japanische Ästhetik für die Kunstentwicklung der zweiten Hälfte des 19. europäischen Jahrhunderts nicht wegzudenken. Schon seit den 1860er Jahren war der *japonisme* in Frankreich der letzte Schrei; hier geht es nicht um Lokalkolorit, sondern um strukturelle Veränderung in der Dialogizität der Kulturen. Die Struktur der Malerei wie etwa bei Manet ist durch die japanische Malerei entscheidend verändert; die impressionistische Musik wird durch die Struktur der japanischen Musik beeinflusst. Auch in Innenarchitektur und Mode trug man sich japanisch: Die Dame von Welt hüllt sich in Maupassants *Bel Ami* in einen rosenfarbenen Kimono mit goldenen Vögeln. Der Dialog oder die Dialogizität zwischen den europäischen und japanischen Kulturen findet seinen bisher krönenden Abschluss vermutlich in der Mode von *Comme des Garçons* oder *Yamamoto*, die die westlichen normativen Schönheitsprinzipien umbesetzt und so eine neue Ästhetik erschafft. Rei Kawakubo – das nur als amerikanische Seitenbemerkung – gibt in Interviews etwa mit der amerikanischen *Vogue* steif und fest an, kein Wort Englisch zu sprechen. Es scheint mir zu kurz gegriffen, à propos der Japonismen Puccinis nur von »Lokalkolorit« oder »Folklore«, angesichts der japanischen Schellentrommeln, Klaviaturglockenspiel bzw. Celesta, Röhrenglocken, pentatonischen Passagen, nur von dem »Zitat« japanischer Volkslieder zu sprechen. Vielmehr geht es um eine Dialogizität, in der ästhetisch Anderes entsteht.

Wie alle berühmten Opern des *verismo* steht auch Puccini im Verdacht der billigen Effekthascherei, des kitschigen Melodrams, des Voyeurismus. So fasziniert wie abgestoßen blicke die schöne Welt des reichen Nordens, in Paris oder Mailand, auf den armen pittoresken, aber mit seinen Leidenschaftsverbrechen hinterwälderischen, unaufgeklärten, dafür aufregenden Süden (*Cavalleria rusticana*), auf fremde, irgendwie anrüchig-faszinierende Sitten, exotisch erotisch (*Turandot*, *Butterfly*), auf arme Subkulturen, *La bohème* im Quartier Latin, und deren leichte, aber schwer sentimentale Mädchen (*La bohème*). Im einen wie im anderen Fall ein billiger Orientalismus, der das Andere zur selbstgerechten Selbstdefinition und Selbstbestätigung des reichen, aufgeklärten Nordens braucht.

Unoriginell, künstlich, nur dekorativ, ornamental, krankhaft weibisch, eben dekadent sei der Verismus, befanden die nationalistisch-maskulinistischen italienischen Avantgarden. In diesem Urteil hatten sie einen Vorläufer in Wagner: nicht nur die veristische Oper, sondern die ganze italienische Oper des 19. Jahrhunderts sei eine Hure, eine degenerierte, käufliche Frau, die sich an den Publikumsgeschmack verkaufe (Wagner [1852] 2008). Puccini galt seinen Kritikern als sekundär, als jemand, der zusammenschustert und zusammenklaubt, dem das Organische des männlichen Genies, das das Sein eines Volkes ausdrückt, in seiner Effeminiertheit abgeht. Nicht die Stimme des Volkes hörten wir hier, sondern billige Nachäffer, nichts Echtes (Wagner 1869). Puccini – ein neurotischer, verwöhnter Bourgeois, kein in der Politik national aktiver Mann wie Verdi. Eine weibischer *décadent*, befanden die neuen Vertreter eines kriegerischen und, klar, supermännlichen Nationalismus, der den Patriotismus des Risorgimento ablöste. Puccini, so materialistisch wie oberflächlich, kurz Puccini, der Frauenversteher, selbst weibisch. Puccini – so die Giftspritzer maskulinistischer Selbstherrlichkeit – ist Mimì (Wilson:132). Oder, Puccini – keine musikalische Substanz, nichts als leere Rhetorik, Effekthascherei: Puccini ist Madama Butterfly. Nichts als Ornament – und das in einer Zeit, in der das Ornament der modernen Ästhetik als alles zersetzendes Verbrechen galt (Loos). In der Perspektive des *plain speech*, des authentischen Genies, wird alle Rhetorik als bloße Arabeske, als gefährliche Zersetzung männlicher Eigentlichkeit und aller Authentizität, aller Originalität angesehen (Taruskin/Gibbs).

È un facile vangelo

Die Geschichte beginnt mit der Vorstellung des Hauses durch den Heiratsvermittler Goro, in dem Pinkerton mit seiner Ehefrau auf Zeit wohnen wird. Die Architektur des Hauses ist eine Metapher für Japan. Dieses Haus ist keine feste Burg, nichts Grundsolides. Nichts sieht so aus, wie es ist, alles ist doppelbödig – frivol, sagt Pinkerton – alles kann verschoben und über den Haufen geworfen werden, ein Kartenhaus. Alles alle Eigentlichkeit zersetzende, ornamentale Rhetorik. Über die blumige Poesie der unterwürfigen Diener seiner Ehefrau, die auf den Befehl des Heiratsvermittlers herbeieilen, kann Pinkerton nur gelangweilt lächeln: Offenbar geht es hier nicht um hohe Poesie, sondern um prosaische Verträge, die außerdem jederzeit einseitig für null und nichtig erklärt werden können. Ein Mann, ein Wort – solche Vorstellungen scheint es in Nagasaki nicht zu geben. Nichts ist, wie es scheint. Oder auch: Nichts ist, alles ist eitel Schein. Nichts gilt hier, nichts steht fest, auf nichts ist Verlass. Die ganze Eheschließung, das ganze Land: ein Witz, eine Farce.

Der amerikanische Konsul Sharpless keucht den steinigen Hügel zum Haus der Eheleute mit Blick auf die Bucht von Nagasaki hinauf; steinig wird sein Weg mit diesem seinem Landsmann und dessen Ehe, die in unerträglichem Elend enden wird, sein. Unmittelbar fängt das Problem an. Dem Konsul gegenüber schmettert Pinkerton sein Credo hinaus: »Dovunque al mondo il Yankee vagabondo, Si gode e traffica, Sprezzando i rischi, Affonda l'àncora alla ventura«; »Überall auf der Welt amüsiert sich der amerikanische Weltenbummler, macht Geschäfte und scheut kein Risiko. Er wirft auf gut Glück den Anker aus« (I:12). Die Arietta Pinkertons steht in einem expliziten amerikanisch-maskulinistischen Kontext: Eine Art Militärkapelle setzt den Ton mit dem Leitmotiv von *Stars and Stripes*, damals die Hymne der Marine, die 1932 zur amerikanischen Nationalhymne wurde. Dazu trinkt man Whiskey: supermännlich, superamerikanisch. Pinkerton definiert sich auch gleich als Yankee, der optimal von der großen weiten Welt profitieren will. Seltsam selbstgefällig und pseudoheroisch hört sich seine imperialistische kosmische Verdinglichung an: Alle Sterne, alle Blumen, alle Schönen will er besitzen. Die neuen Taten des Yankees, zu denen er in die Welt zieht, sind nicht mehr die ritterlich edle Aventiure, sondern das Geschäftemachen und eine Ehe auf Zeit, kurz: prosaische Ausbeutung. Pinkerton übertüncht das Fehlen jedes Heroismus notdürftig. Der Tenor ist tatsächlich eine komische Figur: Komisch ist es, wenn Pinkerton seine bombastische und selbstherrliche Arie von der Mission der amerikanischen Rasse unterbricht, um Milchpunsch oder Whiskey anzubieten. Auch in der Gegenüberstellung seiner schmetternden Grobschlächtigkeit, seiner bizarren Einsilbigkeit mit dem hellen, leichten Sopran macht die Oper sich über ihn lustig. Und lichtet man den Anker nicht, um auf Abenteuersuche zu gehen? Und wo ist das Risiko bei einem monatlich kündbaren Miet- und Ehevertrag? Amerikanische Musikkritiker haben die Verwendung des Nationalmotivs zurecht als eine Abrechnung mit allem Amerikanischen gesehen. Dass Pinkerton musikalisch als Amerikaner auftaucht, ist wahrlich kein Ruhmesblatt für die USA.

Die Denunziation des Tenors und damit des Inbegriffs des Yankees und des amerikanischen Imperialisten ist hier vielleicht nicht ganz so vernichtend ironisch wie in Verdis *Rigoletto* mit dem hingeträllerten »Questa o quella« des Duca, in dem das Ancien Régime denunziert wird. Dafür ist sie weniger zweideutig: Das Motiv der Nationalhymne wird von einem Motiv der Hoffnung zu einem Todesmotiv. Die Billigkeit des Yankeecredos resümiert der amerikanische Konsul auch gleich: »è un facile vangelo« (I:14), ein wohlfeiles, ein billiges Evangelium, das das Herz traurig macht. Gegen diese Welt, in der alles nichts ist, nichts etwas gilt, Bräute, schön und billig, aus dem Katalog kommen, stellen beide Männer die Beständigkeit, die Echtheit Amerikas: »*America forever.*« Seine zukünftige Braut Butterfly kommt Pinkerton wie Nippon-Nippes, wie ein Ornament vor: zart wie aus Glas geblasen, wie ein Schmetterling, der von einem gelackten Wandschirm auffliegt. In der Beschreibung dieses Artefaktes ist der begehrende Pinkerton so poetisch wie sadistisch: »Furor m'assale se pure infrangerne – dovessi l'ale«; »Dass ein ungestümes Verlangen mich packt, sie zu ergreifen, auch wenn ich ihr dabei die Flügel zerbrechen sollte« (I:16). Das wird er tun, und mit gebrochenen Flügeln wird sie sterben und ihn zwingen, zum Augenzeugen dieses ihres Opfertodes für ihren Sohn zu werden.

Wenn Pinkerton die Butterfly nur sieht, so hat der Konsul sie gehört. Nicht seine Sinne sind entflammt, seine Seele ist ergriffen: »Di sua voce il mistero l'anima mi colpì«; »Das Geheimnis ihrer Stimme ergriff meine Seele« (I:16). Das innere Geheimnis steht gegen das äußere, oberflächliche Ornament, das Pinkerton betört. Der Konsul glaubt an die Liebe der Butterfly: »Certo quando è sincero l'amor parla così«; »So spricht gewiss die Liebe, wenn sie aufrichtig ist« (I:16). Ein gläubiges Herz zu betrüben, die Flügel zu zerreißen, wäre eine große Sünde. Pinkerton schlägt die Warnung des Konsuls in den Wind. Er führt dessen Bedenken auf seine altersbedingte Unfähigkeit zu lieben, seine Impotenz zurück; schließlich heißt er Sharpless, und kann, stumpf, eben kein Stecher, niemanden mehr aufspießen. Für den Konsul steht die Butterfly auf Seiten der Amerikaner: auf Seiten der Aufrichtigkeit, der Innerlichkeit, der Ehrlichkeit des Herzens, der wahren, ewigen Werte. Die beiden Männer trinken auf diese Beständigkeit Amerikas: auf die Familie Pinkertons, auf seine echte Ehe mit einer echten Amerikanerin. Der Tenor schwingt sich zu einem ungeahnten Höhenflug zu seiner echten Hochzeit auf, der triumphal auf dem »vera sposa americana« endet: »E al giorno in cui mi sposerò con vere nozze, a una vera sposa … americana«; »Und auf den Tag, an dem ich mich richtig verheirate, mit einer richtigen amerikanischen Braut« (I:18). Das japanische Lustspiel, die japanische Farce ist für Pinkerton schon Vergangenheit, bevor sie überhaupt begonnen hat. Eine Episode, in der man sich die Hörner abstößt. Das Wahre, Richtige liegt in der Zukunft, im eigenen Land der Echten und Wahren und nicht im Land dieser haltlos-nichtigen Rhetorik, die billige Profitmache poetisch verschleiert und verkitscht. Von den Blumen der Rhetorik, von rhetorischen Juwelen hält Pinkerton sowieso nichts: ihr glänzendes Komplimenterepertoire, dessen sie sich rühmt, soll Cio-Cio-San für sich behalten: »Grazie ... no« (I:22).

Die militärisch männlich zählende, prosaische, ziemlich breitbeinig nationalistisch triumphierende, Whiskey trinkende Männerwelt kommt ostentativ im Zeichen alles Amerikanischen: durch das Motiv der Marinehymne, durch das Schiff, das den berühmtesten Präsidenten der USA, »Lincoln« im Namen trägt, durch den Vornamen Pinkertons, der mit »Benjamin Franklin« nach einem der Verfasser der amerikanischen Unabhängigkeitserklärung benannt ist. Dagegen stellt Puccini die Mädchenschar der Butterfly, die den Berg hinaufweht zu dem Haus mit dem Blick über das Meer und Nagasaki, in das sie mit Pinkerton einziehen soll. Auf dem Gipfel angekommen, erklingt wie das auratische Versprechen einer anderen Welt hell und klar, wiegend lyrisch heiter, der Mädchenchor, aus dem sich die »divina vocina«, das »göttliche Stimmchen« (I:16) der Butterfly wie die aufgehende Sonne abhebt. Das Largo hat Puccini selbst als vielleicht »etwas italienisch« eingestuft. Gerufen von der Stimme der Liebe, wiegt sich die Butterfly wie der Frühling Botticellis in kosmischer Harmonie. Ihr Lied schildert die bevorstehende Eheschließung nicht wie eine Serie, jeden Monat kündbar, sondern wie ein einzigartiges, über Leben und Tod entscheidendes Ereignis: »D'amor venni alle soglie, ove s'accoglie, il bene di chi vive e di chi muor«; »Ich kam zur Schwelle der Liebe, wo man die Glückseligkeit empfängt, zu leben oder zu sterben« (I:20). Nun kann man natürlich sagen, – da der Beruf Cio-Cio-Sans der der Geisha ist, das heißt einer Frau, die andere kunstfertig durch ihren Gesang unterhält – dass hier eine Standardnummer abgezogen würde, dass das Liebeslied zum Repertoire gehöre. Eben dieser Annahme wirkt die »italienische« Musik entgegen; wir hören in dem Lied die Stimme des Herzens und nehmen es nicht als »Geishanummer« wahr.

Poesie – kosmologische Liebesvorstellungen – und Prosa – sie, arm, verkauft sich billig – stoßen in dieser Figur hart aufeinander. Das Motiv von Witwen und Waisen, durch den Tod des Vaters verarmt, das Motiv von Kinderprostitution und Sextourismus stößt auf eine tragisch-romantische Liebesvorstellung: dunkel ragt der Tod noch in den hellsten Sopran. Wenn man in Rechnung stellt, dass die männliche Seite der billigen Profiteure mit dem Motiv von *Stars and Stripes* kommt, die weiblich-kindliche Seite mit einem japanischen Frühlings- und Liebeslied, versteht man, dass das amerikanische Motiv in der amerikanischen Rezeption als Beleidigung gehört worden ist. In der Tat ist die Oper vor allen Dingen für die USA und die Yankees ein Fiasko. Nichts bleibt vom Versprechen Amerikas als Land der unbegrenzten Möglichkeiten übrig; der amerikanische Traum ist zum Alptraum geworden.

Ihre Geschichte erzählt Butterfly dann auch auf die Fragen des Konsuls Sharpless hin, der viel interessierter ist als der Bräutigam. Sie kommt aus einer verarmten Familie und ist Geisha geworden, um ihren Unterhalt zu verdienen. Aber berührt ist Pinkerton von dieser Geschichte, die in Europa Mitleid hervorruft, nicht; er ist erregt – nicht von dem, was, sondern wie es die Kindfrau Butterfly sagt. »Con quel fare di bambola quando parla m'infiamma«; »Mit diesem puppenhaften Sprechen entflammt sie mich« (I:22). Eine Puppe ist bekanntlich etwas Seelenlos-Mechanisches, reine Äußerlichkeit. Nicht mit der Seele, sondern mit den Sinnen ist Pinkerton zu Butterfly als Ornament hingezogen. Wir, deren Seelen vom Geheimnis ihrer Stimme ergriffen werden, wissen es besser und müssen dem Konsul beipflichten: So singt wahre Liebe. Verloren die, die taub dafür sind.

Der Chor der jungen Mädchenschar mit den Sonnenschirmen, das japanische Lied, die Gruppenverneigungen und Kniefälle, die Kindlichkeit der Butterfly, die fast etwas operettenartiges haben, werden kurz vom tiefen Schlag des Gongs, der bei ihrer Angabe des Todes ihres Vaters bedrohlich erklingt, unterlaufen. Unheimlich auch, dass Sharpless findet, fünfzehn sei das Alter der Kinderspiele, während Pinkerton das skrupellos für ein Brautalter hält. Pinkerton sieht sich in einer »burletta« (I:24), einer Farce mit dieser neuen, ausgeliehenen, monatlich kündbaren Verwandtschaft. Die, in der Tat »bizarr« (I:24), benimmt sich überhaupt nicht *comme il faut:* Alle machen einen »Höllenlärm«, gestikulieren und reden wild durcheinander, schätzen den Bräutigam wie auf einem Markt ab – hässlich sei er, da wartet man lieber auf ein besseres Angebot – keifen sich an: Cio-Cio-Sans Schönheit sei schon verblüht, deshalb müsse sie den Erstbesten nehmen. Verfressen und versoffen, sind sie unruhig: ob es wohl Wein – das interessiert vor allen Dingen den Onkel, den notorischen Alkoholiker Yakusidé – und Essen gäbe? Kurz, völlig schlecht erzogen benehmen sich alle auf Schritt und Tritt daneben. Ihr auf Geheiß der Braut befohlenes zeremonielles Niederknien, die ganze Förmlichkeit der Gesten – eins, zwei, drei, *giù*, auf die Knie – muss den Amerikanern als sinnlose Absurdität, als leere Gestik, als groteske Landessitte vorkommen.

Vita nuova

Sharpless rühmt Jugend und Schönheit Butterflys und warnt seinen Landsmann noch einmal: »E se a voi sembran scede il patto e la sua fede badate! Ella ci crede«; »Und wenn Ihnen der Vertrag und ihre Treue ein Witz zu sein scheinen, passt auf! Sie glaubt daran« (I:28). Die Butterfly sieht Pinkerton, der Bräutigam, ausschließlich als Ornament, eben als Blume, als Verzierung, die er sich ins Knopfloch stecken kann. Reine, reizende Äußerlichkeit, hat sie für ihn weder Herz noch Seele. Der exotische Duft der Butterfly hat Pinkerton sinnlich betört: »L'esotico suo odore m'ha il cervello sconvolto«; »Ihr exotischer Duft hat mir den Kopf verdreht« (I:30). Der Geruchssinn steht in der Hierarchie der Sinne unten. So reizend Pinkerton die Butterfly findet, so kann er ihre hohe Liebe, taub, schlicht nicht erhören. Ihrer Verletzlichkeit gegenüber bleibt er blind. Dabei ist das die Figur der Romantik und der romantischen und veristischen Oper par excellence: die Erhöhung des Niedrigsten, Verletzlichsten, Verachtetsten gerade in seiner Verworfenheit zu sublimer Größe. Vor allen Dingen versteht er nicht, dass Cio-Cio-San diese Ehe im Topos der *conversio*, der Innerlichkeit schlechthin als Abkehr von ihrem alten Leben als Beginn eines neuen Lebens, als »vita nuova« sieht; sie ist zu seiner Religion konvertiert:

Ieri sono salita
Tutta sola in secreto alla Missione
Colla nuova mia vita
Posso addottare nuova religione.
(Con paura) Lo zio Bonzo nol sa,
Né il miei lo sanno.
Io seguo il mio destino e piena d'umiltà
Al Dio del signor Pinkerton m'inchino.
È mio destino.
Nella stessa chiesetta
In ginocchio con voi
Pregherò lo stesso Dio.
E per farvi contento
Potrò quasi obliar la gente mia.

Gestern bin ich ganz allein
und heimlich zur Mission gegangen.
Mit meinem neuen Leben
kann ich auch eine neue Religion annehmen.
(Ängstlich) Mein Onkel Bonze weiß das nicht,
auch die Meinen wissen nichts davon.
Ich folge meinem Schicksal und voller Demut
verneige ich mich vor dem Gott des Herrn Pinkerton.
Das ist mein Schicksal.
In derselben kleinen Kirche
werde ich auf Knien mit Euch
denselben Gott anbeten.
Und um Euch zufrieden zu stellen
kann ich vielleicht auch meine Leute vergessen.
(I:32 ff.)

Pinkerton, der wie immer Bahnhof versteht und nichts begreifen will, dem Religion, Japan, kulturelle Differenz letzten Endes vollkommen egal sind, hat nichts Eiligeres zu tun, als sich die bucklige Verwandtschaft samt Säuferonkel, verfressener Mutter und fanatischem Bonzenonkel vom Hals zu schaffen. Billig speist er sie ab und wirft sie schließlich nach der Verfluchung der Braut durch ihren Onkel, den Bonzen, aus dem Haus. Abscheulich, eine »Abominazione« (I:38) sei, dröhnt der Bonze, ihre Abkehr von der Religion ihrer Vorfahren. Cio-Cio-San wird von ihrer ganzen Familie und ihren Freunden ausgezischt und verstoßen. Das geschieht keineswegs aus moralischen Gründen, sondern aus religiösen. Der Bonze, der Priester verstößt Butterfly, weil sie auf der amerikanischen Mission den alten Glauben, den Kult der Vorfahren verleugnet hat – »Rinnegato … il culto antico« (I:40) – und zum christlichen Glauben übergetreten ist. Nicht fruchtbaren Kindersegen, wie beim Anruf dieser japanischen Götter zu einer Hochzeit üblich, fleht der Bonze auf sie herab, sondern Seelenmarter und Pein. Sein Fluch, nicht das Versprechen von *Stars and Stripes*, wird sich erfüllen. Aber dass der Butterfly ihr Sohn zur Marter wird – soviel Unglück kann selbst der Bonze nicht voraussehen. »Kami Sarundasico! All'anima tua guasta qual supplizio sovrasta!«; »Kami Sarundasico! Deiner verdorbenen Seele drohen Marter und Pein!« (I:40) Sein Gebet wird erhört werden; gemartert und gepeinigt wird die Seele der verstoßenen, von Gott und den Menschen verlassenen Butterfly. Bevor sie sich umbringt, wird ihr Herz in einer langen Agonie sterben. Wie Christus auf dem Ölberg in der Nacht vor seiner Passion wird auch sie in ihrer Nachtwache allein gelassen; ihr Sohn und Suzuki schlafen ein. Puccini stellt Madama Butterfly mit dieser allein durchwachten Nacht in die christologische Nachfolge. Aus einer demütig-niedrigen Frau, einer Kindfrau, die sich verkauft und verkauft wird, aus einer armen Halbwaise und einer von den Ihren Verfluchten und Ausgestoßenen, aus der Mutter, die von dem Vater des Kindes verlassen entehrt dasteht, macht Puccini wie schon davor aus der Grisette Mimì, die keine Tugendheldin ist, aber bis zum Tode lieben kann, eine große Opernrolle. Die *Madama Butterfly* fand er die rührendste seiner Opern. Sie ist sein tragisch überhöhtes, weil hoffnungsloses Stabat Mater. Hier hängt die Mutter am Kreuz.

Die Eheschließung, heißt: die Hochzeitsnacht, von der Pinkerton nicht weiß, ob es »amore o grillo« (I:16), Liebe oder Laune ist, führt Liebe und Tod, tragisches Motiv par excellence, auf Seiten der Braut eng: Der Selbstmord des Vaters der Butterfly, die Verfluchung durch den Priesteronkel, die auszischende Verstoßung durch die gesamte Familie, die sie für seelisch tot erklärt und mutterseelenallein zurücklässt, die Angst, von ihrem Ehemann von jenseits des Meeres wie der Schmetterling aufgespießt zu werden, verdichtet das Todesmotiv, das bereits im ersten Lied der Butterfly ertönt, um sich am Ende zu erfüllen. Pinkertons durchgängige Taubheit gegen die andere Kultur, der er jede Seele abspricht, seine Unfähigkeit, ihre Verletzlichkeit zu begreifen, lassen Böses ahnen: Von allem Japanischen fühlt er sich inkommodiert – der Komplimentkultur, dem »kosmopolitischen« Geschwätz der Suzuki, vom Murmeln ihrer Gebete, von Cio-Cio-San, die keine richtige Reisetasche hat, sondern ihre wenigen, armseligen Habseligkeiten in den Ärmeln ihres Kimono transportiert, davon, dass sie seine Hand küssen will und nicht weiß, dass das eine Geste männlicher Ehrerbietung der Frau gegenüber ist. Alles – der mitgebrachte Dolch des Vaters, ihre Schminke, die er, »Ohibò«; »Pfui!« (I:30), sie bürgerlich puritanisch wegzuwerfen heißt – eine anständige Frau schminkt sich nicht –, die »pupazzi« (I:32), als die er die Seelen ihrer Ahnen bezeichnet: Von allem aufs Äußerste befremdet, findet er alles schwer erträglich und lächerlich.

Madama Butterfly wird sich zweimal in der Oper umkleiden: In ihrer Hochzeitsnacht legt sie den Obi ab und zieht ein rein weißes Kleid an; beim zweiten Mal, als sie auf die Wiederkehr Pinkertons wartet, legt sie den traditionellen Obi, den sie auf der Hochzeit trug, an: »L'obi che vestii da sposa« (II:90). Weiß war im Westen als Farbe des Hochzeitskleides gerade erst in Mode gekommen. Es ist die Farbe jungfräulicher Unberührtheit: »Si veste la sposa di puro candor« (I:46). Die Lilienfarbe »vestita di giglio« (I:46), die Schamhaftigkeit der Butterfly unterstreicht die marianische Reinheit der Braut. Der Bräutigam allerdings sieht in ihr ein Spielzeug und ein niedliches Tierchen, ein Eichhörnchen; diese putzige Anmut entfacht sein Begehren. Die Braut hingegen bleibt durchgehend im sublimen Register des *Hierogamos*, der kosmischen Hochzeit zwischen Himmel und Erde: Sie gleiche der kleinen Mondgöttin, die die Sterblichen in ihren weißen Mantel hüllt und ins Himmelreich nimmt, er ist für sie das Auge des Firmamentes. Das Liebesduett, das sich anschließt, entführt in eine andere Welt, ist *ekstasis*, ein sublimes aus sich Heraustreten. Es erinnert an das große

Liebesduett der Tosca, die mit Cavaradossi »via pel mar« in eine Welt der Liebesekstase eintauchen möchte, die sich nur in diesem Moment des Gesangs erfüllt: »Tutto estatico d'amor ride il ciel!«; »In voller Liebesekstase lächelt der Himmel!« (I:52) »Per la vita« (I:50), sagt die Butterfly, liebt sie ihn, immer erschreckt über ihren eigenen, romantischen Überschwang.

Infelice madre, ah triste madre

Das nächste Bild zeigt uns Cio-Cio-San und Suzuki im Haus. Drei Jahre, erfahren wir später, sind vergangen. Das Geld droht auszugehen, Butterfly weint nur noch. Suzuki hält es für völlig illusorisch, dass ein Ehemann ins verlassene Nest zurückkehrt. Aber Butterfly ist felsenfest überzeugt, dass Pinkerton zurückkommt und malt sich ganz reizend ihr und sein Glück aus: Wenn sein Schiff »Un bel dì« (II:58), eines schönen Tages einläuft und er zu ihr den Hügel hinaufsteigen wird, wird sie sich erst einmal versteckt halten, um vor Glück nicht tot umzufallen. Stattdessen kommt der amerikanische Konsul mit einem Brief von Pinkerton, und Goro mit einem neuen, äußerst gutbetuchten Bewerber ins Haus. Butterfly hindert den Konsul erfindungsreich daran, ihr zur erzählen, was in dem Brief steht: Sie erkundigt sich nach seinem Wohlergehen, bietet ihm die Pfeife, ein Fauxpas, und dann amerikanische Zigarren an. Weil sie weiß, dass es keinen schönen Tag geben wird, will sie es um keinen Preis hören. Den Konsul verwickelt sie in die Komödie der amerikanischen Gastfreundschaft und eine Diskussion über das Nisten der Rotkehlchen. Goro, der die bettelarme, verstoßene Butterfly auch aus Eigeninteresse – er ist schließlich Kuppler – an den nächsten vielversprechenden Heiratskandidaten bringen will, stellt den so schwerreichen wie heißverliebt schmachtenden Yamadori vor. Er, der schon viele Frauen geheiratet und sich von ihnen »befreit« hat, verspricht der Butterfly ewige Treue. Über Yamadori und dessen Leidenschaftskomödie macht sich die Butterfly, die überhaupt zu großer Form aufläuft, charmant lustig. Seinen rhetorisch angedrohten Liebesselbstmord wird sie tragisch wahrmachen: »Vi tagliate ancor le vene se il mio bacio vi ricuso?«; »Schneidet Ihr Euch noch immer die Adern auf, wenn ich Euch meinen Kuss verweigere?« (II:66) Sie gibt nicht mehr das verliebte kleine Mädchen, sondern die ausgesprochen witzige, selbstständige junge Ehefrau, die das Recht ihres Landes auf ihrer Seite weiß: Ich glaube mich nicht verheiratet, ich bin verheiratet. Grausam für die Frauen findet sie die japanischen Gesetze: »Si sa che aprir la porta e la moglie cacciar per la più corta qui divorziar si dice. Ma in America questo non si può«; »Man weiß, wenn man hier die Tür öffnet und die Frau auf die einfachste Weise verjagt, nennt man das Scheidung. Aber in Amerika kann man das nicht tun« (II:68). In »ihrem« Land, Amerika, sei das ganz anders. Ja, aber sie wiegt sich trotzdem in völliger Verblendung, muss ihr der Konsul mitteilen, der zwar nicht dazu kommt, ihr Pinkertons Brief vorzulesen, der ihr aber doch zu verstehen gibt, dass Pinkerton, wie geplant verheiratet »con una vera sposa americana« nie mehr zu ihr zurückkehrt, auch wenn er wieder in die Stadt kommt. Der Konsul gibt ihr den Rat, den reichen Yamadori zu heiraten. Sie wirft ihn daraufhin hinaus, besinnt sich dann aber angesichts des Faktes, dass Pinkerton sie vergessen hat, »m'a scordata«, auf ihren letzten Trumpf, ihren »unvergleichlichen« Sohn – »un figlio senza pari« (II:78) –, blond und blauäugig. Sie schwankt unheimlich zwischen tiefster Melancholie und plötzlichem Triumphieren. Und gibt dann wie aus dem Effeff nicht mehr die Rolle der durch ein Kind keineswegs entehrten Geisha oder Ehefrau auf Zeit, sondern die der westlichen, verlassenen und entehrten Mutter, die, um ihr Geld zu verdienen, das Freudenmädchen geben muss – wohl die pathetischste Rolle des ausgehenden 19. Jahrhunderts:

E Butterfly, orribile
destino, danzerà per te!
E come fece già la Ghesha, canterà!
E la canzon giuliva e lieta
In un singhiozzo finirà!
No! no! questo mai!
Questo mestier che al disonore porta!
Morta! Morta! Mai più danzar!
Piuttosto la mia vita vo' troncar!
Ah! Morta!

Und Butterfly, welch schreckliches Schicksal
Wird für Dich tanzen! Und wie sie es
schon getan hat, wird sie als Geisha singen!
Und das heitere und fröhliche Lied
wird mit einem Schluchzen enden!
Nein! Nein! Nur das niemals!
Dieses Gewerbe, das ehrlos macht!
Tot! Tot! Niemals mehr tanzen!
Eher will ich mir das Leben nehmen!
Ach! Tod!
(II:80)

Blumen des Bösen

Sharpless weint: »Quanta pièta!«; »Welch ein Elend!« (II:80) Besiegt dann aber, wie auch Butterfly, die Tränen. Beide geben sich tapfer wie richtige Amerikaner die Hand, auch der Sohn. Goro schwirrt immer noch ums Haus. Auch er kennt die amerikanischen Gesetze: »Dicevo … solo … che là in America quando un figliuolo è nato maledetto trarrà sempre reietto la vita fra le genti!«; »Ich sagte nur, dass dort in Amerika, wenn ein Kind als Verdammtes [unehelich, BV] geboren wird, es unter den Leuten immer das Leben eines Ausgestoßenen führen wird!« (II:82 f.) Butterfly, wild, droht, ihn, diese Wespe, umzubringen. Überhaupt lässt es Butterfly, wie auch Tosca zum Äußersten getrieben, an wohltemperierter Erziehung fehlen. Alles, wie auch bei Tosca, ist an ihr zu viel. Stimmlich kippt die vollkommen harmonische, gefeilte Stimme des Belcanto in einen nicht schönen, schrillen Gesang; ihre Gesten werden »convulsivo«; »krampfartig« (II:80). Sie bedroht, sie beschimpft, sie klammert verzweifelt. Unübersehbar die hysterisch-pathologischen Momente. Ihre einzige Hoffnung ist jetzt Pinkerton: »Vedrai che il tuo vendicatore ci porterà lontan, nella sua terra … lontan ci porterà«; »Du wirst es erleben, dass dein Rächer uns weit fort in sein Land bringen wird … Weit fort wird er uns bringen« (II:84 f.).

Überspannt, würde man sagen, ist Butterfly, die mit der Ankunft des Schiffes von Pinkerton im Hafen von Nagasaki, der *Abraham Lincoln*, den ganzen Garten von Suzuki plündern lässt – »uno squallor d'inverno sarà tutto il giardin«; »öde wie im Winter wird der ganze Garten sein« (II:86) –, um das Haus zu schmücken; die vor Freude weint und lacht, und den Triumph ihrer Liebe im Angesicht ihrer Verspottung durch die ganze Welt behauptet. Im Blütenregen möchte sie ihre erhitzte Stirn baden. Aber es ist alles, Winter und Frühling, Lachen und Weinen, Leben und Tod und auch die Musik endgültig aus den Fugen, zerrissen, hart gefügt, disharmonisch. Mit dem kosmischen Einklang der hinaufwehenden Mädchenschar ist es vorbei. Die Harmonie des Kosmos ist verkehrt. Der Duft des Frühlings, der durch das Haus wehen soll, wird nicht nur dem Garten mitten im Frühling den Winter bringen, sondern sich in giftigen Todeshauch wandeln.

Madama Butterfly, am Anfang Inbegriff des Frühlings, wird jetzt nach der Ikonographie der Vanitas, der Todesverfallenheit alles Irdischen, ausbuchstabiert; im Spiegel erkennt sie sich durch das lange Warten, durch Tränen und Seufzer ausgezehrt, mit achtzehn Jahren tatsächlich bleich verblüht, mit ausgehöhlten Wangen. Ihre Illusion gipfelt sich ein letztes Mal ekstatisch auf, wenn sie sich in höchstem Stil mit messianischen Obertönen als erfüllte Frau zeigt: »Giunse l'atteso, nulla più chiedo al mare; diedi pianto alla zolla, essa i suoi fior mi dà«; »Der Erwartete ist angekommen, nichts verlange ich mehr vom Meer; der Erdscholle gab ich meine Tränen, sie schenkte mir ihre Blumen« (II:88 f.). Aber die aus den Fugen geratene, natürliche Ordnung weiß es besser. Aus unfruchtbar machendem Salz, aus Schmerz, erblüht duftende Schönheit. Das bittere Meer trägt ihre süße Hoffnung. Und all das im Angesicht einer schrecklich prosaischen Welt: eines schmierenkomödiantischen Heiratskandidaten, notorischen Frauenverschleißers, eines geschäftemachenden, verleumderischen Heiratsvermittlers, eines pragmatischen Konsuls, einer liebesunfähigen, nationalistisch-rassistischen Konventionen anhängenden Nullnummer Pinkerton. Diese groteske Diskrepanz zwischen dem Sublimsten und dem Banalsten, Schäbigsten zersprengt die Harmonie der Musik, die ins Dissonante, Schrille kippt.

Dann kommt die einsame Nachtwache mit dem zarten Summchor: Die Singstimmen schweigen. Die Einzige, die dieses Martyrium mit ihr durchlitten hat, schläft ein. Und Butterfly, statuesk im Warten erstarrt, versteht im Erleiden, was die ganze Welt schon lange weiß. Nie wird sich ihr Traum erfüllen, nie wird der Langersehnte, Heißerflehte zu ihr zurückkehren. Nie wieder wird sie Sonne, Blumen, Frühling sehen, nie wieder leben und glücklich sein. Denn Pinkerton ist mit seiner Frau Kate gekommen. Suzuki resümiert im Angesicht der aufgehenden Sonne: »Alla piccina s'è spento il sol«; »Für die Kleine scheint die Sonne nicht mehr!« (II:98) Pinkerton, der dann tatsächlich im Haus der Butterfly ankommt, angeweht vom eisigen Todeshauch der vergiftenden Pflanzen, flieht. Was nützt es, dass der Konsul ihm vorhält, er habe prophetisch Recht behalten: Butterfly, ein ehrliches Herz, glaube an die Liebe? Was nützt es, dass Pinkerton das Elend, das er selbst angerichtet, nicht ertragen kann und sich als Feigling erkennt: »Non reggo al tuo squallor! Fuggo, fuggo, ah son vil!« (II:102) Stimmt. Alles, was ihm einfällt, ist, dem Konsul Geld für die Butterfly in die Hand zu drücken. »È un immensa pietà!«; »Das ist ein ungeheures Elend!« (I:106) Nichts weiter bleibt zu sagen.

Butterfly ist wieder so japanisch geworden, dass sie ihren Hochzeitsobi anlegen lässt, sich und sogar ihr Kind schminkt. Den japanischen Ehrenmord wird sie vor den japanischen Göttern, einer Buddhastatue begehen. In einer letzten, verzweifelten, zerrissenen

Arie wird sich Cio-Cio-San in der Stunde ihres Todes von ihrem geliebten Sohn verabschieden und das Kind bitten, sich die Gesichtszüge seiner Mutter einzuprägen. Pinkerton wird sie einbestellen, damit er den Preis für das Leben und die Freiheit seines Sohnes erkennt; er muss Augenzeuge ihres Selbstmordes werden. Der Gong, der den Tod des Vaters ankündigte, der die Verfluchung der Butterfly begleitete, beschließt japanisch den Schiffbruch des Westens. Puccinis Musik verklärt nicht; ihre verzweifelt zerrissene Dissonanz stellt die Unrettbarkeit, die Heillosigkeit der Welt in dieser in ihrem Schmerz und ihrer Trauer majestätischen, japanischen Pieta schroff aus. Vielleicht ist es das, was man ihm nie verzeihen konnte.

Frei sterben
Carmen

Un homme n'est pas féminisé parce qu'il est inverti, mais parce qu'il est amoureux.
(Roland Barthes, »Fragments d'un discours amoureux«)

Am Ende der Oper ersticht der Tenor Don José die Titelheldin Carmen – ein, wie die meisten Kritiker bemerken, schockierender Femizid. Auf offener Bühne sticht Don José Carmen fast zeitgleich mit dem Todesstoß des Stierkämpfers Escamillo nieder. Auf diesen tödlichen Stich versteht sich der Matador Espada, der »Degen«/»Schwert« im Namen trägt: »C'est l'Espada la fine lame, celui qui vient terminer tout, qui paraît à la fin du drame, et qui frappe le dernier coup.« (IV:183) Der Stoß ins Herz Carmens beendet auch das Drama, das sich auf der Bühne abspielt. Die Oper endet in ihrem Namen: »Ah! Carmen! Ma Carmen adorée!« (IV:196) Selten ist die Geburt der Tragödie aus dem Geiste des Opfers so klar gefasst worden.

In der Synchronisierung der Todesstöße glänzt ein mythisches Opferritual auf. Der Großen Mutter wurden in den Kulten des Orients Stieropfer dargebracht; die Stierhoden prangten ihr als Schmuck um den Hals. Auch wurde im 19. Jahrhundert davon ausgegangen, dass sich die Priester der Großen Mutter bei den orgiastisch ekstatischen Kulttänzen ihr zu Ehren selbst entmannten. Thomas Macho sieht im Kult der Virgen del Carmen, der bis heute immer mit Stierkämpfen verbunden ist, das mythische Substrat dieser ägyptisch-orientalischen Kulte der Magna Mater. Eben die Jungfrau vom Berg Carmel trägt Carmen mit unzähligen spanischen Frauen im Namen.

Die Parallelität der beiden Stiche ist umso schlagender, als der Matador bemerkte, dass man beides, das Töten von Menschen und Stieren, nicht verwechseln sollte. Als der eifersüchtige Don José Escamillo zum Zweikampf herausfordert und ihm unterliegt, stößt der Torero nicht zu und schenkt ihm das Leben: »Ta vie est à moi, mais en somme, j'ai pour métier de frapper le taureau, non de trouer le coeur d'homme.«; »Dein Leben gehört mir, aber im Grunde ist mein Metier, den Stier zu töten, nicht das Menschenherz zu durchbohren.« (III:165)

Anders als Don José hat Escamillo kein tragisches Potential. Für ihn reimen sich Liebe und Tod nicht. In der Liebe, die bei ihm grundsätzlich im Plural kommt, sieht er keine Schicksalsmacht; Liebe ist per definitionem vergänglich, das menschliche Herz wandelbar. Auf die perplexe Frage Don Josés hin, ob er Carmen denn liebe, wenn er doch gerade deren Unbeständigkeit festgestellt hätte – »Les amours de Carmen ne durent que six mois.«; »Carmens Liebschaften dauern keine sechs Monate.« (III:160) – antwortet Escamillo unbeirrt: »je l'aime, je l'aime à la folie« (III:162). Seiner Berechnung nach sind die sechs Verliebtheitsmonate mit dem schönen Soldaten, der für sie desertiert ist, abgelaufen; sein Moment ist gekommen. Ritterlich und eben nicht tragisch ist er selbstverständlich bereit, für diese Liebschaften den Tod in Kauf zu nehmen (III:160), dem er ja auch im Stierkampf ins Auge sieht. Undenkbar aber, dass Escamillo aus verschmähter Liebe zum Mörder wird. In der Liebe wie im Stierkampf wird Escamillo ganz Mann; er unterwirft und wird nicht unterworfen. Für Carmen reimen sich Liebe und Tod; ihr Schicksal erfüllt deshalb Don José, und nicht Escamillo. Den Gleichklang von »l'amour« und »la mort« arbeitet die Oper heraus.

Auf die hohe Kunst, gekonnt genau zu treffen (»frappé juste en plein cœur«, IV:192), versteht sich auch Carmen. »Non, je ne t'aime plus« (IV:190), entgegnet sie auf Don Josés flehende Erklärung seiner totaler Liebe: Alles, alles, alles, was sie will, wird er tun. Josés Liebe kennt keinerlei Einschränkung, keinerlei Grenzen à la »but I won't do that« (Meat Loaf, 1993). Aber ganz umsonst, völlig überflüssig legt Don José sein Herz der unerbittlichen Carmen zu Füßen, überflüssig seine Kapitulation. Denn »dieses Herz gehört Dir nicht mehr.« (IV:189) Carmens neue Liebe ist der in Gold strahlende Torero, der Held der Stunde, Escamillo, der legendäre Stierkämpfer, der im entscheidenden Moment den Stier sicher trifft. Aber nicht den strahlenden Sieger sucht sie, sondern Don José, der, durch sie infam geworden, alles verloren hat. *Everybody loves a winner*? Carmen vielleicht doch nicht. Wenn sie Don José ihre Liebe zu einem anderen bekennt, reimt sich für Carmen Liebe und Tod: »je l'aime et devant la mort même je répéterai que je l'aime« (IV:192). Diese Liebeserklärung trifft Don José zusammen mit seinem ihm vor die Füße geschleuderten Ring sicher ins Herz.

»En garde«, auf in den Kampf hat sich genau wie der Torero, »en garde, en garde«, Carmen gestürzt, die nämlich die wiederholten Warnungen ihrer Freundinnen, aufzupassen, »de prendre garde« (IV:186), in den Wind schlägt, und Don José herausfordert. Und Don José wird wie immer nicht das tun, was Carmen den Männern rät, die sie liebt: aufzupassen, *de prendre garde*. Wird der Stierkampf zuerst von Escamillo in der zweiten Szene, dann von der exaltierten Menge in der Arena am Ende als Botenbericht erzählt, so spielt sich nach derselben Dramaturgie der Mord auf der Bühne als Illustration dessen, was in der Arena passiert, ab. Von der Arena weht der von der jubilierenden Menge gesungene *signature song* Escamillos herüber: »Toréador, l'amour, l'amour t'attend!« (IV:196) Triumphiert Escamillo durch seinen Stoß, so vernichtet sich Don José durch seinen Stoß ins Herz seiner Angebeteten katastrophal selbst. Ein spektakulärer Mord, maximal exponiert.

Nicht die Liebe wartet auf den Stierkämpfer nach seinem Triumph (»l'amour t'attend, l'amour, l'amour«), sondern der Tod auf Carmen (»la mort, toujours la mort« (III:144 ff.)). Der Tod wartet auch auf Don José, der sich, über die erstochene Geliebte geworfen, der Justiz stellt – »Vous pouvez m'arrêter … C'est moi qui l'ai tuée. Ah! Carmen! Ma Carmen adorée!« (IV:196) – und hingerichtet wird. Es erfüllt sich, was die Oper dunkel durchtönt: »L'amour« und »la mort« kommen spektakulär zur Deckung. Weil Don José die Vorstellung nicht ertragen konnte, dass Carmen ihn in den Armen des siegreichen Toreros verlacht, nachdem sie ihm seine völlige Ohnmacht vor Augen geführt, ihn seine Mannhaftigkeit, seine Ehre, sein gesellschaftliches Dasein, sein Seelenheil, kurz: alles gekostet hat, ersticht er sie. Don José erfüllt das Schicksal, das Carmen in den Karten gelesen hat: »la mort! J'ai bien lu … moi d'abord. Ensuite lui … pour tous les deux la mort … La mort, toujours la mort.« (III:144 ff.) Carmen nimmt dieses Schicksal widerspruchslos an, ja, sie geht ihm entgegen und fordert seine Erfüllung heraus. Wie die Opferstiere etwa bei den Buphonien, deren Fressen des heiligen Getreides vom Opferaltar als Zeichen ihrer Einwilligung verstanden wurde, aber überhaupt wie die Opfertiere der Antike und selbst noch wie Christus als das letzte Opferlamm – »Dein Wille geschehe« – besiegelt Carmen ihren Tod. Der Tod der beiden Protagonisten wird nicht durch Gesang überhöht, verklärt (Dahlhaus). Es ist kein erfüllender Liebestod à la Isolde und Tristan, wo kleiner und großer Tod zusammenfallen. In diesem dem streng ritualisierten Stierkampf parallelisierten Liebeskampf auf Leben und Tod scheint die blutig-schreckliche Trostlosigkeit antiker Opferkulte auf.

Carmen und José, die sich vor der Arena konfrontieren wie in der Arena Stierkämpfer und Stier, fechten vor dem fatalen Stoß agonal über die Zeit. »Souviens-toi du passé«; »erinnere dich an die Vergangenheit«, beschwört er sie und fleht: »Verlaß mich nicht.« (IV:190) Es ist das vierte Mal in der Oper, dass wir die Stimme der großen Liebe mit ihrem lyrischen Versprechen hören. Das erste Mal besingt der Tenor mit sehnsüchtigem Drängen die verzeihende Mutterliebe und die Heimat (»un baiser de ma mère«), das zweite Mal das Hoffen auf die sinnliche Liebeserfüllung (»Carmen, Carmen, tu m'aimeras«), das dritte Mal erklärt er seine bedingungslose, idolatrische Liebe (»je suis une chose à toi«) und das vierte Mal beschwört er Carmen, verzweifelt und vergeblich flehend, beide zu retten und ihn nicht zu verlassen. In dieser Oper wird auch der Tenor entmachtet. Ins Leere läuft das von dieser Stimme getragene, selig machende, erfüllende Liebesversprechen.

Carmen kennt kein Eingedenken, keine erfüllte Zeit; für sie ist alle Zeit Vergänglichkeit, Zeit zum Tode. Damit kommen wir zum »passer«, neben der »garde« der Leitsignifikant der Oper: Um die Zeit totzuschlagen (*faire passer le temps*), sehen die Soldaten zum Zeitvertreib (*passe-temps*) den Passanten in Sevilla zu: »passer les passants« (I:12). Zu ihrem neuen Liebhaber will José Carmen nicht durchlassen: »Tu ne passeras pas« (IV:192). Das »passer«, das die Oper so insistierend eröffnet, ist ein barockes Vanitasmotiv: Alles in dieser Welt ist vergänglich, steht im Zeichen des Todes. Die Vergänglichkeit wird in der Oper durch die Liebe illustriert, die eben nicht ewig an den oder die eine, sondern willkürlich an den Moment gebunden, diesen oder jenen trifft und verfliegt, vergeht. »Passe«/»faire un passe« ist auch der vulgäre Ausdruck für Sex. »Carmen, il en est temps encore [...] laisse-moi te sauver, toi que j'adore, et me sauver avec toi.«; »Carmen, noch ist Zeit [...] laß mich dich retten, dich, die ich anbete, und mich mit dir retten.« (IV:188) Aber Carmen, die sich in Liebes- und Todesdingen auskennt, weiß es besser, die Zeit ist abgelaufen: »Non, je sais bien que c'est l'heure, je sais bien que tu me tueras.« (IV:188) Recht soll sie, die mit der den Zigeunern zugeschriebenen prophetischen Gabe ausgestattet ist, wie immer behalten; Don José wird sie nicht durchlassen (*passer*). Nicht der kleine Tod in den Armen des triumphierenden Toreros, sondern der große Tod durch den von ihr entmännlichten Don José erwartet sie. Durch diesen Tod wird nichts und niemand erlöst, nichts gerettet, nichts gesühnt.

Der Femizid steht im Zentrum der gesellschaftlichen Debatten und es ist an der Zeit, den so spektakulären Mord noch einmal unter die Lupe zu nehmen. Auf der Hand scheint zu liegen, dass die wie der Stier hingemordete Carmen das Opfer ist, Don José der Täter, als der er sich der Justiz stellt und zum Tode verurteilt wird. Aber: Ist Carmen nicht auch der Täter, der wie der Stierkämpfer sicher ins Herz trifft, und wird José als Täter nicht auch zum Opfer? Durch den Stoß ins Herz der Carmen ist auch Don José erledigt: Er mordet nicht nur die, der einzig sein Herz gehört. Er mordet auch alles, was er als Mann und Mensch, was er in den Augen seiner Mutter, den Augen Micaëlas, den Augen der Gesellschaft, seinen eigenen Augen hätte sein sollen: ein *honnête homme*. Er vollendet seinen Ruin, er wird endgültig infam. In diesem Moment verliert Don José nicht nur seine Liebe und sein Leben, sondern seine Ehre und sein Seelenheil. Das Band, das José an Carmen fesselte, kann er nicht zertrennen. »Bis dass der Tod Euch scheidet«, sind die beiden in Hassliebe verbunden. Nie ist er mehr ihre Sache, nie weniger er selbst als in dem Moment, in dem er Carmen ersticht; ihr Mord ist der Höhepunkt seiner verworfenen Selbstentfremdung, seiner Verdinglichung. Das männliche Ich wird hier durch die tote Frau nicht in seiner Identität rekonstituiert (Bronfen), sondern über ihrer Leiche endgültig zerstört. Don José, hat man oft gesagt, der im hohen Stil singt, sei der eigentlich tragische Charakter der Oper. Die Fallhöhe vom Dragonerhauptmann, vom guten Sohn zum degradierten Soldaten, gesetzlosen Deserteur, zum Verbrecher und aus Eifersucht mordenden Stalker ist in der Tat schwindelerregend. Carmen hat keine Fallhöhe, ist aber deswegen doch der tragische, weil hoffnungslose Charakter, der sein fatales Schicksal erfüllt. Dass Liebe Tod heißt, ist ihr von vornherein als Einziger klar.

Oper und Novelle

Das Libretto zur Oper *Carmen* ist von Henri Meilhac und Ludovic Halévy nach der gleichnamigen Novelle von Prosper Mérimée geschrieben. Der Hauptunterschied zwischen Oper und Novelle liegt nicht darin, dass die Oper die Novelle glättet. Es geht nicht darum, das Promisk-Verbrecherische der Carmen bei Mérimée – die mit reichen Liebhabern schläft, um sie auszunehmen und den Schmugglern zur Beute zu lassen, die es mit Don José zu ihrer libertinen Luststeigerung und seiner Demütigung in den seidenen Betten ihrer Liebhaber macht – abzumildern. Und es geht auch nicht darum, die verworfenen Verbrechen der Schmuggler pittoresk schön zu reden oder die Vergangenheit Don Josés, der seine Heimat verlassen musste, weil er im Kampf jemanden totgeschlagen hat, für die Zwecke der von einem bürgerlichen Familienpublikum besuchten *opéra comique* herunterzuspielen.

In der Novelle erzählt Don José vor seiner Hinrichtung – nicht durch den Strick, sondern durch die Garrotte, ein Tod, der Adeligen vorbehalten war – einem anderen Edelmann auf Augenhöhe die Geschichte, die ihn zu einem Infamen gemacht hat. Beide wissen, wovon sie reden. Da, wo der Rahmenerzähler Mérimées, ein vollendeter Edelmann, dem Ehrencode zufolge nie eine Frau, auch wenn sie ihn ausraubte und mit dem Tode bedrohte, angezeigt oder gar die Hand gegen sie erhoben hätte, gerät Don José völlig aus der Fassung. Er verstößt, zum Äußersten getrieben, aufs Brutalste gegen Gesetz und Recht. Es mag, wie Carmen in der Novelle sagt, »la loi d'Égypte« sein, dass der Ehemann seine untreue Ehefrau umbringt, spanisches, christliches Recht ist es nicht. Don José verstößt, schlimmer noch, gegen den männlichen aristokratischen Ehrencode, der den Mann erst zum Mann, zum Mann, wie er zu sein hat, zum *honnête homme* macht. Die Novelle besiegelt diese gegenseitige Anerkennung ehrbarer Männlichkeit im gemeinsamen Zigarrenrauchen.

In der Novelle wird Don José die Gnade gewährt, Carmen begraben, Messen für ihre Seele lesen und beichten zu dürfen. Wichtiger noch, dass Don José sich jemandem anvertrauen kann, der ihn gleich als Ehrenmann akzeptiert hat, sein Essen, seine Zigarren, und nun sein Unglück mit ihm teilt. José, der infame Frauenmörder, fügt sich dadurch in die Kirche, vor allen Dingen aber wieder in die Gruppe der *honnêtes hommes* ein. Ein vernichteter Mann geht so gefasst in den Tod: eine Ehrenrettung. Weder im gesellschaftlichen noch im christlichen Sinne ist dieser Tod hoffnungslos: Der Erzähler hat fast Mitleid mit Don José, der nicht die Größe hatte, den weiblichen Zigeunerteufel nicht umzubringen, der sich von einer Frau zu einer solchen ehrlosen Tat hat hinreißen lassen. Männlichkeit wird in der Novelle restituiert. Die Schuld für die Zerstörung der höflichen, ritterlichen Männlichkeit hat dem xenophoben, misogynen Einschlag der Novelle zufolge die fremde, von keiner Erziehung oder Zivilisation angewehte Frau, die dämonisierte Femme fatale, die Zigeunerin. In der Novelle gibt es eine Perspektive, in der Liebe nicht gleich Tod ist. Im strengen Sinne ist die Novelle deswegen nicht tragisch. Das fatal Tragische wird durch die Hinrichtung Don Josés, seine Buße und Reue, überwunden; die Todesstrafe sühnt seinen Mord. Die Oper hingegen schließt mit dem trostlosen, verzweifelten Schrei Don Josés viel härter als die Novelle. Nichts und niemand wird gerettet, nichts wird gesühnt. Die tragische Gleichung von Liebe und Tod, die Carmen gegen Don José durchsetzt, obsiegt. Das wird in der Oper dadurch erreicht, dass der auf antike Opferkulte zurückgehende Stierkampf, völlig marginal in der Novelle, auch musikalisch durch das Leitmotiv des Stierkämpfers die durchgehaltene Hintergrundmetapher der Liebesgeschichte zwischen Carmen und Don José bleibt. Die tragische Dialektik der Oper liegt wie schon bei *Madame Bovary* darin, dass Opfernder und Opfer dieselbe/derselbe sind (Butor:106). »Je suis la plaie et le couteau«, könnte Carmen mit Baudelaire sagen.

Tragischer Witz

Die berühmteste Interpretation dieses Mordes stammt von Friedrich Nietzsche:

> *Ich weiß keinen Fall, wo der tragische Witz, der das Wesen der Liebe macht, so streng sich ausdrückte, so schrecklich zur Formel würde, wie im letzten Schrei Don Josés, mit dem das Werk schließt: ›Ja!* Ich *habe sie getötet,* ich – *meine angebetete Carmen.‹ (Nietzsche:9)*

Nietzsche sieht Carmen nicht als den Inbegriff des Exotisch-Erotischen, als das wilde, orientalisierte Andere einer westlichen Welt, sondern als die Wiederkehr des Verdrängten, überwunden Geglaubten: als Verkörperung der antiken Liebe. Und damit meint Nietzsche: Gegenbild der christlichen, der erlösenden, sentimentalen, der romantischen Liebe. Sinnbild der Liebe, wie sie wirklich, »natürlich« ist, Inbegriff der durch kein dekadentes Christentum angekränkelten Liebe, wie Nietzsche sie für Wagner typisch hält:

> *Endlich die Liebe, die in die Natur zurückübersetzte Liebe! Nicht die Liebe einer ›höheren Jungfrau‹. Keine Senta-Sentimentalität! Sondern die Liebe als Fatum, als Fatalität, zynisch, unschuldig, grausam – und eben darin* Natur! *Die Liebe, die in ihren Mitteln der Krieg, in ihrem Grunde der Todhaß der Geschlechter ist! (Nietzsche:9)*

Mit *Carmen* gelinge Bizet eine Darstellung der antiken Liebe, die Nietzsche im Gegensatz zur christlich-dekadenten Liebe, der angekränkelten Sentimentalität für so fatal, brutal wie »gesund« hält. Darin liegt für Nietzsche Bizets afrikanischer Glanz, der den dekadenten Wagner des vernebelten, neurotischen Nordens mit seinen »höheren Jungfrauen« verblassen lässt.

Andere Interpretationen sehen keine Wiederkehr der Antike, sondern bleiben im christlichen Register. In der Zigeunerin Carmen hat man eine – fatale – Variation der Cäcilienlegende, ja eine Cäcilienparodie gesehen. Cäcilie ist die Schutzpatronin der geistigen Musik. Die Wirkungsmacht der Musik von Carmen erscheint in ihrer verzaubernden Verhexung als Zerrbild der Wirkung von Cäciliens himmlischer Musik. Carmen lasse sich von José in einem säkularisierten Martyrium hinrichten. Die Macht der Cäcilia ist im Moment ihres Schweigens am vollkommensten; und eben dieses Schweigen habe Bizet kunstvoll eingebunden. Wie Cäcilia, Heilige der Musik, schweigt Carmen paradoxerweise auf dem Höhepunkt ihrer Macht, bevor sie auf Don Josés Frage, die über sein Sein oder Nichtsein entscheidet, »Liebst Du mich?«, die vernichtende Antwort gibt: »non, je ne t'aime plus« (IV:190). Davor hatte sie ihm in ihrer nicht weniger vernichtenden Geste den von ihm geschenkten Ring hingeworfen und ihrer beider Vergangenheit ausgelöscht (»Silence de Carmen et Don José répète«, IV:190). In diesem Schweigen habe sie den Zenit ihrer Macht über Don José erreicht; er tut, was sie will. Indem er ihr Mörder wird, wird er gleichzeitig ihr Opfer (Mundt-Espin).

Liebe, Tod und Teufel

Auch Don José und Micaëla bleiben im christlichen Register von »Liebe, Tod und Teufel« (Praz). In ihren Augen ist Carmen ein Dämon, eine Teufelsfigur, eine Hexe. Sie ist auch anders als Don José, anders als Micaëla keine Christin, sondern »abergläubisch«: Sie glaubt an die Zauberkraft der Steine, die der Blumen, ans Kartenlesen. Ihrem unerbittlichen Fatum und nicht Gott weiß sie sich unterworfen. Ihre Schönheit macht sie nur gefährlicher. Gleich nach ihrem ersten Lied sieht Don José Carmen als Dämon, dem er zur Beute zu fallen drohte:

Qui sait de quel démon
J'allais être la proie!
Même de loin,
Ma mère me défend
Et ce baiser qu'elle m'envoie …
Ecarte le péril et sauve son enfant.

Wer weiß, welches Dämons Beute ich fast wurde!

Selbst aus der Ferne verteidigt mich meine Mutter,

und dieser Kuß, den sie mir schickt, …
wendet die Gefahr ab und rettet ihr Kind.
(I:44)

Micaëla, die wie die Engel »Botin« ist, trägt Michael, den Erzengel, der siegreich mit dem Teufel kämpft, im Namen. Aus den Fängen der Hölle, wähnt Don José, habe dieser Mutterkuss, den Micaëla ihm schickt, ihn gerettet. José sieht Carmen wiederholt als eine teuflische Figur, die ihn verhext hat. »Bist Du der Teufel, Carmen?«, fragt er. »Ja«, antwortet sie (III:138). Und noch mal: »Tu es le diable, Carmen?« (III:140) »Ja, hab ich Dir doch schon gesagt«, antwortet sie, leicht genervt, als wäre das die normalste Sache der Welt. Von »verfluchten Künsten« (III:156, meine Übersetzung) spricht Micaëla.

Im entscheidenden Moment der »Verhexung« Don Josés durch Carmen ist Micaëla nicht zur Stelle. »Le charme a opéré« (I:64), weiß Carmen; ihre Blume hat er lang genug auf dem Herzen getragen und ihren Duft eingesogen. Micaëla kommt zu spät, kann ihrem Namen nicht gerecht werden und wird Don José nicht vor Carmen retten. Die Kette, die ihn an Carmen fesselt, wird er nicht zerreißen können (III:173): »Und die Kette, die uns aneinanderfesselt, fesselt uns bis zum Tod.« (III:170, meine Übersetzung) Als »démon« (IV:194), als »damnée« (IV:194) bezeichnet Don José Carmen in dem Moment, in dem er sie ersticht. Ihre Beziehung sieht er als einen Teufelspakt an, in dem er sein Seelenheil für und durch sie verloren hat (IV:194).

Vanitas Vanitatum

Die Soldaten, abgestellt, das königliche Tabakmonopol in Sevilla zu überwachen, sehen dem Schauspiel der Passanten auf dem Platz zu. Wir sehen Zusehenden zu. Die Welt wird als Bühne gezeigt, auf der mit dem Liebesspiel, mit dem Flirten, dem *girl watching* vor allen Dingen Geschlechternormen, Männlichkeit und Weiblichkeit eingeübt werden. Sevilla bietet ein Schauspiel des Vorübergehenden, der gelösten Bindungen, der untreuen Beziehungen, der ständigen Suche nach neuen Liebesbegegnungen, der Jagd nach der Gunst des Augenblicks, des dauernden Bruchs der Liebe, die hier eben nicht fürs Leben, sondern für den Moment ist. Um die »Zeit totzuschlagen«, beobachten die Soldaten »passer les passants«, das ewige Kommen und Gehen. Die Welt wird ihnen zur Bühne, deren Liebeshändel sie nachspielen. Der Topos der Welt als Bühne entwirklicht alles: Alles ist nur Gaukelei, täuschendes Schauspiel, Vergänglichkeit.

Sur la place
chacun passe,
Chacun vient, chacun va
Drôle de gens que ses gens là.

Auf dem Platze
geht jedermann seines Wegs,
ein jeder kommt und geht;
Seltsame Leute sind das.
(I:10 f.)

Die junge Frau, die zu Anfang die Bühne betritt, ist allerdings ausgesprochen zielgerichtet. Sie sucht jemanden. Einen Brigadier? »Da bin ich schon«, antwortet einer der wachhabenden Soldaten, Moralès. Aber ein Soldat ist ihr nicht wie der andere; sie sucht den ihren. Bald wird der Gesuchte kommen, versichern ihr die Soldaten, wenn »la garde montante remplacera la garde descendante.« (I:14) Dem dringenden Aufruf, einzutreten – ein *passe-temps* für die Soldaten –, kommt sie nicht nach: sie ist auf der Hut, *en garde*. In der Stadt wartet sie auf den Wachwechsel. Die junge Frau wartet auf den richtigen Augenblick, um den Richtigen abzupassen – und kommt zu spät.

Das folgende Couplet fasst die Moral zusammen, die die Oper entfaltet: »L'oiseau s'envole, on s'en console, reprenons notre passe-temps et regardons passer les gens.« (I:16) Die Zeit vergeht, die Leute gehen vorbei, Vögel fliegen davon: alles ist unbeständig; nichts bleibt übrig, als sich damit abzufinden. Es hat keinen Sinn, sein Herz an etwas zu hängen; jede Gelegenheit ist beim Schopf zu packen: das ist die skeptische Moral der Soldaten. Beständig ist einzig der Wechsel. Die Liebe ist unbeständig wie die Zeit: Die Soldaten spielen das Leben, das sich gerade vor ihren Augen abspielt, wie Schauspieler nach. Es ist immer dasselbe: nach ein paar Schritten hat der junge Liebhaber der jungen Ehefrau mit dem alten, schlechtgelaunten Ehemann im richtigen Moment ein Briefchen zugesteckt. Keine Treue, keine *constantia*, keine Beständigkeit weit und breit.

Auch das Spektakel der ablösenden Wache wird von den Leuten beobachtet und von kleinen Kindern nachgespielt, so wie die Soldaten vorher die Liebesszene auf dem Platz gespielt haben. Dass

Geschlechtsrollen Rollen sind, inszeniert die Oper. Der Kinderchor spielt die Wachablösung der Soldaten nach: Auch sie wollen wie die Soldaten richtige Männer sein. Richtige Männer sind die, die in Reih und Glied marschieren und keinen Fehltritt tun: »Nous marchons la tête haute comme de petits soldats, marquant sans faire de faute, une ... deux ... marquant le pas.« (I:24) Ein Schauspiel für die Männer ist es auch, die Zigarrenarbeiterinnen mit dem Glockenschlag in die Mittagspause gehen zu sehen und die ihnen zugeschriebenen Rollen beim Flirten einzunehmen. Alles kommt und geht, vergeht und wird dabei beobachtet; immer geht es darum, den richtigen Moment abzupassen. Wie bei der imaginierten, und für die Zuschauer im Publikum von den Zuschauern auf der Bühne nachgespielten, bürgerlichen Rendezvous-Szene auf dem Platz geht es auch hier um erotische Treffen: Zu der Zigarrenfabrik, in der vier- bis fünfhundert Arbeiterinnen in der Hitze halbausgezogen arbeiten, haben Männer keinen Zutritt, sie erweckt aber höchstes erotisches Interesse aller Männer der Stadt.

Adonis

Die Oper singt die Distanz zum Geschehen vor: Es gilt, das ganze Liebesspiel zu distanzieren, mitzuspielen, ohne sich in den Ernst der Lage auf Leben und Tod ziehen zu lassen, kurz: auf der Hut zu sein. Denn schließlich geht es um alles: um den Verlust der Mannhaftigkeit. Eben das passiert Don José.

Don José steht von vornherein für aufrechte Männlichkeit. Ob die Arbeiterinnen hübsch sind, kann er, von seinem Vorgesetzten Zuniga gefragt, nicht sagen. Das liegt aber nicht daran, dass er, wie sein Vorgesetzter sofort unterstellt, wie jeder richtige Mann schon verliebt ist. Er guckt nicht hin, weil er an diesem frivolen Zeitvertreib kein Interesse hat. In Don Josés Selbstportrait wird vom ersten Satz an der Gegensatz Nord/Süd aufgemacht: Navarra, der klare, aufrechte, reine Norden, steht gegen Andalusien, den orientalisierten Süden. Angst hat José vor den Andalusierinnen, weil sie immer spöttisch alles auf den Arm nehmen. Kein vernünftiges Wort ist mit ihnen zu reden (I:28). Ein Mann, ein Wort – »Foi de Navarrais« (I:56) –: das gilt hier sicher nicht. José erzählt seine Geschichte; als einziger in der ganzen Oper hat er eine Biographie. Er ist Navarrese – an Micaëla liebt er vor allen Dingen die Tracht Navarras – und »vieux chrétien« (I:28); damit sind die Leute bezeichnet, die schon vor der durchgesetzten Konversion zum Christentum keine arabischen oder jüdischen Vorfahren hatten. Das »Don« indiziert auch, dass er adeliger Herkunft ist. Er sollte Priester werden, hat dann aber statt zu studieren lieber Jeu de Paume gespielt – ein sportlicher, männlich-vornehmer Zeitvertreib. Darin tat er sich hervor, und als ein Unterlegener ihn herausforderte, behielt er auch da die Oberhand. Zwischen den Zeilen wird klar, dass er danach seine Heimat wegen Totschlags verlassen musste. Er ist Soldat geworden, der in Sevilla stationiert ist. Seine Mutter ist ihm mit der an Kindes statt angenommenen Micaëla nachgereist und wohnt in einem Dorf bei Sevilla. Don José stellt sich als in jeder Hinsicht verorteter Mensch da: Er hat Heimat, Stammbaum, Familie, Religion und weiß sich ganz Mann; er ist das Gegenteil eines »enfant de bohème«, eines vagabundierenden Zigeunerkindes, als das Carmen die Liebe beschreibt. Er behauptet sich im männlichen Zweikampf und bleibt der Stärkere; der Totschlag ist Kavaliersdelikt. Auf all das ist er stolz. Als Dragonerhauptmann hat er beim Militär eine anständige Karriere gemacht. Don José ist ein guter Junge: Er vertreibt sich die Zeit nicht mit Liebeshändeln, sondern nutzt sie sinnvoll.

Don José wird als »joli garçon«, als »beau dragon« beschrieben; er gefällt Carmen, weil er so hübsch ist (II:106). Wegen eines hübschen Jungen, der es ihr angetan hat, gehorcht Carmen nicht dem Chef der Schmuggler, sondern der Liebe. Ein richtiger Mann kann nicht verstehen, dass es reicht, »joli garçon« zu sein, meint der schwul getönte Remendado im Falsett, der auch – völlig unpassend, wie sein rau männlicher Chef findet – die auszunehmenden Engländer als »schöne Männer« (II:92) beschreibt und sich selbst als verliebt. »Ce beau soldat« (III:162), wird später Escamillo sagen. Don José ist der einzige Mann in der Oper, dessen Schönheit durchgängig hervorgehoben wird. Die Kampfesstärke ist die männlich konnotierte Eigenschaft par excellence, die Schönheit die weiblich konnotierte.

Liebling der Frauen, ist Don José aber auch kein ganzer Mann, irgendwie noch kindlich: »trop niais« (II:106), weiß Carmen, völlig ungeeignet für das doppelzüngige Zigeunerleben. Diese Kindlichkeit Don Josés wird in der Oper auch durch seine sehnsüchtige Beziehung zur Mutter hervorgehoben, der ja das erste »Liebesduett« und deren Sterben auch das zweite Kommen Micaëlas gilt. Beide Male versucht sie, ihn zur Mutter zurückzuholen. Die ihm von der Mutter zugedachte Braut, die die Heimaterde verkörpert, ist seine Ziehschwester. Die die Oper durchziehende Konkurrenz zwischen Carmen und seiner Mutter/Micaëla verstrickt José in ein inzestuös angehauchtes Dreieck. Don José ist kein ganzer Mann wie der Stiertöter Escamillo, wie der Offizier Zuniga, sein Vorgesetzter: Männer, auf die frau stolz sein kann. Die Toreros werden mit den Soldaten verglichen: »Car avec les soldats, oui, les toreros peuvent s'entendre, pour plaisirs ils ont les combats« (II:84); waffentragende, kämpfende Männer, die im Bariton oder Bass singen. Den schönen Don José zieht Carmen – wie Venus die begehrteste aller Frauen – den so ganz männlichen Männern, dem Stierkämpfer und dem Offizier vor. Auch männlich zustoßen kann Don José nicht. Im großen Duell mit Escamillo weist dieser ihn darauf hin, dass er ihm mit seiner baskischen Waffe, dem »navaja«, seiner »navarresische[n] Kampfstellung« (III:164) hoffnungslos unterlegen ist. Carmen resümiert den Unterschied zwischen den Männern Andalusiens und den Basken durch die Waffen: Messer (Sevilla) steht gegen Knüppel (Navarra). Zwecks Verführung unterstreicht sie die Überlegenheit der Basken. Don Escamillo nennt Waffen und Kampftechnik, die Don José nicht mit seinem Vaterland, sondern mit seiner Heimaterde verbinden.

Auch der unwiderstehlich schöne Adonis, Liebling aller Frauen, ist bartlos noch nicht ganz Mann, sondern Sohn und Liebhaber. Auch er steht in den verschiedenen Varianten des Mythos in einem so undurchsichtigen wie offensichtlich inzestuösen Dreieck mit Venus als seiner Mutter und seiner Geliebten. Vom eifersüchtigen Mars in Gestalt eines, durchsichtig herausragend gut bestückten, Ebers durch dessen gewaltige Hauer umgebracht, verblutet er.

Frauen, die rauchen

Der erste Teil der Oper ist von nach Geschlecht getrennten Kollektiven geprägt; männliche treten neben weibliche Chöre. Der Chor der Männer, der auf die Zigarrenarbeiterinnen wartet, der Chor der Zigarrenarbeiterinnen. Die ganz Sevilla erregende Nacktheit der Arbeiterinnen, ihre Schamlosigkeit (I:30) steht gegen die wohlerzogene, schüchterne Keuschheit Micaëlas, die im blauen Rock mit auf die Schultern fallenden Zöpfen in der Tracht Navarras kommt. Züchtige Ländlichkeit, die sich schamhaft zurückzieht, steht gegen die sich zum Schauspiel machende, aufreizende, halb ausgezogene Weiblichkeit. Die Zigarrenarbeiterinnen verletzen die Normen »richtiger« Weiblichkeit aufs Gröbste. Sie überschreiten sie in Richtung Männlichkeit. Es sind herrenlose Frauen, die sich frei und unbegleitet im öffentlichen Raum bewegen, arbeitende Frauen, Frauen, die rauchen, halbnackte Frauen, Frauen, die in gegenseitigen Beleidigungen und Messerstechereien verwickelt sind. Es sind in Liebesdingen erfahrene Frauen: Sie wissen, was von den Liebesbeteuerungen der jungen Männer zu halten ist.

Die Zigarrenfabrik steht im Ruch, eine Art Hurenhaus zu sein (Mérimée:39). Prosper Mérimée buchstabiert den Topos der Prostitution aus: Die für einen Hungerlohn arbeitenden Arbeiterinnen sind jederzeit bereit, sich für einen Seidentaffetas hinzugeben. Wegen der Ausbeutung waren die notorisch unterbezahlten und unter härtesten Bedingungen arbeitenden Zigarrenarbeiterinnen zwei Jahre vor dem Erscheinen von Mérimées Novelle im vielleicht ersten Streik der spanischen Geschichte auf die Straße gegangen (Macho). Bereits 1845 versammelt Prosper Mérimée, dem Meilhac/Halévy bis in den Wortlaut folgen, in den Zigarrenarbeiterinnen das Schreckgespenst, das »freie Frauen«, Subproletariat und Proletariat für die bürgerliche Geschlechterordnung und deren Ehedoktrin waren.

Frauen, die es wie die Männer treiben, berauben Männer schlicht ihrer Männlichkeit; alles steht Kopf. Das ist das Schauspiel, das in der Oper auf offener Bühne für jeden zu sehen gegeben wird. Prosper Mérimée hat mit *Carmen* die rauchende Frau in der Literatur erfunden; die Zigarettenmarke *Gitanes* hat Carmen mit dem berühmten Scherenschnitt des Covers ein Denkmal gesetzt: eine Frau, die mit den Rauchschwaden zu einer hinreißend tänzerischen, geschwungenen Arabeske verweht. In der Konfrontation mit dieser Weiblichkeit durch die Inkarnation Sevillas, die bezaubernde Carmen, wird von der Männlichkeit Don Josés nichts übrigbleiben. Öffentlich, vor aller Augen wird Don José zweimal gleich zu Anfang als weibischer Mann ausgelacht: tugendhafter Handarbeiter beim ersten Mal; so geschwächt durch die Liebe beim zweiten Mal, dass es einer Frau mit ihren »kleinen Händen« gelingt, einen Dragoner, einen Baum von einem Mann, zu Boden zu stoßen und sich aus dem Staub zu machen. Diese Entmännlichung Don Josés durch die spitze Zunge der Carmen, durch den

Zauber ihres Tanzes und ihrer Musik, ist das zentrale Geschehen der Oper.

Auf die in die Fabrik mit dem Glockenschlag zurückkehrenden, rauchenden Arbeiterinnen wartet unterdessen die Heerschar junger Männer, um von Liebe zu reden. Der aufsteigende, verfliegende Zigarrenrauch ist die moderne Version der schillernd zart durchsichtigen Seifenblase auf den Stillleben des 17. Jahrhunderts: Er versinnbildlicht die Vanitas, den Trug und die Täuschung der Beständigkeit alles todesverfallenen Irdischen. Den Zigarrenarbeiterinnen wird der Rauch zum Sinnbild der Liebesschwüre der jungen Männer: alles Schall und Rauch. Sicher ist nur das Verfliegen; melancholisch singen Raucherinnen von der Vergänglichkeit der Welt, schön wie der Rauch, der aufsteigt und die Seele berauscht. Der Rauch wird so zum Inbegriff der Unbeständigkeit der Welt und der Unbeständigkeit der Liebe, zur Figur der Vergänglichkeit – aber er berauscht.

Prends garde à toi

Eigentlich haben alle nur auf Carmen gewartet. Ihren Namen skandieren die jungen Männer im Chor. Ein drängenderer, härterer Rhythmus nimmt die Stelle des melancholisch-resignierten ein. Das tragisch schwere Schicksalsmotiv der Ouvertüre, das den marschmäßig mutigen *signature song* des Stierkampfs bedrohlich ablöst, kündigt ihr Kommen an. Schon im Namen trägt sie das Lied, den Charme; ihr Mezzosopran tritt lockend wie drohend aus dem Chor der Zigarrenarbeiterinnen hervor.

Carmen kommt aufreizend in Feuerrot, leichtgeschürzt, sie wiegt sich in den Hüften, man sieht ihre nackten Schultern, mit Blumen im Haar und im Mundwinkel. Eine einzige Herausforderung an die Männer. Sie kommt in denselben Farben, in denen später der Torero erscheinen wird. Ganz unabhängig vom tatsächlichen Alter ist Carmen im Gegensatz zur schüchternen Micaëla, die als Mädchen mit »mignonne«, »meine Kleine« angeredet wird, eine erwachsene, herausfordernde, in Liebesdingen erfahrene Frau, die die Bühne beherrscht. Sofort singt sie: Wann sie die jungen Leute lieben wird, weiß sie nicht; dass sie sie lieben wird, schließt sie nicht aus – vielleicht nie, vielleicht morgen, sicher nicht jetzt (I:34). Jedenfalls ist sie darin vollkommen souverän; einzig ihr Gefallen entscheidet. Micaëla wartet die Entscheidung Don Josés ab und lässt ihn alleine, während er den von seiner Mutter vorgeschlagenen Heiratsantrag an Micaëla überlegt. Carmen hingegen wird nicht gewählt, sie wählt. Ihr Liebescredo, die Habanera singt sie fast ohne instrumentale Begleitung vor dem Publikum auf der Bühne; wir schauen den von ihr hingerissenen Zuschauern zu und erkennen in anderen ihre Wirkungsmacht. Carmen, als die sexyste Frau der Opernbühnen gefeiert (André), ist der Traum der Männer und der Alptraum der Mütter. Nicht nur in der Oper liegen ihr alle Männer zu Füßen; hingerissen war Nietzsche, hingerissen Adorno. Jean Starobinski hat sie mit Nietzsche als die Frau gefeiert, die durch Tanz und Lied hinzureißen weiß (Starobinski:49).

Wie *Tosca* ist auch *Carmen* eine selbstreflexive Oper; es geht um die Macht der Musik, um die Stimme der Diva. Anders als in *Tosca* singt Carmen weder geistige Musik – etwa das von Puccini für die Titelheldin neu geschriebene *Te Deum* – noch singt sie klassisch instrumentiert von einer über das Irdische sich hinausschwingenden, kosmischen, süßen Liebe; in *Carmen* geht es um einen anderen Kult, in dem sich Liebe und Tod fatal bitter von Anfang bis Ende reimen. Und um eine andere Musik, die üblicherweise unter Folklore, »Zigeunermusik« rubriziert wird. Diese Musik hat mit der Habanera wie fünfzig Jahre später mit dem Tango die Pariser Cabaretszene erobert.

Das erste große Lied der Carmen, die Habanera, die zum Pars

pro Toto der Oper geworden ist, ist ein »südliches«, »fremdes« Lied, ein synkopischer Tanz afrokubanischen Ursprungs, »L'amour est un oiseau rebelle.« (I:34) Von Havana, wo auch der Zigarrentabak herkommt, kam der Tanz über Südspanien ins übrige Europa. Auch das zweite Lied der Carmen, »Près des remparts de Séville« (I:66), die Seguidilla ist von ihren mozarabisch-kastilischen Ursprüngen zu einer schneller getanzten, schärfer rhythmisierten Seguidilla sevillana, und sogar zu einer Seguidilla gitana geworden. Die Habanera galt, ähnlich wie der Fandango in Mozarts *Figaro*, nicht nur als exotisch, sondern als aufregend erotisch. Wiegend, schmeichelnd, verfolgt sie mit anderen Mitteln dasselbe Ziel wie der dem marschartigen Lied »En garde« unterlegte Stierkampf.

Anders als in der *grand opéra*, wo Tanz und Singen getrennt sind, tanzt die Sängerin hier. Sie ist nicht reine Stimme, sondern bewegter, erregender Körper. Die Musik, der Rhythmus, steht gegen die klassische Arie der reinen Stimme und gegen das klassische Ballett der sublimierten Körper, das für die Pariser Oper so zentral war.

Afrikanisch: die grand opéra

Mit Carmen dränge ein exotisch-erotisches *Cabaretgirl* aus der weiblich konnotierten, städtischen Popkultur, von Zeitgenossen als »vulgär« und »obszön« abqualifiziert, auf die Bühne der Hochkultur, wo sie auf einen Tenor in der Tradition der deutsch-wagnerischen großen, der ganz großen Oper trifft, hat man argumentiert (McClary). Haben wir es mit einer Ansammlung exotisch-erotischer Clichés und Stereotype zu tun, die ambivalent, wenn nicht negativ, besetzt waren und sind? Wird clichierter Exotismus, verboten, verrucht Gefährliches, als Marktkalkül eingesetzt? Erotisch Exotisches geht immer? Ist so der bahnbrechende Erfolg der Oper zu erklären? Geht es in »Andalusien«, bei den »Zigeunern«, bei den Zigarrenarbeiterinnen darum, den Verwilderungswünschen einer von beschränkten Moralvorstellungen eingeengten Gesellschaft eine Projektionsfläche zu verkaufen, ein Ventil zu bieten? Die Orientalisierung des Anderen zu betreiben – für die Andalusien, geprägt von seiner islamischen, jüdischen und christlichen Bevölkerung im 19. Jahrhundert das Lieblingsterrain war – und dieses Andere dann als wild-vulgär abzustempeln und so die eigene, höhere Moral zu bestätigen? Diese Argumente scheinen mir den Reiz und die Bedrohung, die von Carmen ausgeht, eher zu verdecken als zu erhellen. Nietzsche fasst die südliche Fremdheit Carmens interessanter:

> *Diese Musik ist heiter; aber nicht von einer französischen oder deutschen Heiterkeit. Ihre Heiterkeit ist afrikanisch; sie hat das Verhängnis über sich, ihr Glück ist kurz, plötzlich, ohne Pardon … Ich beneide Bizet darum, dass er den Muth zu dieser Sensibilität gehabt hat … zu dieser südlicheren, bräuneren, verbrannteren Sensibilität … Wie die gelben Nachmittage ihres Glücks uns wohlthun! Und wie uns der maurische Tanz beruhigend zuredet! Wie in seiner lasciven Schwermuth selbst unsre Unersättlichkeit einmal Sattheit lernt! (Nietzsche:9)*

Im »Afrikanischen« tritt etwas zutage, was im Deutschen und Französischen, sprich Nördlich-Christlichen, verdeckt ist. Die exotische Folklore und die romantischen Clichés verdecken eine Strenge im Annehmen des Fatums, die an die antike Tragödie erinnert.

Die Carmen angemessene Bühne ist tatsächlich nicht die *opéra comique*, sondern die *grand opéra*, auf der sie schließlich weltweit triumphierte. Carmen ist kein leichtes Mädchen, keine Figur aus einer Offenbach-Operette, die die Männer zu ihrem Vergnügen um den Finger wickelt und sie aus Lust vernascht, sondern eine Figur wie aus der antiken Tragödie. Carmen bleibt sich von Anfang bis Ende treu, treu bis in den Tod. Kurz bevor sie erstochen wird, beschreibt sie diese Treue zu sich selbst im letzten großen Zweikampf. Sie wird sich dabei zur Bühnenfigur, die von sich selbst objektivierend in der dritten Person ihr Credo singt: »Jamais Carmen ne cédera, libre elle est née, et libre elle mourra.«; »Carmen gibt niemals nach; frei ist sie geboren, und frei wird sie sterben.« (IV:190)

Zwar gibt sie keine Antwort auf Zunigas Frage, wer das Messer in der Zigarrenfabrik gegen wen gerichtet hat, aber sie prophezeit ihr Schicksal schon am Anfang zwischen den Zeilen: »J'en aime un autre et meurs en disant que je l'aime.«; »Ich liebe einen anderen, und noch im Sterben sage ich, daß ich ihn liebe.« (I:58) Und genau so soll es kommen. Bevor sie von Don José erstochen wird, gesteht sie die Liebe zu einem anderen und sie weiß, dass dieses Geständnis ihr Todesurteil ist: »Je l'aime, je l'aime et devant la mort même, je répéterai que je l'aime.« (IV:192)

Carmen geht es nicht um Selbstbestimmung oder Selbstermächtigung. Frei von allen Bindungen, frei von jeder Hierarchie, von jedem Gesetz und schon gar von ehelichen Bindungen und Hierarchien will Carmen sein, um sich jederzeit frei der Liebe hingeben zu können. Carmen will lieben, wen und wann sie will. Der Preis dieser Freiheit in der Liebe, das weiß Carmen von Anfang an, ist der Tod. Der Tod, und nicht die Liebe, ist ihr Schicksal, das sie selbstverständlich annimmt.

En garde

Die Liebe narrt, folgt man Carmen, den Willen. Sie spottet unserer Vorstellung von Beherrschung und Kontrolle. Mit Gegenseitigkeit hat sie nichts zu tun; Treue, Beständigkeit, Verlässlichkeit, »für immer«, »Du, Du nur Du allein« – all das ist nach Carmens Verständnis in Liebesdingen unerhört. Die Liebe, wie Carmen sie in der Habanera besingt – unfügsam, unzähmbar –, ist der Inbegriff des Vergänglichen, Wankelmütigen, Unbeständigen, nicht Vorhersehbaren, Willkürlichen. Damit ist die Liebe Figur des Todes. Die Liebe, »enfant de bohème«, ist ursprungslos, ohne Mutter, ohne Vater, ohne Heimat, ohne Vaterland, gesetzlos. Sie trifft, wann, wo und wen sie will. Du suchst sie, sie meidet Dich; du hoffst, um sie herumzukommen, sie fesselt Dich. Alles zur falschen Zeit. Und letzten Endes wirst Du durch sie ohne jede Verklärung, ohne Hoffnung sterben. Liebe ist Kampf, Kampf auf Leben und Tod, eine Liebeserklärung eine Kriegserklärung. Deshalb Carmens Warnung: Nimm Dich in Acht. Der, der liebt, unterliegt. Diese unerbittliche, erbarmungslose Liebe ist das Gegenteil der romantischen, rettenden, erlösenden Liebe, wie wir sie bei Verdi kennengelernt hatten – einer Liebe ohnegleichen, die das Ihre nicht sucht, stärker als der Tod.

Die Habanera ist aufreizender Angriff; ihr Mittel ist die wiegend verführerische Musik und der bezaubernde Tanz. Wie gesungen, so getan. Don José fordert Carmen heraus, weil er sich immun fühlt – der Allmacht der Liebe wird sie ihn unterwerfen. Don José vertut seine Zeit nicht wie ausnahmslos alle anderen Männer müßig mit Liebesspiel oder dem Zuschauen beim Liebesspiel. Ihn, der unbeirrt seiner *Nadel*arbeit nachgeht, ohne sich vom Schauspiel ablenken zu lassen, verspottet Carmen und macht ihn vor allen lächerlich: »Deine Reinigungsnadel, wahrhaftig! Deine Reinigungsnadel, mein herzallerliebster Nadelhändler« (I:37). Das ist der Topos der weiblichen Handarbeit: Die tugendhaften Frauen stricken, häkeln, sticken, üben sich in Nadelarbeit, statt sich in Liebeshändel zu verstricken. Der Text der Novelle buchstabiert dies aus: José wird hier von Carmen umstandslos als Spitzenklöpplerin lächerlich gemacht (Mérimée:40), als ein weiblicher Mann verlacht. In der Oper zwingt Carmen ihn im Liebeskampf nicht nur in die bedingungslose Kapitulation, sondern macht ihn zum Werkzeug ihres Schicksals. Sie schießt nicht wie Amor mit Pfeilen, sondern wirft nicht weniger verheerend mit duftenden Blumen. Wie von einer Kugel fühlt sich Don José zwischen den Augen getroffen (I:38).

Don José beklagt die »effronterie«, die Unverschämtheit der Carmen; völlig verkennt er sie, wenn er ihre Art mit der der »Frauen und Katzen, die nicht kommen, wenn man sie ruft, und die kommen, wenn man sie nicht ruft« (I:39), vergleicht. Denn wenn eine Sache durch diese Konfrontation vom Tisch ist, dann sind es die Rollenzuschreibungen von männlich und weiblich, die Don José sich zur Selbstberuhigung vorhält. Nicht wie »Frauen und Katzen« umschmeichelt Carmen ihn narzisstisch, weil sie sich von einem Mann nicht beachtet fühlt, wie Don José sich in völliger Selbstüberschätzung vormacht. Diesen Mann in seiner Männlichkeit zu ruinieren, ihn zu einem mit Haut und Haaren verliebten Mann zu machen, der ihr völlig unterworfen ist, ist sie zum durch die Blume verkappten Waffengang gekommen. Bedrohlich geht die Habanera in das dramatische Todesmotiv in Moll über, um mit einem harten Strich und dem bösen Lachen zu enden, das den Blumenwurf oder eben den Todesstoß der Carmen untermalt, der das Schicksal Don Josés besiegelt. Wenig später wird Don José degradiert im Gefängnis landen, dann zum Deserteur, zum Verbrecher werden. Als ihr Mörder wird er schließlich hingerichtet.

Diesen Totalangriff startet Carmen allerdings nicht ohne Warnung. Sie ruft zur Habachtstellung auf: »prends garde à toi«. Und wie bei dem Torerolied liegt auch hier der Akzent auf dem langgehaltenen, strahlenden Vokal »a«. Die Drohung, die die Habanera beschließt, nimmt ein Wort auf, das die Oper wie ein roter Faden durchzieht: »garde«. Die »garde« kam zur Wachablösung mit Zapfenstreich (la *garde* montante, la *garde* descendante) und sie ist später im Schlager des Toreros zentral: »auf in den Kampf«. »Allons en *garde*! Allons! Allons! Ah! Toréador, en *garde*« (II:86), und dieses

»garde« wird im Reim »un œil noir te re*garde*« betont. Die »garde« wird immer vom kämpferischen »tararara« des Marsches mit Chor unterstrichen, der das lyrische Lied durchzieht und das Militärische der Marschmusik und des Stierkampfes in Carmens Lieder einbindet. »Faites bonne garde« (I:70), ermahnt ihn sein Offizier vergebens, als José Carmen ins Gefängnis abführen soll. Das Motiv des »prendre garde« durchzieht auch das Duell zwischen Don José und Escamillo. Das »garde« zieht – unterstützt durch die schlagende und mit einem Tusch beschließende Musik – Stierkampf, Krieg und Liebe zusammen. Für Carmen ist die Liebe Kampf, Krieg. Auch in der Liebe kommt es auf die hohe Kunst an, in diesem Spiel auf Leben und Tod im richtigen Moment das Richtige zu tun. Die männliche Rolle, die Rolle des Herausforderers und des Angreifers, die Rolle des Stierkämpfers hat Carmen.

Eingedenken: Ô doux souvenirs

Da erscheint Micaëla – als Don José sie, versunken in sein Abenteuer, obwohl angekündigt, nicht erwartet. Die Verlässlichkeit in Person, die treu alles ausrichtet, kommt für ihn zu spät. Micaëla ist nicht nur in den Farben Carmens Gegenstück: Blau wie auch bei Don José (*beret bleu*) steht gegen Rot. Ihre lyrische, weich von Streichern begleitete Singstimme hat nichts Rhythmisches, Kämpferisches, Staccatoartiges. Als Stimme der Mutter ist sie der Inbegriff des Vertrauten, Heimischen. Micaëla steht für eine andere Zeitvorstellung. Nicht im Zeichen der Unberechenbarkeit und des Wankelmuts, des Momentes, der willkürlichen Zufälligkeit, sondern in dem der Einheit von Vergangenheit und Zukunft, der *constantia* tritt sie auf. In dem ersten großen Duett der Oper, das lyrisch harmonisch Tenor und Sopran vereinigt, klingt sehnsüchtig die süße Erinnerung auf. Nicht die ewig gleiche Zeit, die ewig gleich sich in Luft auflösend vergeht, sondern die Zeit des Eingedenkens wird beschworen, die die Vergangenheit zu einer erfüllten Gegenwart macht: »Ô souvenirs chéris!« (I:42 ff.) Den verlorenen Sohn nach Hause zu holen, ist Micaëla von der Mutter geschickt. Sie hat nichts Bedrohlich-Herausforderndes, sondern verspricht mit ihrem glockenhellen Sopran Verzeihung, Heimkehr, Rückkehr, Identität, ein langes, glückliches Leben im Schoß der Seinen. Dieses erste große Duett der Oper zwischen Sopran und Tenor ist jedoch anders, als die Konvention nahelegt, kein Liebesduett, sondern eine Ode auf die Mutter, die ihrem Kind mit einem Kuss vergibt. Durch den Mund der Botin ruft sie es nach Hause.

Micaëla hat eine ähnliche Funktion für Don José wie die Madeleine für den Erzähler Prousts auf der Suche nach der verlorenen Zeit: Bei ihrer Erzählung lebt die Vergangenheit für Don José auf. Das Dorf, seine Heimat, seine Mutter: alles steht lebendig vor ihm. Aber Micaëla selbst sieht er nicht, sie ist ihm Medium. Für den Moment dieses Duetts scheint eine Abkehr von seinen Fehlern, eine Rückkehr in die süß-unschuldigen Paradiese der Kindheit, untermalt von Geigen, möglich. Zu seiner Mutter, in sein Dorf will er zurückkehren, den Willen seiner Mutter erfüllen, mit Micaëla in den sicheren Hafen der Ehe einlaufen: eine glückliche Heimkehr nach überstandener Gefahr in der Ferne. Die Erinnerung an die Mutter ermannt Don José: »vous remplissez mon cœur de force et de courage« (I:44). Mit »Herz« und »Kraft« sind die beiden Schlüsselwörter der Männlichkeit in dieser Oper genannt. Sie erbaut ihn als Mann. Und vielleicht ist Don José deshalb so »niais«, wie Carmen sagen wird, und wiegt sich, ohne zu begreifen, was ihm geschieht, in von keinem Zweifel angekränkelter männlicher Selbstsicherheit.

Karnevalesk

Das teuflische Gekreische, das am Ende des Duetts aufheult, bricht brutal in dieses Versprechen ein. Für eine Heimkehr des verlorenen Sohnes ist es zu spät; Don José ist dabei, vollkommen vom Wege abzukommen und einen Fehltritt nach dem anderen zu begehen; eben das, was ein Mann – folgt man den kleinen Soldaten, die sich in Männlichkeit einüben, und später den Zigeunern, die vor Fehltritten bei ihren Unternehmungen warnen – nicht tun sollte. Er ist nicht auf der Hut, *ne prend pas garde*. Vor dieser Bitterkeit tönt die idyllisch-harmonische Einlassung umso süßer.

Der Streit, der zwischen Carmen und ihrer Widersacherin ausbricht, geht nicht zufällig um Ehebruch. Manuelita hat genug Geld gespart, sich einen Esel zu kaufen. Was brauche sie einen Esel, meint Carmen, ein Besen, heißt: Hexenbesen würde ihr doch reichen. Manuelita setzt noch eins drauf und meint, ihr Esel könne Carmen dazu dienen, durchs Viertel geführt und ausgepeitscht zu werden. »Die wegen Hexerei oder ehelicher Untreue Verurteilten wurden auf einem Esel sitzend durch die Straßen geführt und dabei an jeder Straßenkreuzung ausgepeitscht«, weiß der Kommentar (Mehnert:228). Häresie wird bei Frauen in eins mit sexuellem Fehlverhalten gesetzt. So beleidigt, ritzt Carmen Manuelita darauf kurzerhand mit einem Messer Kreuze ins Gesicht.

Residuen der anderen Kulten huldigenden Antike zeigen sich in einer anderen »Mentalität«, die in Parallelgesellschaften mündet, in der andere Spielregeln gelten; die Zigeuner stehen außerhalb des Gesetzes, der Hierarchie, auch der Geschlechterhierarchie, außerhalb der Kirche und der christlichen Werte von Mitleid, Erbarmen, Mutterliebe, romantischer Geschlechterliebe. Es herrschen dezidiert andere Rollenvorstellungen von dem, was ein richtiger Mann, eine wahre Frau ist. Guterzogenheit, Herzensbildung,

Zurückhaltung, Höflichkeit, Affektkontrolle, Selbstbeherrschung, aber auch Empathiefähigkeit, Rationalität, die Fähigkeit, die unmittelbare Lustbefriedigung zurückstellen zu können – eben all das, zu dem man Mädchen und Jungen erzieht, sind hier keine Ideale. »Du stopfst Dich mit den Bonbons voll wie ein sechsjähriges Kind« (II:112), sagt Don José zu Carmen. Das »Abergläubische« wie Lesen der Zukunft in den Karten, die »Zauberkünste« Carmens, die mit Blumen und Liedern verzaubert und José gleich zu Anfang mit einem Bar-Lachi-Stein die Liebe aller Frauen für ihre Freiheit verspricht (I:62), sind Oberflächenphänomene dieses anderen Kultes.

Das Verhältnis dieser Parallelgesellschaften zur Normgesellschaft ist ironisch; süffisant mokiert man sich über die herrschenden Werte. Mimikry, das Nachäffen, das Auf-den-Arm-Nehmen ist der Modus Operandi, der ins Herz der westlich-männlichen Werte trifft. Don José hat ganz Recht, Angst vor den spöttischen Andalusierinnen zu haben. Sein ökonomisch voraussehendes Nützlichmachen macht Carmen als erstes lächerlich. Heimatliebe und -verbundenheit kommt als nächstes dran. Carmen gibt vor, als Don Josés Landsmännin nicht weit von Don Josés Heimatstadt in Navarra geboren und von Zigeunern nach Andalusien verschleppt worden zu sein. Jetzt verdiene sie in der Fabrik Geld, um zu ihrer alten Mutter in die Heimat zurückkehren zu können – ein Augenzwinkern zu Hugos Esmeralda, die tatsächlich von Zigeunern verschleppt wurde und ihre Mutter erst im Alter wiederfindet. Alles Lüge, weiß José.

Der Gehorsam gegenüber dem Gesetz und die Anerkennung von staatlicher, militärischer Autorität steht als nächstes auf der Liste. Auf das rationale Verhör der Militärautorität durch Zuniga nach ihrer Messerattacke antwortet Carmen erst gar nicht, sondern singt tralalalala. Alle Arbeiterinnen lachen die Militärautorität, der mit solcher Unverschämtheit begegnet wird, aus. Als Don José zu ihr kommt, nachdem er seine Strafe abgesessen hat, macht sich Carmen über ihn lustig. Wieso hat er seine Strafe abgesessen? Schließlich hatte sie ihm doch alles ins Gefängnis geschmuggelt, was er zur Flucht gebraucht hätte? Pünktlichkeit, Zuverlässigkeit, Fahnentreue findet Carmen absurd. »Cœur« reimt sich bei ihr nicht auf »honneur«, wie im Credo des Dragoners Don José. Will er jetzt, da sie für ihn tanzt, da ihre Liebesstunde naht, tatsächlich dem Appell folgen und umgehend in die Kaserne zurückkehren? Vor allem geht es Carmen darum, die große, sublime Liebe, wie sie in der Tradition der Oper die Stimme des Tenors trägt, lächerlich zu machen. Carmen äfft Don Josés große Liebeserklärung nach: »Il souffre de partir, car jamais femme avant moi aussi profondément n'avait troublé son âme!«; »Er leidet darunter, zu gehen, denn niemals hat eine Frau vor mir so tief seine Seele aufgewühlt!« (II:120) Carmen glaubt José seine Liebe nicht, solange er einem anderen Gesetz wie der Soldatenehre gehorcht: »Taratata, mon Dieu c'est la retraite! Je vais être en retard. Il perd la tête. Il court et voilà son amour.«; »Taratata, mein Gott ... das ist der Zapfenstreich! Ich werde zu spät kommen. Er verliert den Kopf. Er rennt, und das ist seine Liebe.« (II:120) Als Kanarienvogel verspottet sie ihn; die Uniformjacke der spanischen Dragoner war gelb, aber man kann darin auch opernintern Spott auf den empfindsam-lyrischen Liebesgesang des Tenors sehen. Schließlich war der Kanarienvogel für seinen Gesang mindestens so berühmt wie für sein Gelb. Im Gegensatz zum domestizierten Kanari ist die Liebe, folgt man Carmen, ein rebellischer, eben keinem Gesetz unterworfener Vogel. Carmen unterwirft den anderen völlig durch Liebe, sie duldet keinen Gott neben sich.

In der Zigeunergesellschaft werden die höflichen Geschlechterverhältnisse, aber auch die Geschlechterhierarchien verkehrt. Die Frauen gehorchen den Männern nicht, sondern müssen im spöttisch höfischen Liebeswerben verführt werden, ihnen zur Hand zu gehen. Die Geschlechterverhältnisse verhöhnen die höflichen Geschlechterverhältnisse der Mehrheitsgesellschaft; die Werbung der Zigeuner um die Mithilfe der Frauen ist eine Kontrafaktur auf das höfische, respektvolle Werben um die Gunst der Schönen. Bei den »affaires d'Égypte« (II:92) machen beide Geschlechter alles zusammen. Die Frauen werden nicht von der Welt der Gewalt ferngehalten – wie das selbstverständlich jeder höfische und bürgerliche Ehrencode vorschreibt. So wissen die Schmuggler in eigenartiger Ironie, dass man ohne die Frauen nichts Gutes, »rien de bon«, zu Wege bringt: »Oui, nous l'avouons humblement: Quand il s'agit de tromperie, de duperie, de volerie, il est toujours bon, sur ma foi, d'avoir les femmes avec soi, et sans elles, mes toutes belles, on ne fait jamais rien de bien.«; »Ja, wir gestehen es demütig ein: Wenn es um Täuschung, Betrug, um Diebereien geht, ist es, weiß Gott, immer gut, die Frauen dabei zu haben, und ohne sie, meine Wunderschönen, schafft man niemals etwas Gutes.« (II:96 f.) Alle sind sich einig. »Gutes« heißt hier erfolgreiche Schmuggelei. Die Frauen befördern nichts moralisch Gutes, sondern das erfolgreiche Verbrechen.

Selbstironisch verhält sich die Oper auch gegen die pädagogische Aufgabe der Kunst: das Angenehme nämlich mit dem Nützlichen zu verbinden. Üblicherweise heißt das, eine verzuckerte (das Angenehme) bittere Pille (das Nützliche) zu schlucken zu geben: Richtiges moralisches Verhalten wird durch Liebesgeschichten gelehrt. Carmen wird von den Schmugglern der Pflichtvergessenheit angeklagt, weil sie jetzt nicht die Schmuggelei voranbringen, sondern sich einer Liebesnacht widmen will. Pflicht heißt hier nicht etwa der Liebesverzicht um einer höheren, moralischen Autorität willen; es geht in der Verkehrung aller Normen um die Vereinbarkeit von Verbrechen betreiben (*l'utile*) und Liebe machen (*l'agréable*).

Ausgerechnet Don José wird von Zuniga in die Zigarrenfabrik geschickt, um nach dem Rechten zu sehen und Carmen nach erfolgtem Urteil ins Gefängnis zu bringen. Zuniga schickt ihn in seinen Untergang. Carmen, die ihn verliebt und also verloren weiß – »et oui, tu le feras parce que tu m'aimes« (I:64) –, verführt ihn, sie für ihre Liebe frei zu lassen. Gerade hat sie ihren Liebhaber zum Teufel geschickt und Dutzende von Verehrern (I:66), die ihr aber nicht gefallen. Es ist Wochenende, und sie ist auf der Suche nach einem neuen Liebhaber: »qui veut m'aimer je l'aimerais. Qui veut mon âme, elle est à prendre … vous arrivez au bon moment, je n'ai guère le temps d'attendre« (I:66). Was Carmen Don José anbietet, hört sich wie ein Teufelspakt an. Keine Zeit hat Carmen in Sachen Liebe zu verlieren, ihre Seele ist für jeden, der im richtigen Moment kommt, zu haben, indifferent ist sie gegen ihr Seelenheil. Don José kommt wie gerufen. Sie initiiert den völlig Unerfahrenen in die Liebe, den sie zuerst einmal darüber aufklärt, dass er in sie verliebt ist. Auch das natürlich eine Verkehrung der bürgerlichen Liebesvorstellung, in der das junge, unerfahrene Mädchen vom Mann, der sich die Hörner abgestoßen hat, in die Geheimnisse der Liebe eingeführt wird. Er wird ihr in die wilden Berge, und nicht sie ihm folgen, bis zum bitteren Ende.

En ce moment

Bei Carmen geht es nur darum, zur richtigen Zeit zu kommen, genau wie es im Stierkampf darum geht, den richtigen Moment abzupassen: *En garde*. Die vielen jungen Männer des Anfangs kommen gerade jetzt, in diesem Moment, zur Unzeit. Zuniga, der seinen Kampf um Carmen nicht als »mauvaise campagne« (II:90) zum Sieg führen will (»la bataille n'est pas encore perdue«, II:90), kommt zur falschen Zeit, als er nach einer Stunde gegen ihren ausdrücklichen Rat wieder zu Lillas Pastia kommt, wo jetzt erstens der Moment Josés und zweitens der der Schmuggler ist. Auch der hingerissene Don Escamillo fragt Carmen nach dem richtigen Moment für die Liebe. Auch der ist nicht jetzt: Käme es der Stierkampflegende Escamillo in den Sinn, Carmen zu lieben und von ihr geliebt zu werden: Dann? »Pour ale moment«, sagt Carmen, ist daran, dass ich Dich liebe, gar nicht zu denken (II:90). Escamillo wird Carmen dem Ritual des Stierkampfes folgend seine getöteten Stiere widmen, warten und hoffen; er ist ein Mensch, der die Kunst der Tauromachie beherrscht und weiß, dass es nur auf den einen entscheidenden Moment ankommt.

Der Moment spielt grundsätzlich schrecklich gegen Don José. Tatsächlich ist es ihm, aus dem Gefängnis entlassen und von Carmens Tanz bezaubert, in einem hochdramatischen Duett gelungen, sich trotz seiner in einer herzzerbrechenden Arie gestandenen, idolatrischen Liebe, die ihn zu ihrer Sache gemacht hat, zu lösen. Dem Fahnenappell wird er Folge leisten, um nicht zu desertieren und ehrlos zu werden. Tatsächlich hat er sich gegen die Liebe und für die Pflicht entschieden. So wie sie sein Flehen um Mitleid nicht erhört, hat er sich von ihrem Versprechen, in seiner Liebe ganz Mann zu werden, nicht blenden lassen. Im Moment des pathetischen »Adieu pour jamais« (II:126), das ihn gerettet hätte, kommt – sein Offizier, auch zur unrechten Zeit, zur Tür herein, um seinen Feldzug erfolgreich zu beenden, die Liebe Carmens zu genießen. Don José ist nicht bereit, der Hierarchie zu weichen und Zuniga seinen Platz zu überlassen. Er verwickelt sich in ein Duell mit seinem Vorgesetzten und ist so verdammt, mit den Zigeunern in ein aus seiner Perspektive nicht freies, sondern ein ehrloses, verbrecherisches Leben zu ziehen. Es bleibt ihm nichts anderes übrig, als Carmen »là-bas, là-bas« (II:126) in Piraterie und Schmuggelei in die so gefährlichen wie pittoresken Berge zu folgen. Als Deserteur ist er jetzt natürlich vogelfrei. Zweimal kommt Carmen, in eben dem Moment, in dem er das Messer ins Herz seines Gegners und Widersachers gesenkt hätte und bewahrt ihn davor, zum Mörder zu werden: Einmal hätte er fast Zuniga, beim zweiten Mal fast Escamillo erstochen. Beider Leben rettet Carmen. Don Josés fataler Stich soll ihr gelten.

Venus en garde

Was in *Carmen* aufscheint, ist der antike Amor, der bekanntlich bewaffnet mit Pfeil und Bogen trifft. Es ist so gut wie unmöglich, sich vor seinen hinterhältigen Geschossen in Sicherheit zu bringen: im richtigen Moment das Richtige zu tun. Das lyrische Ich von Petrarcas *Canzoniere,* in dem der bittere, antike Eros wiedergeboren wird, klagt bitterlich, dass es in einem Moment, in dem keiner in Habachtstellung war – am Karfreitag, versenkt in die Passion Christi –, von Amors Pfeil getroffen, von ihm gefesselt wurde. Und wie grausam: Während er sich verzehrt, bleibt die, der seine ganze Passion gilt, unberührt von der tödlichen Gewalt Amors.

Die antike Liebe, bitter und nicht süß, ist alles andere als harmlos oder gar himmlisch erlösend, sondern Mittel der Vernichtung. Gespielt wird auch nicht mit offenem Visier, sondern mit verdeckten Karten. Hinweggetäuscht wird über das, worum es geht. Eingesetzt werden Verkleidungen, auch allerlei Bezauberungsmittel, Blumenranken, das ganze Arsenal der verheerenden *ars amatoria*. Der Dido, Königin Karthagos, setzt Venus ihren Sohn Amor, als Sohn des Aeneas' verkleidet, auf den Schoß; das Liebesgift wird er ihr einflößen. Venus setzt Liebe als Mittel des Krieges ein. Gelingt die Überwältigung, so ist es um Selbstbeherrschung und -bestimmung geschehen. Wer so fatal verliebt, wer Amor zur Beute geworden ist, ist weiblich konnotiert. Die, die von der Liebe überwältigt ihr zum Opfer fallen, sind die großen Frauen der Antike. Wie Dido, wie Sappho wird Don José durch die Liebe zerstört. Weil er sie liebt, wird er alles tun, was sie will. Und sich dabei bis zum bitteren Ende ruinieren. Eben das ist das antike Schicksal der bis zum Selbstmord, bis zur völligen Selbstzerstörung tragisch liebenden Frauen. Bevor Don José sein Leben verliert, verliert er im Lauf der Oper nicht nur die Liebe Carmens – *je t'aime, je t'aime moins, je ne t'aime plus* –, sondern das, was den Topoi zufolge den Mann zum Mann macht: seine Selbstbestimmung, Selbstbeherrschung, Selbstachtung. Carmen, die sich in Liebeskünsten auskennt, entmannt ihn, indem sie ihm das Trugbild ganzer Männlichkeit vorspiegelt: Ein ganzer Mann, den Männern Sevillas überlegen, ist er als Baske. Ein ganzer Mann wird er, wenn er nicht, wie ein dummer Junge, dem lächerlichen Befehl eines Offiziers gehorcht und dem Appell in die Kaserne folgt, sondern sie auf seiner Pferdekruppe wie ein ganzer Kerl querfeldein ins Land der Freiheit davonträgt (II:124). Marlboro lässt grüßen. Ovid hat diesen tragischen Heldinnen in den *Heroides* ein Denkmal gesetzt. Fatal wird ihnen die Liebe, die ihr Tod ist. Don José erleidet ein antik weibliches Schicksal.

Diese Tradition der kriegerischen Venus, die ihre Feinde in Liebesbande legt, ist heute in unserer romantischen, letzten Endes säkularisiert christlichen Auffassung der Liebe oft vergessen. Im 19. Jahrhundert war die verheerende Venus ausgesprochen präsent: Man denke nur an die fast gleichzeitig mit *Carmen* entstandene, mordend verderbliche, eifersüchtige *Vénus d'Ille* von Prosper Mérimée. Gar nichts hat diese zerstörerische Venus von der süßlichen Pin-up-Venus – der Marzipanvenus, wie Zola sagt, zum Vernaschen. Denken wir an das Zweite Kaiserreich, dann haben wir meistens diese sich verführerisch räkelnde klassizistische Venus, wie sie Cabanel oder Bouguereau malten, vor Augen. Die Fatalität der Liebe ist für Altphilologen wie Nietzsche und auch Altertumsforscher wie Mérimée eine Selbstverständlichkeit. Die Altertumsforschung wurde deshalb so interessant, weil sie mit der Winckelmann'schen edlen Einfalt und stillen Größe auch eine tugendhaft männliche Antike hinter sich ließ.

Stierkampf und Liebe: Opferkulte der Großen Mutter

Mit dem »Andalousischen«, mit dem Ägyptischen kommt eine andere Antike in Europa wieder. In diesen Gesellschaften reimen sich – das hat der Altphilologe Nietzsche gegen den nördlichen, christlichen, zudem noch reformierten, protestantischen Wagner gesetzt – Liebe und Tod, erlöst die Liebe nicht vom Tod, sondern ist fatal. Nietzsche ist der einzig mir bekannte Autor, der davon entzückt ist.

Mit der Fatalität der Liebe kommt in »folkloristischer« »Zigeunermusik« und »-tänzen«, im als Kult immer schon umstrittenen Stierkampf eine von Kirche und Aufklärung überwunden gehoffte orientalische Antike mit ihren Opferkulten, den orgiastisch phallischen Mutterkulten, den Cybele-, den Dionysoskulten und deren rhythmisch stampfender, dröhnender Musik, die Trancemittel war, im Hier und Jetzt zurück. Sie findet nicht nur in der Wissenschaft, sondern in zahlreichen Romanen wie Flauberts *Madame Bovary* oder auch Zolas *Nana* und eben auch in der Oper *Carmen* ihre Bühne. In dieser verheerenden Antike der blutigen Opferkulte leben wir entgegen unserem Selbstverständnis als einer aufgeklärten Gesellschaft immer noch – so Flaubert in *Madame Bovary*. Bizet, weniger flächendeckend verheerend, sieht diese Kulte nicht als die durchgehende Praxis der westlichen Gesellschaften, sondern diese so faszinierende wie abstoßende Antike mit Stierkampf, »Zigeunermusik« und »-tanz« auf bestimmte Orte und bestimmte marginalisierte Gesellschaftsschichten begrenzt. *Carmen* modelliert die Liebe auf den Stierkampf, eben ein Residuum dieser antik-rituellen Opferkulte, gegen die die Kirche aus diesem Grund immer protestierte. Das antik kultische Opfer, das etwa Verdi in der *Traviata* mit dem Stierkampf hinter sich ließ, triumphiert in *Carmen*. Wir sehen der Opferung der Männlichkeit Don Josés zu. Aber: Den letzten Ton hat die hohe Stimme des klassischen Operntenors, die von der großen Liebe singt.

Carmen kommt als »bohemienne«, wie das Libretto sagt, aus Ägypten: die »affaires d'Égypte« sind »Zigeunerangelegenheiten«. Die Oper spielt in Sevilla, der Hauptstadt Andalusiens und dem »orientalisiertesten« Ort Europas, der großen Opernstadt (*Don Giovanni, Figaro*), der Stadt der erotischsten Musik und Tänze, der Stadt, die dem Kult des Stierkampfes und der fatalen Liebe am heißesten ergeben ist. Dieses Sevilla zeigt *Carmen* als Ort der Feier der antiken Opferkulte der Großen Mutter. Im Stierkampf, im Liebeskampf, in den »Zigeunertänzen« und »-liedern« klingen diese, die Wissenschaft, die Kunst und Phantasie des Jahrhunderts lebhaft beschäftigenden Kulte, an. Auch in die Vorstellung der Femme fatale gehen diese Vorstellungen einer orientalisch orgiastischen, gefährlichen wie rauschhaften Antike ein.

Die zweite Szene der Oper beginnt mit zwei rauschhaften Erfahrungen: vom Tanz begleitete »Zigeunermusik« und die ebenso berauschende Erzählung des ritualisierten Stierkampfes. Alles gerät außer sich; nichts ist wohltemperiert. Über allem liegt Gefahr und Tod. Rausch, Ekstase, Verausgabung und Opfer – Behaupten oder Verlieren der Männlichkeit – ist der Nenner von Rauchen, »Zigeunermusik« und »-tanz«, von Stierkampf und Liebe. Im tödlichen Aufeinandertreffen von Matador und Stier wird die Endphase des Stierkampfes oft als Tanz gesehen und von Tanzmusik, etwa dem Paso Doble, begleitet. Vor dem Liebeskampf von Carmen und José kommt die triumphale Stierkampfmusik als Trauermarsch.

Der Rauch, singen die Zigarrenarbeiterinnen im ersten Akt, steigt hoch, hoch, hoch und »met l'âme en fête«; »versetzt (…) eure Seele in festliche Stimmung« (I:32); »Zigeunermusik« und »-tanz« wird dem aufsteigenden Rauch der Zigarren parallelisiert: »Cela montait, montait, montait.« (II:74) Die »Folklore«, die »Zigeunertänze«, die Romalis (II:112), wie Carmen sagt, hat mit erotisch-exotischem Cabaret wenig zu tun. Vielmehr tönen hier die heiligen Instrumente der ekstatischen Tanzkultzeremonien der Großen Mutter im alten Ägypten – also eben dieses Landes, aus dem die Zigeuner Mérimée zufolge kommen. Das Sistrum etwa ist ein Instrument, das aus den mesopotamischen, heißt ägyptischen Kulten kam, die über Babylon Rom eroberten. Bis heute haben sich diese Instrumente, die zum Kult der Großen Mutter aufspielten, in den Liedern und Tänzen der Rom erhalten. Die Raserei wird in diesen sinnlich-übersinnlichen Kulten immer über den Rhythmus – kurzes, scharfes, metallisches Pulsieren – befördert. *Carmen* ist diese von Männern wild gespielte Musik, die sich in immer fieberhafteren Rhythmen aufgipfelt und im orgiastischen Tanz der Zigeunerinnen verkörpert:

Les tringles des sistres tintaient
Avec un éclat métallique.
Et sur cette étrange musique
les zingarellas se levaient …
Les bohémiens à tour de bras,
De leurs instruments faisaient rage,
Et cet éblouissant tapage,
Ensorcelait les zingaras!
Sous le rhythme de la chanson,
Ardentes, folles, enfiévrées,
Elles se laissaient, enivrées,
Emporter par le tourbillon!

Die Stäbe des Sistrums ertönten
Mit metallischem Klang
und bei dieser wundersamen Musik
erhoben sich die jungen
Zigeunerinnen …
Die Zigeuner spielten besessen
mit voller Kraft auf ihren
Instrumenten.
und diese prächtige Klangentladung
verhexte die Zigeunerinnen!
Zum Rhythmus des Liedes
ließen sie sich heiß, verrückt
und wie im Fieber berauscht
von dem Taumel forttragen.
(II:72 ff.)

Die Beschreibung des ekstatischen Tanzes, die *Carmen* gibt, könnte aus einer kultischen Feier der Großen Mutter vor 2500 Jahre stammen. Natürlich sind solche Tänze, solche Musik im Westen völlig verpönt, genauso verpönt wie die Opferkulte, aus denen sie stammen. Können wir uns die Musiker im Orchester so besessen auf ihre Instrumente einschlagend vorstellen? Können wir uns die

Zuschauerinnen der Oper in dieser Tanzekstase vorstellen? Oder Micaëla? Dürfte eine Frau, westlich sozialisiert, überhaupt so heftig leidenschaftlich tanzen, ihren Körper zu einem besessenen Instrument machen? Sie soll ja schließlich keine rasende Mänade, sondern eine vollkommen beherrschte, federleichte Balletttänzerin sein.

Wie Carmen von der Tanzszene, so gibt der eintreffende Torero Escamillo eine hochdramatische Erzählung des Kampfes; findet der Tanz aber tatsächlich auf der Bühne statt, dann der Stierkampf natürlich nicht. »Fureur«: Raserei und »tapage«: Krakeel verbinden Kampf und Tanz. Alles ist voller Blut, alle verlieren den Kopf. »C'est la fête du courage, c'est la fête des gens de cœur.« (II:84) Die in den Tänzen anschwellende Ekstase gipfelt sich im Stich des Stiertöters, im Stich in Carmens Herz und ins Herz Josés auf: *en garde*.

Verdis *Traviata* lässt diese Musik und diese Kulte im Versprechen eines Liebesopfers hinter sich. Bizets Oper bringt diese andere Musik, diesen anderen Kult, diese antik-blutigen Opferkulte der Großen Mutter auf die Bühne der Oper, ins Herz der Hochkultur. Aber anders als bei Flaubert oder Maupassant, denen diese Kulte zur durchgehenden Hintergrundmetapher ihrer vernichtenden Gesellschaftskritik wurden, anders als Verdi, der alle von diesen Kulten durch ein neues Liebesopfer erlöste und die Oper zum Ort eines neuen, christlichen Kultes machte, begrenzt Bizet diese blutigen Kulte auf marginale, ausgegrenzte Gesellschaftsschichten. Und er distanziert Sevilla und Carmen als faszinierendes Schauspiel auf der Bühne; die Zuschauerperspektive gibt er mit. *Prends garde*: sonst ist es um Dich wie um Don José geschehen. Insofern sind in Bizets *Carmen* die, die die blutig-fatalen Opferrituale praktizieren, nicht wir alle – ob wir es wissen oder nicht – sondern die anderen, die Fremden.

Passion zu Ostern
Cavalleria rusticana

»A te la mala Pasqua«
(Santuzza in Mascagni, »Cavalleria rusticana VII:63«)

Der Titel der Oper Mascagnis von 1890, *Cavalleria rusticana,* beruht auf der Dramenversion, die Giovanni Verga nach der gleichnamigen Novelle aus den *Vita dei campi* (1880) gemacht hat. Ein Oxymoron ist dem Titel eingeschrieben: »Cavalleria« ist höfisch geschliffenes, galantes Verhalten, es zeichnet den Kavalier aus. »Rusticana« hingegen meint das ungeschliffene, ungehobelte und im schlimmsten Fall grobschlächtige Landleben. Das Land und der Hof, der Bauer und der Höfling, das Geschliffene und das Ungeschliffene treffen dissonant im Titel zusammen.

Das Ende der Geschichte ist ein Duell, Inbegriff aristokratischer Konfliktlösung, wenn man sich in seiner Ehre verletzt sah. Nur blaues Blut kann blaues Blut herausfordern, ist satisfaktionsfähig. Hier dagegen wird die Verabredung zum Duell unter Bauern durch einen Biss ins Ohr bekräftigt. Diese Geste, hat man Vergas Verismus gelobt, bringt das bäurische Sizilien auf den Punkt. Im aristokratischen Verhaltenskodex ist sie undenkbar.

Aus einem streng kodifizierten Duell wird in der *Cavalleria rusticana* ein blutiges Erschlagen: »Hanno ammazzato compare Turridu!« (XII:93) Das findet in der Oper nicht auf, sondern hinter der Bühne, *ob scene*, statt. In seiner Novelle hatte Verga den brutal ungeschliffenen Charakter dieses Abstechens dadurch unterstrichen, das der Kutscher dem Bauern Erdklumpen in die Augen wirft; erblindet, ist Turridu außer Gefecht gesetzt. Vergas *Landleben* malt keine Idylle arkadischer Schäfer.

Grundlegend unterscheidet sich die Oper von der Novelle durch die Rolle, die Ostern spielt. Ostern, das ist nicht nur das wichtigste heilsgeschichtliche Ereignis, das die Erlösung vollendet. Ostern ist auch aus der weltlichen Geschichte Siziliens und der Befreiung und Einigung Italiens nicht wegzudenken. Die *Cavalleria rusticana* spielt auf Sizilien, an einem Tag und an einem Ort, der tatsächlich alle Glocken läuten lässt: Verdi hatte gerade die *Vespri siciliani*, die zum Gründungsmythos einer sich im sizilianischen Marsch der 1000 Rothemden Garibaldis erfüllenden Befreiung und Einigung Italiens stilisiert wurde, in einer Bluthochzeit am Ostermontag auf dem Kirchplatz enden lassen: die Glocke der Vesper, die die Hochzeit einläutet, ruft zum Massaker. Die *Vespri Siciliani* kommen in Verdis Bearbeitung als rotes Ostern. Im Rot der Karfreitagsliturgie und im Rot der Befreiung durch Garibaldi kehrt das Blut alter, antiker Opferkulte wieder. Schon Verdis *Vespri* zeigen eine Welt, in der die Liebe nicht über den Tod gesiegt hat. Das österliche Erlösungsversprechen ist nicht wahr geworden.

Während Vergas Novelle Ostern als Folie eines längst unter die Räder gekommenen Erlösungsgeschehens wie nebenbei erwähnt, strukturiert die Verkehrung, die Durchkreuzung des österlichen Erlösungsversprechens die Oper. Der Verismus von Vergas Novelle liegt wie im Realismus Flauberts und dem Naturalismus Zolas darin, dass eine krude gefallene und verdammte Welt gezeigt wird, in der das christliche Erlösungs- und Heilsversprechen unerhört geblieben ist. Nur *ex negativo* ist es in der Welt präsent.

Vergas Novelle spielt in einer unerlösten, von blinden Leidenschaften blutig regierten Welt, die völlig dem Geld, der Eitelkeit, der Eifersucht und Rache unterworfen ist. Die Schwachen werden zu Sündenböcken und abgeschlachtet. Ostern hat hier keinen Unterschied gemacht.

Die Verworfenheit der Welt, wie sie die Novellen Vergas zeichnen, wird auch in Mascagnis Oper hörbar: sie endet mit dem grauenhaften Schrei einer Frau, die die Schreckensnachricht des hingemetzelten Turridu verbreitet. Dieser grässliche Schrei ist Widerruf der frohen Botschaft einer von Tod und Sex befreiten Welt, wie sie das von Frauen- und Männerchören gesungene Liebeslied bei Sonnenaufgang – *lumen Christi* – mit den wiederkehrenden Osterglocken jubelnd gen Himmel schickt. Gegen die fatale, auch im Morgengrauen besungene Liebe Turridus und Lolas steht diese erlöste Liebe. Mit Christus ersteht die duftende Natur, der Vogelgesang und das Herz in einer Liebessymphonie auf. Die Männer hören auf dem Feld zwischen goldenen Ähren die Spinnräder der Frauen – Zeichen tugendhafter Keuschheit – und werden, von ihren Sonnenaugen angezogen, wie der Vogel vom Lockruf in ihr Heim gezogen. Der *Dolce stil novo*, der eine erlösende irdische Liebe versprach, klingt an.

Dieser Kontrast von erlöster Liebe versus fatalem Sex wird durch die Blume gesagt: Die Orangenblüten symbolisieren die Reinheit; die duftende Brautmyrte, in deren Zeichen die Frauen der Gemeinde stehen, ist die Blume der Jungfräulichkeit und der Unvergänglichkeit der Liebe. Lola dagegen kommt im Zeichen der Schwert-Iris, keiner jungfräulichen, sondern einer phallischen Blume. Wie Turridu singt Lola ihre Liebe nicht im goldenen Licht der Sonne vor aller Augen, sondern im *ob-scene*, hinter einem Vorhang: Die Liebesfreuden hat sie mit dem schönsten aller Männer auf Erden, schön wie die Engel, im Geheimen genossen. Interessant, wie Turridu verweiblicht wird: zweimal sagt Santuzza, er wurde ihr »geraubt«; »rapito« (IV:39) – und das passiert eher Frauen. Auch die von Lola besungene Schönheit Turridus ist eine zuvörderst weibliche Eigenschaft.

Feld und Heim werden in der Oper zu geheiligten Liebesorten, zum *locus amoenus*. Die Welt, das Landleben, erklingen als keusches Liebes- und Eheidyll, wo der Ostersegen wahr geworden scheint. Die Gemeinde, Männer und Frauen, wechseln von dem einen sakralen Ort, der Kirche, in den anderen, das Heim ihrer treuen Ehen. Der Kutscher Alfio wiederholt, was Männerchor und Frauenchor idyllisch singen, im realistisch-bürgerlichen Register; aber auch er bindet die Treue der Lola an Ostern:

M'aspetta a casa Lola	*Zu Hause harrt mein Weibchen*
che m'ama e mi consola,	*Mein zärtlich süßes Täubchen,*
ch'è tutta fedeltà.	*treu mir bis in den Tod!*
[…]	*[…]*
squillino,	*der muntre Glockenschall,*
è Pasqua, ed io son qua!	*'s ist Ostern, und ich bin da!*
(III:29–31)	(III:29–31)

Die einzige direkte Anspielung auf Ostern im Chorgesang zu Sonnenaufgang ist die »Jungfrau, die den Erlöser wiedersieht«. Parallel dazu steht der Kirchenraum, in dem die Gemeinde in der Osterliturgie die Auferstehung feiert. Wie im Morgengesang der Frauen und Männer steht die Himmelskönigin und Gottesmutter im Vordergrund: »Freu dich, Maria, der Heiland lebt, den du gebarst« (GL525). Herausgehoben ist dieses Osterlied, die marianische Antiphon, weil sie lateinisch zitiert wird: »Regina coeli laetare. Alleluja!« (III:33) Nicht der Auferstandene, sondern das Paar Mutter-Sohn wird in den Mittelpunkt des österlichen Geschehens gerückt; das Paar Mutter-Sohn beherrscht auch das Ostern verkehrende Geschehen auf dem Kirchplatz. In der *Cavalleria* wird die Witwe nicht zur Himmelskönigin, sondern ihres Sohnes beraubt. Am Ende der Oper freut sich diese Mutter nicht wie Maria zu Ostern, weil ihr Sohn lebt; sie weint, weil ihr Sohn tot ist. Das berühmte *intermezzo sinfonico* der *Cavalleria* konnte erfolgreich als Ave Maria adaptiert werden. Das Paar Mutter-Sohn erfährt dadurch eine schöne Verdeutlichung. In brutalem Gegensatz zu der frohen Botschaft einer erlösten Welt steht das sich mitten in dieser Gemeinde entspinnende heillose Geschehen, das den Chorgesang Lügen straft. Wort für Wort, Note für Note widerspricht das Abstechen des Sündenbockes Turridu als archaisches Opfer dem Versprechen von Christi Liebesopfer am Kreuz.

Vorspiel dieser erlösten, idyllischen Landliebe vor dem Sonnenaufgang des *lumen Christi* ist eine ganz und gar unkeusche, ehebrecherische Liebesgeschichte. In der Osternacht schläft Turridu mit Lola, der Ehefrau des Kutschers Alfredo. Mit Santuzza hat er auch geschlafen und ihr die Ehe versprochen. Die Geschichte dieser fatalen Liebe zwischen Lola und Turridu beginnt mit einem Gesang hinter dem Vorhang, im Off: »a sipario calato« (Preludio:15). Und obwohl sie veristisch im sizilianischen Dialekt gesungen wird, kommt sie in der Form einer höfischen Gattung: als Morgengabe, die der Geliebte nach der Liebesnacht der Geliebten schenkt. In den Armen der verheirateten Geliebten, der schönen Lola, hat Turridu die verbotene Frucht des Ehebruchs gekostet, sie von ihren roten Kirschlippen genippt. Diese Liebe ist nicht stärker als der Tod, sie ist todbringend. Lola, »weiß und rot wie die Kirsche«, wird, auch falsch herum, in den Farben der Kar- und Osterliturgie besungen: »si bianca e russa comu la cirasa« (Preludio:15), rot für den Karfreitag und die Passion, weiß für die Auferstehung.

Das verkehrt eingesetzte österliche Zeichen ist dieser Szene als Vorzeichen eingetragen:

»Ntra la porta tua lu sangu è sparsu e nun me mporta si ce muoru accisu« (Preludio:15). Woher kommt das Blutzeichen an Lolas Tür? Aus dem Alten Testament, wo Ostern, *pasqua*, *pessach*, begründet wird: überspringen, auslassen, vorübergehen heißt *pessach*, *pasqua*. Gott schickte die zehnte und schrecklichste Plage über die Ägypter: alle männlichen Erstgeborenen Ägyptens ließ er in einer Nacht umbringen, damit die Ägypter die Israeliten endlich aus der Gefangenschaft ziehen ließen. Den jüdischen Familien befahl Jahwe, ein männliches Tier zu schlachten und mit dem Opferblut die Türpfosten zu bestreichen. So weiß der Würgeengel, welche Häuser sie auslassen müssen: die Erstgeborenen der Juden kamen so mit dem Leben davon.

Auch dieses österliche Blutvorzeichen des Alten Testaments verkehrt sich in der Oper: denn Turridu, der Erstgeborene Lucias, der aus der mit Blut gezeichneten Tür der Lola tritt, kommt nicht davon, sondern weiß sich gezeichnet. Noch bevor die Sonne untergeht, wird er mit seinem Leben bezahlt haben. Vom Sonnenaufgang bis zum Sonnenuntergang, von der Auferstehung bis zum nächsten Blutopfer umfasst die *Cavalleria* die Einheit von Ort und Zeit, wie sie die klassische Tragödie bestimmt. Von der hätte Ostern ein für alle Mal erlösen sollen. »Tragödie« komme nach einer vielleicht falschen, aber gebräuchlichen Etymologie vom Bocksgesang, vom Schrei des dahingeschlachteten Opfertieres. Zu Ostern, als Kontrapunkt zur österlichen Liturgie, geschieht in der *Cavalleria* ein solches antikes Blutopfer; genauer kann man die ausgefallene Erlösung nicht auf den Punkt bringen.

Gegen die Ostermesse, parallel zu ihr, wird auf dem Kirchplatz die in Duetten gesungene Intrige entfaltet. Sie ist Widerrede und Widerruf zur Ostermesse. Pointiert wird dies Unheilsgeschehen auf das Heilsgeschehen bezogen: am Ostermorgen erzählt Santuzza Turridus Mutter Lucia die Unheilsgeschichte: »Als Euer Sohn einst fortzog, […] hat Lola er geschworen ewige Treu beim Scheiden. Er kam zurück, fand sie vermählet. Zu lindern seine Schmerzen sucht an meinem Herzen Trost er für seine Qualen. Mich liebt er, ich liebt' ihn. Von Neid erfaßt, erwachte das alte Feuer, vergessend ihres Gatten, von Eifersucht getrieben, […] stahl sie den Mann mir und seine Liebe. (»Me l'ha rapito.«) Was gilt mir noch das Leben ohne Liebe, ohne Ehre. Lola ist nun die Seine, und ich vergeh und weine« (IV:37–39). »Miseri noi« (IV:39), antwortet die Mutter und fleht die Heilige Jungfrau um Hilfe für die entehrte, betrogene Santuzza an.

Den schönen Turridu drängt es zu seiner Geliebten Lola an

diesem Ostersonntag in die Kirche. Santuzza, die sich in höchster Angst verlassen glaubt, passt ihn auf der Kirchenschwelle ab, um ihn auf den richtigen Weg zurückzuführen: mit ihr vor den Altar in die Gemeinschaft der durch Ostern Erlösten. Er schreit sie in drei Stößen nieder, als ob er sie abstechen würde. »A te la mala Pasqua« (VII:63), verflucht Santuzza ihn daraufhin und verkehrt den Ostergruß der »buona Pasqua«. »Gottgesandt« (VIII:65) erscheint ihr Lolas Ehemann Alfio, der in eben diesem Moment auf dem Kirchplatz erscheint. Er ist nicht Werkzeug einer erlösenden Liebe, sondern ihrer blutigen Rache. Durch den Liebesverrat des wortbrüchigen Turridu zum Äußersten getrieben, verrät Santuzza dem gehörnten Ehemann Alfio den Ehebruch – ein infamer Sprechakt, wie sie selbst erkennt, »[i]nfame io son che vi parlai così« (VIII:67), der unweigerlich Mord und Todschlag nach sich zieht. Der Verrat der Santuzza, Anklang an den Verrat des Judas? Santuzzas Verrat ist punktgenau auf die Ostermesse bezogen: »A che punto è la messa?« (VIII:65), fragt Alfio bevor er von seinem Unglück in den Worten Santuzzas erfährt: »Turrido mi tolse l'onore, e vostra moglie lui rapiva a me!« (VIII:67) Alle Osterfreude ist dahin. Liebe, die bei Alfio eigentlich eher Besitzerstolz war – Lola gehört nur ihm –, verkehrt sich in Hass, Wut und Rache. Alfio verzeiht nicht; er will noch vor Sonnenuntergang Blut. Das Schicksal nimmt seinen fatalen Lauf.

Infami loro, ad essi non perdono, *vendetta avrò pria che tramonti* *il dì.* *Io sangue voglio, all'ira* *m'abbandono,* *in odio tutto l'amor mio finì!* (VIII:69)	*Verflucht sind beide!* *Die Schuld wird nicht vergeben,* *die Rache tagt,* *eh' noch ein Stern erblinkt. […]* *Sein Blut will ich in Strömen fließen* *sehn!* *In Haß verwandelt meine Liebe sich!* (VIII:69)

Die Reaktion auf den Ehebruch zeigt einmal mehr, dass die christliche Botschaft der Vergebung in dieser Gemeinde unerhört geblieben ist. Hier herrscht das eiserne Gesetz des rächenden Ehrenmordes. Aber der ist jetzt nicht einfach nur ein Rückfall in mythische Barbarei, in die antiken Opferkulte, sondern eine Perversion des Osteropfers. Die Oper verkehrt die frohe österliche Botschaft in blutigen Fluch: die Passion folgt auf die Auferstehung. Der Wendepunkt der Oper in die Katastrophe ist der auf dem Kirchplatz ausgestoßene Fluch der von ihrem Geliebten und versprochenen Ehemann entehrten, verlassenen und niedergestoßenen Santuzza. Ihr Fluch widerruft den österlichen Segen: »A te la mala Pasqua« (VII:63).

Wegen dieser Überschreitung, ja der Verkehrung der geheiligten Ordnung durch alle Beteiligten spielt die Oper ständig an einer Schwelle: der Schwelle zum Haus von Turridus Mutter Lucia, an der Schwelle von Lolas Haus, an der Schwelle der Kirche und natürlich an der Schwelle des weiblichen Körpers. Santuzza, die das Heilige im Namen trägt, weiß sich von diesen geheiligten Räumen, aus der Gemeinschaft der Kirche durch ihren Fehltritt ausgeschlossen: sie hat sich Turridu hingeben, bevor das Sakrament der Ehe, das dieser zwar versprochen hat, vollzogen war. Sie ist ihren eigenen Worten nach »scomunicata« (II:27), nicht erlöst, sondern »dannata« (IV:39) und darf die Schwelle des Hauses der Mutter und die Schwelle der Kirche nicht übertreten. Indem Turridu die Schwelle von Lolas Haus übertreten hat, in ihr Haus und ihren Leib eingedrungen ist, hat er das Sakrament der Ehe doppelt verwundet. Genauso Lola, die ihn von seiner Schönheit verführt und eifersüchtig auf das Glück der Santuzza hereingelockt und ihn ihr geraubt hat. Santuzza hat Turridu verraten und ans Messer geliefert, so wie sie sich von ihm verraten glaubt. Alfio hat seiner wütenden Rache freien Lauf gelassen.

Christi erlösendes Blut, das sich in Wein verwandelt, wird zum in Rache und nicht in Liebe vergossenen Blut pervertiert. Die Wandlung ins Erlösende wird in blutiges Abschlachten zurückgedreht. Christus, das hingeschlachtete Lamm, das die Schuld der Welt auf sich nimmt, hat die Welt von der Logik des Sündenbockes, von der Opferlogik ewig neuer Sündenböcke dem christlichen Glauben nach erlöst. Die Welt, die die Oper zeigt, ist eine, in der sich die österliche Logik in die Logik des Sündenbockes verkehrt. Turridu, als Soldat Garibaldis in der Novelle wie die im antiken Opferkult zu Opfernden in Rot gekleidet, ist dieser Sündenbock.

Weil es ums Blutvergießen geht, ist der Wein in der Handlung allgegenwärtig: angeblich ist Turridu nach Francofonte gefahren, um alten Wein zu holen, Alfio fragt Lucia sofort nach dem alten Wein, Turridu gibt nach der Ostermesse Wein aus und trinkt auf die Lieben seiner Geliebten – »Ai nostri amori!« (IX:79) – und sie auf seine »fortuna« (IX:79). Dieses vielleicht berühmteste Stück der Oper feiert die Liebe und das Leben – VIVAT! Dieser erotische Trinkgruß ist eine Art antiker Hochzeitsritus zwischen Lola und Turridu. Aus dem Opferwein wird ein im funkelnden Glas prickelnder Wein, der berauschend ist wie das Lächeln der Geliebten.

Der betrogene Ehemann Alfio lehnt den Wein Turridus wie ein Gift ab und Turridu schüttet das für ihn bestimmte Glas auf den Boden aus. Dieses Weinopfer ist das Vorspiel seines Blutopfers. Im erotischen Trinkgruß und der Libation, dem antiken Trinkopfer wird das christliche Opfer in ein antikes Opfer zurückverwandelt. Turridu gibt gegenüber seiner Mutter den Weingenuss als Grund dafür an, dass er an die frische Luft muss; der Wein hat ihm eingegeben, was er zu seiner Mutter sagt, bevor er seinen Opfergang antritt. Die Katastrophe, die die *Cavalleria rusticana* auf die Bühne bringt, ist die Rückverwandlung des christlichen, erlösenden Opfers in das antike Menschenopfer, das der Logik des Sündenbockes gehorcht und immer neue Sündenböcke fordert. Durch das Gemetzel derer, die überschritten haben, wird die erlöste Ordnung nicht wiederhergestellt. Die sexuelle Überschreitung vollendet sich in Rache, Blut und Mord zu einer Geschichte des ver-kehrten Heils: *mala Pasqua*.

Die Oper ist deshalb nicht einfach die bekannte Dreiecksgeschichte des bürgerlich-kitschigen Melodramas, das den härteren Verismo um seine wirtschaftliche Dimension kappt und auf ein Leidenschaftsdrama verengt. Ihr Punkt ist kein einfach soziologischer, wie der Titel nahelegt, sondern ein theologischer. Soziologisch ließe sich vielleicht sagen, dass der Verismus der romantisch-republikanischen Variante, nach der »das Volk« die Stelle Christi als letztem Menschenopfer einnimmt, gründlich widerspricht. Auch das »Volk« ist hier aus jeder Heilsordnung herausgefallen.

Die Geschichte, die sich auf dem Kirchplatz in zwei Off-Szenen entrollt, ist Ostern rückwärts. Die Ingredienzien des Passionsspiels sind über die Bühne verstreut, auf der die Auferstehung des Herrn gefeiert wird. Die *Cavalleria* ist ein verkehrtes Passionsspiel: Geschichte eines Ehebruchs, Liebesverrats und gebrochenen Heiratsversprechens, eines infam zornigen Verrates, einer Blutrache, einer trostlosen, allen Beistandes beraubten Mutter. Erstand der eine Sohn vor Sonnenaufgang von den Toten, so liegt hier vor Sonnenuntergang der Leichnam eines dahingemetzelten Sohnes vor dem Haus der Mutter – eine verrückte Pieta. Anders als Maria, die wusste, dass sie Jesus zum Opfertod geboren hatte, versteht die Mutter Turridus nicht, wie ihr und ihm geschieht. Turridu bekennt seine Schuld und bittet seine Mutter, der Santuzza eine Mutter zu sein. Auch das eine verkehrte Kreuzesszene: dort gibt der sterbende Jesus seinem Lieblingsjünger Johannes Maria zur Mutter. Santuzza fleht die Mutter Turridus unter Tränen an, so mitleidig mit ihr zu sein, wie unser Herr zu Maria Magdalena, der von der Männerliebe zur Gottesliebe bekehrten Frau, der ersten Zeugin seiner Auferstehung. Santuzza hat wie die Schmerzens-Madonna ein von Schmerz durchbohrtes Herz: »Quale spina ho in core« (II:27). Der Kutscher Alfio kommt mit Peitschenknall, Folterinstrument der Passion. Wie die Frauen am Grab vor Sonnenaufgang das Fehlen des Leichnams Christi bezeugen, so wird die Leiche Turridus vor Sonnenuntergang von einer Frau verkündet.

Der dreifache, schwere Todestusch, mit dem die Oper schließt, ist schwer wie eine Grabplatte und steht gegen das sich mit der Lerche und der aufgehenden Sonne in den Himmel schwingende Herz des Anfangs. Er besiegelt das schwindelerregende zur Hölle Stürzen aller österlichen Liebeserlösung, die hier ein für alle Mal begraben wird.

Nach
spiel

Die unmögliche Oper *Lulu*

Menschenopfer als Monstertragödie

Alban Bergs *Lulu* (1933), nach der Vorlage von Frank Wedekinds *Erdgeist* und der *Büchse der Pandora* geschrieben, spielt zwischen den Weltkriegen. Die Oper bringt das Drama um Inzest und Mord als obszöne Groteske auf die Bühne. Mit dem Dithyrambus, dem Versmaß der wild schwärmerischen, ekstatischen Gesänge zum Preis des Dionysos, ist die hohe Gattung der Tragödie aufgerufen, die in Bergs Oper grotesk aufgegipfelt wird, um in den Kot gezogen zu werden. Dionysisch, wie Nietzsche es gedacht hatte, ist diese Oper nicht; der entfesselte Tanz um das goldene Kalb, Sex und Geld, lässt alles ruiniert zurück. *Lulu* ist weder ein Lust- noch ein Trauerspiel. Es ist keine Komödie – dann stände bei aller Skepsis der Liebe gegenüber (siehe *Così fan tutte*) am Ende auf jeden Fall mindestens ein durch das Band der Ehe vereintes, lebendes Paar auf der Bühne. Und es ist keine Tragödie – denn dann müsste es irgendeine Fallhöhe geben, einen Umschlag vom Lachen in Tränen, irgendetwas Edles, das stürzt. Das ist nicht in Sicht.

Wedekind hat sein 1894 abgeschlossenes Werk *Der Erdgeist* und *Die Büchse der Pandora*, in deren Mittelpunkt die Figur Lulu steht und dessen Text Berg in seinem Libretto fast wörtlich gefolgt ist, eine »Monstertragödie« genannt; Berg inszeniert sie als einen blutigen Zirkus. Das Stück, von einem Tierbändiger eingeführt, ist ein Zoo, in dem alle zu läufigen, reißenden Bestien werden. Die Oper ist mit der Vertierung des Menschen beschäftigt – und das ist keine gute Nachricht einer irgendwie gearteten Tierliebe. Den Männern wächst der Schwanz über den Kopf. »Das tobt wie in der Menagerie, wenn das Futter vor dem Käfig erscheint« (I,3:95), kommentiert Alwa, der Sohn des dritten Ehemannes der Lulu, den tosenden Applaus nach Lulus Tanz. Wie Frischfleisch wird Lulu einer gierigen Männermeute vorgeworfen. Schlimmer als die schlimmsten Bestien entpuppt sich auch Lulu, »Urgestalt des Weibes« (Prolog:44), als die verführerische, giftige Schlange, Grund für die Vertreibung aus dem Paradies.

Lulu ist Inbegriff der Femme fatale; aus dem Nichts kommend, infam, namenlos, vernichtet sie alles. Als skrupellos brutale Intrigantin, Giftmischerin und Mörderin vereint sie alle frauenfeindlichen Clichés bilderbuchartig. Als blendendes Idol ist Lulu das Negativ der zeitgenössischen weiblichen Ideale: des reinen, unschuldigen Mädchens, der seelenvollen Gattin, des Engels im Haus. Wedekind hatte mit seiner »Schauderoper« (II,2:146) *Lulu* kein Cliché ausgelassen, um die Himmelsmacht Liebe als Farce darzustellen. Lulu enttäuscht, sie ent-täuscht die Liebe. Die Liebe entpuppt sich als verheerende Illusion, nämlich als blendende Idolatrie, in der Sex und Mord dasselbe sind. Ein ausgepichtes Gegenstück ist Lulu aber auch zum bürgerlichen Subjekt im Allgemeinen, das ständig an seinem Selbst, an seinen inneren Werten arbeitet. Lulu hat schlicht kein Innenleben. Der seelenlosen Lulu, die unverwüstlich alles verwüstet, geht nichts zu Herzen: Sex wie Blut perlt spurlos an ihr ab. Lulus Stimme findet ihr Echo im Nichts einer nichtigen Gegenwart. Alle Harmonie des Belcanto ist in dieser Musik zerrissen.

Lulu ist groteske Verzerrung des Tragischen, das hier als Farce kommt. In einer witzigen Selbstreflexion weist die Oper darauf hin, dass dieser Stoff eigentlich zur Oper nicht taugt. Alwa hat sich folgende Oper über Lulu überlegt:

> *Über die ließe sich freilich eine interessante Oper schreiben. Erste Szene: Der Medizinalrat ... Schon faul! ... Zweite Szene: Der Maler ... Noch unmöglicher! – Dritte Szene: Sollte es wirklich so weitergehn? (I,3:94f.)*

Alwa ahnt zu dem Zeitpunkt noch nicht, dass er selbst in der dritten und vierten Szene auftauchen wird – ja zum Hauptdarsteller in dieser Monstertragödie wird – und es immer schlimmer weitergeht. *Lulu* ist eine Freak Show. Der Zuschauer delektiert sich am Abnormen, das hier wie im Zirkus auf die Bühne kommt. Metapher für dieses Monströse ist das Körperbild, das Dr. Schön von seiner Ehe und Scheidung mit Lulu gibt. Das »ein Fleisch Werden« wird hier zu einem monströsen Ineinanderwachsen: »Läßt man sich scheiden, wenn die Menschen ineinander hineingewachsen und der halbe Mensch mitgeht?« (II,1:132) Eine schrecklichere Figur für die Ehe als Zustand des permanenten Bürgerkrieges und Schlachtaltars im monströsen Ineinanderwachsen und dann als verheerender Schnitt durch das Eigene ist schwer ausdenkbar.

Dr. Schön hat Lulu als seine ständige Geliebte mit Männern der Bourgeoisie verheiratet – als »Frau Medizinalrat« (I,1:45), als respektable Gattin, als Dame betritt sie die Bühne. Als Witwe des Medizinalrates ist sie eine gute Partie: »Du hast eine halbe Million geheiratet« (I,2:78), teilt Dr. Schön dem Maler, ihrem zweiten Ehemann, mit. Ihren ersten Ehemann, den Medizinalrat, trifft der Schlag, weil er sie in flagranti erwischt; wie die »Hunde« (I,1:56) treiben es die schöne Lulu und ihr Portraitmaler, der die Finger nicht von ihr lassen kann. Dass Lulu dabei den Maler in ein Tigerfell wickelt, zeigt hier weniger das Leidenschaftliche als das Bestialische dieser »Liebe«. Mit dem Tigerfell, das bei den Dionysosriten getragen wurde, kommen die antiken, rituellen Menschenopferkulte als Farce wieder.

Ihr zweiter Ehemann, der Maler – »seit ich dich hab (bin ich) mir vollständig abhanden gekommen« (I,2:64) – bringt sich um, als Dr. Schön ihm die Augen dafür öffnet, was für ein »Ungeheuer« (I,2:90) er da geheiratet hat. »Bei einer Herkunft, wie sie Mignon hat, kannst du unmöglich mit den Begriffen der bürgerlichen Gesellschaft rechnen« (I,2:79). Lulu ist im wahrsten Sinne des Wortes in-fam; sie trägt nicht den Namen ihres Vaters, noch kennt sie ihre Mutter: »Sie hat ihre Mutter nicht gekannt; geschweige das Grab« (I,2:81).

Nach Lulus Willen wird Dr. Schön sie schließlich heiraten: »Sie heiraten mich ja doch!« (I,2:90) – oder besser: Sie heiratet ihn. Mit allen Mitteln der Kunst inklusive eines öffentlichen Ohnmachtsanfalls auf der Bühne bringt Lulu ihn dazu, mit seiner jungen, adeligen, unschuldigen Verlobten, einer exzellenten Partie, die er unter ein »reines Dach« (I,2:71) führen will, zu brechen. Die namenlose Frau, die als leichtes Mädchen nur Kosenamen trägt – Lulu, Nelly, Eva, Mignon – ist verdammte Intrigantin, die wie der große Libertin Valmont der *Liaisons dangereuses* Briefe, die Todesurteile sind, kaltblütig vorschreibt: »Jetzt – kommt – die Hinrichtung« (I,3:107), weiß der ihr verfallene Schön und schreibt gehorsam nach ihrem Diktat den Abschiedsbrief an seine Verlobte. Dr. Schön, der von ihr nicht loskommt, obwohl er sie als einziger Mann durchschaut, unterwirft sich *malgré lui* ihrem Diktat – und seinem Ruin.

Der scheinheilige Dr. Schön, der in bewährter bürgerlicher Doppelmoral gehofft hatte, eine »reine Ehe und gute Partie« mit seiner infamen Lust unter einen Hut zu bringen, erliegt der Femme fatale, die mit schärferen Waffen zurückschlägt: »Das mein Lebensabend. Die Pest im Haus. Dreißig Jahre Arbeit – und das mein Familienkreis« (II,1:110). »Du Kreatur, die mich durch den Straßenkot zum Martertode schleift! Du Würgengel! Du unabwendbares

Verhängnis! Du Freude meines Alters! Du Henkerstrick!« (II,1:130) Sein trautes Heim wird zum Hurenhaus, unter jedem Tisch, hinter jedem Vorhang lauert ein Liebhaber. Denn Lulu treibt es jederzeit und coram publico mit allen, ob Mann ob Frau, ob jung ob alt, ob Medizinalrat oder Zirkuskünstler. Das *ob-scene* wird auf die Bühne gezerrt, Frau, Sohn und Freunde werden zu Schlachtopfern auf dem durch wahllosen Sex-Mord besudelten Altar der Ehe. Aber nichts anderes hat diese Gesellschaft verdient.

Lulus Paradestück ist die Verführung des Sohnes Alwa, der ihr wie ein Bruder gewesen ist. »So bist du trotzdem immer wie ein Bruder für mich eingetreten« (II,1:123), sagt Lulu zu Alwa. Großartig wirft sie sich in Schale: »Als ich mich im Spiegel sah, hätte ich ein Mann sein wollen … mein Mann!« (II,1:122) Der Kammerdiener zittert vor Begehren wie im Fieber. Alwa, der ihr gerade zum Opfer fällt und »sein ganzes Inneres einstürzen« sieht, glaubt immer noch an Lulus Unschuld: »Mit deinen Gottesgaben macht man seine Umgebung zu Verbrechern, ohne sich's träumen zu lassen. – Ich hab' auch nur Fleisch und Blut. Und wenn wir nicht wie Geschwister nebeneinander aufgewachsen wären …« (II,1:124). Inzest ist das Letzte, was Lulu abschrecken könnte. Sie hat, lässt sie den Sohn, die Hände in seinen Locken, wissen, die Mutter vergiftet, und er wird Zeuge der Erschießung des Vaters.

Das wird den Sohn nicht davon abhalten, mit seiner Mutter- und Vatermörderin Sex zu haben. Schließlich wird Lulu es mit ihm im Blut des Vaters machen. Der Inzest geschieht in der Stadt von Revolution, Bürgerkrieg und Hurerei, in Paris, im Babylon der Moderne, in der schon eine Ahnfrau Lulus, Nana, nicht weniger verheerend gewütet hatte. Zum schlechten Ende schickt das Libretto Lulu mit der Gräfin Geschwitz – die Pest und die Cholera sozusagen – in Quarantäne: über Paris nach London, ins Exil, wo sie dann im Bordell ghettoisiert, aus der guten Gesellschaft, den Ehen und den Familien ausgeschlossen, schließlich von dem Serienfrauenmörder Jack the Ripper kaltgestellt wird. Lulus Geliebte war gerade dabei, nach Deutschland zurückzukehren, um dort Jura zu studieren und für die Rechte der Frauen zu kämpfen. Das Schreckbild kastrierender Weiblichkeit wird in Lulu und ihrer lesbischen Geliebten auf die neueste Stufe gebracht.

Die Hure endet da, wo sie hingehört: nicht in der bürgerlichen Ehe, sondern in der Prostitution. Da ist es allerdings schon zu spät, die bürgerliche Ehe als Hurenhaus entlarvt. So ins Gruselkabinett verbannt – das eine Monster, Lulu, endet, von einem anderen Monster, Jack the Ripper à la Dr. Schön, zur Strecke gebracht – scheint das Schlimmste für Deutschland abgewendet, die Gefahr für die deutsche Ehe, für Thron und Altar, gebannt. Aber dieser Deus oder eher Diabolus ex Machina beendet eine Farce, die den Zuschauern den Spiegel vorhält. Diese bürgerliche, europäische Gesellschaft zeigt die Oper als eine mit Haut und Haaren den antiken Opferkulten der Großen Mutter in ihrer upgedateten Version, Lulu im Automantel, verfallen. Monströs und nicht mehr tragisch. Herrschten in Rom die Phalluskulte der Großen Mutter, dann im modernen Europa deren rasende modische Version.

Die von Dr. Schön aus der Gosse gefischte Kindhure erscheint den Männern wenn nicht als Madonna, so als ideale Gattin. »Sie trugen ein dunkelblaues Kleid«, erzählt der Sohn des Doktors, Alwa: »Ich sah etwas so unendlich hoch über mir Stehendes in Ihnen. Ich hegte eine höhere Verehrung für Sie als für meine kranke Mutter« (I,3:93). Auch der Prinz, der Lulu mit nach Afrika nehmen will, ist von ihrer Vornehmheit überzeugt. Er hat ihr »Seelenleben in ihrem Tanz studiert« und ist zum Schluss gekommen, sie müsse das »verkörperte Lebensglück« sein. »Als Gattin wird sie einen Mann über alles glücklich machen«, schließt er: »Als meine Gattin« (I,3:95).

Die Männer, die die seelenlose Hure für die ideale Ehefrau halten, verkennen sie grotesk. Skandalon ist *Lulu* vielleicht deswegen bis heute geblieben, weil die Oper nicht nur die romantische Liebe, sondern die in Deutschland so prominent gebliebene

Ehereligion zersetzt. Alle, Prinzen wie Schuljungen und Zirkuskünstler haben Lulu ursprünglich heiraten wollen: »Wer hat sie nicht ursprünglich heiraten wollen!« (II,1:117) Und nicht als Hure, sondern als Ehefrau verheert sie. Nicht als Hure, sondern erst als Mörderin wird sie als Ehefrau unhaltbar. Die Ehe gilt Luther als Grundlage jeder zivilisierten Gesellschaft, weil sie das blinde Wüten der niedrigsten Triebe eindämmen und die niedrigste Sinnlichkeit vernünftig sublimieren soll. Luther sah die Ehe bekanntlich als Hospital für die Siechen, als Heilmittel gegen das verheerende Rasen der Lust. Die Ehe wird in Bergs Oper Gegenort einer zivilisierten, menschlichen Gesellschaft. Gerade die niedrigsten Triebe, die im Anblick Lulus an allen Männern wie ein Fieber ausbrechen, um blind verheerend zu wüten, sind der ausschließliche Grund für die Eheschließung. Die Ehe wird zum Ort alles dessen, was dekadent, barbarisch, und ganz sicher als der Inbegriff dessen dasteht, wogegen die westliche Zivilisation das Bollwerk der Ehe errichtet hatte: zu einem von Sex und Mord blutbefleckten Schlachtaltar, zum Ort der Menschenopfer. Das »Reizvolle« an Lulu mag eben dies gewesen sein: das Ausbrechen aus einem »vernünftigen Glück«, das Ausbrechen aus einer reinen, eingehegten, beherrschten Liebe und der Dämpfung der Triebe, das zum wilden Triebtier Werden. Die Angst, die Faszination, zu einem solchen Lustmolch, in schrankenloser Lust ganz Mann zu werden, projiziert man in bekannter Misogynie auf die Femme fatale. Tom Woolfs *The bonfire of the vanities* ist eine beißende Satire auf dieses männliche Phantasma, zum Triebtier zu werden: »king of the jungle« heißt das im Roman. Die Ehe mit Lulu ist in jedem Fall fatal. Wie Zolas Nana ist Lulu als Geißel der Menschheit »geschaffen, Unheil anzustiften, zu locken, zu verführen, zu vergiften – und zu morden – ohne daß es einer spürt« (Prolog:44). Sie wütet wie eine Revolution, die alle Werte auf den Kopf stellt, die vor nichts zurückschreckt und der nichts heilig ist. Sie verheert wie Pest und Cholera; Leichen türmt sie um sich auf. Waren Gilda und Violetta in einem letzten glänzenden Stimmaufwand ganz Seele, Carmen ganz Zauber, so hat Lulu weder Herz noch Seele. Sie weiß nicht, was Liebe, was Gott, was Familie ist. Als »Wunderkind« (II,1:118) aus dem Nichts, mutterlos, vaterlos, zerstört sie die, die sie an sich fesselt. Lulu ist ein Artefakt, eine Projektionsfläche, eine jungfräuliche Seite, eine Leinwand: da, beschriftet, bespielt, gemalt, vertont, hergerichtet zu werden. Sie spiegelt den Männern ihr Begehren zurück. Von der Langeweile, die der Luxus betäubt, wird Von der Langeweile, die der Luxus betäubt, vom Tod wird Lulu bewohnt. Ihre Tage verbringt sie, indem sie liegt und schläft und sich streckt »bis es knackt« (I,2:68). In der Figur der Lulu findet die Oper ihre letzte, durchkreuzte Allegorie.

Lulu ist eine der vielen Femmes fatales, die dem 19. und frühen 20. Jahrhundert zu Allegorien der Kunst werden. Kunst machen wird nicht mehr in der Metapher des Gebärens und Zeugens, nicht mehr als Schaffen von Leben gefasst. Die Allegorie der Kunst ist eine sterile, oft lesbische Frau, der alles Natürliche so fremd ist wie alles Vernünftige. Sie ist als Kindfrau eine Antimutter, die nicht Leben gibt, sondern den Tod verbreitet. Sie selbst ist oft Kunst-objekt, macht sich oder wird zum Inbegriff der Künstlichkeit, des Kunstvollen gemacht: »idole, elle doit se dorer pour être adorée« (*L'Art romantique* III:102), um es mit Baudelaire auf den Punkt zu bringen. Es ist eine Frau, die zum Bild wird, ins Bild fällt, sich zum Bild fügt, als Statue auftritt, als Modepuppe, als abstrakte Linie inszeniert wird: Sie tanzt, sie wird Portrait, sie wird von ihrem Schneider zur Modepuppe zugerichtet, sie ist durch Schminke maskiert, ihr lebendiges Fleisch verwandelt sich in Marmor oder in eine Preziose. Oder besser, schließlich sind wir in der Oper, ihr Körper ist Musik.

Durch dieses Kleid empfinde ich deinen Wuchs wie Musik. – Diese Knöchel: – ein Grazioso; dieses reizende Anschwellen: – ein Cantabile; diese Knie: – ein Mysterioso; und das gewaltige Andante der Wollust. – Wie friedlich sich die beiden schlanken Rivalen in dem Bewußtsein aneinanderschmiegen, daß keiner dem andern an Schönheit gleichkommt, bis die launische Gebieterin erwacht, und die beiden Nebenbuhler wie zwei Pole auseinanderweichen. – Ich werde dein Lob singen, daß dir die Sinne vergehen. (II,2:157)

Das lebendige, formvollendete Darstellen der Entstaltung und Entschöpfung, die Verlebendigung des Tödlichen ist das Prinzip dieser auch als dekadent bezeichneten Kunst. Das Prinzip dieses Kosmos ist das Chaos.

Mythologisch betrachtet kehren in der Femme fatale, der weiblichen Verführergestalt, schon bei Zola die Großen Mutterkulte wieder. Überblendet werden sie mit dem antiken Venusmythos, dessen kriegerisch grausame Seiten wir schon kennengelernt haben; im Mittelalter wird die halbdämonische Liebesgöttin der Antike noch verteufelt. Creuzer sah in seinen Studien zur orientalischen Großen Mutter die christliche Gottesmutter Maria als eine hybride Göttin, in der Elemente der Großen Mutter wiederkehren, wie wir das ja auch in *Carmen* in der Virgen del Carmen und ihren kultischen Stierkämpfen gesehen hatten. Auch in Lulu kommen im Kleid der Maria – dunkelblau – die zerstörerische Venus, die faszinierende Große Mutter und ihre blutigen antiken Kulte wieder. Die Gegenspielerin der irdischen Liebe, Aphrodite Urania, die mutterlose Tochter des Himmelsgottes Uranios, die für die schöne, beständig treue, seelische, lebenslange Liebe steht, ist nicht zu sehen. Aphrodite Pandemos, die hässliche, unbeständige und körperliche, gewöhnliche Liebe, die dem Körper und allen materiellen Reizen verfallen käuflich ist, herrscht unumschränkt. Die irdische Venus, der sinnliche Eros, die körperliche Wollust taucht hier jedoch nicht unbeständig wie das Glück als folgenlose Liebestândelei, als harmloser Genuss eines amourösen Abenteuers, auf. Sie verkörpert in ihrer Schönheit, die eine Maske für Verachtung, Ironie und Grausamkeit ist, eine verheerende Bedrohung. Eben diese antike Göttin kommt in der Femme fatale wieder. Ausgerüstet mit phallischen Attributen, ist sie in der Regel eine lesbische und/oder androgyne Figur, die die Männer zu ihrem Verderben beherrscht und unterwirft. Phallisch ist ihr durchdringender, offensiver Blick, der die Männer zur weiblichen Geste par excellence bringt: die Augen zu senken. Die rätselhaft betörende, androgyn bezaubernde Schönheit verweist nicht auf eine schöne Seele, sondern ist trügerischer Schein, hinter dem eiskaltes Verderben lauert. Getrieben von rachgieriger Eifersucht, ist die Femme fatale als Wiederkehr der Venus eine kosmische Macht, unentrinnbares, fatales Fatum. Venus ist eine kalte, zerstörerische, vernichtende Kraft von unmenschlicher Gefühlskälte, die die, die ihr verfallen, erbarmungslos ins Verderben stürzt. Sie lockt die Beute an, um sich dann wie ein wildes Tier, wie eine bengalische Tigerin, auf sie zu stürzen. Als diabolische Verführerin vereint Lulu Baal und Venus: Wie Venus lockt sie durch das Versprechen der Lust; wie der Gott Baal ist sie menschen- und vor allen Dingen männerfressend.

Die Femme fatale erfüllt damit alle Merkmale des Fetischs: Sie ist menschen-, ja männergemacht – eine Kunstfigur, auf die dann eine unheimliche Macht projiziert wird. Ein ebensolcher Fetisch ist der Phallus selbst, der kunstfertig aus Holz geschnitzt, überlebensgroß aufgerichtet, als Kultbild verschleiert verehrt, und dem die Macht, Leben zu spenden, zugeschrieben wird. Lulu wird als Attribut begehrt: »meine Frau« (I,2:78), Schmuckstück, das man sich für das Lebensglück zulegen muss und das aus einem Nichts alles macht. Sie verstellt als bisexuelle Kindfrau, als androgynes Wesen, das auch von Frauen geliebt wird, wie der ideale Fetisch die Differenz der Geschlechter. Sie ist beides; es gibt keine Kastration: Der Fetisch, man erinnert sich, wird eingesetzt und erfunden, um die Kastration der Frau zu maskieren – *je sais bien, mais quand même* – und so ohne die alles lähmende Kastrationsangst Lust zu ermöglichen. Denn es gibt gar nicht zwei Geschlechter – eins mit und eins ohne Geschlecht – sondern nur eins. Alle sind ganz. Aber eben dies ist die Illusion, der alle verfallen, die Lulu begehren. Und der Grund, warum sie von allen begehrt wird. Tatsächlich führt dieses täuschende Versprechen nur umso sicherer zur Kastration, denn es gilt dem falschen Objekt, dem Idol, dem Götzen, dem Trugbild – Baal, Venus. In der Objektliebe versteckt sich de facto narzisstische Eigenliebe: Durch sie, mit ihr als »meine« Frau, werde ich ganz.

Die Femme fatale ist Symptom. *Lulu* ist ein Monument der Abwehr des Begehrens; es ist Monument der von Freud diagnostizierten und brillant analysierten männlichen Unfähigkeit, zu lieben. *Lulu* ist Monument der Kastrationsangst und das heißt der Angst vor Hingabe und Verschmelzung, Leidenschaft und Liebe, Monument der Angst, sich an einen, oder vielleicht an etwas anderes zu verlieren. Mit Lulu zeigt die Oper eine Frau, die zu begehren heißt, im Blut zu schwimmen. Zu begehren heißt, kastriert – oder infiziert, gemordet – zu werden. So ist Lulu Triumph über die Kastrationsangst – alle begehren sie nonstop, aus zahmen langweiligen Haustieren werden reißende, geile Bestien, sie verkörpert das Phantasma »schrankenloser Lust« (485) – und ist gleichzeitig Memento der Kastrationsangst. Lulu ist eine mythisch überhöhte Diffamierung von Liebe und Lust. Sie zu lieben heißt, zum antiken Schlachtopfer zu werden.

Das psychoanalytische Moment der Kastrationsangst, das die Oper drastisch auf die Bühne bringt, wird in einem geschichtsphilosophischen Register verhandelt, das spätestens seit Giuseppe Verdi für die Opern des 19. und, wie man hier sieht, 20. Jahrhunderts bestimmend bleibt. Mit der Neugründung der italienischen Republik kommt die Angst vor der Wiederkehr des römischen Fluches wieder. Menschliche Geschichte, deren Anfang Augustinus im Bürgerkrieg sah, droht immer wieder in Bürgerkrieg auszuarten. Die auf Vergewaltigung und Brudermord beruhende Ordnung der Dinge kann man auf einen historisch allgemeineren Punkt bringen: Dies ist ein eisernes, blutiges Zeitalter, in der jeder gegen jeden wütet. In einem solchen historischen Zustand des Bürgerkrieges ist Sex nicht Liebe, sondern eine besonders perfide Form von Gewalt. Das ist, folgt man Berg und Wedekind, der Zustand des bürgerlichen Zeitalters.

Gegen diesen Zustand des Bürgerkrieges steht klassisch die rettende, weibliche Liebe, die bis zum Selbstopfer führt. Dieses rettende Liebesopfer inszeniert die *Traviata*, in der eine Frau *de petite vertu* zu einer großen Heiligen wird. Eine solche Liebe, die das Ihre nicht sucht, besiegt den Hass; sie heilt alles Monströse, sie macht den Menschen als edle Seele zum Ebenbild Gottes und nimmt die Verzerrungen und Entstellungen, den Makel der Erbsünde von ihm. Liebe steht gegen Hass, Verschmelzung gegen Zertrennung. Eine solche Liebe ist Zierde und schaffendes Prinzip des schön geordneten Kosmos: »L'amor che move il sole e l'altre stelle« (*Paradiso* XXXIII:145), wie es im letzten Gesang von Dantes *Divina Commedia* heißt. Sie hält die Schöpfung im Innersten zusammen. Die Selbstaufgabe, das außer sich Geraten um eines anderen willen steht gegen das blutige, heillose Chaos der Welt, in der die, die sich am nächsten stehen, sich gegenseitig ganz von Eigeninteresse und Eigenliebe geleitet um ihrer Lust an der Macht willen umbringen: der Bruder den Bruder, der Bruder die Schwester, der Gatte seine Ehefrau – »wie es von alters her Brauch war, wie es von alters her Brauch war«, wie trostlos in *Pelléas et Mélisande* verkündet wird: Kain und Abel, Romulus und Remus, Absalom oder eben Golaud und Pelléas. In der Ordnung der Liebe ist anders als in der von Bürgerkrieg bestimmten Ordnung Sex und Mord nicht austauschbar. Hier sprechen nicht die Waffen, sondern das Herz. Gegen monströses Chaos steht eine harmonische, schöne, in den Himmel reißende Ordnung. Selbstüberschreitung, Selbstopfer – Passion – die Aufgabe aller Eigeninteressen um eines anderen willen steht gegen das mimetische Begehren, das immer das sucht, was der andere hat, das alles spaltet, alles zerreißt und zum Wüten im Eigenen und gegen das Eigene, das Nächste führt.

Von einer Liebe, die das Ihre nicht sucht, finden wir in *Lulu* keine Spur. Vollkommen gleichgültig, wird ihr alles nichtswürdig. Lulu versteht die Sprache des Herzens nicht; sie ist ihr Buch mit sieben Siegeln. Liebe steht hier nicht gegen den Hass, der im Eigensten, Nächsten wütet; »Liebe« agiert diesen Hass aus. »Liebe« heißt Bruderkrieg, Revolution, Bürgerkrieg, Muttermord, Vatermord. Liebe, Lust ist Zerstörung dessen, was die Welt im Innersten zusammenhält. »Ich liebe Dich« (II,1:128), sagt der von Lulu mit raffiniertem Aufwand coram publico verführte Sohn ihres dritten Mannes. Dieser Sohn – das streicht der Text heraus, um das Inzestuös-Mörderische dieser Liebe zu betonen – war ihr wie ein Bruder. Mit den Händen in seinen Locken sagt Lulu: »Ich habe deine Mutter vergiftet« (II,1:128).

Lulu ist Figur der Ent-schöpfung, der Ent-staltung. Sie zu begehren, heißt, »mein ganzes Inneres ein(zu)stürzen« (II,1:124) und die Welt drum herum kopfstehen zu sehen. Der Preis des Begehrens ist für den Mann immer der Tod. In *Lulu*, der Oper, ist Leidenschaft eine Seuche, die alle vertiert und alles – allen voran das männliche, bürgerliche, gebildete Subjekt mit einem reichen, gebildeten, wertvollen Innenleben, um Nietzsche zu zitieren – in den Dreck zieht. Kaum haben Männer oder auch Frauen Lulu gesehen, schon sind sie, frei nach Marlene Dietrich, weg. Das »weg«, der Sinnenschwund, meint hier ganz wörtlich: tot; sie hat der Schlag getroffen, sie morden sich selbst, werden gemordet oder mit der Cholera infiziert. Noch dieser Form des Selbstopfers der Geschwitz, ihrer lesbischen Geliebten, gegenüber, ist Lulu gleichgültig. Es bleibt ihr wie alles andere nichts-würdig.

Symptom dieser Abwehr, dieser Angst vor der Liebe, vor Selbstverlust und Selbsthingabe, Symptom der Angst davor, verzückt sich selbst entrissen zu werden, ist die Femme fatale, ein männliches Hirngespinst, Projektionsfläche, Phantasma. Das Weibliche wird zu einem fatal faszinierenden Idol stilisiert, das alles ins Verderben stürzt. Wie alle Götzen wird diese fatale Frau nicht von wahrer, rettender, erfüllend erlösender Liebe, sondern vom ansteckenden Tod bewohnt. Hier zieht das Weibliche nicht hinan, um Goethe zu zitieren, hier zieht es alles in Blut und Mord. Wer liebt, hat hier nicht Recht. Blind, verblendet, kriminell sind die, die in Lulu ihre eigene Schöpferkraft begehren. Und was geliebt wird, ist nicht Abbild des Göttlichen, das die kosmische Harmonie aufscheinen lässt, sondern ein täuschendes, selbstgemachtes Götzenbild, hergestellt durch die Kunst des Malers, der Modistin oder des Theaterdirektors: ein Fetisch, dem nichts eignet als eine täuschend blendende Oberfläche. Hinter der gleißenden Attraktion des geschmückten, des zurechtgemachten, des aufgedonnerten, des verkleideten Fleisches lauert wie im mittelalterlichen Bildtopos der Frau Welte das gähnende Nichts, der hässliche, schreckliche Tod, das ungestalte Chaos.

Lulu betritt die Szene als Pierrot, als männliche Maske der *Commedia dell'Arte*. Dass diese Un-frau, Un-schwester, Un-mutter, Un-tochter, dieses »Wunderkind« Lulu auch noch im Zeichen des Orientalischen – heißt damals: Jüdischen – daherkommt, gibt dieser verheerenden, babylonischen Liebe seine antisemitische Pointe. Jüdisch-orientalisch ist Schigolch, der, als Vater ausgegeben, de facto der schmarotzende Zuhälter und Kuppler der Lulu war und ist. Zitiert wird mit ihm die Tradition der ruinösen, jüdischen Väter, die ihr eigen Fleisch und Blut prostituieren, um ihren Leidenschaften nachgehen zu können. Denken wir an Lapidoth in *Daniel Deronda*, der nicht zögert, seine eigene Tochter Mirah für seine Spielwut zu prostituieren. Das orientalisch-jüdische Register – für uns heute leicht zu übersehen – wird für die damaligen Zuschauer durch die »Alhambra« eingespielt, vor der Lulu Blumen verkauft – de facto klaut sie und prostituiert sich. Die Alhambra leuchtet bereits in Flauberts *Éducation sentimentale* als orientalischer Vergnügungstempel in seinem babylonischen Paris. Lulu prostituiert sich in diesem Licht.

Lulu befreit nicht zur Lust und befreit die Lust nicht; Liebe zu machen heißt hier, alles Menschliche in den Dreck zu treten. Hier geht es nicht um eine Himmelshochzeit und auch nicht, moderner, um künstliche Paradiese, sondern um obszönen und als Höhepunkt inzestuösen Sex, der wahllos überall mit jedem und jeder coram publico stattfindet und der de facto gleich Mord, Muttermord, Vatermord und Seelenmord ist. Das Phantasma des Jüdisch-Weibischen, Libertin-Intriganten zersetzt hier alle Ordnungen: den Altar der reinen Ehe, den Kern der bürgerlichen Familie, alle Geschlechtsidentitäten, alle Klassen- und Rangunterschiede, die Generationenfolge. Gräfinnen und Huren sind ununterscheidbar geworden. Kurz: Revolution, die in der Oper ja Metapher für Lulus Wüten ist. Mit der Männlichkeit und der Heterosexualität fällt die patriarchale Ordnung, wie sie in der bürgerlichen Ehe gerettet werden soll. Unterschiedslos werden alle gleich: gleich wahnsinnig nämlich, krank, dekadent, kriminell. Berg analysiert die zeitgenössische Gesellschaft als eine idolatrische, die fest im Griff der antiken, phallischen Mutterkulte um das goldene Kalb tanzt. Kein Christentum, keine Aufklärung hat die Wiederkehr des Mythos eindämmen können, der monströs, in seiner auf den neuesten Stand gebrachten Version, trostlos rast wie eh und je. Diese verheerende Analyse der Moderne macht alle Hoffnungen der romantischen Oper als Ort eines heilenden, rettenden Liebeskultes zunichte.

Liebe und Vergänglichkeit
Der Rosenkavalier

»Schier unmerklich enteilt die geflügelte Zeit und betrügt uns: schneller ist nichts als der Jahre Vergehen.«
(Ovid, »Metamorphosen VIII:520«)

Ein verschlungenes Liebespaar steht am Ende des *Rosenkavaliers* wie hingegossen auf der Bühne. Im Echo versichern sich die beiden jungen Leute ihrer Liebe: »Spür' nur dich allein, dich allein«, seufzt Octavian, der Rosenkavalier. »Spür' nur dich allein« (III:133) echot Sophie, an ihn hingesunken.

Ist ein Traum, kann nicht wirklich sein,
dass wir zwei beieinander sein,
beieinand für alle Zeit und Ewigkeit.
(III:133)

So singen sie im Duett. Hugo von Hofmannsthal wäre nicht Hugo von Hofmannsthal, wenn in diesen letzten Sätzen nicht gleich zwei Reflexionen auf das Theater stünden: Zitiert wird Shakespeares *Sommernachtstraum*, ein Stück über Liebesrausch und Geschlechtertausch, und Shakespeares *Othello, der Mohr von Venedig*, eine Eifersuchtstragödie, die mit der Ermordung der Ehefrau durch ihren Mann endet. Auf die Bühne des *Rosenkavaliers* trippelt am Ende der reizende kleine Mohr der Feldmarschallin, um das fatale Indiz aller Indizien des Treuebruchs, das die Operngeschichte bis hin zu *Tosca* heimsucht, das fallen gelassene Taschentuch, zu suchen und aufzuheben: ein Augenzwinkern zu Shakespeares Desdemona. Der war ein Taschentuch zum Verhängnis geworden, weil ein Iago es intrigant dazu benutzte, Othello ihre Untreue zu beweisen. Alles wird gut, scheint dagegen das Happy End des *Rosenkavaliers* nahezulegen, die beiden Liebenden werden heiraten und *happy ever after*, für alle Zeit und Ewigkeit, sein. Aber eben dieser Schluss ist ein Traum, Theater, aus dem wirklichen Leben gefallen.

Denn trotz des träumerisch glücklichen Endes ist der *Rosenkavalier* eine wehmütige Oper – wir lächeln unter Tränen. Das Glück des jungen Paares Sophie und Octavian besiegelt einen unwiederbringlichen Verlust, den Verlust einer flüchtigen Liebesform, der Adonis-Liebe.

Vom zärtlichen Liebesspiel mit ihrem »Bub«, der schön ist wie ein Mädchen, muss die schöne Marschallin früher oder später, über kurz oder lang Abschied nehmen. Die Oper, die als »zweideutig« (Hottmann:138) galt, eröffnet mit der Szenerie eines mythisch unterlegten Ehebruchs. Die hinreißend erotische Szene zeigt die schöne Venus und ihren Adonis kosend, schmeichelnd, zärtlich im Bett: »Ich bin dein Bub – aber wenn mir dann Hören und Sehen vergeht – wo ist dann dein Bub?« (I:8) Sie, die Erfahrene, die Verheiratete, initiiert ihn, den jungen Octavian – übrigens nicht ihr erster Liebhaber, wie wir zwischen den Zeilen hören – in die Liebe. Schon bei Ovid ist der menschliche, unwiderstehlich schöne Adonis im Gegensatz zu der unsterblichen Liebesgöttin Venus das Beispiel für eine im Zeitraffer dahinfliegende Zeit: kaum ein Baby, und schon ein Junge, ein junger Mann, und schon tot. So beweint Venus an Adonis Leiche nicht nur seinen Tod, sondern die Sterblichkeit der Menschen und die Vergänglichkeit der Liebe. Erzählt wird im *Rosenkavalier* nicht nur von der Vergänglichkeit aller Liebe, sondern vom endgültigen Verlust einer bestimmten Art der Liebe:

Quinquin, heut' oder morgen geht Er hin
und gibt mich auf um einer andern willen,
die jünger
(Etwas zögernd)
und schöner ist als ich.
(I:50)

Das weiß die schöne, souveräne Feldmarschallin. Und sie weiß auch, dass die ganze Schwere, das ganze Liebesleid, das eigentlich Unerträgliche, das *Was,* immer eine Sache des *Wie*, eine Sache der Form, der Leichtigkeit, der Eleganz ist.

Der Tag kommt ganz von selber.
Heut' oder morgen kommt der Tag, Octavian. (…)
Ich sag', was wahr ist, sag's zu mir so gut als wie zu dir.
Leicht will ich's machen dir und mir.
Leicht muß man sein
mit leichtem Herz und leichten Händen,
halten und nehmen, halten und lassen …
Die nicht so sind, die straft das Leben und Gott, und Gott erbarmt sich ihrer nicht.
(I:50)

Natürlich protestiert der Quinquin lebhaft, von der Vergänglichkeit der Liebe will er in den Armen der Marschallin nichts wissen: Sie ist seine unumschränkte Herrin, sein Ein und Alles. Er bricht in Tränen aus. »Jetzt muß ich noch den Buben dafür trösten, daß er mich über kurz oder lang wird sitzen lassen« (I:48). Das, den Bub trösten, wird die Feldmarschallin souverän tun und in ihrer Weisheit Recht behalten.

Die Vergänglichkeit der Liebe wird im *Rosenkavalier* zum Inbegriff der Vergänglichkeit des Lebens und der Welt. Es ist die Erkenntnis der Vergänglichkeit, welche die Marschallin von ihrem Buben trennt:

Aber dann auf einmal,
da spürt man nichts als sie [die Zeit, BV]
Sie ist um uns herum, sie ist auch in uns drinnen.
In den Gesichtern rieselt sie, im Spiegel da rieselt sie,
in meinen Schläfen fließt sie.
Und zwischen mir und dir, da fließt sie wieder.
Lautlos, wie eine Sanduhr.
(I:49)

»Sie spricht ja heute wie ein Pater« (I:51), befindet Octavian, und es stimmt, dass die Feldmarschallin den Topos der Eitelkeit, der Vergänglichkeit alles Irdischen zitiert: »bedenke oh Mensch, Du bist Staub, und zum Staube wirst Du zurückkehren«. In die Kirche will die Feldmarschallin gehen (I:51), nicht mehr in den Freuden des Eros, sondern in der *caritas* wird sie sich üben, einen alten gelähmten Onkel besuchen und mit ihm essen. Aber so schlimm wird es schon nicht. Danach überlegt sie, in den Prater zu fahren – mit Octavian, wenn der Lust hat.

Männer, die jagen

Die Oper beginnt mit dem zärtlichen Liebesspiel *prima della rivoluzione*, im zeltförmigen Himmelbett, ganz Ancien Régime, in dem mit allem Luxus der Welt gezierten Alkoven der Marschallin – sie selbst in köstlicher Spitze. Wir sind im Wien des Jahres 1740, unter Maria Theresia. Die morgendliche Heiterkeit ist überschattet von der befürchteten Rückkehr des in den kroatischen Wäldern »weit weg« jagenden Ehemannes, des Feldmarschalls. Marie Theres, die Feldmarschallin, hat geträumt, er würde die beiden Liebenden überraschen. Mann und Bube, Jagen und Lieben stehen gegeneinander. »Der Feldmarschall sitzt im crovatischen Wald und jagt auf Bären und Luchsen, und ich, ich sitz hier, ich junges Blut, und jag' auf was? (...) Ich hab' ein Glück, ich hab' ein Glück!« (I:10), jauchzt Octavian. Angst hat Theres um ihren »Buben«. Und wer sich an den Mythos erinnert, weiß auch, wie Adonis von einem wilden Eber aufgespießt verblutet und von Venus beweint wird. Der wilde Eber ist der eifersüchtige Geliebte der Venus, Mars, der sich an ihrer neuen Liebe rächt. Der zärtlichsten aller Lieben wird durch den Tod des Adonis ein brutales Ende gesetzt. Aber es ist das Ende der Figur des Adonis – ganz unabhängig von dem christlichen Tropus der Vergänglichkeit alles Weltlichen –, das ihm von Anfang an eingeschriebene Ende, das ihn nicht zum Mann reifen lässt und die Adonis-Liebe melancholisch, unwiderstehlich, überhaucht. Der antike Adonis stirbt, bevor er vom Buben eindeutig zum Mann wird, als Jüngling, als Knabe, als Mann-Kind in der zartesten Blüte der Jugend.

Gott sei Dank kommt zu morgendlicher Stunde überraschend nicht der Feldmarschall von der Jagd zurück, sondern der Vetter der Marschallin mit dem sprechenden Namen »Ochs aus Lerchenau«, auch er ein Jäger. Zu unpassender Zeit platzt er in die Liebesstunde. Der Ochs, so führt er prahlerisch vor seiner jungen, schönen Cousine aus, macht nicht nur Jagd auf Bären und Luchse, sondern auf alles, was Röcke trägt. Unverzüglich macht er sich an dieses sein Weidwerk, und versucht, obwohl selbst gerade Bräutigam, dem zur Tarnung schnell als Kammerzofe Mariandel verkleideten Graf Octavian Rofrano, der junge Vetter und Geliebte der Marschallin, an die Wäsche zu gehen. Der Ochs entpuppt sich als plumper Mitgiftjäger. Denn die 14-jährige Braut, das Fräulein von Faninal, ist zwar wie alle Frauen nach seiner schrägen Ausdrucksweise sicher »sauber« und »für einen Engel hübsch genug« (I:19), aber nicht durch und durch blaublütig, sondern eben erst frisch geadelt. Dafür ist sie steinreiche Alleinerbin, mutterlos, und sein künftiger Schwiegervater, lässt der Ochs die Marschallin gleich unverblümt wissen, sei bei schlechter Gesundheit.

Der Ochs (nomen est omen) ist ein grober, dummer Bauernlümmel, der ständig mit seiner Männlichkeit protzt, in jeden Fettnapf tritt, keinerlei Manieren und keinen Pfennig Geld hat, aber vor Adelsdünkel kaum gehen kann. Die kosmopolitisch köstliche Eleganz, das souverän Damenhafte der Feldmarschallin steht gegen den ländlich rohen, dazu verarmten, dafür aber unverschämten Dorftrampel von einem Baron, der seine unehelichen Kinder, seine Bastarde, zu Leiblakaien macht. Schimmerlos weiß er nicht, wie man sich benimmt; die hohe Minne, der Frauendienst, das Hofmachen ist ihm ein Buch mit sieben Siegeln. In seinem Hofstaat treten die Lakaien, stracks vom Rübenacker kommend mit eingeschlagener Nase, sich gegenseitig auf die Füße – keine Spur von höfischer Etiquette. Gegen die vollendet höfische Höflichkeit der Marschallin, deren Hof die ausgesuchteste Kunst und den raffiniertesten Luxus vereint, deren elegant livrierte Lakaien wie ein Mann hinter ihr stehen, sticht das so gänzlich unhöfische, verwilderte, dumm-freche Benehmen des Ochsen von Lerchenau heraus. Mit seinem Hofstaat ist wahrlich kein Staat zu machen: Sein Leibjäger, merkt das Libretto an, wird wohl, bevor er in die schlecht sitzende Livree gesteckt wurde, Mist gefahren haben (I:37).

Auf der einen Seite haben wir also eine höfische Lebenskunst – eine Modistin, die »poudre à la reine de Golconde« und einen »Hut à la Pamela« im Angebot hat (I:34), einen Küchenchef, der das Menü des Tages vom Küchenburschen überreichen lässt, einen exotischen Tierhändler, der afrikanische und indische Papageien an die Frau bringen möchte, und natürlich als die Hauptfigur des Levers den Friseur, der zum kunstvollen Lockenbau der Marschallin von den Arien eines italienischen Tenors petrarkistischer Prägung nach textlicher Vorlage Molières begleitet wird (I:37). Die Marschallin kümmert sich zwischen all dem wohltätig um die Witwen und Waisen. Kurz, ein Lever, wie es im Buche steht. Octavian Rofrano, der Rosenkavalier, ist in seiner makellosen Eleganz von ihrer Familie: Die silberne Rose in Saffianleder, die er als ganz in Silber gekleideter Brautwerber, begleitet von seinem elegant in Celadon-Grün und Weiß und mit Straußenfedern geschmückten Hofstaat dem Fräulein Faninal überreichen wird, ist mit persischem Öl parfümiert.

Auf der anderen Seite ein Baron, der eine grobe ländliche Obszönität nach der anderen auftischt. Schließlich verlangt er brüllend und mit der Faust auf den Tisch schlagend, kurz: in grotesker Verkehrung der Etiquette höfischer Liebe, die sich in der Morgengabe des Bräutigams an die Braut vollendet, von seiner Braut als Morgengabe sein »Gütel« (I:39). Das will er sogleich vertraglich durch den Notar der Marschallin festschreiben lassen. Dem Notar, der sich nach Kräften vergeblich bemüht, dem Baron die Gepflogenheiten zu erklären, verschlägt es die Sprache.

Auch die Arten, zu lieben, entsprechen den Akteuren: geistreich charmant, zärtlich tändelnd, von vollendetem Takt liebt die schöne Marschallin ausgesucht Schönes, hier den schönen und witzigen Octavian. Der Baron dagegen kommt als tierischer Dauervögler daher, der es immer und überall mit egal wem – alles »Grasaffen« (I:30), Hauptsache sauber und jung – zwischen Pferdeschwemme, Stroh, Heu und Melkschemel treibt. Die jungen Erntehelferinnen hält er als seine Sexspielzeuge und stürzt bedenkenlos alle in Schimpf, Schande und Unglück. Wie ein »Roßtauscher« (II:62) benimmt er sich seiner Braut gegenüber; er schätzt sie ab wie ein Pferd auf dem Markt. Dass er jetzt Bräutigam ist und die Marschallin um einen Brautwerber aus der adeligen Verwandtschaft angeht, macht ihn nur noch schärfer: »Bin ich da nicht wie ein guter Hund auf einer guten Fährte? Und doppelt scharf auf jedes Wild, nach links, nach rechts!« (I:25) Die Frauen – so auch die Marschallin, in deren Liebesstunde er so ungelegen hereingeplatzt ist, ohne zu merken, was gespielt wird – bedauert er dafür, dass ihrem Geschlecht nicht der Angriff, sondern nur die Verteidigung vergönnt sei. Keinem Geringeren als dem Göttervater Jupiter und dessen tierischen Metamorphosen möchte er es als Herr der

Schöpfung zu Verführungs- oder Vergewaltigungszwecken gleichtun:

Wollt', ich könnt' sein wie Jupiter selig
in tausend Gestalten!
Wär' Verwendung für jede.
(I:27)

Ironiefrei versteht er die seine Grobheiten verspottende Marschallin nicht – »wie, auch für den Stier« (I:27), fragt sie den Ochs apropos Jupiters Verwandlungen. Er versteht auch nicht, dass Octavian alias das Mariandel ihm das wienerische Dienstmädchen samt Dialekt vorspielt, um ihn zum Narren zu halten und ihm schließlich die Türe vor der Nase zuzuschlagen.

Der Lauf der Welt

Da geht er hin, der aufgeblas'ne, schlechte Kerl
und kriegt das hübsche, junge Ding und einen Pinkl Geld dazu,
(seufzend) als müßt's so sein. […]
Was erzürn' ich mich denn? 's ist doch der Lauf der Welt.
Kann mich auch an ein Mädel erinnern,
die frisch aus dem Kloster ist in den heiligen Ehstand
(etwas zögernd) kommandiert word'n. (Nimmt den Handspiegel)
Wo ist die jetzt? Ja, (seufzend)
such dir den Schnee vom vergangenen Jahr.
(I:45)

So wird einmal »aus der kleinen Resi«, die es nicht mehr gibt, »die alte Marschallin« werden, die es noch nicht gibt (I:46).

Sie, die Marschallin erkennt das Elend der patriarchalischen Ehe, die Kinder, »frisch aus dem Kloster«, 14-jährig der Brutalität von erwachsenen Männern, Jägern aussetzt – wie sie selbst etwa ihrem Ehemann, dem Jäger. Alle Privilegien sind bei den Männern, die sich unsterblich wähnen, sich benehmen wie sie wollen und die Frauen straflos vernutzen. Nicht von der Liebe, sondern von Unterwerfung der Frau unter den Mann ist die Ehe bestimmt. »Männer« wähnen sich ewig jung und völlig im Recht, junge Frauen zu besitzen. So ist es die Blindheit des Vetters Ochs, die der Marschallin die Augen für die Vergänglichkeit, auch die Vergänglichkeit ihrer eigenen Liebe öffnet. In absurdem Anspruchsdenken, in der grotesken Selbstverkennung, in der Unerschütterlichkeit ihrer Privilegien sind diese »Männer« der Horror der Marschallin. »Sei Er nur nicht wie alle Männer sind« (I:47), warnt sie ihren Octavian. Alle Männer – das sind Menschen, die in Sachen Liebe Besitzanspruch haben, Herrenrechte durchsetzen und sich selbst für unsterblich halten.

Der Baron Ochs ist besonders grotesk, weil er als Adeliger den Code der höfischen Liebe verkehrt, der doch einmal im Minnedienst die Frau über den Mann stellte. Ochs, der er heißt, pocht hingegen im Namen seines blauen Blutes als alter Glatzkopf auf sein Herrenrecht, das für ihn das Recht zur Frauenvernutzung ist.

In der blutjungen Sophie erkennt die Marschallin ihr eigenes Schicksal. So ist es die Marschallin selbst, die ihren jungen Vetter, ihren Quinquin, den Fürsten Rofrano, als Überbringer der silbernen Rose zur jungen Braut schickt. Das Mädchen und der Bub verlieben sich auf den ersten Blick. Der Brautwerber schlägt den Bräutigam aus dem Feld. Den »Lauf der Welt« wird die Marschallin also tatsächlich ändern. Die Dame und ihr Bub, Octavian und Theres machen Vetter Ochs einen Strich durch die Rechnung, hebeln die männlichen Privilegien aus und machen ihn als alten Sack coram publico in einer Wiener »Farce« (III:120) lächerlich. Das mythische Liebespaar Venus und Adonis bewahrt die schöne junge Sophie vor dem Lauf der Welt. Anders als die Marschallin Marie Theres wird sie nicht als junges Mädchen, gerade aus dem Kloster, zu einem aufgeblasenen alten Mann, der sich für ewig jung hält, in die Ehe »abkommandiert« werden. Die Marschallin bewahrt sie davor, an einen Jäger, den Vetter Ochs, zu geraten und spielt ihr den jungen schönen Mann zu.

Als eine Dea ex Machina, allmächtig und die Zügel in der Hand haltend, bewahrt sie im gleichen Zug ihren Vetter Ochs doch vor dem Ruin durch die Sittenpolizei – *noblesse oblige*. Auch zwingt sie den ewigen Potenzprahler dazu, anzuerkennen, dass sie ihm sehr wohl in erotischen Dingen überlegen ist – und das nicht weiterzusagen. Ihr guter Ruf bleibt so intakt. Selbst dem dummen Ochsen dämmert schließlich die Liaison zwischen der schönen Feldmarschallin und ihrem Buben Octavian alias Mariandel, in die er hineingeplatzt war und der er unermüdlich mit für ihn verheerenden Folgen nachstellt. Die Marschallin ruft ihm seine höfische Kinderstube in Erinnerung, mit der er sich immer brüstete, ohne zu wissen, wovon er redete, und sie schreibt ihm vor, was zu tun ist: »Er ist, mein' ich, ein Kavalier? Da wird Er sich halt gar nichts denken. Das ist's, was ich von Ihm erwart'.« (III:122)

Indessen, im selben Zug, wird ihr der Bub, ihr Bub, verloren gehen. Octavian stirbt nicht wie Adonis; so hart wie bei Ovid geht es im Wien Maria Theresias nicht zu. Aber, und das ist auch nicht viel besser, er wird zu einem Mann. »Er ist ein rechtes Mannsbild, geh' Er hin!« (III:127), lacht die Marschallin zornig, als sie ihn »zum Hof machen« zu Sophie schickt. Und dass nun eben auch der süße, reizende Bub »ein rechtes Mannsbild« geworden ist, ist jetzt kein wirklich gutes Zeichen, sondern eine Katastrophe, hatte doch die Marschallin verkündet, »Hab' jetzt einen montierten Kopf gegen die Männer – so ganz im allgemeinen!« (III:122)

Der Rosenkavalier erzählt nicht nur von einem Triumph über die Tyrannei der patriarchalen Ehe, den Größenwahn der Männer und vom Verlust eines jungen Geliebten, den die Fürstin, ganz Dame, ihrem Gelübde getreu mit »gefasstem Herzen« (III:128) erträgt. Er erzählt vor allem von einem unwiederbringlichen Verlust, dem Verlust einer Liebesform, der Adonis-Liebe. Mit der Liebesbeziehung zwischen der Marschallin und dem Buben versinkt die schönste der Lieben, die Liebe zwischen einem Knaben, einem Cherubino, der geschlechtlich noch nicht ganz festgelegt ist und in der Oper als Mezzosopran von einer jungen Frau gesungen wird, und einer zur vollen Schönheit erblühten Liebesgöttin. Idol im *Rosenkavalier* ist der Bub, wie Mozarts Cherubino ein Crossdresser in Frauenkleidern, der Liebling aller Frauen. Ein ganz junger Mann, fast ein Kind (und geschlechtlich undefiniert wie die Engel), der liebt, statt zu jagen. Die geschlechtliche Definiertheit des Mann-Frauseins – das Genderkorsett – und das Elend der Ehe, in der der Mann die Frau in hierarchisierter Zwangsheterosexualität regiert – wird über den freien Eros und die geschlechtliche Unbestimmtheit siegen. Aus dem Paradies der Adonis-Liebe, in der es keine Männer gibt, werden in der Oper alle vertrieben.

> *Da steht der Bub und da steh' ich und mit dem fremden Mädel dort*
> *wird er so glücklich sein, als wie halt Männer*
> *das Glücklichsein versteh'n.*
> (III:130 f.)

Dass die Marschallin, die Sophie Octavian gibt, ihr aber trotzdem etwas nimmt, das spürt auch die junge Sophie: »Ich möcht' mich niederknien dort vor der Frau und möcht' ihr was antun. Denn ich spür', sie gibt mir ihn und nimmt mir was von ihm zugleich. Weiß gar nicht, wie mir ist.« (III:131)

Und so ist der eigentliche Verlust für alle der des Buben, der zum Mann wird. Der eigentliche Protagonist des *Rosenkavaliers* ist deswegen die Zeit, die so unerbittlich wie bei Ovid das weibliche Liebesobjekt, das Kind im Jungen, den Jungen zum Mann werden lässt und uns alle aus dem Liebesparadies vertreibt. Aber so süß und wehmütig wie im ganz weiblichen Sopranterzett des *Rosenkavaliers* klingt das selten. Wie die Marschallin machen Hugo von Hofmannsthal und Richard Strauss die bittere Erkenntnis leicht.

Anhang

Dank

Danken möchte ich zuerst Petra Eggers, die mich wie immer tatkräftig bei diesem Projekt unterstützt hat. Die Hörerinnen meiner Opernvorlesungen an der Ludwig-Maximilians-Universität haben über viele Semester, von der Sache begeistert, meine Arbeit begleitet und oft, wie etwa Stefanie Mieszkowski, eine erstaunliche Kenntnis der Materie bewiesen. Meine Mitarbeiter, darunter Hanna Sohns und Gregor Specht, bestärkten mich in Momenten des Zweifels durch geduldige Lektüren. Am IFK in Wien konnte ich auf Einladung von Thomas Macho einzelne Stücke in einem größeren Kreis vorstellen, darunter Anouk Luhn, und das Ganze in Ruhe zu Ende schleifen.

Zum Schreiben über die Oper für Max Joseph hat mich Miron Hakenbeck gebracht. Ohne Anna Obert und Claire Schleeger und die vielen Stunden ihrer Redaktionsarbeit zum guten Schluss stünde der Text schwarz auf weiß nicht so da.

Sehr dankbar bin ich, dass ich so viele hinreißende Opern hören konnte, in München und an der New Yorker Met, im Fenice, in Wien, Chicago, Zürich, der Scala, Salzburg, an der Bastille. Mein Mann und mein Sohn Moritz waren fast immer dabei.

Bibliographie

Einleitung

Clément, Catherine: *L'opéra ou la défaite des femmes*, Paris 1979.

Grünnagel, Christian: »›L'horreur des dames, & la risée des hommes‹. Zur Wahrnehmung des *musico* im Frankreich der Frühen Neuzeit«, in: *Von Teufeln, Tänzen und Kastraten. Die Oper als transmediales Spektakel*, hrsg. von Maria Imhof und Anke Grutschus, Bielefeld 2015, S. 41–66.

Kluge, Alexander: *Die Macht der Gefühle*, Frankfurt am Main 1984.

Macho, Thomas: »Carmens Passionen«, in: *Passionen. Objekte – Schauplätze – Denkstile*, hrsg. von Corina Caduff, Anne-Kathrin Reulecke und Ulrike Vedder, München 2010, S. 143–161.

Mehltretter, Florian: *Orpheus und Medusa. Poetik der italienischen Oper 1600–1900*, Baden-Baden 2020.

Nietzsche, Friedrich: »Der Fall Wagner«, in: Ders.: *Kritische Gesamtausgabe*, hrsg. von Giorgio Colli und Mazzino Montinari, Berlin 1969, Bd. 6/3, S. 3–50.

Nussbaum, Martha C.: *Political Emotions: Why Love Matters for Justice*, Cambridge u. a. 2013.

Strauss, Richard: *Der Rosenkavalier – Komödie für Musik in drei Aufzügen von Hugo von Hofmannsthal*, hrsg. von Katharina Hottmann, Stuttgart 2008.

Weigel, Sigrid: »Pathosformel und Oper: Die Bedeutung des Musiktheaters für Aby Warburgs Konzept der Pathosformel«, in: *KulturPoetik* Bd. 6/2 (2006), S. 234–253.

Le nozze di Figaro

Alighieri, Dante: *La Vita Nuova / Das Neue Leben. Italienisch / Deutsch*, übers. von Thomas Vormbaum, Berlin 2007.

Casanova, Giacomo: *History of my Life*, Bde. 11 u. 12, übers. von Willard R. Trask, New York 1971, S. 3–36.

Fögen, Marie Theres: *Römische Rechtsgeschichten. Über Ursprung und Evolution eines sozialen Systems*, Göttingen 2002.

Link, Dorothea: »Performing the Fandango in Mozart's ›Le nozze di Figaro‹«, in: *Proceedings of the American Philosophical Society* 152/2 (2008), S. 167–178.

Mozart, Wolfgang Amadeus: *Le nozze di Figaro / Die Hochzeit des Figaro. Textbuch Italienisch / Deutsch*, übers. von Dietrich Klose, Stuttgart 2019.

Nussbaum, Martha C.: *Political Emotions: Why Love Matters for Justice*, Cambridge u. a. 2013.

Ovid: *Metamorphosen. Lateinisch / Deutsch*, übers. und hrsg. von Michael von Albrecht, Stuttgart 1994.

Proudhon, Pierre-Joseph: *De la justice dans la révolution et dans l'église*, Bd. 3, Paris 1990.

Saïd, Edward W.: »Opera Opposed to Opera: ›Così fan tutte‹ and ›Fidelio‹«, in: *Profession* (1998), S. 23–29.

Vergil: *Aeneis. 3. und 4. Buch. Lateinisch / Deutsch*, übers. und hrsg. von Edith Binder und Gerhard Binder, Stuttgart 1997.

Vinken, Barbara: »L'espace exotique du sérail et la différence sexuelle chez Jean-Jacques Rousseau«, in: *Études et rencontres 1: Littérature et exotisme*, hrsg. von Dominique de Courcelles, Paris 1997, S. 61–78.

Williams, Bernard: »Mozart's Figaro: A Question of Class?«, in: *On Opera*, New Haven 2006, S. 25–30.

Così fan tutte

Barthes, Roland: *S/Z*, Paris 1970.

Felman, Shoshana: *The scandal of the speaking body. Don Juan with J. A. Austin, or Seduction in two Languages*, Stanford 2003.

Gier, Albert: *Das Libretto. Theorie und Geschichte einer musikoliterarischen Gattung*, Darmstadt 1998.

Glock, William: »Tears are Neighbours to a Smile«, in: Wolfgang Amadeus Mozart, *Così fan tutte (KV 588)*, London 1994.

Goehring, Edmund J.: »Despina, Cupid and the Pastoral Mode in *Così fan tutte*«, in: *Cambridge Opera Journal* 7 (1995), S.107–133.

Hocquart, Jean Victor: »Einführung«, in: Wolfgang Amadeus Mozart, *Così fan tutte (KV 588)*, London 1994.

Kerman, Joseph: *Opera as Drama*, New York 1956.

Krasting, Malte: *Mozart – Così fan tutte*, Leipzig 2013.

Lucan: »Bellum civile IX, 604–73«, in: *Storia e testi della letteratura latina*, hrsg. von Alessandro Perutelli u.a., Bologna 2010.

Mozart, Wolfgang Amadeus: *Così fan tutte. Italienisch / Deutsch*, übers. und hrsg. von Dietrich Klose, Stuttgart 2001.

Robinson, Michael: *Naples and Neapolitan Opera*, Oxford 1972.

Rosen, Charles: *The Classical Style. Hayden, Mozart, Beethoven*, New York 1976.

Saïd, Edward: »Opera Opposed to Opera: ›Così fan tutte‹ and ›Fidelio‹«, in: *Profession* (1998), S.23–29.

Williams, Bernard: »Passion and Cynicism. Remarks on *Così fan tutte*«, in: *Musical Times* 114 (1973), S.361–363.

Wunderlich, Werner: *Mozarts Così fan tutte – Wahlverwandtschaften und Liebesspiele*, Bern 1996.

Die Zauberflöte

Assmann, Jan: *Die Zauberflöte: Oper und Mysterium*, München 2005.

Assmann, Jan (Hrsg.): *Die Zauberflöte: Ein literarischer Opernbegleiter mit dem Libretto Emanuel Schikaneders und verwandten Dichtungen*, Zürich 2012.

Bachtin, Michail: *Rabelais und seine Welt*, hrsg. von Renate Lachmann, Frankfurt am Main 1987.

Bronfen, Elisabeth: *Tiefer als der Tag gedacht: Eine Kulturgeschichte der Nacht*, München 2008.

Falk, Rainer; Limbeck, Sven (Hrsg.): *Casta Diva. Der Schwule Opernführer*, Berlin 2019.

Frömmer, Judith: *Vaterfiktionen: Empfindsamkeit und Patriarchat in der Literatur der Aufklärung*, München 2008.

Grünnagel, Christian: »Der Held der italienischen Barockoper als Opfer«, in: *Geschichte(n) von Macht und Ohnmacht: Narrative von Männlichkeit und Gewalt*, hrsg. von Uta Fenske und Gregor Schuhen, Bielefeld 2016, S.131–146.

Herrmann, Silke: *Auf Spurensuche: Sängerkastraten zwischen Anekdote und Archiv: Körper, Stimme, Geschlecht*, Berlin 2014.

Hunt, Lynn: *Symbole der Macht, Macht der Symbole: Die Französische Revolution und der Entwurf einer politischen Kultur*, Frankfurt am Main 1989.

Koselleck, Reinhart: *Kritik und Krise: Eine Studie zur Pathogenese der bürgerlichen Welt*, Frankfurt am Main 1973.

Menke, Bettine: *Prosopopoiia: Stimme und Text*, München 2000.

Mozart, Wolfgang Amadeus: *Die Zauberflöte*, Stuttgart 2019.

Nagel, Ivan: *Autonomie und Gnade: Über Mozarts Opern*, 3.Aufl., München 1985.

Polaschegg, Andrea: *Der andere Orientalismus: Regeln deutsch-morgenländischer Imagination im 19.Jahrhundert*, Berlin 2005.

Preisendanz, Wolfgang: *Humor als dichterische Einbildungskraft*, München 1963.

Schneider, Carl: *Kulturgeschichte des Hellenismus*, Bd.2, München 1969.

Stollberg-Rillinger, Barbara: *Maria Theresia: Die Kaiserin in ihrer Zeit*, München 2018.

Shakespeare, William: *King Henry V / König Heinrich V.*, hrsg. von Dieter Hamblock, übers. von Berthold Bieker u.a., Stuttgart 1996.

Zednik, Stefan: *»Die Mörder sitzen in der Oper« – Erkundigungen zu einer unzeitgemäßen Kunst*, Berlin 2022.

Norma

Bellini, Vincenzo: *Norma. Lyrische Tragödie in zwei Akten. Italienisch / Deutsch*, übers. von Lothar Quandt, Stuttgart 1977.

Chateaubriand, François-René de: *Les martyrs ou le triomphe du christianisme*, Paris 1809.

De Maistre, Joseph: *Éclaircissement sur les sacrifices*, hrsg. von Pierre Glaudes, Paris 2007.

Soumet, Alexandre: *Norma ou l'infanticide. Tragédie en cinq actes et en vers*, Paris 1831.

Rigoletto

Baker, Evan: »Lettere di Giuseppe Verdi a Francesco Maria Piave, 1843–1865. Documenti della Frederick R. Koch Foundation Collection e della Mary Flagler Cary Collection presso la Pierpont Morgan Library di New York«, in: *Studi verdiani* 4 (1986–7), S.136–66.

Budden, Julian: *The Operas of Verdi. Bd.1. From Oberto to Rigoletto*, London 1973.

Cesari, Gaetano; Luzio, Alessandro (Hrsg.): *I copialettere di Guiseppe Verdi*, Mailand 1913.

Döhring, Sieghart: »›Le Roi s'amuse‹ – ›Rigoletto‹: Vom ›drame‹ zum ›melodramma«, in: *Oper als Text: Romanistische Beiträge zur Libretto-Forschung*, hrsg. von Albert Gier, Heidelberg 1986, S. 239–247.

Felman, Shoshana: *The scandal of the speaking body. Don Juan with J. A. Austin, or Seduction in two Languages*, Stanford 2003.

Fögen, Marie Theres: *Römische Rechtsgeschichten. Über Ursprung und Evolution eines sozialen Systems*, Göttingen 2002.

Hudson, Elizabeth: »Gilda Seduced: A tale untold«, in: *Cambridge Opera Journal* 4 (1992), S. 229–251.

Hugo, Victor: *Le roi s'amuse*, Paris 2009.

Kierkegaard, Søren: *Entweder – Oder. Teil I und II*, hrsg. von Hermann Diem, München 2005.

Livius, Titus: *Römische Geschichte. Lateinisch / Deutsch. Buch 3*, hrsg. von Hans Jürgen Hillen, Berlin 2011.

Schreiber, Ulrich: *Opernführer für Fortgeschrittene. Die Geschichte des Musiktheaters. Bd. 2. Das 19. Jahrhundert*, Kassel u. a. 1991.

Taruskin, Richard; Gibbs, Christopher H.: *The Oxford History of Western Music*, Oxford 2013.

Verdi, Giuseppe: *Rigoletto. Italienisch / Deutsch*, übers. und hrsg. von Elena Sterbini, Stuttgart 1998.

Vergil: *Aeneis. Lateinisch / Deutsch. Buch 4*, hrsg. und übers. von Niklas Holzberg, Berlin 2015.

Voss, Egon: »Rigoletto«, in: *Verdi Handbuch*, hrsg. von Anselm Gerhard und Uwe Schweikert, Stuttgart 2013, S. 435–444.

La Traviata

Dumas, Alexandre (fils): *La dame aux camélias. Préface de Jules Janin*, Paris [s.d.], online verfügbar in: La bibliothèque électronique du Québéc, Collection *À tous les vents* 750 (https://beq.ebooksgratuits.com/vents/Dumas-fils-camelias.pdf).

Hassauer, Friederike: »Gleichberechtigung und Guillotine: Olympe de Gouges und die feministische Menschenrechtserklärung der Französischen Revolution«, in: *Weiblichkeit in geschichtlicher Perspektive. Fallstudien zu Grundproblemen der historischen Frauenforschung*, hrsg. von Ursula A. J. Becher, Frankfurt am Main 1988, S. 259–291.

Kerman, Joseph: »Verdi and the undoing of women«, in: *Cambridge Opera Journal* 18 (2006), S. 21–31.

Puccini, Giacomo: *Manon Lescaut. Textbuch Italienisch / Deutsch*, übers. und hrsg. von Henning Mehnert, Stuttgart 2007.

Sontag, Susan: *Krankheit als Metapher. Aids und seine Metaphern*, Frankfurt am Main 2012.

Taruskin, Richard; Gibbs, Christopher H.: *The Oxford History of Western Music*, Oxford 2013.

Verdi, Giuseppe: *La Traviata. Textbuch Italienisch / Deutsch*, übers. und hrsg. von Henning Mehnert, Stuttgart 2017.

Vinken, Barbara: »Nana. Venus à rebours. Das Paris des II. Empire als Wiederkehr Roms/Babylons«, in: *Translatio Babylonis. Unsere orientalische Moderne*, hrsg. von Barbara Vinken, Paderborn 2015, S. 201–220.

Vespri siciliani

Auf der Heyde, Alexander; Müller, Olaf: »Zur Ästhetik der Revolte: die Sizilianische Vesper in intermedialer Perspektive«, in: *Studien zu den Romanischen Literaturen und Kulturen*, hrsg. von Ulrich Winter u.a., Berlin u.a. 2022, im Druck.

Estelmann, Frank: »Eugène Scribe und Sismondis ›grande vengeance nationale‹: Zum französischen Libretto der Vêpres siciliennes«, in: *Studien zu den Romanischen Literaturen und Kulturen*, hrsg. von Ulrich Winter u.a., Berlin u.a. 2022 im Druck.

Leonardi, Marco: »Michele Amari (1806–1889) und die Sizilianische Vesper zwischen Quellenkritik und politischem Engagement«, in: *Studien zu den Romanischen Literaturen und Kulturen*, hrsg. von Ulrich Winter u.a., Berlin u.a. 2022, im Druck.

Lowrie, Michèle: »Roman Civil War Tropes in Verdi's ›Trovatore‹«, in: *The Lives of Latin Texts: Papers Presented to Richard J. Tarrant*, hrsg. von Lauren Curtis und Irene Peirano Garrison, Cambridge 2021, S. 289–308.

Müller, Olaf: »Giovanni Battista Niccolinis Tragödie Giovanni da Procida (1831) zwischen ›fatto privato‹ und ›grande azione pubblica‹«, in: *Studien zu den Romanischen Literaturen und Kulturen*, hrsg. von Ulrich Winter u.a., Berlin u.a. 2022, im Druck.

Verdi, Giuseppe: *La Traviata. Textbuch Italienisch / Deutsch*, übers. und hrsg. von Henning Mehnert, Stuttgart 2017.

Verdi, Giuseppe: »I Vespri Siciliani«, in: www.impresario.ch/libretto/libverves_i.htm [Zugriffsdatum 18.09.2021].

Verdi, Giuseppe: »Les Vêpres siciliennes«, in: https://odb-opera.com/joomfinal/index.php/les-livrets/summary/120-verdi/1013-les-vepres-siciliennes [Zugriffsdatum 18.09.2021].

Verdi, Giuseppe: »Libretto: Les vêpres siciliennes«, in: https://opera-guide.ch/operas/les+vepres+siciliennes/libretto/de/ [Zugriffsdatum 18.09.2021].
O.A.: »Il Canto degli Italiani«, in: https://de.wikipedia.org/wiki/Il_Canto_degli_Italiani, Bearbeitungsstand 07.05.2021 [Zugriffsdatum 18.09.2021].
O.A.: »Les vêpres siciliennes«, in: https://de.wikipedia.org/wiki/Les_vêpres_siciliennes, Bearbeitungsstand 05.02.2021 [Zugriffsdatum 04.09.2021].

Tosca

Bronfen, Elisabeth: *Tiefer als der Tag gedacht: eine Kulturgeschichte der Nacht*, München 2008.
Budden, Julian: *Puccini – His Life and Works*, Oxford 2002.
Erkens, Richard (Hrsg.): *Puccini-Handbuch*, Stuttgart 2017.
Formica, Marina: »The Protagonists of the Principal Phases of the Roman Republic of 1798 to 1799«, in: *Tosca's Prism – Three Moments of Western Cultural History*, hrsg. von Deborah Burton, Susan Vandiver Nicassio und Agostini Ziino, Boston 2004, S.67–84.
Grab, Alexander: »The Napoleonic Legacy in Italy«, in: *Tosca's Prism – Three Moments of Western Cultural History*, hrsg. von Deborah Burton, Susan Vandiver Nicassio und Agostini Ziino, Boston 2004, S.3–18.
Hindrichs, Thorsten: »›Vissi d'arte‹ – Inszenierte Innerlichkeit in Puccinis Tosca«, in: *Caecilia – Tosca – Carmen – Brüche und Kontinuitäten im Verhältnis von Musik und Welterleben*, hrsg. von Klaus Ley, Tübingen 2006, S.173–183.
Horst, Michael: *Puccini. Tosca*, Kassel 2012.
Ley, Klaus: »Tosca als ›Cécile moderne‹«, in: *Caecilia – Tosca – Carmen – Brüche und Kontinuitäten im Verhältnis von Musik und Welterleben*, hrsg. von Klaus Ley, Tübingen 2006, S.186–224.
Puccini, Giacomo: *Tosca. Italienisch / Deutsch*, übers. von Thomas Flasch, Stuttgart 2018.
Weigel, Sigrid: »Tosca Divina – Die Oper der ›Göttlichen Stimme‹ und die Rückkehr der Märtyrerin«, in: *Programmbuch zur Neuinszenierung Tosca von Giacomo Puccini am 28.Juni 2010*, hrsg. von Bayrische Staatsoper München, München 2010, S.40–47.

Madama Butterfly

Auerbach, Erich: *Mimesis – Dargestellte Wirklichkeit in der abendländischen Literatur* [1946], Tübingen 2015.

Badiou, Alain: *Saint Paul. La fondation de l'universalisme*, Paris 1997.

Bailey-Harris, Rebecca: »Madame Butterfly and the Conflict of Laws Author(s)«, in: *The American Journal of Comparative Law* 39/1 (1991), S. 157–177.

Belasco, David: *Madame Butterfly* (1900), in: Twentieth Century North American Drama database.

Boscaro, Adriana: »Perché Nagasaki?«, in: *Madama Butterfly – l'orientalismo di fine secolo, l'approccio pucciniano, la ricezione*, hrsg. von Arthur Groos und Virgilio Bernardoni, Florenz 2008, S. 3–15.

Erkens, Richard (Hrsg.): *Puccini-Handbuch*, Stuttgart 2017.

Groos, Arthur: »*Madama Butterfly* Between comedy and tragedy«, in: *Madama Butterfly – l'orientalismo di fine secolo, l'approccio pucciniano, la ricezione*, hrsg. von Arthur Groos und Virgilio Bernardoni, Florenz 2008, S. 159–181.

Gundermann, Christian: »Orientalism, Homophobia, Masochism: Transfers between Pierre Loti's *Aziyadé* and Gilles Deleuze's ›Coldness and Cruelty‹«, *Diacritics* 24 (1994), S. 151–67.

Hwang, David Henry: *M. Butterfly*, New York 1989.

James, Joy: »Madame Butterfly: Behind Every Great Woman …«, in: *A Vision of the Orient: Texts, Intertexts, and Contexts of Madame Butterfly*, hrsg. von Jonathan Wisenthal u.a., Toronto 2006, S. 196–226.

Long, John Luther: »Madame Butterfly (1898)«, in: Ders.: *The American Short Story Series* 25, New York 1969, S. 1–89.

Loos, Adolf: *Ornament und Verbrechen* [1908], Wien 2012.

Loti, Pierre: *Madame Chrysanthème*, Paris 1990.

McClary, Susan: »Mounting Butterflies«, in: *A Vision of the Orient: Texts, Intertexts, and Contexts of Madame Butterfly*, hrsg. von Jonathan Wisenthal u.a., Toronto 2006, S. 21–35.

Mehnert, Henning: »Nachwort«, in: Puccini, Giacomo: *Madama Butterfly – Tragedia giapponese in due atti. Italienisch/Deutsch*, Stuttgart 2006, S. 114–127.

Messager, André: *Madame Chrysanthème. Comédie lyrique en 4 actes*, Paris 1893.

Micznik, Vera: »Cio-Cio-San the Geisha«, in: *A Vision of the Orient: Texts, Intertexts, and Contexts of Madame Butterfly*, hrsg. von Jonathan Wisenthal u.a., Toronto 2006, S. 36–58.

Mostow, Joshua S.: »Iron Butterfly: Cio-Cio-San and Japanese Imperialism«, in: *A Vision of the Orient: Texts, Intertexts, and Contexts of Madame Butterfly*, hrsg. von Jonathan Wisenthal u.a., Toronto 2006, S. 181–195.

Pasler, Jann: »Political Anxieties and Musical Reception: Japonisme and the Problem of Assimilation«, in: *Madama Butterfly – l'orientalismo di fine secolo, l'approccio pucciniano, la ricezione*, hrsg. von Arthur Groos und Virgilio Bernardoni, Florenz 2008, S. 17–54.

Puccini, Giacomo: *Madama Butterfly – Tragedia giapponese in due atti. Italienisch/Deutsch* (angepasste Partiturfassung von 1907), übers. und hrsg. von Henning Mehnert, Stuttgart 2006.

Régamey, Félix: *Le Cahier rose de Mme Chrysanthème*, Paris 1894.

Taruskin, Richard; Gibbs, Christopher H.: *The Oxford History of Western Music*, Oxford 2013.

Wagner, Richard: *Das Judenthum in der Musik*, Leipzig 1869.

Wagner, Richard: *Oper und Drama* (1852), hrsg. von Klaus Kropfinger, Stuttgart 2008.

Wilson, Alexandra: *The Puccini Problem – Opera, Nationalism and Modernity*, Cambridge 2009.

Wisenthal, Jonathan: »Inventing the Orient«, in: *A Vision of the Orient: Texts, Intertexts, and Contexts of Madame Butterfly*, hrsg. von Jonathan Wisenthal u.a., Toronto 2006, S. 3–20.

Carmen

Adorno, Theodor W.: »Fantasia sopra Carmen«, in: Ders.: *Gesammelte Schriften*, Bd. 16, Darmstadt 1978, S. 298–308.

André, Naomi: *Black Opera. History, power, engagement*, Urbana 2018.

Bizet, Georges: *Carmen. Französisch/Deutsch*, hrsg. von Henning Mehnert, Stuttgart 1997.

Bronfen, Elisabeth: »Das extreme Opfer«, in: *Blicke auf Carmen. Ausstellungskatalog des Landesmuseum Joanneum Graz*, hrsg. von Peter Pakesch und Verena Formanek, Köln 2005, S. 86–116.

Butor, Michel: *Improvisations sur Flaubert*, Paris 1984.

Christoforidis, Michael; Kertesz, Elisabeth (Hrsg.): *Carmen and the Staging of Spain – Recasting Bizet's Opera in the Belle Epoque*, Oxford 2018.

Dahlhaus, Carl: *Die Musik des 19. Jahrhunderts*, Wiesbaden 1980.

Gilman, Sander L.: »Nietzsche, Bizet, and Wagner: Illness, Health, and Race in the Nineteenth Century«, in: *The Opera Quarterly* 23 (2007), S. 247–264.

Macho, Thomas: »Carmens Passionen«, in: *Passionen. Objekte – Schauplätze – Denkstile*, hrsg. von Corina Caduff, Anne-Kathrin Reulecke und Ulrike Vedder, München 2010, S. 143–161.

McClary, Susan: »Structures of Identity and Difference in Bizet's *Carmen*«, in: Dies.: *Reading Music – Selected Essays*, Aldershot 2007, S.153–167.
Mérimée, Prosper: *Carmen*, hrsg. von Ortrud Ahlers, Stuttgart 1984.
Mundt-Espin, Christine: »Cäcilie und Carmen – von ›bright Cecilia‹ zur ›femme fatale‹«, in: *Caecilia – Tosca – Carmen. Brüche und Kontinuitäten im Verhältnis von Musik und Welterleben*, hrsg. von Klaus Ley, Tübingen 2006, S.122–142.
Nietzsche, Friedrich: »Der Fall Wagner«, in: Ders.: *Kritische Gesamtausgabe*, hrsg. von Giorgio Colli und Mazzino Montinari, Berlin 1969, Bd.6/3, S.3–50.
Praz, Mario: *Liebe, Tod und Teufel*, München 1963.
Starobinski, Jean: *Les enchanteresses*, Paris 2005.

Cavalleria rusticana

Frewert, Ute: *Ehrenmänner – Das Duell in der bürgerlichen Gesellschaft*, München 1991.
Mascagni, Pietro: *Cavalleria rusticana. Textbuch (Italienisch – Deutsch)*, hrsg. und komm. von Kurt Pahlen, Mainz 1990.
Verga, Giovanni: *Landleben: Sizilianische Novellen*, übers. und komm. von Dorothea Zeisel, Stuttgart 1992.
O.A.: »Das Regina Caeli (Coeli) – Freu dich, du Himmelskönigin«, Gotteslob Nr.525, in: https://www.ebfr.de/wege-mit-maria/das-regina-caeli-coeli-freu-dich-du-himmelskoenigin/ [Zugriffsdatum 10.12.2021].

Lulu

Berg, Alban: *Lulu. Oper in 2 Akten nach den Tragödien Erdgeist und die Büchse der Pandora von Frank Wedekind*, Nachdruck des Librettos (Universal edition 1936) im Beiheft der Audio CD von Polygram Records, Wien 1976.
Creuzer, Friedrich: *Symbolik und Mythologie der alten Völker, besonders der Griechen: in Vorträgen und Entwürfen*, 4 Bde., Leipzig/Darmstadt 1810–1812.

Der Rosenkavalier

Hottmann, Katharina: »Nachwort«, in: Strauss, Richard: *Der Rosenkavalier – Komödie für Musik in drei Aufzügen von Hugo von Hofmannsthal*, Stuttgart 2008, S.147–162.

Ovid: *Metamorphosen*, hrsg. von Niklas Holzberg, Berlin 2017.
Renner, Ursula: »Die Inszenierung von Geschlecht im Zeichen der Melancholie. Zu Hofmannsthals Rosenkavalier«, in: *Richard Strauss – Hugo von Hofmannsthal: Frauenbilder*, hrsg. von Ilija Dürhammer und Pia Janke, Wien 2001, S. 113–139.
Strauss, Richard: *Der Rosenkavalier – Komödie für Musik in drei Aufzügen von Hugo von Hofmannsthal*, hrsg. von Katharina Hottmann, Stuttgart 2008.

Register

www.klett-cotta.de

Barbara Vinken
Angezogen
Das Geheimnis der Mode
256 Seiten, gebunden mit Schutzumschlag
ISBN 978-3-608-94625-3

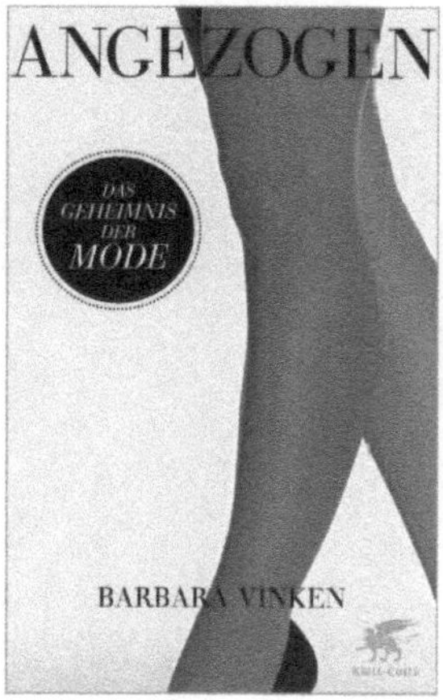

Ist der Wandel der Moden eine unvorhersehbare Laune der Kultur? Mitnichten, sagt Barbara Vinken, auch wenn wir, die diese Moden tragen, meist keine Ahnung davon haben, was wir tun, wenn wir uns anziehen. Modewandel hat System. Fragt sich nur, welches?

www.klett-cotta.de

Barbara Vinken
Die Blumen der Mode
Klassische und neue
Texte zur Philosophie
der Mode
552 Seiten, Leinenband im
Großformat, mit Farbschnitt
und Lesebändchen
ISBN 978-3-608-94910-0

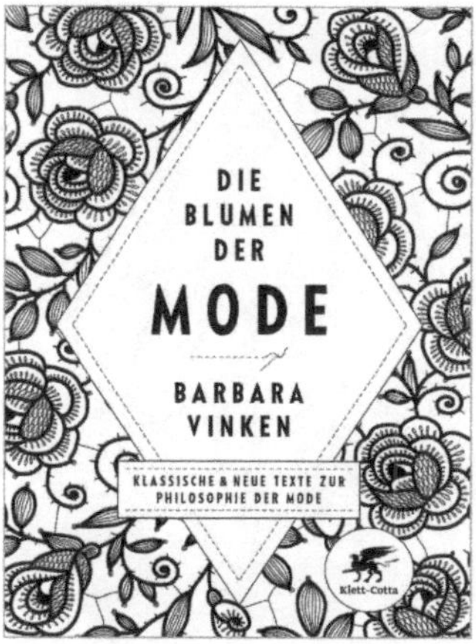

Mode und Kleidung als vielschichtiges Mittel des Selbstausdrucks und der Kommunikation fasziniert Schriftsteller, Philosophen und Soziologen gleichermaßen. Der Band versammelt 45 essentielle Schriften vom 18. bis zum 21. Jahrhundert, jeweils kenntnisreich eingeleitet von Barbara Vinken.

www.klett-cotta.de

Ulinka Rublack
Die Geburt der Mode
Eine Kulturgeschichte der Renaissance
Aus dem Englischen von Karin Schuler
536 Seiten, gebunden mit Schutzumschlag
ISBN 978-3-608-98449-1

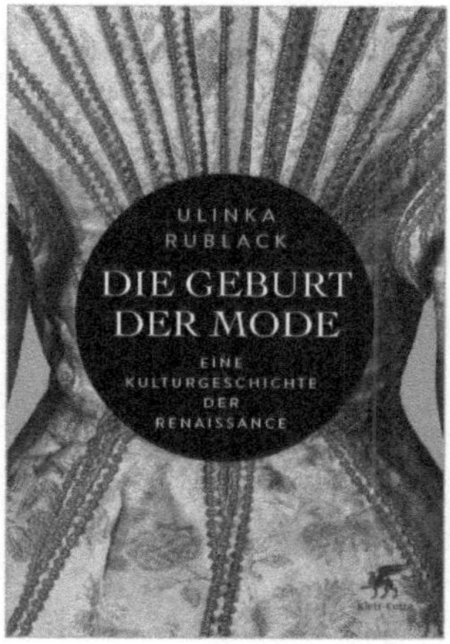

»In ihrem lebendig erzählten und faszinierenden Buch zeigt Ulinka Rublack, wie die Geschichte der Kleidung Teil unserer Kultur ist.«
Peter Burke, Universität Cambridge

Ulinka Rublack bietet eine große, spannende und anschaulich geschriebene Kulturgeschichte der Mode in der Renaissance und zeigt, wie Mode Geschichte macht und wie sie sich zu Beginn der globalen Ökonomie rasant veränderte. Lebensnah schildert die Autorin die Begebenheiten, welche die Kleidung so bedeutsam für unsere Kultur und Gesellschaft machten und uns bis in unsere Gegenwart prägen.